《主人》丛书

热的门之民生篇

2011

《主人》编辑部 主编

上海三联书店

前　言

早春的暖阳透过窗棂洒进屋内，带着温馨的轻盈，带着雅致的神韵。沐着阳光，桌上那本散发着油墨清香的《热的门之民生篇》清样，把我的思绪带回了刚刚经历过的热门事件，那些热得发烫的话题。

生活，需要审视，需要反思，需要回味，需要感悟。为此，本书通过10个热点话题，全方位聚焦备受关注的十大民生现象：物价、食品安全、医疗、楼市、股市、交通、微博、慈善……每一个话题都与我们息息相关，教育是民生之基，就业是民生之本，收入分配是民生之源，社会保障是民生之安全网，每一种现象都让我们感同身受。

民生问题是老百姓最关心、最直接、最现实的利益问题。本书通过翔实的资料、鲜明的观点，理性勾勒出民生问题日益受到重视，民生不断得到改善的轨迹，也让我们清晰地触摸到一个很给力地走向进步的中国社会。

郭美美引发的慈善问责风暴，凝聚起慈善共识，让中国慈善事业走向更加透明、规范；从“微博打假”、“微博打拐”到“微博问政”，“微表达”带来了大变化，阳光下的“微力量”更加真实、强大；一则则食品安全事件牵动着消费者的心，也触痛了管理者的神经，食品质量监管新政相继出台，措施更实，处罚更严；就业是一道多项选择题，不管是“逃离北上广”，还是“坚守北上广”、“奔向北上广”，求职路上人们走得更加成熟、理性……

透过这些热点，我们看到了党和政府“经济越发展，越要重视加强社会建设和保障改善民生”的决心，我们也看到，一系列改善民生的举措陆续推出：史上最大规模的保障房建设实行“加速度”，越来越多人实现了安居梦想；医疗改革坚定推进，三项基本医保覆盖了95%以上的城乡居民，全民医保体系日趋健全，国家基本药物制度初步建立，公立医院改革积极推进；教育公平是“最大的公平”，稳步推进义务教育均衡发展，培养具有创新素养的人才，教育界用行动积极回应“钱学森之问”……关注民生、重视民生，保障民生、改善民生，已成为集中明确的“国家行动”。

回首一路走来的日子，有过幸福和喜悦，也有过怅惘和无奈，但谁也没有停下前行的脚步。我们相信，社会因为发展而充满活力，民生也因为奋斗而日臻完美。这也是编撰此书的目的。

《主人》编辑部

目　录

食品安全篇

文/沈源琼

第一节　食品安全乱象多

西瓜炸弹

2011年初夏，瓜农刘明锁承包的江苏镇江丹徒区延陵镇大吕村40多亩西瓜大棚，就像布下了“地雷阵”，从5月8日开始，已结满瓜藤的大小西瓜，还没有成熟就一个个炸裂开来，有的炸得四分五裂，有的炸得像一朵花。

51岁的刘明锁本是个养殖户，听说种瓜能赚钱，便将几十年积攒的18万元血汗钱加上8万元贷款，一次性投入种植大棚西瓜。2011年春节前夕，刘明锁租用大吕村40多亩土地，开始了种瓜之路。

刘明锁全家在技术员的指导下，翻地、松土、施肥、育苗，每天都非常辛苦，好不容易才将日本“全能西瓜”苗培育出来。

4月份，当瓜棚内结出西瓜时，全家人欣喜地发现，自家的西瓜不仅比别人家长得大，而且长得特别密。随着气温逐步上升，西瓜像是变戏法一样，一天长得比一天大，老刘一家开始坐等瓜棚里的第一桶金。

5月6日，技术员兴冲冲前来告知，他从山东购买的“西甜瓜膨大增甜剂”和“速溶钙”两种农药已托运到镇江，让老刘使用这两种农药，以保证西瓜有更大更好的收成。老刘第一年种瓜，技术员的话对他来说就等于是“圣旨”，于是立马执行。

第二天，当老刘一家喜滋滋来到大棚里时，惊奇地发现，翠绿茂盛的西瓜叶像是注了兴奋剂一样，一片片竖了起来，煞是好看。老刘喜上眉梢，不料定睛一看又发现，不少西瓜居然张着大嘴，分成了两半，有的更是炸得像开了花一样。就在这时，老刘的耳边响起了“噼噗、噼噗”低沉的闷响声，西瓜一个接着一个在眼前炸开了。

老刘一家赶紧找技术员求解。技术员来到现场看了满地爆裂的西瓜，眉头紧皱，一脸茫然。半天说了句话，让老刘一家差点没晕过去：“我也不知道这是为什么，反正我的农药没有问题。”

老刘的瓜田里每天都“爆炸”，短短半月便炸了6000多斤。

河南农业职业学院园艺系教授杨红丽说，根据瓜农描述的情况，很可能和膨大剂使用不当有关。过量的膨大剂会导致西瓜的细胞分裂加快，进而炸裂。

杨红丽说，一些市民常能买到“带尖儿”的畸形番茄，就是膨大剂等激素残留过多造成的，最好别吃。

老刘后来咨询了一些种瓜能手，一位种了10多年瓜的老农说，这种膨大剂是在西瓜长不大的时候用的，而老刘的西瓜长势很好，且生长速度很快，再使用膨大剂，西瓜肯定爆裂。

膨大剂，化学名称叫细胞集动素，属于激素类化学物质，对植物可产生助长、速长等作用，对人体的危害主要是神经系统的危险，能造成儿童脑炎，发育不良等。此外，使用膨大剂后的果蔬味道变淡，吃起来口感不好，也不利于长时间储藏。

染色馒头

温州市龙湾区状元镇甘岙村甘中路一幢条件非常简陋的民房。蒸馒头的蒸笼摆放在民房门外的地上，边上就是煤炭堆。民房内的地上满是泥泞，四处是发霉的墙壁，还摆着睡觉的床。

这是一家生产馒头的地下黑作坊，没有卫生许可证也没有工商营业执照。在现场也没有见到一颗玉米，但作坊出售的却是所谓的

“玉米馒头”。

走进民房，只见作坊的台面上放了5瓶液体物和3包固体物。5瓶液体物分别是“柠檬黄60”、“甜玉米香精”、“金玉米香精”等；3包固体物分别是“糖精钠”、“红苹果高活性干酵母”等。

现场一名女工表示，这些都是和面时直接加入的。“柠檬黄”、“玉米香精”和成的面是用来制作玉米馒头的；不加色素的面粉用来制作白馒头，为增加甜度和香度会加一些糖精和香精。女工说，量是加得多还是加得少，主要是凭手感。

在作坊里，工商执法人员查到一本账本，记录了2011年3月22日到4月14日该作坊馒头的销售情况，作坊每天的营业额在3000元左右。3月22日到4月14日，24天就卖出馒头约19.48万个。其中有1.1万个染色馒头卖给了附近的浙江东方职业技术学院。不过，东方职业技术学院负责人在接受记者采访时表示，学校食堂不会从黑作坊采购染色馒头，他们食堂的包子馒头等食品都是自己制作的。

无独有偶，此后不久，上海查扣了1.6万只“染色”馒头。据《新民晚报》报道，地处宝山的上海盛禄食品有限公司分公司在生产过程中添加色素、防腐剂等，将白面染色制成玉米面馒头、黑米馒头等，工人还随意更改馒头的生产日期。“染色”馒头进入了上海部分超市销售。

上海部分超市销售“染色”馒头一事，引起上海市高度关注。上海市委副书记、市长韩正表示，将彻查此案、依法严惩，彻查过程将向社会公开，查到哪里公布到哪里。

为此，上海成立了由市政府领导为组长，质量技术监督、工商、公安等相关部门及部分上海市人大代表、政协委员组成的联合调查组。韩正表示，联合调查组要彻查此案，每个环节都必须查实，依法严惩，严肃问责。

上海质量技监部门对可疑原料和产品进行了封存扣押，对企业账册进行了登记保存，并责令其召回问题产品。上海工商部门也展开紧急清查，共下架、封存上海盛禄食品有限公司分公司生产的馒头1.6万只，涉及华联、联华、迪亚天天等多家超市。

如今，上海盛禄食品有限公司分公司被责令停产整顿，企业负责人已获刑。

再生面包

前不久，《广州日报》刊登“到期面包回炉，掺入配料重生”一文，说的是该报记者在广州甜心客店堂，看到了5种回炉再造的面包，它们单凭外观难以辨出新鲜度如何，而售价不低于其他面包。有人戏称：“买一个面包就等于吃遍了甜心客的所有面包了。”

报道说，广州甜心客的面包制作车间位于海珠科技大楼420与421室，跟办公室仅一墙之隔。知情者透露，每到下午三四时，工人就开始将回收的面包“循环再用”。

一天下午三时半，《广州日报》记者进入421室的面包车间，只见超过20名统一着装的工人共处数十平方米空间，在分列整齐的食品桌上制作面包。车间内侧，3名工人围在一张不锈钢方桌前，正用刀把不同种类的回收面包逐件切块，地上一个白色塑料框已经盛满了面包碎块，并用保鲜膜封盖。

此前，记者曾联系广州市新甜主义食品有限公司的陈国群厂长，她坚称，面包到期下架后全部报废，不可能砸自家牌子。“我们都不敢拿给猪吃。”

记者欲就暗访所见进行核实，陈国群称正在开会，而甜心客公司老板姜台宾一听是《广州日报》记者，就不假思索地说“你找别人吧”，随即挂掉电话。

硫磺生姜

2011年9月27日，陕西西安市工商部门在对西安一家大型蔬菜副食交易中心检查时，发现在生姜交易区许多商贩在摊位前摆的生姜和摊位里面放的生姜有明显不同，显眼处摆放的，颜色都比较亮，而商贩身后放的生姜看起来颜色要暗一些。

一些商贩明确地说，颜色亮的是硫磺熏制的，颜色暗的是没有熏的。生姜交易区空气里弥漫着一股硫磺的味道，循着这股味道，工商部门当场查获了一家正在使用硫磺熏制生姜的摊贩，共查处了400多斤熏制生姜。

摊贩说，他们购进生姜后，会把一些品相较差的集中起来熏制。“就是靠硫磺燃烧时产生的烟雾来熏，方法非常简单。”在碗里放点硫磺点燃，然后用帆布等盖起来。“一般熏制五六个小时就可以了。”

知情人士透露说，一斤3元钱的硫磺差不多能熏1000斤左右的生姜。基本上都在摊位上熏，时间大都在晚上，也有的现卖现熏。“熏过的生姜外观漂亮，主要是卖相好。”

究竟市场上有多少生姜是被熏过的？西安北二环蔬菜副食交易中心相关人士说，批发市场上每天出售的生姜约在20万斤，至少两成以上的生姜都是被熏过的。

怕熏过的生姜卖不完烂掉，一些批发户还给小批发商直接提供硫磺，让他们自己去熏，卖多少就熏多少。业内人士透露，“保守估计，等到了市民餐桌上，被熏过的生姜已占到六成以上。”

西安交通大学第一附属医院刘医生说，经常食用硫磺熏的生姜，会对人的神经系统等造成损害，轻者会出现头昏、眼花、精神分散等不良症状。如果长期食用，则会导致眼结膜炎、皮肤湿疹等，严重的还会影响人的肝肾功能。

卫生监督部门检测表示，用硫磺熏制后的生姜具有较强的毒性，如果经常食用，轻者会引起肠胃功能紊乱，出现腹痛、头晕等症状，重者将导致人体相关器官组织慢性衰竭。

超市熟食　六成不达标

2011年11月1日，广州市消费者委员会公布了超市即食熟食比较试验结果，其中，凉拌豆干、海带合格率为零，熟肉制品、包子糕点类食品合格率不足50%，酱腌菜合格率为70%，整体合格率仅为38%。

本次比较试验，广州市消费者委员会工作人员采用了模拟消费者购物的方式，在广州市7大超市中购买了共计100批次的即食熟食样品，其中即食熟肉制品50批次、包子糕点20批次、酱腌菜10批次、凉拌豆制品10批次、凉拌藻类制品10批次。

在100批次样品中，有60批次存在微生物指标超标现象，其中包括50批次样品菌落总数超标，55批次样品大肠菌群超标，还有12批次样品被检出金黄色葡萄球菌（致病菌）。

食品安全出现“群体性事件”

据《经济参考报》2011年11月23日报道，从三鹿“三聚氰胺”事件，到双汇“瘦肉精”事件，再到近期思念、三全的“细菌门”，层出不穷的食品安全问题似乎总是离不了那些行业龙头企业。

报道说，速冻食品龙头企业近期集体“沦陷”，思念、湾仔码头、三全水饺先后被检出金黄色葡萄球菌。三全食品11月22日的公告承认，南京市工商局抽检公司速冻食品中含有金黄色葡萄球菌，称已对该批次产品启动了召回程序。

上海市质监局日前在其官网发布消息称，浦东新区质监局两次对检出“金黄色葡萄球菌”的“湾仔码头”食品生产企业上海品食乐冷冻食品有限公司进行执法调查，确认，该批次不合格产品共计生产 154 箱，每箱 24 袋，已全部出厂，没有库存。目前上海各大超市已将该批次产品全部下架。

早在 10 月份，速冻食品的龙头企业思念食品就被曝出部分水饺产品中检出金黄色葡萄球菌。中投顾问食品行业研究员周思然表示，金黄色葡萄球菌广泛存在于自然界中，且速冻食品上游环节鲜肉、蔬菜、水产品等的金黄色葡萄球菌含量并未做强制规定，再加上行业自动化、规模化程度仍然较低，导致众多企业产品被检出金黄色葡萄球菌。

实际上，2011 年 3 月份双汇“瘦肉精”事件虽然引起了全社会对食品安全问题的高度关注，但食品安全事件并未见减少。速冻食品、乳制品、肉制品是重灾区，其中出问题的很多都是行业的龙头企业。

国务院食品安全委员会办公室主任张勇在 9 月底召开的全国人大代表座谈会上指出，当前我国食品安全存在的问题确实不少，与人民群众的期待相比还存在不小差距。

无奈的选择

面对问题食品，有人开始了一种无奈的选择。珠海当地媒体说，珠海居民担忧农产品安全问题，选择开荒种蔬菜。

“市场卖的蔬菜我都不敢买了。”珠海居民刘姨一边松土一边说：“又是催长激素，又是农药，又是化肥，还有保鲜剂，这种蔬菜会损害人的健康。”

在珠海市南屏镇可以看到，一些居民在未开发的荒地里开荒耕种，南屏桥下，濂泉山边，还有排洪沟里，只要有荒地，就有挥锄耕种的居民。

刘姨来自梅州，退休后搬到珠海跟儿子一起居住。她说，在这里耕种的居民有来自湖北、湖南、江西一带的，有来自省内各地的居民，大家都是怕吃到施放农药、施放催长激素的蔬菜，所以就买来锄头、扁担、水桶等开荒种菜，一个四口或五口之家，开一片50平方米的菜地就能解决蔬菜供应。“我种的韭菜要三个礼拜才能长成筷子长，而一些菜农三天两头喷激素，四五天左右就能收割，这样种出的韭菜敢吃吗?”

刘姨菜地旁边是钟先生的地，他也是退休后从内地迁到珠海来的老人。他说：“最可怕的还是头顶鲜花的青瓜。我们自家吃的青瓜结果时花就谢了，而市场上卖的头顶鲜花的青瓜都是用避孕药、雌激素涂抹的瓜。”

与老年人开荒种地不同，在珠海某企业工作的白领陈先生采取阳台种菜的方式，用花盆盛上土，在阳台上种植红薯叶、西红柿、豆角等蔬果。

有人质疑，是我们的大牌企业没有提供安全食品的能力么?非也。是我们的政府不重视吗？非也。三鹿事件发生后，国务院很快组建了食品安全委员会，誓言要标本兼治，从根本上改善食品安全状况，使人民群众吃得放心，吃得安全，声势和力度不可谓不大。

但是，问题食品照旧层出不穷，防不胜防，以至对问题食品的恐惧，几乎深入每个人的骨髓。2011年全国“两会”上，王岐山副总理坦然承认，虽然在政府层面，对食品安全问题“没有不重视的，没有不知道的”，问题的解决却仍“将是长期的。”

第二节 问题食品为何屡禁不止

当前我国食品安全领域存在五大问题：微生物造成的食源性疾病、种植养殖方面的农药残留和兽药残留、生产经营者守法意识淡薄、食品生产新技术应用所带来的食品安全问题、环境对食品安全的影响。

产生问题食品的原因

专家认为，我们有必要把当前食品安全事故频发的现象放在中国经济、社会转型期的大背景下进行观察。食品安全事故频发的原因，表面上直接原因是不良生产者的违法行为，但更深层次原因是中国农业生产方式的转变、社会对食品安全重视程度的提高和政府检测监督机制的失灵。面对形形色色的食品安全事件，很难简单地把问题归结于某一个环节。在食品生产、加工、储运、检测和消费的产业链上，每一个环节都可能存在不同程度的问题。

专家表示，按照导致食品污染的不同诱因和解决方式的差异，可以把食品安全问题的原因归结为四类。

第一类是因为自然环境或客观条件的影响，大体上属于不可抗力的外部因素造成食品污染或变质。主要表现在种养殖源头污染、食品加工工艺和卫生条件落后、流通储运手段达不到保鲜要求等。比如，工业三废、城市废弃物的大量排放，造成大面积的水土污染，使很多地方的粮食、饲料作物、经济作物、畜产品和水产品等农产品的质量受到影响。另外，我国13亿多人口每天消耗200万吨粮食、蔬菜、肉类等食品，众多的食品供应商具备典型的小生产者特征，在自身条件和外部环境对于食品安全的诉求不高时，加工工艺和卫生条件难以符合安全标准。调查显示蔬菜在流通环节的损耗平均达到20%左右。

第二类是因为食品供应链上的利益相关者出于私利或盈利目的，在知情的状态下人为影响食品质量。中国农业虽然以小农经济为主，但也患上了“大农业病”：反季节果蔬生产，加剧了农产品中的药物残留；动物“速成班”将鸡、鸭、鹅等禽类生长周期缩短至28～45天，猪出栏时间缩短至2.5～4个月，凡此种种严重违背了生物学的种植和养殖规律。更有一些不法生产商逆食品安全法规而行，在食品中加入不利于人体健康的非食用物质和食品添加剂。此类案件数量的持续上升，使我们深刻感受到现代科技与商业伦理之间发展的不平衡。

第三类是因为食品检测监督条件不完善、对食源性病原菌缺乏认识或从业人员非主动性过失，造成劣质食品未被发现继而进入消费环节。随着转基因技术、现代生物技术、益生菌和酶制剂等技术在食品中的应用，关于应用风险和食品安全的争论就一直没有间断。我国当前的主要问题体现在检测设备不完善，检测覆盖面偏低，抽检频率过低，更谈不上对食品进行普检。

第四类是因为食品安全和追踪惩罚的法令制度不健全，或者因为徇私舞弊，导致食品安全事故的危害继续扩大。近几年来，我国在食品安全立法和组织体系建设方面做出了巨大的努力，但由于监管模式不清晰和法制不够健全，尚未对食品安全事故频发的现象产生实质性的遏制作用。

以“地沟油”为例，2012年2月，最高人民法院、最高人民检察院、公安部联合下发了《关于依法严惩“地沟油”犯罪活动的通知》，而在此之前，我国刑法中针对“地沟油”问题没有规定相应的惩罚措施，而且“地沟油”事件的不同环节存在“罪与非罪”界限不清楚的问题。因此，要最终杜绝食品安全隐患，必须有合适的法律支撑。

此外，导致食品安全问题层出不穷、屡禁不止的成因还有：

监管缺位。由于食品监管涉及多个部门，而部门与部门之间的界限又难以严格划分，这就为小企业、小作坊违规提供了可乘之机。尽管对问题食品的监管，工商、质检、环保、公安、食品监督局等部门都有管理职权，但谁是主导部门不明确，导致执法监管不到位，整治力度不大，被黑心经营者钻了空子。行政执法部门执法权力过于分散，没法集中权力对厂商违法行为进行处理，这样就形成“违法—查处—再违法—再查处”的恶性循环。

举报门槛高。曾经有一个老人买了十几元的牛肉，因为担心是牛肉膏涂抹假冒的，希望能够鉴定，却不想相关部门给出的回答是，需支付 2000 元，老人就此作罢。从不少新闻中也不难发现，百姓在树立起食品安全观念后，希望能够借一些司法部门对所涉食品进行鉴定，但过高的门槛往往让人望而却步。

违法成本低。由于处罚力度小，造成那些制假贩假的小企业、小作坊的违法成本低，企业与政府部门之间形成了猫和老鼠的关系：政府部门严打，企业要么暂时关门，要么打一枪换一个地方以逃避监管；政府部门不严打了，小企业就卷土重来，即使被查获了，也只是处以吊销营业执照和极少的罚款，事过之后，这些被查企业摇身一变，换个地方又继续违法生产。

市场空间大。目前，问题食品在国内还有相当大的市场生存空间，如“地沟油”的价格比正常食用油的价格要便宜很多，有些企业为了省钱，忽视健康，低价购买“地沟油”，为“地沟油”销售提供了较大的市场。其次老百姓手中经济不宽松，想着能省则省，贪图便宜，为小企业、小作坊生产不安全食品提供了生存的土壤。

问题食品上山下乡

新华社记者近期赴山东省潍坊、莱芜、临沂等地市，追踪农村小卖部、批发市场、生产作坊发现，由于监管缺位等原因，一些“问题食品”专供农村市场，严重威胁农民尤其是青少年的身体健康。一些农村小卖部经营者表示，想要赚钱，一定要经销假名牌、“高仿”、“取大名”这三类食品。

“高仿”即取一个与某著名品牌相近或谐音的名字，比如“好利友”；“取大名”即一些“问题食品”为掩盖劣质，取了名不副实的名字，比如“燕窝麦片”、“黄金蟹钳”等，实际上只是油炸面食或豆制品。

记者追踪发现，农村小卖部的“货源”是当地大型副食品批发市场，那里是这些“问题食品”的集散地。而批发商坦言：“进什么货要看小卖部开在哪里，城里有城里的货，农村有农村的货”，并承认“问题食品”是专门供应农村市场的。

记者发现，一些经济相对落后的农村地区，几乎成了不法奸商们倾销伪劣问题食品的一大选择。农村不仅幅员辽阔，店铺分散，而且整体上农村消费者相对更加贫困，在对食品的选择上似乎更注重于价格水平，加之辨别真假伪劣的能力相对薄弱，如果没有政府职能部门的有效监管，无疑给不法奸商提供了一个倾销“问题食品”的广阔市场。

针对一些农村地区“问题食品”泛滥，记者向当地工商、质检等监管部门反映时，其答复大都是有“苦衷”：由于人手不足，检测费用高、耗时长，基层监管部门无鉴定资质等问题突出，农村食品安全“管不过来”。

食品标准的尴尬

“从垃圾桶里捡回来的一盒饭，如果按食品安全的标准来检测均合格，你会去吃吗？”

每次被问及食品安全国家标准究竟是否“标准”的问题，从事检测检验工作多年的北京市理化分析测试中心主任刘清珺便会抛出这样一个反问句。

这是一个和食品安全标准有关的逻辑性话题。从“奶粉添加三聚氰胺”事件引发的乳业标准定量的尴尬，到“地沟油事件”中检测标准的缺失，再到近日速冻面米制品新国标中金黄色葡萄球菌是否该限量检出的质疑，一时间，食品安全和国家标准被捆绑在了一起。

地沟油的检测标准到底能不能出来——刘清珺也经常会被问及该问题。

刘清珺在接受《科学时报》记者采访时表示，“可以明确地说，如果仅仅只是按照质量标准的思路来检测地沟油，现在测不出，将来更测不出。”

这是食品安全标准的尴尬：有一些食品安全问题是无法用标准来解决的，地沟油检测就面临着这样的困局。

刘清珺说，这里存在双层尴尬。

从逻辑上看，地沟油是泛指的概念，是生活中回收复用食用油的统称，国家没有理由给非法产品制定标准。

在技术上，目前的地沟油检测手段可以为监管提供技术支持，但“道高一尺魔高一丈”，今天设定出指标，明天造假者就会想法绕过那些检测的指标。

“如果把对食品安全的注意力完全放在标准问题上，那等于是开始了一场没有结局的猫捉老鼠游戏。”

刘清珺指出:“对食品安全而言——安是使百姓放心,全是保全、防范有害物质。安全的问题不是仅靠标准就能解决的,这也是标准的困境。我个人认为,国家在食品安全问题上缺乏与检测有关的司法技术鉴定。”

那么,究竟该如何认识“标准”?刘清珺打了个比方:对于某个人的字体,专业笔迹鉴定专家可以识别出真伪,但如果非要制定出几条鉴定标准,可能关键参数都满足的是仿制品,参数不满足的却是真迹。

“食品安全标准是未来实践的指南,而安全问题往往是突发事件,是新增的有害因素。不能用未来发生的事件去要求现有的标准。”刘清珺认为,监管者应该做的,是尽早发现问题,并及时修订或制定标准。

从另一个角度,刘清珺提出,食品安全不仅是个技术问题,更和经济发展水平有紧密联系。以白菜为例,从田间到餐桌,要经过土壤、肥料、储存、运输等一系列环节,如果层层都按国际上现有的最高标准来要求,那最后到达餐桌上的白菜价格要远远高于老百姓的承受能力。

刘清珺提出:“一句话,监管者不可能完全用标准来解决安全问题,需要的是多重技术手段的综合运用。也许建立类似司法鉴定的食品安全技术鉴定机制,是应对食品安全突发事件的一个有效补充。”

第三节　完善食品安全监管体制

总书记关心食品安全

新华社报道说,2011 年 4 月 29 日至 5 月 1 日,中共中央总书记、国家主席、中央军委主席胡锦涛来到天津，前往保障性住房小区和食品质量监督检测机构考察。

天津市产品质量监督检测技术研究院是一家社会公益型质检机构。胡锦涛非常关注食品安全问题，特意到设在这个研究院的国家加工食品质量监督检验中心考察。总书记谆谆叮嘱大家：民以食为天，食以安为先。食品安全是关系广大人民群众身体健康和生命安全的大事。你们是食品安全的守卫者，一定要坚决执行食品安全法，严格把好食品安全关，确保广大人民群众都能够吃上放心的食品。

温总理痛斥问题食品

新华社报道说，国务院总理温家宝在同国务院参事和中央文史研究馆馆员座谈时说，我国改革开放 30 多年来，伴随经济社会的发展和民主法制的推进，文化建设有了很大的进步。同时也必须清醒地看到，当前文化建设特别是道德文化建设，同经济发展相比仍然是一条短腿。举例来说，近年来相继发生“毒奶粉”、“瘦肉精”、“地沟油”、“染色馒头”等事件，这些恶性的食品安全事件足以表明，诚信的缺失、道德的滑坡已经到了何等严重的地步。

一个国家，如果没有国民素质的提高和道德的力量，绝不可能成为一个真正强大的国家、一个受人尊敬的国家。

温家宝表示，要把加强同市场经济、民主法治、和谐社会建设相适应的道德文化建设放到更加突出、更加重要的位置上来。要在全社会大力加强道德文化建设，形成讲诚信、讲责任、讲良心的强大舆论氛围。这不仅是维护正常生产生活和社会秩序的需要，也有利于从根本上铲除滋生唯利是图、坑蒙拐骗、贪赃枉法等丑恶和腐败行为的土壤。

食品安全标准应与国际接轨

专家认为，我国的标准化法于1989年开始实施，标准化法修订工作开展近十年，目前新法仍未出台。由于大多数食品标准是在上世纪八九十年代发布的，标龄5年以上的占将近90%，有些标准长期“原地踏步”，技术含量低，与国际差距明显。

现今，我国食品安全标准采用国际标准和国外先进标准的比例仅为23%，远远低于我国国家标准采标率44.2%的总体水平，行业标准国际采标率就更低。如我国允许的“农残”量要高出美国数倍，有危害的“植物奶油”在我国没有强制性的限量标准，我国的原料奶每毫升含菌量200万个的标准得不到国际承认。

此外，我国食品标准由国家标准、行业标准、地方标准、企业标准等四级标准构成，多种标准在市场上形成冲突，相互交叉相互矛盾现象严重，众多标准使得企业和执法部门无法适从。

专家认为，更高的标准能激发企业找到创新的手段，这是美国著名战略学家波特的观点。现在有些企业靠低标准的产品占领市场，挤掉竞争对手，然后再慢慢提高标准。这种市场竞争策略忽视了消费者的健康，是很不负责任的。如果企业因为标准低而不去创新，结果就是劣币驱逐良币。

尽快建立与国际相接轨或领先的食品卫生标准，是我国食品安全工作的当务之急。

专家呼吁，国家有关部门要尽快加紧研究食品标准的体制和机制问题。一是要尽快建立统一的食品安全标准；二是要强化标准的动态管理，防止标准老化，与国际接轨，提高标准的科学性和合理性。

国家要加强标准的基础性研究，依靠科技创新，逐步形成食品质量安全科研与标准研究同步，科学成果转化与标准制定同步，使新产品投放市场，有标准可依；加强食品中有害物质残留限量、转基因食品安全评价以及检验方法的标准研究，提高标准的科学性；加大食品安全检验检测力度以及对食品检测检验研究和应用的投入，促进检验检测向高技术化、速测化、便携化以及信息共享迈进；加大采用国际标准和国外先进标准的力度，增强我国对国际标准制定的影响力。

完善监管体制机制

2011年4月8日至12日，全国人大常委会副委员长桑国卫率领全国人大常委会食品安全法执法检查组在上海进行执法检查时强调，要充分认识加强食品安全工作的重要性和紧迫性，不断完善监管体制机制，形成监管合力，实现全程无缝监管。

桑国卫指出，当前食品安全工作要抓好重点问题，加快地方综合协调机构的建设。在目前地方政府统一协调和各有关部门分工负责相结合的食品安全监管体制下，要强化食品安全委员会的职能和法律地位，不断完善监管体制机制，形成监管合力，提高监管效率，实现全程无缝监管，加大对违法人员及监管失职人员的惩处力度。

据《经济参考报》报道，国家质检总局食品生产监管司一位官员对记者说，像思念、三全算是比较好的企业，他们的产品都不符合国家标准，这是非常可怕的。如果产品对消费者造成了损害肯定要进行赔偿，但违法成本低在食品行业是比较突出的问题，企业很少进行赔偿。

他说，政府在保障农产品和食品产量的同时，也要承担一定的“安全成本”，财政投入向食品安全方面倾斜，在提高标准后对企业进行培训和补贴。

相比较而言,美国、德国、日本等国对违反食品安全法规的行为施以重罚。比如2010年8月,美国发生因沙门氏菌污染而召回5.5亿枚鸡蛋的事件,国会法律委员会因此一致同意,必须加大处罚力度,特别是对明知故犯者的惩罚。无论哪一个环节导致食品、宠物食品和添加剂的污染、掺假和恶意误用,都在惩罚之列。

目前,中国对食品安全的监管逐渐加强,对食品安全违法犯罪活动保持高压态势。根据有关法律规定,在2010年查办问题乳粉案件中,对有关犯罪分子的量刑标准进一步提高,其中2人被判处无期徒刑。2011年5月开始实施的《刑法修正案(八)》,增加了进一步加大对食品安全犯罪分子惩处力度的内容。

对于食品安全的监管,专家建议,一是不断健全法制,各相关部门采取强硬措施,严厉处罚违规企业,增加违规企业的预期成本,同时,创造机会为其他守法的企业提供更多的福利和资源;二是将违法不整改的企业列入黑名单,借助媒体平台公诸于世,降低其市场信誉;三是通过奖赏等手段鼓励知情者提供有关信息,嘉奖守法企业,重罚违法企业。

在2011年召开的中共上海市第九届委员会第十五次全体会议上,俞正声书记特别强调,要通过最严厉的准入、最严厉的监管、最严厉的执法、最严厉的处罚、最严厉的问责措施,让人民群众吃得安全、吃得放心、吃得健康,努力使上海成为食品最安全的城市之一。

2011年6月,上海市人民政府成立上海市食品安全委员会,并于6月8日正式颁布实施《关于进一步加强本市食品安全工作的若干意见》,旨在进一步强化食品安全监管,完善本市食品安全监管体制机制建设。

与此同时,上海创新食品安全社会监督机制,在全市各监管部门现有的食品投诉举报平台基础上，搭建了各相关监管部门相互协同的举报平台，在全国率先筹建食品安全投诉举报中心。

为有效处置食品安全重大事件，上海还专门开展食品安全重点整治的“亮剑”行动，严厉查处了一批典型案例。2011 年，全市相关食品安全监管部门注销或吊销各类食品生产经营企业证照共计 7147 张，食品安全行政处罚 8037 起，不仅震慑了食品安全领域的不法行为，加大了食品安全领域不法行为的违法成本，更重要的是，让人民群众看到了党和政府重典治乱、重拳出击，下大力保障食品安全的意志和决心。2012 年初，上海首次发布的食品安全白皮书表明：逾八成市民认为全市食品安全水平还将提高，并愿意主动参与食品安全工作。上海正力争成为全国食品最安全的城市之一。

物价篇

文/许雅静

CPI
同比上涨4.5%
(%)
4.9
4.9
5.3
5.4
5.5
6.4
6.5
6.2
6.1
5.5
4.2
4.1
4.5
1 2 3 4 5 6 7 8 9 10 11 12 1
2011年
2012年

第一节　猪肉为何彪悍

肉价又涨了

前不久，朋友老张给我讲了一个关于猪肉的故事：

天刚微亮，在成都东光综合农贸市场摆摊卖猪肉的周康廉就起身为一天的买卖做准备了。凌晨5点，周康廉与妻子赶到了猪肉批发商铺里，熟稔地和批发商打了个招呼："冯老板，今天发财啊，批发价是多少？"

"今天12块5，还是照样两头猪？"批发商老冯有些疲惫地回应，他刚从屠宰场赶回来。周康廉听完报价，咋舌不已，"又涨了啊？现在我们要不了两头猪，一头就成。""啊！你们只要一头猪啊，这是今天第三次遇上少买猪的了。唉，这下惨了，这批发回来20头猪，不知道能全卖完不？"

麻利地选猪交钱后，周康廉带着妻子马不停蹄地赶到东光综合农贸市场，他在这里摆摊卖猪肉已经6年了。整理好摊位，周康廉在旁边的小黑板上开始写今天的猪肉售价：五花肉每斤15元，精瘦肉每斤18元，排骨每斤17元。

"现在我那些老主顾每次来买肉都抱怨说我怎么又涨价了，以前他们每次都是两三斤地买，现在全变成半斤一斤地买了。我也没办法了，进价本来就在涨，算上运输成本，我都快贴钱卖了，亏啊。"周康廉诉苦。

周康廉说，以前他每天随随便便就能卖出去两头猪，现在一头猪都要守到晚上才能全部卖完，猪肉批发商的压力也很大，不敢随便大量进货，最近大家的日子都有点难熬。

一头猪领跑 CPI

2011 年 10 月 14 日，国家统计局发布 9 月份宏观经济运行数据显示，2011 年 9 月份，全国居民消费价格总水平同比上涨 6.1%。其中，食品类价格同比上涨 13.4%，影响价格总水平上涨约 4.05 个百分点。

具体来看，粮食价格上涨 11.9%；肉禽及其制品价格上涨 28.4%，其中猪肉价格上涨 43.5%，对 CPI 的贡献超过 20%。

有记者撰文云，一头猪，就这样拱起了 CPI？要是猪能说话，恐怕会跳出来大喊冤枉了。

猪肉涨价为哪般

猪肉涨价，从表象来说，猪价在市场上有一个高峰与低谷的轮回。这样一个循环周期便是猪肉价格大涨——母猪存栏量大增——生猪供应量剧增——肉价下跌——养殖户大量淘汰母猪——生猪供应量减少——肉价再次上涨……如此反复。

从深层次来看，是经济制造部门和服务部门的价格变化，决定了粮食和猪肉等农产品的价格走势。这种影响范围囊括饲料、化肥等在内的农业生产资料的价格变化引发养猪成本变动，从而造成猪肉价格狂飙。

2011 年以来，生猪的生产成本不断增加，玉米价格、柴油涨价、人工与运费成本上涨浮动较大。2010 年还是均价 2116 元/吨的玉米 2011 年已经上涨到了 2426 元/吨，而猪饲料的成分有 70%来自玉米，玉米价格的攀升直接导致了肉价上涨。

由此不难看出，在拱起 CPI 的一头猪背后，还有着更多更广的原材料、饲料、运输及用工成本上涨的影响。

诚如国家统计局新闻发言人盛来运在 2011 年 7 月 13 日的新闻发布会上所说:“不能把涨价责任都推到猪身上。”也算是幽默地为猪“平反”了一把。

一头猪领跑 CPI,虽然是一种戏谑的称法,但也从某种程度上显示出猪肉价格在居民菜篮子商品价格中的老大地位,以及此轮猪肉价格突飞猛进带动 CPI 飙升所暴露出来的问题。

有专家表示,CPI 中的 P 本应是指居民消费总商品的物价,但现在仅是猪肉就能轻易拨动总商品物价的起伏,成为 CPI 的晴雨表,这是一个不安定的潜在因素。

第二节　食品涨价的波及效应与连锁反应

进入 2011 年,人们发现,有关吃、穿、住、用的价格都在上涨,物价因素正在影响着每个人的生活……

2011 年,食品涨价最为明显,约占全部涨价因素的 70%,如大白菜、西红柿、猪肉的销售价格大幅上涨。调查显示,2011 年第二季度,有 68.2%的人认为物价“高,难以接受”。

涨、涨、涨,似乎是一副推倒的多米诺骨牌。在 2011 年中,几乎每个月都有不同品种加入涨价大军,“今天你涨了吗”成为各个行业的流行语。由此也催生了囤货抗涨的“海囤族”和节省开支的“抠抠族”。

2011 年的物价涨势

豆你玩、蒜你狠　掀开涨价年

绿豆,这个不起眼的小品种,在年初和大蒜、生姜、辣椒等农产品一起成为广受关注的涨价“一哥”,掀开 2011 年新一波涨价狂潮。

资料显示,2011 年 8 月,海南省绿豆每 500 克价格为 7.88 元,比去年三四元一斤价格翻了一番。

同时,大蒜、生姜和辣椒价格也以令人惊讶的速度疯涨:每斤大蒜和生姜的零售价格最高涨至十多元(不过,大蒜涨得快跌得也快,在 2011 年 12 月 23 日,大蒜的零售价每斤仅为 1 元,跌幅达 10 倍),干辣椒也要价三四十元一斤。

蔬果涨成肉铜钿

2011 年 10 月,新苹果刚上市,七八元一斤的零售价再度让人吃惊,柚子等柑橘类产品也有不同程度的上涨。

依往年的规律,蔬菜价格在春节过后将会出现明显回落,但 2011 年却居高不下,并成为全年推高 CPI 的首要因素。

夏季绿叶菜供应量减少,催生 8 元一斤的鸡毛菜和 6 元一斤的青菜。曾是上海市民菜篮子里最普通最常见的绿叶菜,2011 年却成为一部分人可望不可及的"贵族菜",白菜、卷心菜、花菜等一度也涨到了两三元一斤。芦蒿、菌菇类蔬菜,它们的价格竟然高过了肉类。

油价引发蝴蝶效应

2011 年不断上涨的油价小作"狮子吼",经过漫长产业链依旧声闻百里。由于一头牵动几乎覆盖全部制造业的运输成本,油价成为"涨价之星"。在一些生产范畴内,直接看油价"脸色"的产业,有苦难言。

塑料、橡胶制造业和化纤以三大合成材料为原料的行业饱受油价"欺凌"。与高油价"狭路相逢"的非金属矿物制品业、电气机械及器材业,庞大的燃油消费量使之不堪重负。电子、石油化工、纺织服装、食品、建材、森工、医疗和汽车等耗油行业也无不"望油兴叹"。物流业更因其对运价成本的敏感,成为"重灾区"。

饮料业全线涨价

2011 年 1 月 12 日，康师傅旗下的全线饮料，包括康师傅冰红茶、瓶装绿茶、果汁和瓶装水等的出厂价，陆续上调。

随之，饮料企业中最早涉及含乳饮料市场、也是目前在这一市场占据份额最大的娃哈哈，开始上调旗下明星产品"营养快线"的出厂价格。

一些社区便利店经营者坦言，目前娃哈哈的"营养快线"售价是 4 元/瓶～4.5 元/瓶，等到下次进货后，零售价可能涨到 4.5 元/瓶，或者 5 元/瓶。

此后，娃哈哈方面另有消息称，由于奶类产品成本压力最大，旗下的"爽歪歪"、"呦呦奶茶"、"AD 钙奶"等产品也将提价 5%～10% 左右。

其实，早在 2010 年 11 月份，可口可乐、百事可乐就已经上调了美汁源、果缤纷等果汁饮料的价格，只是涨幅没有超过 10%，没有特别引起外界关注。

碳酸饮料的涨价，也许比想象的来得更早一些。进入 2011 年 2 月，已有一些区域市场的大型连锁卖场，上调了百事可乐旗下 2.5 升百事可乐、美年达、七喜的零售价。

煤价大玩"蹦极跳"

受国际煤价和国内需求的双重支撑，2011 年，煤电谈判正式开闸，煤价每吨涨 40 元，触及历史最高点。其中，合同煤累计 10%以上的涨幅，令下游企业唏嘘不已。

中电联数据称，2011 年 6 月份，由于煤炭价格持续高位上涨造成火电企业成本较快增加，加上负债率高、贷款利率上升造成财务费用增加等因素，使得火电利润同比大幅下降。2011 年前 7 月份，华能、大唐、华电、国电、中电投五大发电集团公司电力业务合计亏损74.6亿元。“煤电顶牛”的博弈高潮由此点燃，直接结果是，电企“请命”电价上涨。

糖高宗又攀新高峰

2010年，白糖价格从3000多元/吨一路攀升。尽管这一年来国家不断向市场投放储备糖，但糖价始终难以走出“越抛越涨”的怪圈。

在2011年下半年大宗农产品的牛市中，糖价涨幅超过30%，再次上演一波“糖高宗”的行情，逼近历史最高价。

白糖、面粉等原材料市场价格强势上行，让处于下端的食品行业也深受影响。2011年中秋月饼普涨10%。

棉花价格大幅上涨

2011年以来，棉花价格开始成为农产品涨价的“风向标”，国内棉花现货、期货、抛储价格大幅上涨。

2011年9月23日，代表国内棉价水平的国家棉花价格B指数（328级）为：河北20225元/吨，山东20036元/吨，全国加权均价19949元/吨，较21日涨77元。

粮食价格轮番涨

2011年，粮食价格从年初的大米、玉米涨价开始，呈现出一个品种接一个品种的轮番上涨局面。

2011年9月，玉米的现货价格在长春是2350～2400/吨的水平，比2010年上涨了100元，创了新高。尽管玉米涨价不会直接影响到消费者，但其产业链的传导效应更为明显，受波及最大的是养猪业。

进入7月份，夏粮收购火爆，减产、惜售、抢购，多重复杂局面造成小麦市场价明显高于托市收购价。

原粮涨价，很快传导到米面价格。2011年新大米上市后，2010年还能在大卖场见到的2元以下大米几乎绝迹。取而代之的是3元多一斤的东北大米，和2元多一斤的苏北大米。品牌面粉的价格也较前期有了一元一袋的涨幅。

日化品悄悄跟着涨

2011 年 3 月底到 2011 年 4 月初，有市场消息传出，宝洁、联合利华、立白、纳爱斯四大日化品牌将对洗涤类日化用品全线涨价。

为此，国家发改委迅速约谈相关企业了解情况，并明确表示各类企业要加强社会责任，不得随意搭车涨价，更不许串通涨价、哄抬物价。同时，还将派出调查组赴有关企业进行调查。

然而，这种约谈并未能阻挡住这些企业价格上涨的步伐……

谁是最大受益者

猪肉涨价，养猪户说没有赚到钱

面对如此疯涨的猪肉价格，批发、零售一众经销商却都苦着脸说自己没赚到钱。

按照目前的猪肉价格走势来看，在这一轮涨价中，生猪养殖户得到了实惠。据悉，目前养殖户养殖每头猪有 200 元左右利润。情况好的能赚到一头猪超过 500 元的利润，养猪场的老板，一年下来能赚上百万元。

但是，盛极则衰，好景也就是在当年。

猪肉批发商老冯说，2007 年，他老家村里有不少人看到猪肉价格出现较快上涨，国家又紧跟出台了扶植生猪养殖业的政策和相关财政补贴，于是跟风养起了猪，养了六七个月，母猪生了小猪，小猪也长大了，卖出去后一算账，赚了好几千元，愈加坚定村里人养猪的决心。然而接下去就没有那么愉快了，因为肉价开始一路狂跌了，而饲料的价格却一直居高不下。到了 2009 年，当第二批小猪出栏时，不少人一分钱没赚到不说，还搭进去不少工夫，无奈之下，就有人开始陆续退出，能撑到 2011 年涨价的很少。

这样算下来，养猪户 2011 年赚到的钱，也仅仅是摊平了往两年受到的损失而已，这还不包括大量没能撑到猪肉涨价的养猪户。

种菜、贩菜难赚钱

菜价下跌大部分由菜农承受，而菜价上涨则由消费者买单，暴露出"种菜难赚钱，买菜不便宜"的流通怪圈。

蔬菜价格一直呈"过山车"的趋势，菜农和消费者均是在如此市场体系下扮演着弱势角色。

2011 年有不少地方蔬菜出现滞销现象，就在农民为地里的蔬菜滞销而发愁的时候，城市人也不得不为菜市场价格高昂的蔬菜而让钱包"缩水"。

一个不争的事实是，从批发环节到零售环节，蔬菜价格节节升高，路上的运输成本必然造成菜价上升，而从批发市场到零售市场，蔬菜折损、交纳摊位费等费用也会导致成本增加。

夏天蔬菜批发价格低，长途菜贩挣不了很多钱；冬天批发价格高，他们也挣不了多少钱，因为从当地蔬菜基地批发的价格就高，中间加上过路费、油费、人工费，需要很大的一部分支出。有时候，菜贩并不挣钱。

的士调价谁得利

密集的涨价潮在全国出租车行业相继出现，包括北京、广州、南京、杭州等在内的多个城市或在调研取证，或已上调价格。新一轮涨价，到底谁受益?

"这次调价，受益最大的肯定是司机。"面对涨价，包括民众、出租车运营企业及政府部门都认为，调价后，的士司机相当于"涨薪"了。

但"众望所归"下，的士司机们却并非"一边倒"地受用。有记者采访了 37 名的士司机，有 6 名司机认为调价方案"没有实质性帮助"；26 名司机"担心收入会减少"；5 名司机"希望收入能增加"。

相比之下，更多的司机担心“高价吓走乘客”，影响客量，反而减少了收入。

有学者认为，运价上调，承包费不变，表面受益的是的士司机，但由于有‘吓客’的风险，所以最终受益的还是出租车公司，并造成“富了公司，亏了国家，苦了司机，坑了百姓”的局面。

第三节　清理公路收费，又一轮博弈

中国物流成本超发达国家

高物价以及背后的高物流成本问题是2011年全国两会关注焦点之一。全国人大代表黄细花引述全国物流公司协会公布的数据，称从广州到北京运输成本，高于从广州到美国。

在当年1月19日召开的2011年中国物流发展报告会上，还透露了这样一个数据：物流行业的成本中，高速公路收费占到了总成本的1/3，这也是中国物流成本居高不下的原因。中国物流与采购联合会会长何黎明指出，2010年中国物流总费用占国内生产总值(GDP)的比重为18％左右，比2005年才下降0.3个百分点，这比发达国家要高一倍左右。

事实上，公路收费已经影响到几乎每一个人的生活。比如2010年12月1日起，全国所有收费公路对运输鲜活农产品的车辆免费放行。政策实施后，菜品批发价立降10％左右。

高速公路的背后……

改革开放之初，中国公路通车里程仅89万公里，既无一级公路，更无高速公路。上世纪80年代，老百姓耳熟能详的“要想富，先修路”，进一步被阐述为“要快富，修高速”。1984 年起，高速公路被称作“经济发展的大动脉”，国内掀起了高速公路建设热潮。

此后 20 年，中国高速公路的发展令人瞩目：从零到 1 万公里用了 11 年；从 1 万到两万公里用了 3 年；从两万到 3 万公里仅用了一年半；到 2008 年，总里程达 6 万公里，居世界第二位。

骄人的数字背后，存在着诸多弊端。

高速公路是由国家立项并设计的，经过某省由该省配套出资建路。由于高速公路的建设投资主体多元化，整条路被分为一个个路段，分给多个公司承包建设并运营，公路经营权归属公司，修好一段，收费一段，由此带来收费站过多、过密等问题。按规定，非封闭式收费公路的同一主线上，相邻收费站的间距不得少于 50 公里，而一些地区，有的收费站相距仅 10 公里左右。

很多公司为逐利，还完贷款还在收费，高速公路成了摇钱树。早在 2008 年 2 月，国家审计署在对 18 个省市收费公路建设运营管理情况的审计中，发现山东、北京等 12 个省(市)35 条经营性公路，由于批准收费期限过长，获取的通行费收入高出投资成本数倍乃至 10 倍以上，成为“高价公路”。其中，京石高速经营归于首发公司之后，收费期限将达 42 年。

京石高速从 1987 年起开始收费，如果按照政府还贷路的最长收费期限 15 年计算，收费期最多不能超过 2002 年。但它变成经营性公路后，收费期变成了 30 年，而且这还不是从 1987 年开始起算，而是从 2000 年开始起算，这样一来，它的实际收费期就变成了 42 年。

国家审计署对收费公路的审计调查还发现，除了公路收费高增加社会负担的问题外，一些地方过度依赖贷款建设收费公路，部分收费公路经营权转让不规范，造成国有资产重大损失……

而作为世界上高速公路里程最多的国家,美国的收费公路比例却很少。根源在于,1956 年,美国通过了《联邦资助公路法案》,确立了高速公路投资管理的框架。根据这一法案,美国州际高速公路由联邦政府和州政府按照 9∶1 的比例出资,避免了市场化融资的功利性侵扰,使公路的公共产品特性得以保全。

2011 年 6 月 10 日,交通运输部等 5 部门下发《关于开展收费公路专项清理工作的通知》,决定在全国范围内开展为期一年的专项清理工作,全面清理公路超期收费、通行费收费标准偏高等违规及不合理收费。

据《每日经济新闻》报道,听悉上述消息的北京市人大代表赵仑,并没有显得特别兴奋。对于公路收费问题关注多年的赵仑告诉记者,北京诸多公路收费都不合理,早就应该停止收费了。

令赵仑担心的是,公路收费清理行动,将遇到地方利益的掣肘,新一轮的清理行动会不会又是"雷声大雨点小"。

对于此次清理乱收费行动,在赵仑看来,实施效果只能"拭目以待"。有许多专家对于能否彻底清除违规收费的行为也不抱以乐观态度。国家发改委交通运输研究所副所长吴文化称,"清理公路收费,中央和地方的博弈将会加大"。

目前国家几部委正在酝酿公路收费的整体下调,这将有助于我国物流成本的降低。

据悉,研究中的改革思路包括,在燃油税改革过程中,扩大政府还贷二级公路收费的调整范围,适时取消西部地区的政府还贷二级公路收费。同时一级公路收费在酝酿取消。此外,对于新建的高速公路,将按照一定的核算方法,延长收费期限,合理降低收费标准。而对于那些已经收回贷款的高速公路,则考虑仅收取非常低的费用,用以满足日常的养护和管理需要。

从官方的一些公开表态来看，关于降低公路收费改革，已经给出了一些积极的信号。

2011 年 1 月 18 日，交通运输部副部长翁孟勇在国新办新闻发布会上表示，收费公路政策随着发展，也暴露出一些缺陷，对收费的相关政策需要进一步规范、完善。

一条黄花鱼的涨价之旅

为更形象地说明流通环节对物价的影响，有记者专门就黄花鱼从大海里被渔民捕捞上来时每斤的成本仅为 4 元左右，等到了市民餐桌价格就涨到了 20 多元一斤，质量好的甚至要二十七八元一事，进行了调查：

在海洋里将鱼捕捞上船后，船老板一般都要开始算账了：要算上柴油、人工、船员吃喝、养船等成本，把这些分摊到捕捞来的海货身上，就得出了每斤鱼的保底价。比如，一艘捕捞到五六千斤黄花鱼的捕捞船，每斤黄花鱼至少要卖到 4 元钱，才能保证不赔本。

为节约成本，同时提高捕捞效率，捕捞船在海上捕到的海货由专门的收购船运回出售，这是海货倒的第一手。

黄花鱼在海上的收购价是在每斤 10 元左右，好一点的能达到每斤 11 元。

成本每斤 4 元左右，怎么加到了每斤 10 元了呢？

跟拍卖会类似，谁出的价高，鱼就归谁。现在海货很稀缺，收货者为了不白跑一趟，纷纷被迫加价。而如果收购船和捕捞船搞好关系，就能更顺利地拿到货，这就出现了很多“关系船”。

算上“送礼费”，再算上燃油、人工、船员吃喝、养船等成本费用，收购船的老板算出一个保底价，然后再加上一定的利润，就是收购船收来的海货的倒手价。于是，每斤 10 元左右收购来的黄花鱼，进码头倒手卖给鱼贩子时，就加价到了每斤十三元左右。

鱼贩子以每斤十二三元收来的黄花鱼，运到批发市场倒手给专门做海鲜批发的商户，成交价一般在 15 元左右。这些贩子给批发市场供货也是有很多成本的，养车费、燃油费、人工费、市场交易费等等，还有打点船老板等各种关系费用。

每斤 15 元左右拿到的黄花鱼，在批发市场里再倒一手，价格一般就加到了每斤 17 元左右。

这是因为，批发市场里的商户也有很多的费用，比如门面或者摊位费、人工费、交易费、海水费、电费、库房租金、卫生费等等，除去这些费用批发商再赚一点，总不能白忙活吧。

在零售市场上，黄花鱼的零售价格一般都在每斤 20 元以上，有些摊位的零售价甚至达到了每斤 28 元，这里面包括了摊位费、水电费、卫生费，加之商贩还得赚一点儿，这些费用都要摊到鱼身上。

第四节　中美物价对比引发争论

2011 年 9 月 13 日，一条中美物价对比的网帖被广为转载：中国，吃一次肯德基 30 元，下馆子最少 100 元，买条 Levi's 牛仔裤 400 元，买辆车最少 30000 元(夏利)；美国，吃一次肯德基 4 美元，下馆子 40 美元，买条 Levi's 牛仔裤 20 美元，买辆车最多 30000 美元(宝马)。

网帖从牛仔裤、公交车甚至猪肉价格方面入手，将北京与纽约的物价进行比较，得出的结论是纽约“奢侈品”比北京便宜，但美国的公交及涉及人工、知识产权的产品和服务，比北京贵得多。文章一发表就立刻激发了社会议论，引发了人们对中美物价对比的再次关注。

中美物价差异的背后究竟意味着什么？

非相同品质难对比

中美物价对比到底该如何比？对此，曾在美国经济学会任职的周春生认为，国家物价水平很难通过简单的价格对比出来，单纯的数字对比意义并不很大。两个国家的物价对比应该至少包含衣食住行等四个方面，同时还要保证品质一致这一前提。

对于网帖中的中美物价对比方法，专家称也很难保证客观性，如选取的样品的品质是否相同等。周春生表示，如牛肉的对比，虽然在网帖中称，北京的牛肉价格每公斤为25元至45元，纽约为20元至50元，但实际上，美国的牛肉差别很大，不同部位的牛肉可相差几十元，另外，牛肉的级别也不尽相同。

抛开医疗、养老、教育等福利性支出，抛开中美两国收入的差距，只拿出几个消费项目的个例来佐证两国消费水平，都难免以偏概全。但是，关于中美物价对比每次都能成为热点，还是源于人们对于目前生活成本的在意。说实在的，衡量百姓生活负担，比单纯比价来得更实际一些。

简单对比并不全面客观

专家分析认为，由于北京与纽约两大城市在经济结构、收入水平等方面存在巨大差距，导致价格构成存在很大差异，简单的价格对比很难有说服力，而且容易造成误解。

首先，中美税制结构和征税方式差异较大，导致商场标价和消费者最终实际给付的费用，可能存在较大差距。比如美国商场的标价是裸价，而我国的标价是含税价格。仍以Levi's牌牛仔裤为例。

经典款501号在中国的官方网站售价是799元人民币，在美国官方网站标价为64美元～98美元，且需要支付3%～9%的消费税。也就是说，在纽约商场看似比北京便宜很多的这款牛仔裤，其实和北京的市价差距并不很大。

其次，拿美国的打折价与国内的正价相比并不合理，拿美国的折扣价格和中国的正价相比，价差当然就扩大了。

最后，我们比较的未必是同一事物，大家很难选定完全可比的标的物。以年轻人支出最大的居住成本为例，在北京国贸附近，环境比较好的小区，一居室的租金在5000元/月左右，而在郊区一两千元也能租到一居室。如果拿北京和纽约不同地段的房租相比，显然并不科学。即便在地段相当的区域，也很难确定房子的房龄、装修、交通、配套设施等一系列条件是否类似。

美国人工比中国贵让人难高兴

网帖说，“纽约市的理发价格是北京市的5倍以上”，这并不能说明中国物价水平不高，更无法佐证“中国物价压力比美国低”，根本让人高兴不起来。

不能只看到美国服务价格比中国服务高多少倍，而忽略了美国收入是中国收入N倍的现实差距。

物价是收入和消费能力的市场化体现，月收入数千美元的美国人掏20美元理一次发与月收入千把元人民币的中国人掏10元人民币理一次发，实际上后者的消费压力远远大于前者。

美国人工服务价格高于中国，反衬出的恰恰是中国劳动力价格的低迷。资料显示，我国居民劳动报酬占GDP的比重，在1983年达到56.5%的峰值后，就持续下降，2005年已经下降到36.7%，22年间下降了近20个百分点。形成鲜明对比的是，资本报酬占GDP

的比重上升了20个百分点。

换言之，中国服务价格较低也是以廉价劳动力作为代价的。这是一种极不公平的薪酬“定位”，隐喻着经济突飞猛进中的结构性风险，也是劳动者价值被严重低估的现实表征。

物价对比隐喻民生焦灼

中美物价对比，尤其是拿北京和纽约的物价比对，很有意味但又没有意思。客观理性的中美物价对比确实需要，有助于理清国内模糊不清的认知。但是，如果说舆论仅仅止于中美物价的技术比对，依然是浅尝辄止的。其实，民意热衷于中美物价对比，实际上是在抒发焦虑的情绪，也可以说代表了民生焦灼。

CPI连续三个月维持在高位“6时代”，通胀压力已经让民生痛苦不堪。从肉到蛋，物价一个劲地飞涨，但是收入水平，却一直跑不过通胀速度。

有专家表示，这是社会底层最现实主义的民生，应该充分重视。在这种现实主义的焦灼面前，任何理性的经济学分析，都是孱弱无力的。毕竟，导致中国物价畸高的因素，诸如税制不同、流通成本云云，不仅无法让民众缓释焦灼，反而验证了政策层面亟须对不合理超负荷的税负和流通体制进行流程再造的必要性。

一个国家的物价绝对不能孤立看待其高低，必须与国内居民收入对比，才能真实反映百姓对物价的承受能力。

由于北京与纽约两大城市在经济结构、收入水平等方面存在巨大差距，导致价格构成存在很大差异，简单的价格对比很难有说服力，而且容易造成误解

也有专家认为，通过中美物价对比，我们应该增强两手抓的急迫感：一手是大幅度增加百姓收入，大幅度减轻百姓税费负担；另

一手是坚决把高物价摁下去。

价格对比只是数字比较，反映的却是民生问题。或许，只有当人们的收入能保持合理增长、负担相对减轻、对生活质量更加满意时，物价对比才会成为一个更轻松的话题。

第五节　通胀成因与对策

通胀的成因

对这次物价上涨产生的背景和根源，众说纷纭，莫衷一是，有说存款利率过低造成的，有说外来热钱导致的，有说国际上大宗商品涨价带动的，还有说是农民工短缺、工人工资上涨引发的等等。

专家认为，通货膨胀都是发生在经济体系中拥有过多货币的时候，这导致了商品价格上涨。当然，如果一个家庭有两个主要的财富来源——资产增值和收入——增值的速度等于或超过通货膨胀上升速度的话，通货膨胀的负面影响将被删除。然而，正如我们曾经一次又一次看到的那样，情况并非如此。原因在于，虽然最低工资增加了，但商品的整体价格已经超过了近几年的平均工资增长。

资料显示，我国的边际产出效应自 1994 年以来出现了直线下滑。由 1992 年的 0.39 降到了 2009 年的 0.2，也就是说，上世纪 90 年代初 2～3 个投资单位可创一个 GDP 增量，而现在 5 个投资单位往往还得不到一个 GDP，这意味着投资出现了大面积资源误配和错投。

有专家表示，2011 年的物价上涨主要受以下影响：

成本上升影响。近年来，随着我国经济快速发展，资源消费需求持续增加，各类资源性产品价格不断升高，并引起劳动力、土地等价格相应上涨，而这些生产要素是计入生产成本的，其价格上涨也最终体现到了商品价格中。

输入性影响。当前，我国经济与世界经济的联系日益紧密，世界经济对我国发展的影响不断扩大。其中，棉花等大宗商品对外依存度较高，国际市场的“风吹草动”会影响国内市场。例如，2011 年 2 月 25 日，国际期货市场的大豆、棉花价格，一年内分别上涨了 46.1％、126.4％，直接推升了国内相关商品价格。美国实施新一轮量化宽松货币政策，加剧了国际大宗商品涨价趋势。

自然灾害影响。这两年，极端天气现象较多，从西南冬春连旱到中东部持续低温，从南方多次暴雨和台风到北方小麦主产区冬春连旱，长江中下游还先后遭遇干旱和洪涝，可谓“一波未平，一波又起”。这给许多农产品生产带来很大困难，加剧了供需矛盾。

流通环节影响。目前我国粮食、蔬菜等农产品生产正逐步向优势区域集中。山东、河北、河南三省蔬菜产量占全国产量近 40％，海南反季节蔬菜有 78％销到外地。这种区域结构变化，是工业化、城镇化发展的必然结果，但也需要多环节、长距离的流通，势必增加成本。特别是自然灾害多发，增加了运输困难，推动了物价上涨。

流动性影响。近两年，我国货币信贷供应规模扩张较快，2009 年和 2010 年的银行新增贷款规模分别为 9.59 万亿元和 7.95万亿元，加上境外“热钱”流入，流动性持续充裕，加大了物价上涨压力。

投机炒作影响。由于市场秩序不规范，部分游资借势、借题炒作，客观上炒高了某些商品的价格，主观上强化了市场涨价预期，成为物价上涨的重要推手。

防通胀的三大对策

清华大学经管学院教授、中国著名经济学家魏杰，在南京理工大学为 EMBA 学员上课时，曾提出了防止通胀的三大对策。

他认为，首先是灵活货币政策。我国的货币政策应该是该松松、该紧紧。要具备高度灵活性、针对性，该松动一下的时候就松动一下，该收的时候就要收，要在二者中间找到平衡点，既不能通胀上升太多，也不能增长速度下滑太快。

其次，是要进一步启动投资。魏杰表示，投资有三种类型，政府投资，企业投资（又称生产性投资），公众投资（又称资产投资），魏杰指出，在这一轮经济周期真正能发挥启动的只有企业投资。魏杰认为，增加投资主要集中在企业投资上。

“我们要活跃企业投资，但同时发现企业投资难度比较大，因为产业结构有问题。”魏杰表示，有些企业处在生产能力过剩的领域，就不可能再增加投资，而要增加投资必须从生产能力过剩的领域撤出来进入短缺领域，这个过程就是所谓的结构调整。

魏杰指出，本轮产业结构调整有三个主要特点：第一是产业结构的升级换代；第二是大力发展战略性新兴产业；第三个是大力发展服务业。魏杰指出，进行这种结构调整有赖于一个重要的前提条件，就是我们要拥有核心技术，没有核心技术的话，这一轮结构调整就是空话。

再者，是增加消费。魏杰认为，这里有两个问题必须解决，第一是关于房地产的问题，第二是国民收入分配问题。魏杰认为，理性地看待房地产市场就要正视这样的现实：未来房价不会一路走低。我国的房地产调控政策从来没有提过打压房地产，而是要抑制房地产价格上涨过快。

魏杰认为，目前，国家财政收入年增长率在20%以上，企业利润增长率在13%左右，前两者增速均高于GDP增长速度，只有居民个人增长收入低于GDP增长速度，在6%左右。因此要拉动消费最根本的还是要改革国民收入分配结构。

第六节　稳中求进开新局

“涨”字刺痛总理心

2010年的最后一个周日，温家宝总理走进中央人民广播电台的直播间与听众对话，当听到有网友评价说，“涨”字无疑将成为今年的关键词时，总理动情地说，“这一番话刺痛了我的心。”

2011年8月21日东方网消息：“参加昨天在新加坡举行的关于中国宏观经济和宏观政策论坛的部分专家表示，中国通胀率在7月份或已达到高点，此后物价水平有望渐趋稳定。

种种迹象表明，中央政府正在试图扭转这一严峻的局面，以确保社会和经济的稳定发展。从年初的国务院推出楼市调控政策、国家发改委等部门对日化用品企业、酒类企业、行业协会进行密集约谈，再到日前的国务院总理温家宝在浙江调研时强调，稳定物价总水平是当前宏观调控的首要任务，无不显示这一决心和努力。”

2011年11月份CPI同比涨幅为4.2%，比上月回落1.3个百分点，比年中峰值回落了2.3个百分点，这说明价格调控取得了明显成效，但是物价仍居高位。12月份的CPI创下15个月来新低，居民消费价格总水平同比上涨4.1%，延续了涨幅回落态势。

稳定物价是2011年经济工作的头等大事，国家发改委有关负责人表示，各类企业要加强社会责任，不得随意搭车涨价，更不许串通涨价、哄抬物价。国家有关部门正全力促生产、保供应、畅流通、稳价格，特别是对关于国计民生的价格加强调控。

有专家疾呼，问责不能浮于表面。各地各级部门应制定详细的问责机制。只有将问责落到实处，才能避免调控措施被“架空”。

稳增长　控物价

2011 年 12 月 14 日，一年一度的中央经济工作会议在北京闭幕，会议定调明年经济社会发展的总基调是“稳中求进”。会议提出，要把稳增长、控物价、调结构、惠民生、抓改革、促和谐更好地结合起来。稳增长，就是坚持扩大内需、稳定外需，努力克服国内外各种不稳定、不确定因素的影响，及时解决苗头性、倾向性问题，保持经济平稳运行。控物价，就是继续采取综合措施，保持物价总水平基本稳定，防止价格走势出现反弹。

对此，专家指出，正如中央经济工作会议所指出的，当前我国经济发展中不平衡、不协调、不可持续的矛盾和问题仍很突出，经济增长下行压力和物价上涨压力并存。受诸多不确定因素影响，对 2012 年的通胀形势不能掉以轻心。

与 2010 年的会议一样，稳增长仍然被放在重要位置，但不同的是，对于 2012 年的经济工作要求，在“稳”之外，还要“求进”。会议强调，将继续实施积极的财政政策和稳健的货币政策，保持宏观经济政策的连续性和稳定性，增强宏观调控的针对性、灵活性和前瞻性，继续处理好保持经济平稳较快发展、调整经济结构、管理通胀预期的关系。

中国社科院中国经济评价中心主任刘煜辉认为，从“保增长”到“稳增长”，重点在于防止风险和波动，意味着政府不会像以往那样采取大规模的经济刺激计划应对目前经济下滑的局面。

刘煜辉表示，未来财政政策或将一改扩张趋势，呈现回归收敛的状态。他分析称，2012年资金面会“相对宽松”。随着政府经济活动减弱和财政需求的下降，中国的结构性减税空间也将得到拓展。

虽然2012年货币政策仍然被定调为稳健，但多数市场人士认为，货币环境将逐步趋于宽松。高盛高华中国宏观经济学家宋宇认为，虽然政策基调调整，但在实际操作中仍会有一定的灵活空间。

此次会议特别强调，要发挥好资本市场的积极作用，有效防范和及时化解潜在的金融风险。

“这次会议还提出要坚持房地产调控政策不动摇，促进房价合理回归，体现了中央的坚定决心，意味着此轮房地产调控政策一定要达到预期的、明显的效果。”中国人民大学经济学院副院长王晋斌表示。

英大证券研究所所长李大霄认为，这次会议的一个重要看点就是明确提出扩大中等收入者比重，并以此作为扩大内需的着力点。他表示，扩大群众消费需求的前提，就是要增加收入，本次会议不仅提出要合理增加低收入群众收入，还首次明确提出要提高中等收入者比重，这将有利于真正提高更大范围的老百姓消费水平。

楼市篇

文/李　吉

第一节　楼市步入合理回归

楼市入冬

2011 年 12 月 19 日国家统计局发布报告，11 月份我国 70 个大中城市中，新建商品住宅(不含保障性住房)价格环比下降的城市数量达到 49 个，比上月增加了 15 个。

报告显示，在 70 个大中城市中，上涨的城市仅有 5 个。涨幅最大的是贵阳，也仅是 0.2%；兰州等 4 个城市均为 0.1%。

二手房市场也是如此。70 个大中城市中，价格下降的城市有 51 个，持平的城市有 12 个。与 10 月份相比，11 月份环比价格下降的城市增加了 13 个。

值得指出的是，以往楼市涨价领头羊北京、上海、广州、深圳、杭州楼价均显疲态，新建住宅价格指数 11 月份环比均为 99.7。有业内机构指出，中国住宅销售均价已经连续四个月下降，累计销售面积和销售额增速也均出现放缓。北京一些开发商由于银根紧张，也开始以降价来换取销售量，但市场观望气氛仍浓，显示中央政府调控楼市已初步达到调控预期。

房企降价抢市场

2011 年 5 月，上海恒大地产率先打响本轮调控房企降价“第一枪”，对全国 40 个楼盘实行 8.5 折销售。

促销前，恒大日销售额 6400 万元；促销后，攀升至 1.35 亿元，增长 110%。

6 月，地产老大万科紧接着推出上海项目琥珀臻园每平方米

25000 元的特价房 50 套，该价格较之网上房地产预售申请所报的每平方米 27000 元下调了 2000 元。

保利、绿地也是促销的“先锋”，其中保利上海某楼盘售价从 2 月的 18500 元下调到 6 月的 16500 元，同时赠送面积从 8 平方米增加到 35 平方米，实际测算下来价格下跌 30%左右，使得该案所推出的 216 套房源当天就几乎被抢购一空。

绿地分布在全国 41 个城市的全部项目进入优惠月，优惠幅度也在 10%～20%之间，其中打 7.8 折的蔷薇九里开盘即成交了 51 套房源。此后一些项目通过明降或暗降的方式，也比前期售价或报价低了 10%～30%。

从 10 月开始，龙湖地产等一线房企也启动“抢收”行动，以“微利价”甚至“成本价”甩卖新开项目房源，以期快速消化库存、回笼资金。

前不久，珠海一开发商在媒体上登通告，主动对老业主进行总额 7000 多万元的差价补偿！该项目将对已预售的精装修单位进行 2000～4000 元/平方米不等的调价销售，开售前，对此前购精装修房的 200 余名老业主进行差价补偿。据了解，这也是广东首例公开给老业主降价补偿的楼盘。公告当日有 20 多户业主与开发商签订了补偿协议。

房价还有下降空间

万科金色领域的筑底价、银城千花溪的成本价、托乐嘉花园的“让房价回到 2005 年”，南京楼市的降价楼盘层出不穷，降价风也几乎席卷了各大板块。从买房人的反应来看，降价到位的楼盘还是有不错的销量，然而，有更多的买房人在问，现在的房价究竟有没有到底呢？

南京365地产家居网一位业内人士认为，如今不少楼盘都是“贴”着成本在卖，利润空间已经相当薄了，不过开发商卖房从来就与成本无关。

“房价是市场供求关系的变化所决定的，市场好的时候，数倍于成本在卖，市场不好的话，亏了也得卖，都是一样的道理。”该人士说，有的上市企业为了冲今年的业绩，年底突击开盘，而且价格颇低，其中有不少达到或接近成本线，一旦有需要，跌破成本也不是没有可能。就江宁以及江北等地的楼盘来说，由于当初地块价格便宜，“谷底价”并没有出现。

2011年楼市限购令

调控，是2011年楼市的第一大关键词。“限购令”出台，立竿见影，所到之处无不扮演“杀手锏”的角色。紧跟着，银根缩紧、首套房利率上升、配建任务绑定……开发商们开始“Hold不住”了。

一边是销售量的急速萎缩，另一边，从2011年年初开始，央行六次上调存款准备金率还没让开发商缓过气来，10月中旬，首套房贷利率上浮5个百分点的举措，给楼市一波打击。即使房贷申请没有被打入“冷宫”，这一利率水平也意味着购房者的实际利息成本增加了30%～40%。

“对于房产中介来说，这个冬天不是一般冷，算得上是极寒。”

一位已经离职的房产中介公司高管如是说。11月以来，业内频频爆出“门店倒闭”、“欠薪”消息——昔日仰仗房地产业荣光的房产中介，如今，不得不直面艰难。不少中介机构一个月的亏损额度已经达到了300～400万元。

随着楼市价格体系的日益松动，不少购房者看到了更大的降价希望。尽管大部分的入市楼盘在定价上费尽心机，不仅在价格上，甚至在姿态上也更加亲和。但是都敌不过购房者“想要再看看有没有更便宜的楼盘”。

多数人认为，在房源供应充足以及政策压力之下，开发商有降价促销的冲动。目前这种观望的气氛正在中国各地上演，“再等等吧”，是许多购房者的共同态度。

随着房价下跌，人们看到了人群“围堵”售楼处的场景，这里有因房价“陡降”造成的“抢房者”，也有因房价“陡降”造成的“退房者”。有的出于开发商的承诺没有兑现而义愤填膺，有的则因房价陡降“捡漏”而欢欣鼓舞。

越来越多的开发商意识到，调控不松动，以价换量、先走为妙才是王道。以杭州为例，从近郊楼盘推出小幅度打折促销开始，到主城区楼盘价格松动，再到以“新湖武林国际”为代表的市中心楼盘“破冰”，再到临近2011年终，开发商打出成本价“贴身肉搏”，以及变着法子用“团购”、“补差价”等营销策略引人眼球。

在调控的组合拳下，降价的“星星之火”越烧越旺。一波又一波的价格战，直接推动了杭州主城区的价格竞争。

第二节　房价在博弈中走低

各地出台限购令

2011年1月26日，国务院发布通知，明确规定各直辖市、计划单列市、省会城市和房价过高、上涨过快的城市，在一定时期内，要从严制定和执行住房限购措施。

1月底，青岛率先出台新版“限购令”，北京、上海、广州等一线城市紧随其后。接着，天津、南京、南昌、无锡、厦门、武汉、成都等

40 多个城市出台“限购令”细则。

在已出台本轮调控细则的城市中，无一例外地采取对户籍及非户籍家庭绝对数量上的控制。而在针对外地户籍购房需要提供的社保或纳税的年限要求，以及限购区域的范围上，各地均有不同。

其中，北京版“限购令”被称为“史上最严厉”的限购，对拥有 2 套及以上住房的北京市户籍居民家庭、拥有 1 套及以上住房的非北京市户籍居民家庭，以及无法提供北京市有效暂住证和连续 5 年(含)以上在北京市缴纳社会保险或个人所得税缴纳证明的非北京市户籍居民家庭，均采取了暂停在北京市向其出售房屋。

上海则对在本市已有 1 套住房的本市户籍居民家庭、能提供自购房之日起算的前 2 年内在本市累计缴纳 1 年以上个人所得税缴纳证明或社会保险缴纳证明的非本市户籍居民家庭，限购 1 套住房。对在本市已拥有 2 套及以上住房的本市户籍居民家庭、拥有 1 套及以上住房的非本市户籍居家家庭、不能提供 2 年内在本市累计缴纳 1 年以上个人所得税缴纳证明或社会保险缴纳证明的非本市户籍居民家庭，暂停在本市向其售房的措施。

在许多地方细则出台的推动下，“限购令”的范围正在逐步扩张，由东部一线热点城市向中西部城市以及二三线城市全面铺开。

在中西部城市中，成都和贵阳版“限购令”均较为温和，其中成都版“限购令”限购区域为本市主城区，没有涉及郊区郊县，而在针对非本地户籍限购门槛上，也没有规定本市纳税证明或社会保险缴纳证明最低年限限制。而在贵阳版的“限购令”中，更是仅限定“市中心城区人口密集、房价过高、一环内的住房”，比成都只限主城区范围更窄。在其他主要二线城市中，南京、太原也均将限购区域定为本市市区。

众说纷纭限购令

北京购房新规发布当天，拥有300多万微博“粉丝”的北京华远集团总裁任志强发博称：“自己的土地供给政策出错，非怪消费者买房买多了？城市化就是将非城籍人口变成城籍人口的过程。都不许买房又怎么可能城市化呢？北京奥运之后就不再欢迎‘你’了？”

2月17日，北京市委机关报《北京日报》刊载了“北京房协副秘书长”陈志的答问。他相当肯定地说：“这不是排外政策。这体现出政府希望留住人才在北京长期奋斗，使这些人才在推动北京发展的同时，实现个人梦想。”他还建议：“在北京工作的外省市户籍人可以先通过租房满足需求。”

2011年9月7日，《人民日报》记者与中国房地产协会副会长朱中一、中原地产市场分析师张大伟就限购令展开对话。

《人民日报》：老百姓都很关心，限购令会执行到什么时候？这是临时举措，还是长期政策？

张大伟：限购是本轮房地产调控开始以来最有效果的政策。北京等城市实行限购以来，楼市成交量一路走低，成交价格下降的趋势也越来越明显。如果继续严格执行，房价进一步下降几乎是肯定的。限购范围扩大到二三线城市，对市场的影响会比较大。本地投资需求和一线限购城市的转移投资需求双重压力，使得全国的房地产市场需求集合在二三线城市释放。而二三线城市房价的继续上涨，也影响了一线城市调控的效果。那些认为市场调整幅度不会太大的购房者将发现，这轮楼市调控的力度会比想象的大，对市场的影响也会比预期的大，观望情绪将再次升级。

朱中一：不少人猜测，限购是临时措施、短期措施，很快就会结束。受宏观经济形势的影响，政策甚至有可能转向。但是，回顾这一轮房地产调控，尤其是近期把限购范围扩大到二三线城市，体现了国家要把房地产调控坚持到底、毫不动摇的决心。显然，如果调控不能达到预期的目标，限购政策恐怕不会放松。除了房价稳定的短期目标，调控的长期目标是推动住房制度深化改革。如果中长期制度改革跟不上，限购政策会继续持续下去，持续时间至少将达到1～2年。我认为，在目前这种情况下，对部分城市的投资投机型需求采取限购，是十分必要的，也应该继续执行。

《人民日报》：一些人担心，限购这种行政手段，有可能对房地产市场带来负面影响。这种负面影响会是什么？怎样缓解？

朱中一：要降低限购可能带来的负面影响，关键是如何利用好限购政策执行期间，房地产市场比较稳定的大好时机，抓紧进行制度改革，抓紧进行保障房建设。这是一场赛跑，如果制度改革的步伐慢了，限购的负面影响就会更大。关键性的制度改革，主要包括土地招、拍、挂制度改革、房产税改革、房地产金融制度改革、财税制度改革等。近期，北京等地不断探索完善土地招拍挂制度，房产税也有可能进一步扩大试点，这些都是制度改革不断推进的好消息。从宏观角度看，还应该加快转变经济发展方式，进一步降低经济增长对房地产、土地财政的依赖，实现良性循环。只有这些制度改革跟上了，限购才能真正起到作用，房地产调控也才可以说取得了成效，我们为限购付出的代价也才是值得的。

“高房租时代”来了吗？

2011年2月10日，新华社“新华视点”栏目的一篇报道说，近期，一份对全国31个省份4060名租房者的调查显示，81.6%的人觉得上一年的房租上涨幅度较大。一些房产中介的统计显示，部分城市上年的房租涨幅超过10%。

限购会不会让房租一路走高呢？2 月 21 日，广东的《羊城晚报》发出报道："调控后一线城市房租涨势凶猛，租金大约上涨 10% 左右"。另有媒体报道说：北京 2011 年春节后租房市场新增房源的平均报价比节前增长了 14%。高房价问题会不会向高房租方向演进？有人就认为，限购已经让高房租时代到来。

对此说法，《人民日报》予以反驳。该报 2 月 21 日刊登"楼市限购令会否影响房租"的稿件，承认租房市场需求上升、价格上涨，但指出："并没有异常情况"，并引用北京中原地产市场分析师张大伟的话："把限购看作房租上涨的主要原因，这个判断是不成立的。"

《人民日报》的报道说："大量的年轻人及低收入者将会也应该以租住为主。"

由住建部等七部委联合制定的《关于加快发展公共租赁住房的指导意见》，首次把单身人士与非本地户籍的"外地人"纳入公共租赁住房保障范围。《半月谈》就此刊文称，这传递出维护民众住房尊严的民生思路，"租房人拭目以待"。

"十二五"期间，全国将建造数千万套保障性住房，公租房会成为其中的"主力军"。具有保障性质的租赁房源，不但能够满足中低收入人群的租房需求，也将成为平抑房租过快上涨、促进租房市场平稳健康发展的重要"储备力量"。

限购遇上"软抵触"

限购政策实施一段时期后，一些地方的反应不尽相同。以下四种类型较典型：

静观其变型。一些城市主管部门负责人表示，地方土地财政收入锐减，明年如何延续"限购令"，应该进一步观察。

明修栈道型。2011 年 10 月 11 日，广东佛山市住建局发文替

“限购令”松绑，提出本市户籍家庭在现有住房套数基础上，允许增购一套每平方米7500元以下的住房。迫于各方压力，佛山市住建局已宣布暂缓执行该政策。

暗渡陈仓型。2011年11月初，成都市将购房者资格交由开发商审核，并可先办理备案，等到办理房产证时再由房管部门审核。业内人士指出，成都市的做法是利用合同备案与办理房产证之间长达两年的时间差，来为“限购令”松绑。试行一周后，成都市也被迫暂停该政策。

东晴西雨型。南京、常州放松公积金住房贷款，马鞍山市对首套房免契税。业内人士评价说，表面看上述城市没取消“限购令”，但其目的仍然是为楼市“松绑”。

房价因限购而下降

早在2010年4月，随着“新国四条”和国务院《关于坚决遏制部分城市房价过快上涨的通知》颁发，三套以上购房被暂停发放贷款，表明我国将逐步推出楼市限购和限贷政策。

随后，全国40多个城市也先后出台了商品房限购措施等。中央要求，各省在年初制定本地房价调控的明确、量化目标，公之社会，达不到的要约谈甚至问责。

无疑，“落实地方政府责任”，具体而明确，让新政效果有了可以预期的结果。

一场看不见的博弈就此展开。

在建行广东省分行主办的“2011年货币政策与经济趋势高峰论坛”上，经济学者谢国忠预言，房地产市场的拐点出现了。

新华社2011年2月10日的报道认为，在“最严调控”升级的压力下，楼市步入降温通道：1月成交显著萎缩，春节楼市跌入“冰点”。报道说，随着紧缩政策陆续执行到位，调控“战果”有望扩大，2011年房价将得到一定遏制。

限购和保障房的合力，终于让高企的房价逐步低头。

2011年11月，房价“拐点”出现。北京等地，部分远离市中心的楼盘开始大幅降价。一些城市出现“退房潮”。

国家统计局数据显示，11月国房景气指数创下28个月新低，仅为99.87，接近2008年10月全球金融危机时候的99.68的数值。

截至2011年11月，大部分已限购城市的住宅成交量大幅下滑，且“限购”执行严格的城市成交下挫更为明显。

市场分析人士认为，经过一年的调控，绝大多数城市房价下行趋势已经确立。事实证明，抑制房价过快上涨的调控目标已经基本实现，调控取得了阶段性的成果。

持续的调控，还使中国土地市场明显降温。北京中原地产市场研究部数据显示，2011年前11个月，全国130个主要热点城市土地出让金收入为1.18万亿元人民币，同比减少5200亿元，下降近三成。

有分析认为，未来房地产调控大方向，将是以房产税等经济手段来逐步替换“限购令”等行政手段。

经济学家谢国忠坦言，未来的十至二十年里，中国可以面临一个光明美好的未来。房地产泡沫就是挡在美好前程路途上的破坏性力量，我们必须控制它，别无选择。

第三节　保障房：楼市中的一把火

2011年中央经济工作会议提出，要坚持房地产调控政策不动摇，促进房价合理回归，加快普通商品住房建设，扩大有效供给，促进房地产市场健康发展。

《人民日报》记者撰文称，2011 年和过去的几年一样，楼市让人牵挂，让人纠结。上至中央，中至地方政府，再到地产商以及普通百姓，无不关注着极为简单又极为复杂的两个字：房价。这一年，调控力度空前；这一年，保障房建设史无前例给力。

房产市场开始转身

限购和保障房，连同国家决心等其他因素，共同形成一股合力，将社会对楼市的预期及楼市本身，推到“回归合理”的方向和轨道。

2011 年 1 月，国家住建部宣布，2011 年我国将开建保障性住房 1000 万套，比 2010 年的 580 万套增长 70%，其面积大体相当于 2010 年全年商品房的供应量，创历年之最。

而按计划，“十二五”期间，国家将建设 3600 万套保障房。这些数字的背后，是艰巨的任务。盖如此多的房子，需要大量的地，大量的资金，大量的设备，国家具备这些吗？

事实证明，看似“不可能完成的任务”进展不错。11 月 10 日，住建部称，截至 10 月底，2011 年全国城镇保障性安居工程开工已超过 1000 万套，实现了年初计划的目标任务。这为“十二五”期间的计划开了个好头。

专家认为，由政府主导的这一轮大规模保障性住房建设，将解决楼市供应量稀缺的短板，有效改变房产市场结构。

目前，我国的住房市场供求关系，仍然处于住房数量少于城镇居民户数的状态，实际上这也是造成一些地方房价、租价快速上涨的重要原因之一。

从第六次人口普查的结果看，对一些大城市来说，住房矛盾更突出。以北京、上海、广东为例，这三个省市的人口绝对量占全国人口的比例均呈现上升状态。也就是说，随着城镇化，一方面是农村人口进入城市，每年大概有1500万农民工进城务工；另一方面小城镇、中等城市的人口也在向大城市迁移，加剧着大城市的住房短缺矛盾。

为了确保供应量，国土资源部和国务院的文件明确提出对保障性住房用地要做到应保尽保。特别要求，对保障性住房和中小户型商品房的供地不能低于整个住房供地总量的70%，并且作为刚性指标。

保障性住房的出现，不仅改变了现有的房地产市场局面，而且可以平衡、稳定房价。以2010年为例，全国商品住房的供应量为840万套。而在2011年，仅保障性住房新开工就达到1000万套。即使以竣工量计，按照主管部门要求的至少400万套来看，可以很大程度解决中低收入群体的住房问题，从而减少商品住房的供应压力，避免因为供应紧张而造成房价上涨。

国家住建部相关负责人表示，"十二五"时期，在全面完成3600万套保障性住房的同时，再增加普通商品住房的供应，使住房的保有量和居住人口的数量实现一个基本的平衡。

保障房增量将成为"主基调"

2011年12月22日，《新民晚报》披露，"商品房减量、保障房增量"将成为"十二五"上海住房规划的基调。

上海市房管局副局长、市房地产经济学会会长庞元指出，"十二五"期间，上海将实现新增供应各类保障住房100万套，包括共有产权房40万套，公共租赁房18万套，动迁安置房35万套，这样的规划安排主要基于总量保持不变，结构优化调整的考虑。

庞元认为，"十二五"期间住房发展应和社会人口的发展，家庭结构的变化更加紧密地集合，统筹安排住房建设规模和各类住房供应的比例，使各类保障性住房在面积上占到新增总面积的接近50%。

由于上海市场化住房市场的套均面积是102平方米左右，保障性住房的套均面积是70平方米左右，按照面积比接近一半，套数比可能将“四六开”。

庞元分析认为，上海的共有产权房其核心内容是将住房的产权与使用权相分离，保障对象根据共有产权房两次定价原则，按出资额获得相应比例的产权。对于保障对象而言，共有产权房既解决了居住困难，又可以享受房产增值的收益，为今后家庭条件改善时进入住房市场提供了可能。

当前房地产市场调控已经进入了关键时期，庞元预计，“十二五”期间市场商品房将大幅减量，以达到平抑房价的调控目标。整个住房供应体系将形成全产权房（商品房）、半产权房（共有产权房）、无产权房（租赁房）三大类型。

保障房制度尚需完善

专家认为，通过这一轮的房地产调控，保障性住房建设和完善房地产市场调控正在形成为促进房地产稳定发展的两把“钥匙”：一方面，加强保障性住房的建设，增加房屋有效供给，有利于房价的稳定和房地产的平稳健康发展；另一方面，通过加强和完善房地产市场调控，稳定房价，会明显降低保障性住房的投资成本。

如果上述手段能够继续得到严格执行，一个良性房地产市场环境的形成，可以期待。

与此同时，专家认为，不容忽视加快保障房制度的建设和完善。

实践证明，有的地方的保障性住房在一定程度存在种类多、保障范围不规范、保障标准不统一等问题。特别是产权式保障与租赁式保障双轨运行,加上保障性住房供应退出机制建设滞后,导致保障对象和保障待遇差距巨大,容易形成“一年的核定享受一辈子的福利”,也容易出现寻租现象。

故而,加强制度建设,甚至是立法,是确保保障房发挥其房价调控功能的重要一步。

第四节　开发商拿地热情趋冷

2011 年 9 月,在广州举办的最大规模卖地会上,开发商们很不给“面子”,导致不少土地流拍,对此,业内人士表示“非常惊讶”。

2011 年 10 月,上海的土地市场迎来 10 连拍,总成交金额达到 32.38 亿元,无一流拍。个别优质宅地仍获得几十家开发商的关注和追捧,但并未出现高溢价率。

北大公共经济研究中心研究员韩世同就此对媒体表示“结果太令人意外了,原本以为至少有几块土地会存在竞拍的情况”。也有业内人士认为,是“国家宏观调控令土地市场日渐冷清”。

其实,广州、上海等地土地市场的困境只是全国的一个缩影。接二连三的土地拍卖会传递了这样一个信号,当前土地交易市场显露趋冷态势。更有媒体分析,在各种楼市调控政策的催化下,2011 年以来,开发商资金回笼缓慢,市场预期悲观,拿地热情骤降,流拍和底价成交依旧将贯穿整个土地市场。

业界人士认为,近期开发商资金开始吃紧,使得他们拿地比较谨慎。最近开发商销售资金回笼并不是太多,此外不少大型开发商还有在建项目需要投入资金,因此拿地开始趋于谨慎。

地价的持续“低迷”，在某种程度上也意味着未来房价的高价空间不会很大，国家对房地产市场持续的宏观调控政策已经开始显现巨大的威力。

目前，土地市场遇冷的情况还在继续，最直接的反应就是全国范围内的土地出让金大幅减少。

数据显示，尽管土地成交面积相较2010年并未出现太大下滑，但全国2011年前8月土地成交金额大滑坡，不足2010年全年一半。

在上海，2011年前8月土地出让金为743.1亿元，仅为2010年全年的48.4%。虽然上海土地出让金出现大幅下降，但是743.1亿元的总收入还是超过了北京、天津、杭州等城市，位列全国第一。

2011年，北京住宅土地出让规划建筑面积约900万平方米，环比去年的1449.56万平方米，下降了38%；而住宅类土地出让金约在460亿元，环比2010年的1061亿元，大幅下降近57%，创3年来新低。

对此，北京中原市场研究部总监张大伟认为，在数次提高存款准备金率及信托渠道收紧的情况下，销售速度同时放缓导致回款难，这些都使得开发商资金压力加大，影响了他们的拿地能力。

随着土地市场价格的逐渐稳定，可以预见，未来房价的成本将有所降低，对于房价逐步理性回归有着积极的作用。

第五节　资金与房价

卖房套现者增多

“再拖延几天时间，钱一定会打给你的。”放下手中电话，海口市区一加工厂负责人张先生简单整理下衣领匆匆地来到了一中介售楼处询问:“110 平方米的二手房现在套现,你们出多钱?”

“资金比较紧张,卖房套现也是无奈之举,”市民秦女士说,朋友的资金也较紧张,算了,还是卖房吧。

诸如此类受资金链紧张影响,一些海口市民坐不住了,选择卖房套现。前不久,在海口市某大型房产专业网站上,此类急售房源的信息有上百条。更有中介透露,现在他们成交的交易中卖家绝大部分是因资金链紧张卖房套现的投资人。

在海口某知名房产网站上输入关键词“二手房套现”之后,看到的房源信息有上百条。这些页面信息中充斥着“急售”、“企业急需资金”、“套现急卖”等字眼,从发布信息的时间来看,基本上是从 2011 年 9 月份开始,断断续续地有所增加,如海润花园小区、现代花园小区、西海岸高档小区等,价格从三十万到三百多万元的房源应有尽有。

绿城地产“被破产”

绿城地产是国内知名住宅物业开发商之一。而自 2011 年下半年以来该公司却多次陷入传言的漩涡,包括海航出价 30 亿求购绿城、银监会要求信托公司调查与绿城有关信托、绿城或从港股退市等。

2011 年 11 月传言更升级至“绿城申请破产”,对此,其董事长宋卫平撰文反驳这是个“冷幽默”。

有记者查阅绿城集团 2011 年半年报看到,截至 2011 年 6 月 30 日,绿城集团土地储备的总建筑面积超过 4069 万平方米,其中总建筑面积约 2533 万平方米归属于绿城集团。同时,绿城集团持有现金 140 亿元左右。

这些数字似乎意味着绿城地产确实如宋卫平所形容，“离破产还有很远的一段距离”。

宋卫平日前就“被破产”事件接受媒体采访，在回应绿城最大问题时，他回应了四个字——资金周转。绿城 2011 年中报显示，绿城的净资产负债率达到 163.2%。业内人士表示，这个数据在整个行业内都是惊人的。

在 2008 年危机后，很多房企都调整发展战略，控制风险，将降低企业负债作为一项关键工作。然而绿城的资产负债率仍然高企，宋卫平承认：“如果绿城缩小规模到现在的 1/3 和 1/2 可能会比较稳健，但我个人认为，我们没有尽力。”对此，宋仍然表示：“这一轮如果我们比较安全地度过，我们是不是以后也要在手上保留相当的现金流，不要让自己的资金链绷得那么紧。”

有些房企选择离开

在市场信心难以恢复、符合限购条件的购房者群体需求被不断压缩情况下，市场库存进一步增长，房企的压力也不断增大，一些房企开始选择逃离地产业务以逃避短期难见结束的市场调整。

2011 年 12 月 6 日，凯德置地公告宣布，公司已将旗下上海凯德新创房地产发展有限公司 100% 的股份转让于一位不相关的第三方，作价 8.52 亿元，上海凯德置地新创房地产公司在上海的唯一资产是位于上海闸北区广中西路 313 号的地块。

2011 年 12 月 9 日，上海实业控股有限公司发布公告，旗下全资子公司上实城发与历冠投资有限公司订立股权转让协议，同意将其持有的拥有青岛市黄岛区东南唐岛湾项目的青岛上实瑞欧置业有限公司 50% 股权转让给历冠投资。

一些房企选择此时卖地及转让项目，主要还是希望缓解自身资金压力。资料显示，2011 年四季度以来各商业银行开发贷款额度紧张，仅少数大型开发企业还存在有限的商业银行贷款运作空间，不少中小型开发企业则均被排除在商业银行贷款的大门之外，使众多房企不得不另辟蹊径来谋求生计。

部分主业非地产的企业撤离楼市，趋势也愈加明显。据不完全统计，先后有华菱钢铁、春兰、上海申达纺织、西部矿业、宏达股份、恒顺醋业、金发科技、水井坊等一批电信、钢铁、制酒等主业非地产的企业宣布剥离旗下地产业务，撤离楼市。

据中原地产市场研究部统计数据，还有包括东方航空、江苏舜天、酒鬼酒业、安徽金种子等主业非地产业务的企业从地产行业撤资或减少相关资产配置。身为央企的中国兵器装备集团也先后转让了蓟门桥地王等资产和部分股权。

第六节　调整还在继续

限购政策在延续

2011 年 12 月 20 日，上海市委副书记、市长韩正表示，上海将继续严格贯彻执行国家有关调控政策，继续加大房地产市场调控力度，继续执行住房限购政策，进一步巩固调控成果，促进房地产市场健康发展。

在 20 日举行的上海市十三届人大常委会第三十一次会议上，韩正表示，2012 年上海经济社会发展，将继续稳增长、调结构、促转型，在保障和改善民生上下更大功夫。同时，上海将加大保障性住房建设和筹措力度，落实公平公正分配，进一步降低准入门槛，使一批年轻白领也能纳入保障。

韩正强调，要继续加快转型发展，围绕物价和收入分配、住房、就业等重点工作加大力度保障和改善民生，创新社会管理，保持社会和谐稳定。

至此，2011 年实施限购令的 46 个城市中，至少已有北京、广州、深圳、上海、青岛、济南、福州、长春、厦门、太原等城市明确表示将在 2012 年继续执行限购政策。

银行的"底线"

为了防范房地产贷款风险，银监会在 2011 年二季度进行了新一轮的房地产贷款压力测试。2011 年 7 月末，银监会负责人表示，压力测试结果显示，即便是最坏的情况，哪怕房价下跌 50%，"我们的不良贷款都可以承受，银行业不存在着被房地产商挟裹这一说法。"

这位负责人说，到 2010 年底，我国商业银行整体加权平均资本充足率 12.2%，资本充足率的提高正在不断提高银行抗风险的能力。现在的拨备已经有 13000 亿，足以抵挡房价理性回归所带来的近期和中短期风险。测试的结果，将加强各家银行落实房地产调控政策的信心。"从长远来讲，对房地产市场的科学调控，对银行是个福音。"

专家表示，银行抗跌的临界点是房价下跌 50%，由于目前中国的商业银行房地产按揭首付较高，房地产信贷在商业银行比重还没有到足以要挟和绑架商业银行的程度，因此即便是房价下跌到 30%或 50%，银行也能抵御。

房产商的"底线"

有专家说，房价下跌 30%到 50%，房地产商恐怕难以承担。但由于房地产商大小不同，所在城市不同，楼盘位置不同等因素，导致无法用一个具体数据来说明，房地产商可以扛住多少跌幅。

如果房价下跌10%到20%，整个行业是可以承受的。但是如果房价真的下降到这个幅度，意味着有些中小开发商将被大企业兼并重组。而有些企业可以扛得住，但是不得不降价销售。这些“扛不住”的表现都要视不同情况分析。

也有房地产开发商表示，如果非要说能承受多少，我认为整个行业可以承受最多30%的降幅。一般情况下，房地产开发企业的毛利率大约超过30%。如果房价下降30%，一部分企业可能会破产。但是大部分企业都可以薄利多销以维持生存。

警惕：补涨因素

由于各地情况不同、房价基数不同，因而同比涨幅持续走高的原因也有所不同，所以要格外警惕补涨因素。有专家将之具体归纳为五个方面：

一是地价驱动房价。如一些一线城市，中心城区可供开发的土地有限，导致市区地价居高不下，均价也随之受到影响，降幅缓慢。

二是补涨。一些二线城市房地产市场起步较晚。前几年，全国各地特别是沿海城市的楼价飙升之时，这些城市楼价一定程度上成了“价值洼地”。近些年，外地的“疯狂楼价效应”才逐步到来，所以“补涨”。

三是在通货膨胀的大背景下，楼价难以独善其身。除土地价格上涨外，房地产业其他方面的成本也在不断上涨，钢材、水泥等建材价格的上涨，劳动力成本的上涨，成了房价上涨的一个隐形幕后推手。成本增加，房屋售价无疑会跟着增加。

四是住房产品结构升级拉高均价。随着一些大型知名房地产企业的进驻和商品房住宅品质的提高，造成一些二线城市不同程度的同比上涨。

五是供求关系决定上涨。一些城市表示，新增的刚性需求部分是伴随城镇化速度加快产生的。还有一些城市，如长沙，年轻人首次置业占购房者的比例一直保持较高水平，这也导致了房价同比增长。

调控仍有压力

中国房地产协会副会长朱中一最近指出，在调控政策不放松，购房者持续观望等态势下，房地产企业的利润会逐步趋向合理化，房价下降之势不可逆转。

和同比环比均有明显下降的城市相比，一些同比涨幅较高的城市在楼市调控上的压力较大，应该具体分析房价上涨的原因，各地应结合本地情况进一步出台新措施。朱中一强调。

据悉，为了加强楼市调控，缓解居住性需求，广州、长沙、洛阳、乌鲁木齐四地的住建部门都提出了要加大保障性住房建设力度。其中，2011 年乌鲁木齐市超额完成保障性住房建设任务，原计划建设保障性住房 1.15 万套，实际建设 1.2765 万套，比计划超额完成 11%。

种种迹象表明，那些房价上涨过快、房价过高的城市，房价下跌已成必然趋势。下一步需密切关注市场变化，尤其要在坚持调控方向、巩固调控成果的基础上。专家呼吁，国家相关部门要抓紧建立中长期制度，促进房价的合理回归，推动房地产市场健康发展。

2012 年楼市怎么走

2011 年末的中央经济工作会议提出，要坚持房地产调控政策不动摇，促进房价合理回归，加快普通商品住房建设，扩大有效供给，促进房地产市场健康发展。

北京中原地产市场研究总监张大伟在2011年12月表示，从2011年调控政策的效果来看，已经达到了上半场的效果，使得楼市价格进入拐点并开始下调。“但是调控政策执行还有下半场，2012年楼市调控的主旨将是促使房价回归合理，目前市场距离房价回归合理还有较远距离。”

专家表示，宏观调控的目的是要约束开发商“魔鬼”的性格，发挥其“天使”的作用，所谓“魔鬼”就是房价飞涨、人人抢房，而“天使”则是指其对人们改善居住条件以及对国民经济的贡献作用。

展望未来，业内人士表示，影响行业发展的长效机制正在逐步建立：保障房制度不断完善，对商品房市场的分流作用将逐渐显现；房产税改革试点范围扩大，可能从根本上改变房地产业格局；土地出让制度将改进完善，使地方政府逐步摆脱土地财政的困扰；房地产开发企业也在市场中不断发展进步。

国务院政策研究中心金融研究所副所长巴曙松认为，房地产行业已进入了一个“分水岭”，正在进行行业洗牌与结构调整，未来将是以改善性需求和中低价保障房同时发展的又一个十年。

就 业 篇

文/张　凡

第一节　东边日出西边雨

国考报名持续升温

“这次考试肯定是砸了！几个热点问题没有准备好。”2011 年 11 月 26 日的“国考”一结束，孙晓然被拥挤的人群裹挟着，从青岛文登路小学考场走出。面对《青岛日报》记者，他挠挠头坚定地说：“明年还准备考，一个师兄就是连考四年才成功的。”

谈起为何要考公务员，孙晓然的嘴里蹦出两字：“稳定”。自 2007 年从中国海洋大学毕业后，孙晓然就在岛城一家外企做人力资源工作，收入不菲，2010 年还被提拔为部门副主管。但是，从 2010 年开始，孙晓然所在公司订单锐减，开始裁人，他虽没有成为被裁对象，但“每天提心吊胆，对公务员心向往之”。

除了孙晓然这样的在职“国考”人员，大学应届毕业生则一直是“国考”主力军。“现在放弃了周末休息，专心备战国考。上午行政能力测试，下午申论，完全按照考试时间复习。”在青岛大学一自习室内，记者遇到了在此学习的陈惠。她告诉记者，宿舍 6 人全都开始备战明年的“国考”，很多人还放弃了考研。

“一次复习，终身受用，性价比高。做国家公务员已成为我们毕业生就业的首选。”陈惠告诉记者，班里差不多有一半的同学想报名参加公务员考试，班里正流行着一句话：“自修室你蓦然一瞥的同学，正在跟你争同一个职位。”

“我现在的工作是考试，工资我爸妈付。”除了应届毕业生，小蕾则是“考碗族”中另一组成部分。自从 2009 年大学毕业后，她便找到了一份“工作”，只不过“老板”是她的父母，分配给她的工作既简单又艰巨，专职考公务员。

小蕾的父母都在岛城一事业单位工作，收入稳定。作为独生女的她，被家人寄予厚望。稳定、体面的公务员工作，是家人唯一能接受的选择。“已经考了两次，其中一次进入了面试，但最后成绩还是不大理想。”小蕾说，“今年的成绩还可以，但报的岗位太热，结果不好说。父母意思是必须考上。”

“应届生、往届生、在职人员、专职考公者……青岛报考公务员的犹如过江之鲫。”岛城一教育培训机构李老师告诉记者，除去极度热门的“国考”，“省考”、“市考”也是热得烫手。

记者从岛城多所高校了解到，在应届毕业生中，不论是学习好的还是学习差的，甚至不论是有点想法还是没多少想法的，第一选择大多是考公务员试试。大学生对待国考，甚至有一种“明知不可为而为之”的心态。很多人表示，参加“国考”就像摸彩票，哪怕机会渺茫，也要摸一把。

近四成高校毕业生欲报考公务员

近日，《南方日报》在针对高校毕业生就业的 2471 份有效问卷中，近八成高校毕业生希望找到的工作能与专业对口；近四成高校毕业生欲闯公务员这座“独木桥”。

“国考”为何被推上“一级大考”的位置？一项国家权威网站的调查显示：报考公务员的原因，排在前三位的分别是：“工作稳定”（40.22%）、“高福利、高保障”（35.46%）、“社会地位高”（26.60%），而只有 8.12%的受调查者选择了“能更好地为人民、为社会服务”。

最近，中国南方人才市场的广州高校毕业生就业指导中心一项调查结果显示，选择“政府机关”就业的毕业生占首位，其次选择国有企业和事业单位。

这几年，选择“政府机关”就业毕业生比例逐年上升，从2009年7.51%，2010年25.31%，到2011年35.68%；选择“民营企业”就业的毕业生逐年下降，从2009年23.72%，2010年4%，到2011年2.72%。一方面公务员热持续，成为公务员意味收入稳定、较为光鲜的职业体面感，这些对毕业生有较强的吸引力，也严重影响毕业生的选择。另一方面，调查显示毕业生择业出现“国进民退”的情况，毕业生在第二第三选择上以国有企业和事业单位为多，选择到外资企业和民营企业的毕业生逐年下降，尤其是选择到“民营企业”的毕业生下降幅度较大。

国考竞争可能更激烈

据统计，国家公务员考试报名从2001年的3万多人，十年间猛增40倍。报名人数已连续多年超过100万。

《青岛日报》记者粗略算了一下，2002年“国考”考录比例是13∶1，2005年是35∶1，2008年是46∶1，2011年是59∶1，2012年是53∶1，从这一历史跨度上来看，“国考”基本上没有降温。

有关专家表示，2012年国考人数减少与政策变化等多方面因素有关，但不能就此判断“国考热”降温。相反，2012年的竞争可能更激烈。

曾多次报名参加“国考”的刘晓韵告诉《青岛日报》记者，2012年用人单位设定的报考限制条件更加明确，也让不少报名者未通过审查。例如报考警察，往年要求纠正视力达到4.8即可，今年则要求裸眼视力4.8。

《青岛日报》记者从2012年招考简章中了解到，今年岗位要求更加具体、明确，往年不限专业的岗位并不少见，但今年很少。记者发现，今年“国考”专业不限的岗位只有20多个，且主要集中在中央机关。各招录机关根据职位需求，设置了具体的资格条件。

“报考门槛的提高，反而让很多热门岗位竞争更激烈”，培训机构的李老师说，2012 年“国考”有 46 个招录职位报考比例超过 1000∶1，其中，国家民委民族理论政策研究室一职位报考比例达到了 4124∶1。

企业频现“用工荒”

与国考热得烫手形成强烈反差的是，近年来不少企业出现用工荒。

2011 年元宵节后首场大型综合人才招聘会在上海展览中心举行。800 多家企业现场募才，共推出近万个岗位。为了在这波“用工荒”中“抢”到合适的人才，不少到场企业急调招聘策略。一些灵活的企业推出多种福利；也有企业出于无奈，把招聘启事中的年龄限制条款悄悄删去。

推出福利组合

“去年招的 500 个工人走了 300 多，总归希望招来的人留得长、稳定一点，不要干个十天半个月，别的地方多给他一百块就走人了。”青浦一家压铸公司人事主管张女士直言不讳地说。在招聘会现场可以发现，除了单纯的涨薪，一些灵活的企业正推出各种福利组合来吸引并留住新一代农民工。其中，技能培训和上网、看电影等“娱乐福利”最受欢迎。

为留住员工，中智薪酬绩效管理咨询中心专家陈洁玮建议，有条件的企业不妨丰富福利种类，体现人性关怀。例如，对已婚的劳务工可设立夫妻房，允许他们携带家属，并可招聘其家属进入公司工作，既解决这一部分劳务工住房问题，同时又能一定程度上拓展企业的招聘渠道。

放宽年龄限制

数控机床老师傅陈先生也来招聘会上找工作，他去年刚从厂里退休，还想“发挥余热”。他和闵行一家石油化工装备公司的人事专员叶先生聊得挺投机。叶先生对他已有录用意向，但深知自己“身价”的陈师傅却还想再“挑挑拣拣”。“像我们这样刚退休的技术工，有经验、技术好，用不着加金，找份活儿还不容易啊。”陈先生说。

“用工荒”背景下，有一技之长的求职者“牛”了起来，为此，部分企业只得放宽招聘条件，尤其是年龄限制。记者在招聘会的制造业专区发现，以往多见于招聘启事的“年龄 45 周岁以下”这一限制条件，被一些企业悄悄删去。

石油化工装备公司人事专员叶先生无奈地表示，这两年上海重型机械制造业发展有限，外来务工者中有技术的人才求职面相对小，久而久之他们就不愿过来；而对企业来说，空有劳动力却没技术的工人比较“鸡肋”，真正有经验的技术工“一将难求”，本着“胜任力优先”的考虑，只要老师傅愿意长做，年龄的限制放宽一点不是问题。

鼓励“一带多”

在招聘会的美容美发行业、酒店餐饮行业专区，不少企业独辟蹊径，招聘时鼓励求职者“以一带多”：发型师带技工一起跳槽、大厨带小工同来上班。

“有好的技师就一起带来，我们公司待遇不错的。”一家连锁美容美发企业的人事专员顾女士对一位已有录用意向的发型师说道。顾女士透露，一些员工回老家过年，招呼也不打一声就不来上班了，再加上正常离职的员工，不仅有经验、手艺好的美发师人手紧缺，就连打下手的技师都很紧张。在几位一线门店经理建议下，招聘时极力“唆使”发型师带着技师一起“跳”过来。

一家连锁餐饮公司的招聘主管周女士告诉记者，让大厨带几个配套的厨房工作人员一起跳槽，在业内本是寻常的做法，但多为一些规模较小的餐饮店所采用。不过如今用工紧张，又有新店要开张，公司除了鼓励老员工介绍老乡来上班，她在招聘时还特意关照应聘厨师长、厨师的求职者推荐几个配菜工。

尽管这种“一带多”的做法能在短期内解决用工紧缺，但不少专家对此表示要慎用。一家港资餐饮集团的招聘专员孙小姐表示，她所在集团3月要在上海开新店，急缺厨师、配菜工、洗碗工、服务员，但在鼓励员工内部推荐同时，还要经过人事部门严格考核，以防今后的管理混乱和“一旦走就是一群人”的局面发生。

第二节　就业难，难在哪

结构性矛盾显现

2011年年初以来，上海高调进入用工荒的行列，到处是高薪招聘的广告，而且条件相当诱人。在这样的诱惑力下，很多就业者也跃跃欲试，很想跳槽到更好的岗位，于是在职人员参加招聘的竟然成为了今年招聘的主旋律。然而事与愿违，真正求职成功的是极少数，而多数人还是没有能在用工荒的市场上谋到一个岗位。原因何在？

在一场招聘会上，可以发现不同专题的招聘区域“冷暖不均”。其中，事业单位招聘专馆、企业集团联合招聘馆人气较旺，而高新技术企业专馆则略显冷清。在同一场馆中，通用型岗位人才济济，而专业技术型岗位则门可罗雀。

对此，上海市人力资源与社会保障局副局长毛大立表示，2011年就业形势较前两年好转，但依然严峻，主要表现在结构性矛盾上，单位需求和学生技能、素质的匹配度不够。毛大立说，“在上海‘创新驱动、转型发展’的过程中，高新技术企业、先进制造业、科研院所用人需求旺盛，但符合要求的大学生却不多。”

为了应对应届毕业生就业的结构性矛盾，上海教育部门已根据市场需求对上海本科院校的专业进行调整。上海市教育委员会副主任印杰表示，如果发现某专业连续几年的就业率有问题，就会建议其限制或停止招生。“目前停止招生的专业大多为重复率较高的专业，建议那些综合能力较低的院校不可盲目跟风，要根据市场需求设立特色专业，培养具备‘一技之长’的学生。”

有人说，部分企业“招工难”和部分劳动者“就业难”问题并存，其实质是就业结构性矛盾的显现，是人力资源供需不对称、不匹配的集中反映。主要表现在：

岗位缺口大。据预测，“十二五”时期我国劳动年龄人口将达到历史最高峰，为9.97亿。城镇平均每年需就业劳动力约为2500万人，岗位缺口每年将在1300万以上。此外，还有1亿多农村富余劳动力，每年需转移就业约800万～900万人，可以说就业压力是长期存在的。

供需有错位。我国劳动力市场不仅总量供大于求，而且存在供需不对接的矛盾。一边是有人没事干，一边是有事没人干；一边是有事不会做，一边是有事不愿做。比如，不少大学毕业生宁愿蜗居大城市当“蚁族”，千军万马挤独木桥，也不愿到有“用武之地”的广大中小城市和基层施展才华。

服务不完善。目前我国人力资源市场还不发达，中介组织不规范，信息渠道不通畅，一方面很多岗位“虚席以待”，另一方面很多劳动者“求职无门”。就业指导和培训不到位，使劳动者求职能力和职业技能难以提升，不能适应市场需求。

政策壁垒影响就业

由于户籍、社保等方面的政策壁垒，目前还没完全打破，导致就业机会不平等。各种不合理的“土政策”、潜在的就业歧视、城市高昂的生活成本等，抬高了就业门槛，限制了劳动者在城乡之间、地区之间流动，造成部分劳动者难以就业。

一直以来，我国的城乡二元户籍制度使人口缺乏流动性，即使流动，也具有很强的单向性（从大中城市流向小城市或乡镇容易，反之却很难）。

资料显示，我国1994～2000年人口（带户籍）流动的比例均低于16.5‰。并且，其中还包括了大量的升学户籍流动、从城到乡流动等。可见，我国的乡—城人口流动（带户籍）的比例是非常低的，户籍制度实际上使学生一旦将户籍迁到中小城镇，在短期内要再迁回大城市的概率是趋于0的。

求职者预期到这一点后，在现期就不会作出回小城镇就业的选择，而是会高度重视第一份工作（至少是落户地）的选择，即一次性择业。

如果现期不能留在大中城市体制内就业呢？对大多数人来说，先回乡再回城也不是最好的选择。反正没有户籍收益，但留在城市体制外就业，工资比回乡就业要高，所以先回乡再回城只会导致回乡期间的净机会损失。学生们预期到这一点，现期会选择留在城市体制外就业，也不会是回到小城镇就业。

其次，户籍问题使人们在就业时首先考虑的是某一职业是否属于体制内就业（有户籍），而不是自己是否喜欢，这也扭曲了人才的配置。

跳槽频繁企业受不了

大学生找工作有多难？为什么这么难？带着这个问题，华南理工大学学子利用 2011 年暑假期间，走访了 29 个省、市、自治区，发放了超过 10000 份调查问卷，共同完成了一份 16 万字的调查报告。

华工学子通过调研发现，学生、学校对就业的认识与用人单位、社会对人才的实际需求存在错位现象。调查显示，在校大学生更注重自己的领导能力和实践能力，而用人单位最看重的是责任意识、敬业精神等。受访学生中，有七成人工作 5 年内至少跳槽两次，很多企业表示“不能忍”。

谈到责任意识、敬业精神，“跳槽”现象是一个集中的体验。华工学子在走访一个中小型企业时，有位企业高层颇为生气地说：“我们再也不招大学生了！”细问之下才知道，招来的大学生平均一两年就要跳槽，往往是刚刚在企业完成培训，到了“上手”的时候就走，企业相当于“为他人作嫁衣裳”。在调研结果中，毕业 5 年以内的大学生跳槽两次及以上的竟然超过 70%！

调查发现，目前在就业市场上最为“吃香”的还是技术类专业。而本科毕业生的主要雇主为民营个体企业、制造业、电信服务业和建筑业。但调查显示，只有约一成的毕业生表示愿意去民营企业工作。

劳动力岂容强买强卖

2011 年 5 月 5 日，人民网报道的《“曲线开除”35 名老员工？南方航空被斥“没良心”》在社会各界引起广泛关注，海南省总工会在有关此事的一份报告中指出，南方航空海南公司以这种方式突击裁员以规避自己本应承担的责任，严重违反劳动法。

报道说，从 2007 年 11 月 14 日起，南方航空海南公司以“不签合同就下岗”等带有强制性手段的方式，将该公司的临时工转移给劳务公司，身份变为劳务派遣工，以规避 2008 年新《劳动合同法》的实施。南航海南公司此举并没有达到法定条件，也没有履行法定程序。

翌日，《第一财经日报》高级评论员沈源琼在文章中指出，人民网之所以刊登这样的文章，原因在于这是一个普遍现象。许多衣着光鲜，工作单位名称诱人的白领，他们的劳动人事关系几乎都挂靠在社会劳动人事代理公司，他们是所在工作单位的劳务派遣工，生老病死基本与所工作的单位无关。可以说，南航的这种违法行为在许多企事业单位都存在，违法迫使员工置换身份，这是一个带有普遍性的社会问题。

更有甚者，有人还在劳务派遣工可怜的“四险一金”上做文章。

前不久，笔者听一名航空公司员工说，他们的劳动人事关系挂靠在郊区的一家劳务公司。为节省费用，该公司钻政策空子，给他们缴纳小城镇保险。小城镇保险是针对农村城镇居民的，航空公司员工什么时候属于乡镇人口了？

让人郁闷的是，你如不服去上诉，恐怕欲告无门，因为那家挂靠的劳务公司注册地在郊区，这种做法属于合理规避。

这些年来，劳务派遣工被严重扭曲了其本来面貌，成了一些国有企事业单位人事改革的杀手锏。在改革的幌子下，大批普通员工一夜之间被转到了劳务公司，莫名其妙地成了劳务派遣工。而这种所谓的改革，只是针对普通百姓，管理层的身份自然是纹丝不动的。

在就业形势严峻的当下，老百姓遇到委屈，为了要保住饭碗，大都采取妥协接受现实的方法。

企业家身上应该流着道德的血液，不仅仅针对企业的经营行为，企业对员工的态度也理应包括在内。

试想一个企业如果对员工缺乏感情、缺乏责任，对员工这种特殊的劳动力商品强买强卖，宰你没商量，那么这种企业谈何道德的血液？

海南省总工会的报告尖锐提出，市场经济条件下的劳动力是商品，可以讨价还价，但不能强买强卖，须由买卖双方在平等的前提下协商共决。

大学生就业面面观

目前，大学生就业难已经成为一个社会问题。其实，大学生就业形势并没有想象中的那么严峻。

我国每年共提供就业岗位700万至800万个，而每年毕业的大学生却只有300多万。简单点来讲，就是"有人没活干，有活没人干"，只要大学生能确立明确而切实可行的工作目标，就业便没有想象中的那么可怕。

想就业很难

小陈是一名化学专业的大四学生，看着身边同学们都陆续签了公司，小陈坦言自己的压力越来越大。"就业难，难于上青天。"这是他多次重复的一句话。

像很多大四学生一样，小陈面试了很多的公司，其中大多是国企，因为他认为国企的待遇好并且工作稳定，与私企和外企相比工作较轻松，压力也会小很多。由于拥有一定的技术，他更希望通过自己的努力找到一个体力劳动相对较少的工作。

可是让他没有想到的是，自己对工作的要求已经这么低却还是未能找到一份满意的工作。当进一步问其原因时，他这样回答："可能是城市的原因吧，因为一心要留在大城市，所以错过了许多好的工作机会。”其实，很多大学毕业生都像小陈一样，由于异地求职的信息不可信或是成本太高，而不愿意去外地求职。

找好工作更难

小菲是一名中文专业的大学毕业生，已经毕业一年多了，苦于未能找到工作，倔强的她只能先在一家小餐厅中做起服务员来。

在外人看来很有前途而且就业面很广的专业，在就业形势严峻的现在也并不一定了。“当时老师说中文的就业面很广，可以做语文老师，做文秘等等好多的职业，我就很坚决地选择了这个专业，但是现在看来却不是想象中的那么简单。”

小菲说，“我参加过大大小小无数的面试，不断地总结取胜的经验，但是问题就在于我手中有的证件实在是不够，大学英语四级证书、国家计算机二级证书和普通话二级甲等的证书，这些我都有，但是要做老师要有教师资格证，进外企我的英语水平又不行，进私企又不稳定，国企门槛又太高，公务员更是没戏，真是太难了！找工作难，找个好工作更难！”

小菲感叹道：“其实我也不怪别人，怪就怪我自己，上大学没有用功学习，如果当时能学好英语和自己的专业课，再去考一个教师资格证，也不会像现在这样。”

机遇真的很重要

作为一个没有参加“考研大军”而且找到了自己理想工作的毕业生代表，毕业于计算机专业的小王回忆起当初获得这份工作的机会时，仍觉得自己是带着一份幸运的。“当初学校招聘会，去看的时候，恰巧看到了大连金山游戏开发公司在招聘，职位又是和专业对口的，就详细地问了一下招聘要求，投递了简历，经过笔试和面试就得到了这份工作，或许是我幸运吧，机遇真的很重要。”

当他被问到关于找工作的渠道时，他这样说："我觉得学校的招聘会还是有一定参考价值的，基本都是一些针对应届生，也是比较正规大型的企业，而网上毕竟还是有存在一些虚假信息的可能。"

现在大学生就业普遍有对地域的要求，比如希望离家近，或者在北京上海等大城市就业。小王说："在同等的工作条件下，能离家近些当然是会优先选择的，不过如果工作真正适合，其实地域并不是问题。"他说，现在对工作单位的工资还是比较满意的，不过以后当然不排除寻求更好的机会。

小王说："大学生就业难是普遍现象，但是我觉得大家还是该尽量从各个方面完善自己，毕竟用人单位对真正人才的需求是没有止境的。"他非常注意自身的积累，从大一开始就很注重专业知识的学习，在学生会也干出了一些成绩，参加过很多活动，这些都为笔试面试的顺利通过奠定了基础。

做村官很光荣

小丹大学学习的是项目管理专业，毕业后小丹毅然决然地选择了做村官。

"上大学的时候从来就没有想过做村官，那时候就想着做一个成功的项目经理，再慢慢成为一个成功的商人，拿着很高的薪水，现在想想觉得那时候真的是很不成熟。快毕业的时候也没少参加招聘会，学校也帮着推荐，但是就是没有找到合适的，最后还是姥爷说国家出台了大学生村官的政策所以才来应征的，没想到真的做了这个村官。其实村官很难做的，但是现在我觉得很光荣。"

小丹表示，公务员是一个不错的职业，但是对于刚迈出校门没有工作经验的大学毕业生确实不太合适。国企、私企和外企其实都是很好的选择，但是重要的是看你自己是否适合它，是否有能力应对那样的工作，如果觉得不合适，也可以尝试去自主创业，国家给了很多的优惠政策去鼓励大学生自主创业，这证明了自主创业是一个新型的有发展的成功途径。其实就业的渠道有很多，不必非要挤在人多的地方。

机会不仅在大城市

今年 27 岁的刘志刚，大学毕业 7 年，已有着在北京、东莞、武汉、三门峡多地从业的经历。

2004 年，学习土木工程的刘志刚从武汉工业大学毕业后，径直扑到北京"闯荡"。"当时就想到大城市干大事业，仿佛只有北京这样的大城市才有机遇和平台。"刘志刚回忆。

但不久激情便消磨殆尽。"我不排斥艰苦创业，但在北京发展，熬出头的希望太小，付出与回报太不成正比了。"2008 年初，刘志刚下定决心，离开了打拼 3 年多的北京。

在广东东莞一家地产公司短暂过渡后，2009 年刘志刚在武汉找到了一份建筑公司设计员的工作，起薪每月 4000 元。"公司的业务范围主要在中部地区，近几年国家对中部地区的投入很大，大的建设项目很多，在这里发展，前景不比北京差。"

2009 年下半年，当公司征求意见问他是否愿意被派往三门峡市某项目工作，刘志刚一口答应。他对记者说："这几年的经历早就说明，机会不仅存在于大城市，只要能发挥所长，年轻人应该哪里都能去。"

如今，刘志刚在三门峡工作已经快 1 年了，月收入 7000 元以上。"现在的目标是尽快熟悉工地每个工作流程，争取早日成为项目主管，到时候收入上万元没问题。"

学历层次越高，自主创业意愿越低

根据"麦可思 2012 届大学毕业生流向月度跟踪调查"数据，大学毕业生呈现出学历层次越高，自主创业意愿越低的趋势，男性自主创业的意愿明显高于女性。

本次调查以2012届大学毕业生为调查对象，从2011年9月开始，直至毕业前夕，对应届大学毕业生求职和求学进行跟踪调查，调查结果仅代表被调查的2012届大学毕业生人群的状态。

调查发现，从2011年9月23日至10月13日，被调查的2012届高职高专、本科、硕士毕业生计划毕业后找工作的比例分别为86%、77%、90%，计划继续深造的比例分别为7%、18%、4%，计划自主创业的比例分别为4%、3%、2%，目前还没有具体打算的则分别为3%、2%、3%。

其中，高职高专与本科的男性毕业生继续深造的愿望（高职高专为5%，本科为15%）低于女性（高职高专为10%，本科为21%），但到硕士阶段以后，女性打算继续读博士的比例（4%）则略低于男性（5%）。

一方面，毕业生呈现出学历层次越高，自主创业意愿越低的趋势，另一方面，男性自主创业的意愿明显高于女性。2012届高职高专、本科、硕士毕业生中，男性计划毕业后自主创业的比例依次为6%、4%、3%；女性该比例依次为2%、1%、1%。

求职路上“三宗最”

广州市高校毕业生就业指导中心曾对2011届广州生源未就业登记毕业生进行了就业心态和就业需求的调查，发出问卷3000份，收回问卷2471份。调查显示：

最担心：工作经验成就业拦路虎

有部分毕业生认为目前就业较为困难，而究其原因，58.96%的毕业生认为是缺乏工作经验所造成的。

而用人单位方面，也较为愿意招有工作经验的员工，以减少培训成本,缩短岗位适应时间。2011 年调查结果显示,“学历低”因素排在毕业生就业困难的第二位,比前两年排名提高三位,可见用人单位招聘的趋势向高学历的趋势发展。另外,从这三年调查中发现,社会关系是严重影响毕业生就业的因素,很多毕业生认为未能找到理想的工作,是因为缺乏社会关系。

最希望:工作与专业对口

在就业困难的因素中,有不少毕业生选择了专业不对口这一项。调查显示,有 1270 人认为,要找与专业有一定的关联性的工作,但不一定是绝对的对口,占调查总数的 78.54%;有 259 人认为专业与工作性质没什么关系,先找一份工作再说,占调查总数的 16.02%;有 89 人认为一定要找与所学专业对口的工作,占调查总数的 5.44%。

从这三年调查看,毕业生找工作要求与自己专业对口或有一定关联性,2009 年占 80.33%,2010 年占 80.58%,2011 年占83.98%。可见,大部分毕业生还是比较重视与自己专业相关的岗位,希望自己的工作与所学专业有所关联。

最看重:个人发展前景

广州生源毕业生在找工作时考虑到的首要问题是“个人发展前景”,占调查总数的 35.87%。其次是“薪资待遇”,占调查总数的 17.19%。排在第三位的是“工作单位所在地”,占调查总数的 12.94%。

从这三年的调查结果看,个人发展前景这一因素仍是占据毕业生选择工作的首位,这说明了广州生源毕业生对自己职业发展的重视。而“薪资待遇”均居第二位,从中可见毕业生在就业时也会认真考虑经济因素,经济收入在毕业生的心目中还是有着比较高的地位。

第三节　树立正确的就业观

正确评估自己

一心想进大型知名外企的某大学管理系大四学生小许最近有点烦：身边同学一个一个工作有了着落，而自己却先后被3家心仪企业打了"回票"。老师、家人都劝他将求职范围放宽些，别老盯着"金字招牌"，可以"先就业后择业"，但小许还是不甘心。

与此相比，2002年从立信会计学院毕业的大专生小王，用5年时间圆了"进世界500强企业"之梦，还成了公司的财务骨干。当年他从月收入1000元出头的小公司会计岗位干起，一边熟悉业务、积累实践经验，一边努力充电——自考获得会计本科学历，考出注册会计师证书。随着业务能力不断提升，他的职场竞争力也不断增强，两次"跳槽"，收入越跳越高，发展空间也更为广阔。

专家认为，市场经济尊重竞争，竞争机制必然带来优胜劣汰。失业的压力反而会促使广大劳动者切实转变思想观念，去掉等、靠、要的依赖思想，认识到"主人翁"地位并不意味着就进了就业的"保险箱"，而只有鼓励在市场竞争中创新和创业，通过劳动者自身素质的提高才会创造更高的劳动生产率和更多的社会福利。

树立正确的就业观点，首先要衡量自己的综合素质有多高，专业知识有多少，实际操作能力有多强。根据这些自身基本条件去对照，自己能干什么工作比较适合，才去针对性应聘，这样应聘的成功率就比较高。

早一步规划职业生涯

对大学生来说，就业指导非常重要。“很多高校将就业指导课程和活动放在大四，甚至临近毕业前，但这时候往往已经晚了。”钟滔认为，职业生涯规划方面的课程、讲座和活动应该越早开展越好，甚至从大一入校做起。他谈到，很多学校的就业指导中心主要工作是发布就业信息，但同学们实际最需要的却是对职业生涯规划的指导，以及个性化的咨询服务。

转变就业观念

随着我国高等教育进入大众化时代，高校大学毕业生已由昔日的“天之骄子”转变为“平民百姓”，就业竞争日益激烈，形势日益严峻。

这一实情，迫使大学毕业生必须改变自己的就业观念。一方面，就业观念不能停留在计划经济时代，认为上大学就一定能找到一份体面的高收入工作，再择业时，也不要只倾向于党政机关、事业单位，而不愿意到基层乡镇民营企业，更不要存在“等、要、靠”的消极思想。国家发改委统计数据表明，我国中小企业提供了75%以上的就业岗位，中小企业、服务行业是一片很广阔的就业天地。

另一方面，也不要以为自己念了大学，就要求有比大专生、中专生、高职生更高的回报和更好的待遇。对学历不要看得太重，它只能证明在教育上你所达到的程度，但是并不等同于你在工作上所完成的任务、所作出的成绩，这是两个问题，不要总是把自己的学历和实际工作联想到一起。

先就业后择业

作为即将毕业的大学生，一定要好好把握两个时间段。“找不到适合我的工作”——小程大专毕业后在家待业已近两年，每每问及原因，她总是这样一句话。抱着“不适合不去，不满意不去”的想法，小程的求职路似乎越走越难。

华东师大专家指出，近年来，全国高校毕业生人数每年都有较大幅度增长，大学生就业面临较大压力。招聘“高峰期”在毕业前一年的 12 月到当年 2 月，签约“高峰期”在当年的 4 月和 5 月，如果学生囿于某些僵化标准，而错过了这个时间段，只会对自己不利。若在家“闲”几个月，又得面临与新一届毕业生的竞争，不仅在工作经验方面“白纸一张”，就业心态也易受影响，更不具有什么竞争优势。相反，如果先就业，就能为下一阶段的竞争积累起一定的“资本”。

“先就业后择业”并不是指先随随便便找个工作，然后“逮”着个机会就跳槽。如果具有相当的实力，当然可以去竞争心目中的好单位和好岗位；而如果竞争力还不够强，则应该把心放平、眼界放低，扎扎实实从基层做起。“先就业后择业，决不是不挑不拣，而应选择适合自己发展的、能在职业发展道路上为自己奠定基础的工作”，不少高校就业指导专家强调，这也是一种就业质量。

上海大学就业指导中心主任王佩华说，初次就业并非终身就业。大学毕业生在找工作时，不能眼界太高，期望“一步到位”。一个人的职业发展应该是呈“阶梯”型的，根据自身发展的水平，抓住各种各样机遇，通过一个又一个岗位不断成长。

过好“心理关”

有这样一个“三圈理论”：学生求职时，先考虑“我想做什么”、“我能做什么”、“就业市场需要什么”，然后寻找这三个“圆圈”的交集，最终确定自己的方向。复旦大学金融专业学生小刘，毕业后进入一家从事并购的小公司工作。

名牌大学热门专业的毕业生进了一家小公司，是否“掉价”？小刘也曾犹豫过。但是，在这家公司实习阶段，小刘获得了独立负责小项目、独自出差考察目标公司等许多锻炼机会，每天都能学到许多东西。这些都让他心动，并最终选择了这个并没有太多“光环”的岗位。小刘有自己的职业规划：要像海绵一样，尽可能多地吸收行业知识、增长能力，全方位历练。

专家指出，先就业后择业，关键要过好“心理关”，只有摆正位置，认清目标，不断修正，才能走稳职场路。如何才能做好充分并且正确的心理准备呢？第一，毕业生要转变重全民、轻集体、鄙视个体的就业观念。只有先“就业”，以后才能有进一步的职场发展，否则，一切都是虚幻的。第二，毕业生要转变一次就业定终身的就业观念。就业并不是毕业大学生的终点，而只是人生新旅程的开始。在新的旅程中，毕业生们还要继续学习，不断提高自身的能力才能适应不断激烈的社会竞争。就业并不是学习的结束，大学生们毕业后进入职场还有更多的东西需要进行学习，如工作方法，人际交往方法等。

通过亲朋就业未必好

根据麦可思 2008 年 2 月份完成的 2007 届大学毕业生毕业半年后调查结果(有效样本数约 20.3 万份)，以及 2011 年 3 月完成的对同一群体毕业三年后的连续跟踪调查结果(有效样本数约 10.95 万份)的数据，通过亲朋渠道获得第一份工作的 2007 届毕业生，三年后月收入仍然低于毕业时通过其他渠道获得工作者，而且与半年后相比差距进一步拉大。

数据显示，2007 届毕业生三年后月收入的差距在“211”院校、非“211”本科院校和高职高专院校分别为 808 元、366 元、197 元。

越是层次高的学校，其通过亲朋渠道实现初次就业的毕业生的三年后月收入越落后。

从麦可思调查数据可以看出，“亲朋”这种求职渠道对于“好就业”（就业数量）能起到作用，但是却难以保证“就好业”（就业质量），更不能保证日后的中长期职业发展。对于大学生求职者来说，具备岗位所需要的工作能力和知识才是保证理想的就业质量和中长期职业发展的法宝；对于高校来说，提高毕业生就业质量的最重要途径在于提升人才培养质量。

社会关系对于大学生求职有一定的重要性，但大学生并不一定非得依赖家庭或父母的关系，也可以通过在校期间积极参与社团活动、实习实践等来建立和发展自己的人脉。美国的一些大学会开设一门叫做 Networking（拉关系）的就业指导课程，用以指导学生“自力更生”经营自己的人际关系网络。

就业，是一种理性的选择

青年人到底该选择一线城市，还是二、三线城市呢？专家建议，青年人不管是“逃离北上广”，还是“坚守北上广”、“奔向北上广”，都应该建立在对城市环境和自身发展的理性选择基础上。

如今，过去那种“千军万马挤独木桥”、一心往一线城市奔的择业观开始松动，发展机会、收入水平、社会福利等成了青年择业时综合考虑的因素。理性的、多元化的择业观有助于青年人自我实现。创业明星马云没有坚持在一线城市上海发展，而将创业和发展的地点选在二线城市杭州，正是出于对自身发展的理性判断。

在信息化、全球化日益推进的过程中，城市间的竞争日益增强，这有利于为不同地区的青年成长创造更加公平的发展环境。对于外来移民，城市不应设置排斥性规则，对于有迁出意愿的人，也不应设置迁出障碍。无论是“逃离北上广”，还是“奔向北上广”、“坚守北上广”，都有助于推动城市间人才流动，有利于人才的合理分布。

专家建议：要改变如今的就业难现状，一是加快二元经济转型，将城市化、工业化和农村剩余劳动力转移紧密结合；二是升级三次产业，利用三次产业互动释放就业空间，加强劳动力的牵引作用，强化服务业的发展；三是加快非公有经济的发展，政府应创造良好的发展环境，降低创业门槛，减少社保方面的人力资本负担，消除中小企业发展的各种无形障碍，特别是增强劳动密集型小企业对劳动力的吸纳能力；四是政府也要切实转变职能，强化就业指导，推进户籍制度改革，对困难群体提供就业的基本保障，通过构建有效的失业保障体系促进再就业工程的实施。

医 患 篇

文/王原京

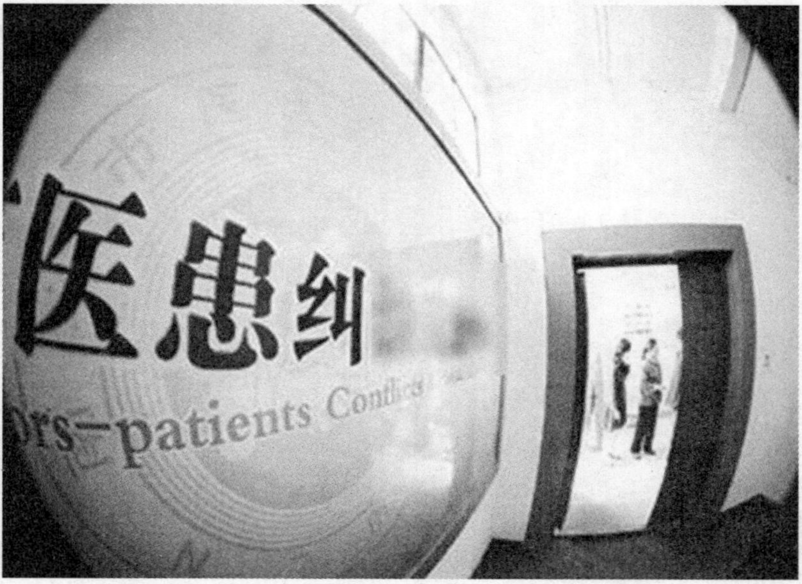

第一节　医患关系出现紧张态势

活男婴被当作死女婴

23 岁的刘冬梅和 24 岁的老公王海章都是江西吉安人，老公在广东佛山罗村一家企业打工，刘冬梅怀孕 32 周，距离预产期还有一个月的时间。

2011 年 10 月 23 日上午，刘冬梅感觉肚子有些痛，而且下身有出血反应。

下午 2 点多，刘冬梅在老公王海章的陪伴下来到佛山南海红十字医院。

此前怀孕期间的体检，刘冬梅都是在这家医院。医生检查后说，宫缩，有早产迹象，让马上办理住院手续。

刘冬梅当天住进该院妇产科，经过输液下身不出血了，腹痛也减轻了，医生检测胎儿的胎心，一切都很正常。

26 日凌晨 3 时许，刘冬梅再次感到腹痛，“下身也流水、出血，是不是羊水已经破了？”王海章立即去找医生。当晚刘冬梅的主管医生休息，妇产科由一名姓曹的医生值班。

3 时 30 分许，曹医生过来看了看，让刘冬梅到处置室检查。刘冬梅说，“她让我站在地上，摸了摸，开了点药然后让我回去。”之后曹医生再没出现，护士也没来给刘冬梅打针。直到 4 时 40 分左右，护士拿来药给刘冬梅打针。

将近凌晨 5 时，刘冬梅称肚子疼得很厉害。王海章先后两次去叫曹医生，但只有两名护士过来检查。凌晨 5 时，王海章再次去叫值班曹医生。

5 时 10 分许，曹医生终于拿着药水走进病房。一看，说，“已经来不及了。”然后让身边的两个护士处理，自己走出了病房。

两个护士用布将刘冬梅围住，王海章没看到分娩的过程。

几分钟后，护士说孩子生下来了，但王海章没听见哭声。这时是凌晨 5 时 17 分。有一个护士出去拿回来一个黄色的塑料袋说婴儿不行了，随后把婴儿装进了塑料袋。

5 时 20 分许，当一名护士提着塑料袋走出病房，王海章才真真切切看到那个被宣告死亡的婴儿。王海章说自己脑中一片空白，监测正常的婴儿怎么分娩后就突然死了呢？他追问一名护士：“是个男孩还是女孩？”“女孩。”对方明确回答。

大约十分钟后，回过神来的王海章立马给姐姐王和平打电话。

王和平说：“赶到医院，我问男孩女孩，护士说女孩；我问能不能看看小孩，医生说可以。”此时，婴儿被装在塑料袋里，放在处置室的厕所里，地上铺了块白布。

“我打开塑料袋一看，孩子的手脚在动，肚子一上一下，鼻孔里有气泡冒出。”王和平立即喊医生护士。她同时发现这是个男孩，而非此前护士所说的女孩。

从 5 时 20 分许婴儿被丢在厕所里，到王和平赶到医院发现婴儿在动，之间超过了半个小时。接近 6 时，一名护士跑进厕所，给婴儿擦拭额头，随后又抱出去进行救治。

10 月 28 日，孕妇刘冬梅出院；婴儿仍在南海红十字会医院的监护室观察。

11 月 3 日上午，刘冬梅来到了医院 7 楼的新生儿监护室，再次看到了保温箱中的孩子，但为了防止感染，家长们不能进入监护室内，只能站在窗外远远望着。

这个经历了生死的男孩，躺在距离窗口 3 米远的一个保温箱里，由于早产，显得很瘦小，体重只有 1.9kg，身长 45cm。

12 月 2 日，卫生部公布广东省佛山市南海区红十字会医院“活婴当死婴处置”事件处理情况。该院主管院长及医务科科长已被免职，妇产科主任等 4 名当事医务人员已被停职；新生儿已转入佛山市妇幼保健院治疗，生命体征稳定。

深圳“八毛门”事件

2011 年 8 月 19 日，在龙岗开牙医诊所的陈先生喜得贵子。可是儿子降生以后，发现肚子有点鼓，医生检查后，建议家长把孩子转到深圳市儿童医院做进一步检查。

8 月 21 日，孩子转入深圳市儿童医院，仅仅降生 2 天的婴儿，就开始接受 X 光检查。接下来四天时间，院方对孩子进行了十几次 X 光拍摄，每天还给孩子注射抗生素头孢他啶。同时，还给孩子做了心脏彩超等各类超声波诊断。

儿童医院最终做出了先天性巨结肠的诊断结果，建议对降生仅 6 天的婴儿动造瘘手术。所谓造瘘手术，就是在婴儿肚子上开个洞，做一个临时的人造肛门，方便婴儿排便。6 个月后再做关瘘术，把临时肛门封闭了，可能还要对肠道做修复手术。3 次手术和后续治疗费用预计将超过 10 万元。

有医学知识的陈先生对这一诊断结果有所怀疑，特别是对动手术的治疗手段产生了质疑。

8 月 25 日，陈先生带着孩子来到广州市儿童医院求医，广州的医生看了陈先生带去的深圳方面的检查和诊断，认为症状不重，不必急于治疗。主张正常喂养，仔细观察。广州医生开了价值仅 8 毛钱的石蜡油，用来给孩子通便，即缓解了孩子的症状。

10 万元手术费与 8 毛钱间的巨大反差，引起公众对此事的极大关注，被称为“八毛门”。虽然，许多人更愿意相信只需要 8 毛钱就可以将陈先生孩子的病治好，但奇迹毕竟不是由人们的一厢情愿所能产生的。科学的诊断最终证明了其孩子确实患的是先天性巨结肠，只有通过手术才能解决。

10 月 28 日，备受社会关注的“八毛门”患儿在武汉康复出院。当事人家长陈先生发表了书面道歉信，承认深圳儿童医院此前诊断正确，向儿童医院医生护士表示，“对不起，请原谅”。

深圳儿童医院接受其道歉，并祝福患儿早日痊愈，健康快乐成长。

有专家就此撰文说，“八毛门”事件中，医患双方都有过错。假如医方能在解释时多一点耐心，动之以情，晓之以理，患方恐怕就不会误解医院存在过度医疗。假如患方能多一些理智，少一些冲动，也就不会要求医院撤销科主任，退还 3900 元住院费，赔偿 10 万元，并求助媒体曝光此事，以致在全国掀起轩然大波。

“八毛门”之所以引得舆论大哗，凸显了公众的看病焦虑，是公众对误诊、过度医疗和乱收费等现象的强烈担心和不满，是医患相互之间缺乏信任酿成的苦酒。

东莞病人刀砍医生

2011 年 8 月 16 日下午，东莞长安医院门诊部 3 楼。

神经内科诊室内，医生刘中林忙碌着为病人诊治，诊室一旁的过道上，坐满了求诊患者。突然一名年轻男子手持 20 多厘米长的钢制菜刀，趁一名患者从诊室出来的间隙，冲进诊室，举刀便朝刘医生头部猛砍。顿时，鲜血洒了一地。

刘中林的惨叫惊动了隔壁呼吸内科诊室的尹力宏医生，尹力宏连忙跑进神经内科诊室，制止正在施暴的卢成军，但杀红了眼的卢成军转而挥刀砍向尹力宏。

随后，卢成军挥舞着菜刀，示意门口的人群给他让出一条逃生路，但所有的路都被医院保安堵死。不久，两名医院职工各自拿起一个灭火器，打开阀门直接对着卢成军喷射，卢成军只得顺着医院的过道来回奔跑。情急之下，卢成军越过 3 楼护栏，坠至 2 楼后立即被众人按倒在地上。

翌日，长安公安分局向媒体通报称，今年初，29 岁的陕西省人卢成军因面部痉挛到长安医院就诊，医生刘中林为其诊治，但病情未见好转。卢成军于是辗转到广州、北京等地多家医院就诊，前后总共花费 3 万多元(其中在长安医院花费为 136 元)，病情均未见好转，对医生怀恨在心。16 日凌晨，卢成军从北京坐火车到东莞，购买了菜刀一把，于当天下午来到长安医院，将正在接诊的刘中林医生砍伤致死，又将出来制止的尹力宏医生砍至重伤。

医患之争何日休

东莞血案不是孤立的，只是几起恶性医患冲突之一。

与南海红十字会医院的“乌龙门”同一周，广东医疗界还发生了“录音门”、“砍杀门”：省妇幼医院一患儿的父亲和医生彼此不信任，双方都高度紧张，一个“句句录音”，一个“步步签字”；广东潮州男科医院一名患者花了近 3000 元治疗前列腺炎没有效果，持刀砍向医院医务人员。

时间再往前推一些，2011 年 9 月 15 日下午 4 时许，北京同仁医院耳鼻喉科主任徐文被喉癌患者王宝洺连砍 17 刀，双前臂、头额部、后颈部、左下肢、背部等多处被砍，致肌腱断裂和颅骨、尺骨、胫骨骨折，并大量失血。

…………

此起彼伏的医院暴力事件，不断提醒人们，医患矛盾正在持续恶化。

广东省卫生厅副厅长廖新波在微博上感叹说："医患战争何日休。"从 2011 年 10 月 15 日到 11 月 4 日，广东当地媒体《南方日报》接到医患纠纷爆料 83 起。这些纠纷中，涉及病患死亡的有 20 起；涉及费用纠纷的有 28 起。

法律界人士认为，在医患纠纷中，卫生行政部门的立场尤为重要。"如果卫生行政主管部门不是公正地来处理医疗纠纷，不是站在老百姓的立场上处理问题，就只能加剧医患矛盾和冲突。"

一名医疗界内部人士列举多起医疗事故后说，因为在治疗的时候没有证据，在事故发生后病人的病历基本上都被篡改，导致在纠纷发生以后难以还原医疗现场，无法判定治疗方法和治疗措施的有效性。

也有人说，医患之间的信任关系早已超出了"熟人社会"的信任关系，但是，无论是社会土壤还是医院本身来说，都没有为制度信任的滋长提供空间。在医患信息不对称的前提下，冲突似乎在所难免。八毛门、录音门、弃婴门……医患之伤，究竟痛在哪里？

第二节 《医者仁心》为何受关注

一部关于医院、医生和患者的电视剧风靡神州大地。

正如《蜗居》直面房价飙升的现实，《医者仁心》则首次触碰"看病难、看病贵"的社会症结。

该剧以 8 个医患纠纷为载体，矛头直指"医患纠纷"的关键问题——红包、回扣、医闹、医疗事故、天价医疗费等，旨在揭示当代中国医患关系和医疗体制改革中亟须解决的东西，其中触及到的有医疗程序本身的问题、医生职业道德问题、过度医疗问题、药品加价问题、多收费和乱收费问题等等，其中最严重的是医院出了医疗事故后集体隐瞒的问题。

有人坦言，这部戏帮助我们潜入医改深水区，深水区就是重拾承诺，直指医疗观和生死观的重建。

剧里剧外都揪心

“创作剧本的时候，最开始写好的就是刘敏的遗书，以及武明训和卫生局长的对话。”《医者仁心》编剧徐萌对《瞭望东方周刊》说，“这就是我想要说的事情。”

徐萌说，“我就是要刺痛这个社会，刺痛医疗行业。全国 780 万医务工作者即使再烂，也都是社会离不开的。”“我们社会忽略这 780 万人太久了，他们被集体沙漠化，妖魔化，由于职业因素，他们本身身处白色巨塔中，已经没有倾诉的欲望。我一直坚信，破冰的时期已经到了。”

“这是有目标，有纲领的创作，直指靶心，这个靶心就是人心。”徐萌为此剧写作费时 5 年。

心脏病发作的低钾妇女姚淑云被送到医院，输液间隙护士长刘敏因换衣服离开，病人最后死在医院，病人家属对刘敏大打出手。医院给予死者家属 20 万元的人道主义支持。这起来源于北京某三甲医院的案例，在徐萌 2002 年开题之时刚开完庭。

王欢两次换肾后却死于多脏器功能衰竭导致的爆发性肝炎，一场医患纠纷纠缠数月。个体户钱宽父亲手术成功但仍旧撒手人寰，面临天价医疗费的钱宽与医院发生纠纷，与医闹合作。由于心外科医生王冬的过错，导致患者苏教授死亡，引来一场医患纠纷。

钱宽的案例来自于哈尔滨天价医药费案，王欢、苏教授的案例也同样来自于现实生活。“剧中所有的医患纠纷案例都是现实中找得到的，甚至有的手术细节都是相似的。”徐萌说，“我不敢瞎编。”

护士长的遗书

看过电视剧《医者仁心》的人，都会为刘敏护士长感到惋惜。作为一名护士，刘敏受人尊敬：抢救病人，她冲锋在前，毅然献血；关心患者，她款款情深，柔情似水。然而她堕落了，从收红包走入不归路，将医院的血浆和白蛋白卖给血贩子，最终她自杀了，留下一封悔过的遗书。

她在遗书中写道：我做梦也想不到，我成了一个堕落的人，我很惭愧，也觉得很屈辱……从 18 岁护校毕业，我在这家医院干了 20 年，我喜欢自己的工作，觉得自豪光荣，可是没想到却用这样的方式离开。不知道什么时候起，护士这个职业，不那么崇高了，我们在劳碌辛苦中，在人们的呵斥声中，没日没夜地工作，没有人关心你……

刘敏在遗书告诫她的丈夫：“如果这个世界是有是非、有正义，那么我们的奉献是崇高的，否则就是受罪。也要好好待我们的女儿，千万别让她做护士，千万别让。”

院长的真情道白

在《医者仁心》中，作为全剧核心立意，第 30 集中武明训院长与卫生局局长的对话真实地道出了医生的困境。这段对话得到卫生部部长陈竺在一次会议上的高度肯定，认为道出了问题的最根本所在。

现在让我们一起分享这份精彩：

武明训说："过往我们的医疗水平低下，病人生了病用块门板抬到医院，死了都不知道是为什么。但是现在呢，医学进步了，各种检测技术手段提高了，一般的情况下不管得的什么病，我们都能得到一个基本的判定，但是能诊断并不代表能够治疗，这正是医学需要进步的地方。"

武明训说："医生的使命是什么，除了拯救生命也要让那些逝去的生命走得平静和安详。而我们现在面临的是什么，我们的医生被那些经济的压力压得喘不过气来。

"中国的医疗资源少、医院少、医生少，病人看病难，好不容易排上了队，医生三言两语就把他们打发了，他们当然有情绪。要是花了钱又没有治好病，他们更会把怨气撒在我们医院的头上，这些我们都理解。其实病人是最辛劳的，他们生了病，身体上承受着痛苦，假如没有好的疗效，一定会把怨气撒在我们医院头上，但是他们不知道医学是有局限的，医生不是万能的，医生跟患者是一体的，是共同面对人类的疾病。"

武明训坦言："医生受人尊敬的背后不仅仅是尊严，尊严的背后其实是权利，是获得最好方式救治病人的权利。"

卫生部长的反思

卫生部部长陈竺曾表示，要将《医者仁心》"斗胆向国务院领导送一送"。

对于当前医患信任的崩塌，陈竺说："传统医学的'大医精诚'理念、西方医学的人文底蕴以及'革命的人道主义'精神，共同构成了新中国医学伦理的三个主要来源。但近些年来，随着医学技术的迅速发展，行业内技术至上主义有所滋生，医学人文关怀逐渐被淡化。"

同时，随着经济社会不断发展，群众健康需求日益提升与卫生事业改革发展相对滞后的局面形成反差。特别是由于医疗卫生公益性弱化、医保制度不健全、医疗服务和监管能力不足、医学科普缺位、医患沟通不够以及医学人文教育缺乏，造成医疗卫生行业没能完全达到人民群众的期望。

陈竺在《人民日报》撰文说，医患关系的实质是“利益共同体”。因为“医”和“患”不仅有着“战胜病魔、早日康复”的共同目标，而且战胜病魔既要靠医生精湛的医术，又要靠患者战胜疾病的信心和积极配合。

陈竺认为，体制机制的不合理，造成了医疗机构公益性淡化和医患双方在经济利益上的对立，成为影响医患关系的根本原因。

陈竺在文章中说，医务人员应主动了解患者的需求，掌握患者对医疗服务的期望和疑虑，提高与患者沟通的意识和技巧，努力减少医患双方由于信息严重不对称造成的不信任。

在徐萌看来，另一个制度也对医患信任形成摧毁性的作用：“2002年，最高法院出台了‘医疗事故举证责任倒置’的规定（指除非医务人员能提供相反证据，否则就推定该诊疗行为与患者损害之间存在因果关系）。我当时在人民医院，亲眼看见，一夜之间医患关系就变了。有个带教老师跟我说：‘过去是1%的希望都要救，现在是没有100%的把握就不敢救。’这个行业一下子从救死扶伤变成自我保护了。”

徐萌说：“这10年，我们为这个规定付出了太沉重的代价。医生这个行业的心被伤透了，同时这个行业也堕落了，医院为了保护自己，底线后撤，从道德撤到了法律。一下子把医患对立起来了。从救死扶伤一下子变成医患之间赤裸裸的利益关系，肯定要防卫过当。包括患者和医生，全部防卫过当。”

第三节　医患纠纷的根源

有人说，深圳“八毛门”圆满收官，为化解医患矛盾树立了一个标本。这一事件中透出的理性和宽容让人感动，需要继续前行。医患纠纷虽然不可避免，但不等于不可以调和，无法妥善解决，非得只有水火不容的结局。医患双方若都能像“八毛门”事件当事人一样，以律己和自责的态度对自己，以理解和宽容的姿态对对方，医患纠纷就会少起来，调解的难度也会不断降低。

病人相信医生，愿意将身体交给医生，这该是多大的信任啊。在这种最需要安全感的行业里，信任的缺失无疑是最可怕的。

医患矛盾的主要原因

对造成医患矛盾的主要原因，有专家将之归纳为以下四点：

相互不信任。发生医患矛盾的主要原因是医患信任度降低。一方面表现为患者对医院不信任，有的患者认为医院要创收，就会多做检查多开药，让病人多付钱。另一方面，医院对患者也缺乏信任。有的病人看病不交钱，特别是对一些急诊病人医院全力以赴救治之后，病人竟不辞而别；有的甚至行为粗野，稍不如意就大打出手，缺乏对医护人员起码的尊重。

沟通不到位。在现代社会的医患关系中，医护人员即使拥有丰富的医学知识和技术，如果缺乏沟通技巧，医患关系和治疗效果也不会好。医护人员与患者有效的沟通是战胜疾病的关键一环。如果就医过程中医护人员与病人没有进行及时有效的沟通，就容易造成误解，引发医患矛盾。

技术不过硬。正确诊断处理病情是建立良好医患关系的基本条件，医生的漏诊、误诊、治疗不当和护士的护理技术不高是引起医患矛盾甚至医疗纠纷的重要原因。再加上医疗纠纷实行举证倒置，也在一定程度上束缚了医护人员探索创新的胆识，使本该有的“一线希望，百倍努力，勇破难关”的精神受到了制约。

患者不理智。患者到医院就医往往怀着很高的期望值，有时甚至无视医疗工作是高技术、高风险和有诸多不确定因素的一门科学，缺乏医治不好的心理准备，一旦治病效果不理想、医疗费用过高，就误以为医方没有尽心尽职，就要求医方承担责任。特别是病情恶化或死亡时，患方在精神上和经济上将承受巨大压力，会因“人财两空”而迁怒于医方，甚至引发暴力事件。

医患矛盾的七大症结

北京协和医院神经外科副主任、博士生导师王任直教授认为，目前医护人员与患者缺乏沟通，两者的矛盾主要存在于七个方面：

一是病人不能适应环境、体制的改变，对过去计划经济下的医疗统管很依恋，心理上依赖性很强，对医院、医生期望值很高。而医院在新的政策（比如药品的分类与限制）与病人利益之间难以两全其美。

二是医院的服务态度与服务过程存在问题，繁琐的手续容易让病人产生不满情绪，再遇上个别医护人员态度不好，矛盾一触即发。

三是对医疗水平的认识有差距，医护人员在医学上能接受病人各种并发症；而病人与病人家属则难以接受，医护人员与患者之间缺乏有效沟通。

四是病人的知情权问题，病人希望都知道，但医生出于职责不能说，说了不便于治疗。但是，医护人员对病人的心理和承受能力还应该酌情分析。

五是医疗事故处理缺乏可操作性法规，迫切需要新法规出台。目前医疗鉴定起的作用越来越弱，导致对医疗纠纷的定性可能造成差错。

六是医疗广告的问题。不少药品疗效不可能那么好，江湖游医对病人的伤害远甚于医院，他们的广告非常离谱。

七是医疗赔偿问题。商家可以用利润赔，其他的行业有保险赔，而最具风险的医院是唯一缺乏保险的，医院、医护人员缺乏这个法宝，病人也不能投保，一旦出了问题，病人就只好找医院。

医疗环境亟待改善

世界著名的《柳叶刀》杂志曾刊登了一篇《中国医生：威胁下的生存》的文章。文章说，“中国医生的安全问题堪忧，他们经常成为医疗纠纷暴力事件的受害者。”“在中国，医生成了高危职业！”

现实生活中，大多数医生表示，这种现象反映了医生的无奈。有医生说，现在的医患关系不同以前，真有病人来看病或与医生谈话时兜里装着录音笔的，医生们不得不保护自己，如果摊上一件医疗纠纷，一年都别想好过。

以北京同仁医院耳鼻喉科主任徐文医生被砍案为例，喉癌患者王宝洺要求保留发声功能，徐文为他选择的是破坏性小、手术难度大的微创手术。

以前，喉癌的根治性手术为喉全切除术，手术比较容易，切除肿瘤也彻底，但患者因而会丧失语言能力。

近年来，我国耳鼻咽喉医师改进这一治疗方案，应用技术比较复杂的喉部分切除术，在根治肿瘤的同时，不损害发声功能。但是微创手术有一个缺点，就是有可能不如全切除术把肿瘤组织清理得干净彻底，这就容易引起医疗纠纷。

与此相同的是乳腺癌治疗，乳腺癌根治术（即全部切除患癌的乳房）自1894年起就成为乳癌治疗的第一选择，到20世纪50年代医学界逐渐尝试保乳手术加局部放射治疗乳腺癌，手术效果与根治术没有差异。但保乳手术在临床上应用很少，不少医生为保险起见仍在沿用100年前的根治术式。

一方面是有一定风险、但损伤小的创新治疗方式，一方面是相对保险、但损伤大的传统治疗方式，医生何去何从？徐文被砍事件，只能让更多的医生选择明哲保身。

中国医师协会2011年3月至4月进行的一项针对全国医生的《医师执业状况调查问卷》显示——近一半（48.51%）的医疗工作者对目前的执业环境不满意，而满意的比例仅为19.02%。

此类调查还在2002年、2004年和2009年分别进行过三次，分别有63.67%、48.4%、63.61%的医师对其当时所处的医疗执业环境是不满意的。

面对基层医务人员的各种抱怨，亟待改善医疗环境成为2011年全国“两会”期间，代表、委员们的焦点话题。

2011年3月7日下午，全国政协第四次会议医卫组联组讨论时，几位政协委员的发言都直指各种医院暴力行为，这时候，政协委员冯世良发言说：“有没有一个医生在手术失败后对病人家属说，是我的错，我对不起你；有没有一个医生在用药失误导致事故后，承认是我用药不当。我们如何对待患者，患者就会如何对待我们。选择了医生，就要奉献给病人，就要打不还手、骂不还口。”

话音未落，安静的会场顿时涌起一股声浪，会场反应相当激烈，多位委员纷纷起立要求发言。一位没有得到发言机会的政协委员说:“患者有了病,到底是该看医生,还是砍医生?”

被错位的医疗本质

诚如《瞭望新闻周刊》刊登的董志杰署名文章所说,病人对医生有要求是正常的。

但反常的是,本应同仇敌忾,共同对付疾病的医患双方,如今竟然明战、暗战不断。对此,很多人认为,这是社会信任缺失结出的恶果。

“医疗是什么?有时是治愈,经常是帮助,但总是抚慰。”一位医疗界人士一语道破了医疗的本质。然而,疾病并不能够总被治愈,而“抚慰作用”在那些顶尖的大医院里,去看看一位医生每天门诊的人数,便可想象这种“抚慰”能否直达患者的内心。

《工人日报》前不久刊文称,据同仁医院一位工作了30年的老医师回忆,20年前,他最高纪录是一天看了60个患者。“看完之后,腿都迈不开了。看完一个就忘记了,根本不记得上一个看的是什么。但现在,一个主任医师半天就要看六七十个病人。”徐文的门诊量可能比其他的主任医师还要高一些。“因为她技术好,在同仁医院是有口皆碑的,人又和气,病人信得过她,复诊总要找她加号,她出门诊,从上午看到下午两三点钟很正常,不吃不喝不上厕所,就一直看病人,因为她不好意思拒绝病人。”

一种错位的感受已经发生。在患者眼里,医生掌握着权力,对待患者并不像“天使”;在医生看来,巨大的就诊人数让医生的职业显得疲惫不堪而风险丛生。在现有体制下,医患两头的个体,都显得缺乏安全感。

有人断言,很多医患之间的矛盾,是从一个眼神、一个语气开始的。沟通，在当前环境下，比任何时候对医生而言都显得更为重要。

医学界前辈吴阶平曾经给他的学生们讲过一个典型的沟通不畅的例子：一位外科医生手术后，要求患者卧床休息，“睡硬板床”。一个月后病人复查，伤口没有恢复，医生很奇怪，询问病人，结果病人告诉他说：“我按照您说的，每天都睡硬板床。”这时，医生才明白，原来病人并没有理解他的意思是“始终卧床”。

“医患沟通的技能绝不是可有可无的，而是要从医学院的学生开始，作为一门必修课，对医生进行终身培训。这也是减少医患矛盾的有效方法。”专家说，“将医患沟通放在一个重要的位置上，让人们对称性地掌握信息，医患共同承担风险。”

自 2002 年 9 月 1 日《医疗事故处理条例》实施以来，中国医疗纠纷的发生率平均每年上升 22.9%。曾经被赞誉为白衣天使、被人艳羡的医生职业，如今已变成高风险的职业。

但同时，也有理性的反思。不少人认为，解决医患矛盾不能站在指责患者的角度考虑问题，来自体制的保障，或许才是医患双方可资信赖的最终解决方案。

重建医患信任很难，得一步一步来。这需要制度层面的行动，包括医药分开改革的加速，医德医风建设的加强，医患间的充分沟通，第三方调解机制的完善，以及医患双方意外保险的设立等，都应尽快跟上公众期待的节拍。

《人民日报》记者白剑峰提出了这样一个观点：医生能否走出“诚信陷阱”，主要取决于医疗体制改革的力度。倘不革除体制弊端，而仅靠医生的道德救赎，就很难彻底扭转被动局面。这正如在一池污泥浊水中，让大多数鱼都做到“出淤泥而不染”，几乎没有可能。唯有让“一潭浑水”变成“一池清水”，才能使“清者自清，浊者自浊”。

第四节　解决医患矛盾在于制度创新

2010年2月27日下午3时，中共中央政治局常委、国务院总理温家宝接受中国政府网、新华网联合专访，与广大网友在线交流。

谈到医患关系时，温家宝说，我们总体医患关系是好的，存在的一些医患上的矛盾也不是医生的问题和病人的问题，根本还在于制度。

温家宝说，我们不仅要搞好制度建设，而且要推崇高尚的医德风尚。

在中国医师协会的调查中，82.64%的受调研医师认为目前医患关系紧张主要是由于"体制"造成的，该"体制"包括医院管理体制、补偿机制、医疗保障制度、法律法规等因素。可见，医务人员对医患关系紧张的认识程度已从简单的医患双方的关系上升为对医疗制度的思考。

新医改带来新曙光

医改，又一次被提上日程。医院的公益性属性，也再次被重新审视。

新的医改应该让医患关系重新进入公益性领域，着重考核医生解决多少问题，治好多少人，而不是考核出了多少门诊，做了多少检查、多少手术，开了多少药，创造多少利润，并且按此获得多少奖金。这是医改的一个重要方向。

专家介绍，"卫生部已经在医改方案中提出取消以药养医，尝试改革医院补偿机制，建立以公益性指标为导向的制度，也许这才是真正解决医患矛盾、重回医患和谐美好时代的关键。”

卫生部部长陈竺在《人民日报》撰文说，体制机制影响医患和谐。深化医药卫生体制改革，目的是建立中国特色的基本医疗卫生制度，保证城乡居民公平享有安全、有效、方便、价廉的基本医疗卫生服务，这是解决当前医患矛盾的治本之策、久安之道。

他认为，改善医患纠纷处理机制，创造良好的执业环境和就医环境。主要是通过以下四个方面的努力：

一是，医患双方自行协商解决。协商解决具有低成本、效率高等优点。通过协商解决达成的协议往往更具有持久性，更容易得到当事人的自愿履行。

二是，引入第三方调解机制。将医患纠纷纳入规范化解决渠道，使医疗机构从繁重的医患纠纷处置中解脱出来。

三是，通过法律途径解决纠纷。这是所有医疗纠纷的最终解决方式，对于不想通过调解解决或者对调解解决结果不满意的医疗纠纷，都可以通过医疗诉讼的方式解决。

四是，开辟医患纠纷处理的“绿色通道”，简化程序，提高效率。探索建立医疗事故异地鉴定仲裁制度，对医疗事故争议较大的案例，建立异地鉴定制度，确保技术鉴定的科学公正性。同时，研究修订医疗事故赔偿项目和标准，制定统一的赔偿标准。

陈竺强调，构建和谐医患关系说到底是为了维护医患双方的利益，促进医患间的相互理解。

在2011年的上海“两会”上，医疗改革再次成为关注的焦点。上海市市长韩正特别强调，医改必须要回应群众的关切和呼声。他说：“上海医改方案要经过全社会充分的讨论，回应群众关切，解决大家集中关注的难点问题。”

创新医患纠纷调解途径

据卫生部统计，目前全国每年发生的医疗纠纷逾百万起，尤其近两年来，医疗纠纷发生率明显上升，增长幅度超过100%。

上海共有各级各类医疗机构5400个，近年来，全市门急诊量每年超过1.5亿人次，手术80余万台次。医务人员处于超负荷工作状态，医患纠纷已成为本市信访件反映的第二类突出问题。

与医患纠纷数量急剧增长相比，处理医患纠纷的手段却略显不足，原有的化解机制问题明显。

资料显示，过往医患纠纷的化解，一般有三种途径：一是医患双方协商，80%以上的纠纷都是通过这种私了方式解决。由于信息不对称，双方往往缺乏互信，存在患者暴力维权现象。二是卫生部门行政调处，但患者有时会认为卫生部门容易袒护医院，缺乏中立性。三是民事诉讼，然而因为诉讼成本高、程序复杂，许多患者望而生畏。

严峻的医患纠纷矛盾迫切需要探索一条新的化解途径，在医院与患者之间找到一种公允的平衡力量。

引入第三方调解平台

上海的做法是，引入第三方人民调解，为医患双方提供了一个化解纠纷的公平公正的平台。

2011年3月，上海市委召开了推进全市医患纠纷人民调解工作专题会议，会议决定由市司法局、市卫生局会同有关单位共同开展此项工作。当年6月，市政府专门下发《关于开展医患纠纷人民调解工作的若干意见》明确规定，患方索赔金额超过人民币3万元并同意人民调解的，或是医患双方当事人自愿申请的（不论索赔金额大小）都可以向所在区县医患纠纷人民调解委员会申请免费调解。当患者因同一个病例与多个区域的多家医疗机构发生纠纷时，患者可以选择向其中 1 家医疗机构所在区县的医调委申请调解。

目前，上海已组建了由医学、法学、心理咨询等三方面的高素质专业人员组成的市级医患纠纷人民调解专家咨询委员会。上海市及其各个区县均已成立了医患纠纷人民调解工作办公室，并已完成 114 名医患纠纷人民调解员的培训。

上海的各级医调办设立在司法局，不属于医患任何一方；医疗纠纷调解委员会的性质是民间组织，人民调解员来源于退休的医务人员、法官、检察官以及其他热心社会公益事业的人士。

为避免“医调办”、“医调委”和“医调员”成为医疗机构的“利益俘虏”，“办、委、员”及新组建的市级医患纠纷专家咨询委员之办公经费和调解补贴，全部纳入市、区县财政渠道，不花患者一分钱，也与医院无任何利益关系，最大限度地保证了中立身份。并且向社会承诺，在调解过程中不向当事各方收取任何调解费用。

运用人民调解的方法是拓展医患纠纷化解方式的必然要求，也是社会管理创新的需要。上海市司法局党委副书记李和平称，在医患纠纷中引入人民调解，与司法诉讼和行政调解相比，最大特色在于其民众性、自治性和民间性。

在人民调解过程中，医患双方的地位平等，医调委既要保护患者的正当利益，也要设法维护医院的正常运作。

柔化“僵硬”的医患关系

《上海法治报》记者陈颖婷在相关报道中写道，人民调解的最大优势在于第三方调解机制。有利于当事人更好地表达利益诉求，能够更多地运用协商的柔性方法化解矛盾，真正实现案结事了，柔化逐渐“僵硬”的医患关系。

为医疗纠纷奔波了 2 年的老郑就是医患纠纷人民调解的受益

者。他在医院做完前列腺增生治疗手术后发现自己小便失禁，医患双方数十次协商未果。医调委的介入改变了僵持的格局。针对医院提出的辩由——“尿失禁属手术的风险范围”，医调委反问了一个“为什么”：“手术前为什么没有履行告知义务？”医院让步后，医调委又耐心地向老郑解释，赔偿费用中不能包含原疾病的治疗费用，结果索赔额降到了原先的一半。

两年纷争一朝冰释，老郑实话实说：“申请医疗事故鉴定费用高昂，而且最终能否被定为事故还没有把握。医调委不收钱，也跟医院没关系，所以我才敢上门。”

陈颖婷在文章中说，与行政调处、民事诉讼相比，人民调解化解纠纷更加突出以“解决问题”为导向。人民调解强调的是情理法相结合，在查明基本事实的情况下，引导双方互谅互让，强调“有损害即有救济，有过错即有责任”，医疗损害责任的成立不需要以构成医疗事故为前提条件，不纠缠于医疗事故的定性，极大地提高了解决纠纷的效率。

高效率调解医患纠纷

以往解决医患纠纷有两个传统的“第三方”：一是司法诉讼，二是行政调解。这两种方式都存在耗时长、成本高的问题。以行政调解为例，患者要为医疗鉴定或再鉴定分别付出 3500 元/次的费用，而且整个过程需要 3 个月以上，由于主持调解的是卫生行政部门，调解结果的公正性、公信力也容易受到质疑。

将医患纠纷纳入人民调解范畴，由专业的医患纠纷调解委员会充当“老娘舅”出面协调，彻底扭转了这种被动局面。

黄女士因恶心呕吐，到徐汇区某二级医院看急诊。正值就诊高峰，医生简单问询后诊断为上消化道胃病，对症开了抑制胃酸分泌的西咪替丁和抗菌素三代头孢。黄女士回家吃了药症状没改善，经旁人提醒一测才发现，自己竟然是怀孕了。

再看药物说明书，黄女士不禁惊恐起来：抗菌素，孕妇慎用；西咪替丁，孕妇禁用。她找到医院讨说法，要求赔偿 1.5 万元，另外要求采取措施保证胎儿出生后的健康。医院觉得赔偿可商量，但第二条谁也无法打包票。双方僵持，矛盾可能进一步激化。接待人员忽然想起，区里刚成立了医患纠纷人民调解委员会。

人民调解员听罢情况，给医院打电话核实后，对黄女士说的第一句话是"医院肯定有错"。黄女士一下心定了，这"第三方"没有一上来就替医院说话。接着，曾做过医生的调解员劝黄女士，药物损害已经不可避免，医院误诊是事实，也愿意赔偿，但按现在的医疗水平，恐怕无法保证孩子未来的健康。

为确认状况，调解员联系了国际和平妇幼保健院优生优育的专家，第二天一早陪黄女士一起去咨询。听从专家建议，黄女士终于信服，同意接受赔偿，并中止妊娠。

徐汇区医患纠纷人民调解办公室的调解员通过短短的 3 天实践，使得原本对峙的医患双方开始平心静气，一场风波就此消弭。

不断完善运行体系

统计数据表明，上海相继有 15 个区县开展了人民调解组织参与医患纠纷化解工作，截至 2010 年底，累计受理医患纠纷 2129 件，调解成功 1637 件，制作人民调解协议书 1001 份，涉及金额 4574 万元。

目前，上海提出对赔付金额可能超过 10 万元或疑难复杂重大的医患纠纷，医调委应向专家咨询委员会申请专家咨询。专家出具的咨询意见书可作为调解的参考依据，确保调解结果的专业性、权威性。并明确，人民调解组织调解医患纠纷，原则上应自受理之日起 1 个月内调解完毕。为了巩固调解的效果，特别规定赔付数额在

20 万元以上的调解协议，必须向人民法院申请司法确认。

尽管如此，目前通过人民调解解决的医患纠纷数量，相对于医患纠纷的实际发生的总量来说仍然明显偏低。年受理量大约相当于各公立医院上报给卫生行政部门的医患纠纷总量的 10%。

国外的发展经验表明，医患纠纷之所以不会演变成热点问题，关键在于有完善配套的保险保障，当事人有纠纷可直接找保险公司去谈。

为此，上海市卫生局副局长瞿介明表示，下一步卫生行政部门将围绕医患纠纷人民调解工作的实施，配合相关部门共同完善医疗责任保险工作，将医患纠纷人民调解的赔付责任落到实处。

同时，卫生部门还将继续配合保监部门、保险机构，设计患者医疗意外险和医务人员专项险等新险种，完善医疗风险分担机制，为医患纠纷人民调解体系的良性运行保驾护航。

教　育　篇

文/许雅静

性大学自主招生联合考试
第一教学楼
逸夫教学楼
由此去
热烈欢
迎三湘优秀
学子来我校
参加自主招
生考试！
预祝
各位同学
考出好成
绩！

第一节　跑调的教育现状

被透支的童年

2011年9月8日《光明日报》刊文称，9月初是幼儿园新学期开始的时节，但是一些小朋友和家长们却并不开心，“我不想上幼儿园。”一位5岁的娃娃嘟起了嘴。

会英语吗？会背大量古诗吗？会多位数混合运算吗？……

这些“本事”，5岁的雯雯全会，不仅她会，和她同一年龄段的孩子，很多人都会。

在各省市陆续出台取消小学附设学前班的政策通知后，以往有违教育规律和教育目的、带有严重小学化倾向的学前班相继被取消。随后，小学教育开始向幼儿园渗透。

在北京市东直门南馆公园附近随机采访多位家长发现，多数幼儿园都开设语文、数学、外语课程。从中班开始，孩子开始学习多位数混合运算、拼音、古诗等；幼儿园会布置做算术题类的书写作业；期末考试、平时作业会进行等级评分，有时会张榜公示。也有一些家长表示，其孩子所在的私立幼儿园并未教过拼音和算术等课程，为了让孩子不落后，家长也只能把孩子送到课外培训班学习。

类似于“你可以不是天才，但你可以是天才的父母”的口号，在不少幼儿培训机构的宣传单上经常见到。

在一家知名的培训机构，其针对幼儿开设的幼儿潜能开发类课程和全日制类课程，招生对象年龄段为2.5岁到7岁，包括剑桥少儿英语考级晋级跳、拼音识字、阅读说话、超级心算、幼小衔接等课程，还开设钢琴班、书法班、舞蹈班、口才班、珠心算班、国学班、逻辑开发智力班等各种特色课程。不少家长将孩子送到类似的幼儿培训机构,希望让孩子在成长起跑线上储备更多的能量。

“小学化”背后的无奈

北京一民办幼儿园老师李云说,尽管知道提前教孩子们小学的知识不利于他们的健康成长,但生源压力使幼儿园也“没法子”。应试教育的竞争压力已经传递到幼儿教育阶段。不少幼儿园以“发掘孩子潜力”为目标,让学龄前儿童提前进入了小学生活。

“上不了好小学就上不了好中学,上不了好中学就上不了好大学,上不了好大学就找不到好工作。”这是一条被家长们视为真理的“成才链”,任何一个环节都不允许出错。

“不让孩子输在起跑线上”是家长们使用频率最高的引语。

“幼小衔接教育做不好的话,将来肯定要吃亏的。小学一年级的教学进度比较快,幼儿园提前学小学知识,能让孩子提前进入状态。”家长杨女士无奈地说,“其实我也不想让孩子过早学习这么难的知识,毕竟他还这么小。但周围其他孩子们都在上课,为了以后他好,我们能不让他学吗?”

还有部分家长的担忧来自于幼升小的考试或小学变相招生办法。不少家长反映,比较好的小学是要面试的,考孩子加减法、认字等。如果幼儿园不教的话,只能把孩子送到培训班,这又是一笔不菲的花费。

专家指出,幼儿园的小学化教育模式不仅会给幼儿增添沉重的心理压力,同时也束缚了孩子的独立个性和想象能力。

小升初乱象丛生

北京市出台的2011年“小升初”政策,坚持了“免试、就近入学”

的原则。但是，据《工人日报》记者了解，北京市“小升初”的实际状况却乱象丛生：

“金坑”、“银坑”、“土坑”和“粪坑”

《工人日报》的文章说，目前，北京“小升初”的渠道可谓五花八门，主要包括“共建生”、“条子生”、“占坑班”、推优、特长生等，这些渠道，除前两种外，不仅加重了家长孩子的负担，更催生了校外培训的利益链条。

所谓的“占坑班”，是指公办重点学校自办或与社会机构合办、面向小学生的学科培训机构，可从中选拔优秀学生升入本校初中。一般名校都有自己对口的培训机构，只有进入这些机构就读，才有可能将来被“点招”进入该名校，名为“占坑”。

很多小学生从 3 年级起就要经考试进入培训学校，此后数年，经过不断考试、筛选、排位，只有在 6 年级时排名最靠前的一部分学生，才能进入重点中学。于是，对名校的竞争成为“坑班”排位的竞争。

为了不被淘汰，小学生们往往需要参加更多的培训班，甚至跨年级培训。激烈的考试竞争、沉重的学习压力、高额的培训费用使得学生和家长苦不堪言。调查发现，90％以上的家长们认为“占坑班”是北京市“小升初”的“头号天敌”。

据了解，“占坑班”还分“金坑”、“银坑”、“土坑”和“粪坑”等不同类型。所谓“金坑”，是与最顶尖的中学关联性最大的培训班，不上该培训班就难以通过“点招”被录取；“银坑”学校的知名度、录取力度次之；“土坑”指的是一般重点校的培训班；“粪坑”则是与重点中学升学、录取没有什么关系，是需要提防的陷阱。“小升初”家长关心的主要是“金坑”和“银坑”，为了扩大被重点中学录取几率，往往要让孩子同时占好几个坑。

调查发现,“占坑班”所开设的高难度课程,已经构成对小学生身心健康的危害,所收取的高昂费用更是让家长不堪重负。调查结果显示,90%以上的“占坑班”家长每年所花费用在8000元以上,多数“占坑”的学生都会选择2～3个左右的“坑”,而“坑班”费用仅是“小升初”花费中较小的一部分。

“坑班”成为名校通过考试选拔生源的主要通道,名校无需自己组织考试招生,从而规避了政策风险。而相对应的是,无数个家庭在周末、寒暑假疲惫奔波于京城各个“坑班”之间,加重了学生和家长的负担。

特长生是北京市“小升初”市、区两级教育部门所规定的最“名正言顺”的择校渠道,考生可报考2至3所学校,被录取后不能再选择其他入学方式。

特长生包括体育特长、艺术特长、科技特长三类。这一政策掀起了家长为升学而“造就”特长的风气。为了获得这些证书,许多学生从三四岁就开始进行各类的训练,不断参加各种比赛。

而近年来,特长生的考试也开始变味,一些学校打着招特长生的幌子,实际则在进行奥数和英语的考试。

“共建生”、“条子生”

《工人日报》记者在采访中发现,在各种“小升初”的渠道中,相对于各种考试来说,家长认为最不公平的就是“共建生”和“条子生”,一些单位通过和某些重点学校建立“共建”关系,让本单位的职工子女可顺利进入重点学校;一些家长通过特殊社会关系,花钱让孩子获得重点学校的入学机会。此类入学方式,赤裸裸地侵犯了教育公平,严重扰乱了义务教育的正常秩序。

“条子生”大部分来自各种各样社会关系，据对部分中学校长和家长的调查，重点学校的“条子生”一般占当年招生人数的8%～10%左右。在升学季节，名校校长总能收到众多条子而难以处置。某校每年会设立一个临时机构，叫“条子办”。一般来说，每年春节前后就开始“条子生”的工作，学校会采用各种灵活手段招收这些特殊学生。如果学生本身有推优、特长生测试资格，那么就可占用这个名额；如果学生本身不具有这些资格，则占用“共建”名额。有些热门学校因“条子生”太多，还暗中采取单独出题考试的办法。

为了让孩子能够进入“优质学校”，家长们“八仙过海，各显神通”，择校成为整个家庭人力、物力和各种社会关系的总动员。有权势的家长们通过各种途径递条子、拉拢与学校的关系，普通家长则不惜抛重金带着孩子奔波在“金坑”、“银坑”之间。

副课变主课　彼此很无奈

《中国纪检监察报》2011年10月9日的一篇文章称，小迪在上海某公办小学读三年级，他的课表上，每周二只有一节语文课，但他却需要上三节语文。一节是体育活动课改上语文，另外美术老师请假，上的还是语文课。

家长徐女士告诉记者，在孩子的班上，班主任兼上语文、自然、品德与社会、拓展、探究等多门课，她随时可以把这些课变为语文课。“班主任还特别在家长会上和大家打过招呼，请我们‘谅解’。”徐女士说，“孩子课表上每周只有6节语文课，但他每天至少上两节。”

记者采访发现，“阴阳课表”的主要表现形式为不按课表上课，“副课”变“主课”。音乐、美术、自然、体育、兴趣活动乃至早会、班团队活动等“副课”，很容易被处于“强势地位”的语、数、外三门“主课”挤占。一位小学教师透露，遇到阶段性质量检测、期末考试，“硬指标”就挤走了“软指标”，不参加考试的科目被占的现象越发严重，“‘阳课表’搞素质教育，‘阴课表’搞应试教育”。

上海市教委公布的小学2011学年度课程计划显示，三年级每周总共33课时，包括语文6课时、数学4课时、外语4课时、自然2课时、美术2课时、品德与社会2课时、兴趣活动（含体育活动）4课时等，语文还要每周安排1课时用于写字。记者了解到，有的学校虽然在课表里列出了写字课，上课内容仍为教课文，连毛笔都没让学生买，还有的学校让学生自己回家练字。

在上海，小学升初中已经不需要升学考试了，为什么还要让学生学得那么辛苦？徐女士说：“如果对口的初中你不满意，想让孩子读更好的民办初中，就得投简历，面试。那些好学校选学生的时候看什么？首先是基础课成绩，要求五年级上学期、下学期成绩全A，有的学校甚至还看四年级成绩。不学好你说能行吗？”

像徐女士这样默认甚至理解“阴阳课表”的家长不在少数。上海教育科学研究院普教所常务副所长汤林春分析指出：“家长当然希望自己的孩子全面发展，但在现有教育体制下，他们被迫和某些学校及老师结为‘同盟’，共同关注学生的分数。有时老师稍有放松，家长还不干呢！”

“应试教育的办学思路仍然根深蒂固。”上海一位教师说，虽然小升初取消了考试，可少数学校仍在变相地选拔学生，部分学校仍以考试成绩论英雄，尽管不公开排名，但私底下都明白哪个老师教的学科平均分是多少，哪所学校排名第几。如果学生成绩直接影响到学校的考核与老师的晋级，就更容易导致学校和教师“分分计较”，加塞占课。

择校，拼的是爹

初高中择校问题，是教育的热议话题之一。

在杭州，择校虽没有那样夸张，但也已经成为每年许多家长的必打之“仗”。

前不久，浙江省教育厅巡视员张绪培谈及这样一件事：杭州曾做过一个调查，对高中挂读生（挂读生指学籍在某所学校，但挂靠到另一所学校学习。2010 年杭州取消挂读生）跟踪十年，看他们挂读的效果。

结果发现，85％左右的挂读是失败的，这些学生的成绩并不如那些原本跟他们成绩差不多但留在原校读书的学生。有个家长说，还好自己孩子没去挂读。朋友的孩子之前成绩差不多的，后来去挂读，高考成绩比自己小孩少了 100 分。

择上名校后，她的成绩一落千丈

说起择校，阿亚（化名）很不屑，因为她身边就有这样一个悲剧。

阿亚曾和邻居小文（化名）一起读市中心的小学。“就是最最普通的那种。”阿亚说，“三年级时，小文爸妈觉得应该让她读名校，就想方设法将女儿转到了城西一所名校。”但因为名校的教材不同，教学难度也加大，小文成绩一落千丈，特别是数学，这也让她产生了厌学心理。虽然如愿直升“名”初中，但小文的厌学情绪愈来愈厉害，成绩更加不好，与同学相处也产生了自卑心理，后来甚至患上抑郁症。

择校为何还是年年盛行？除了希望孩子享受更优质的教育资源外，不少家长表示，还有个放不下的面子问题：“现在是拼爹的年代了，名校不好进，看谁爹厉害了。搞不定，会觉得很没面子。”

“我觉得小学、初中，就近最好，一来可以节约路上的时间，也能多睡一会。当然，想进名校，我们也不反对，但不是谁到了名校都能成好学生的。”张绪培说，“大家都觉得杭二中是杭州最好的高中，因为上一本的比例在 97％左右，十四中的一本比例是 70％左右。但如果十四中的 70％去二中读，可能连一本都上不去。什么是好学校？每所学校都可以成为好学校，最好的学校就是适合自己的学校。”

21世纪教育研究院院长、北京理工大学教育研究院教授杨东平表示，对于择校热，家长要理性，不要跟风，特别是小学阶段：“在这个阶段，家庭教育非常重要，家长是孩子最好的老师。家长需要淡化名校情结，其实高等教育如今很普及，不要再担心孩子输在起跑线上。”

“知识蓝领”遭遇生源危机

中职招生陷入困境

“你是否对中职学校感兴趣?”在2011年秋季开学前，《北京日报》进行了一项问卷调查。许多家长在接受调查时反问：“你舍得让你孩子去当工人?”

《北京日报》的报道说，尽管中职生就业率高，部分行业中职生的起薪甚至超过了一般白领。但是，2011年北京市百余所中职学校的3.1万个招生计划，仅正式录取了近1.8万人，超四成招生计划未完成。

北京某中职学校负责人坦言，不仅招生困难，而且录取的学生中，还有不报到的，“部分被录取的学生选择复读，托关系上高中，这些二次流动又会压低录取率。”

报道疾呼，北京建设世界城市，不能没有“知识蓝领”（“知识蓝领”主要指中高职校毕业生，具备现代知识的工人阶层，拥有一门技术），面对中职校日趋严重的生源危机，我们有理由发出疑问：未来建设北京的“知识蓝领”从哪里来？

近几年来，中职毕业生十分走俏。火到什么程度？新生一入学，就有很多企业来预定了。

但是，中职学校的就业形势火爆，却没能带动招生的转机。河南省驻马店市高级技工学校校长常玉柱说：出口旺，进口才能旺。可是，今天我们面对的情况却和这一规律背道而驰。为了尽可能多招一点新生，即使9月1日正式开学，但不少城市的绝大部分中职学校的招生还会持续，甚至可能会持续到10月、11月。

是什么导致了职业学校招生不易呢？常玉柱认为，主要还是社会观念和思维定式没有得到根本改变。在很多家长看来，考高中，上大学，就会有白领等体面的工作，而考中职，今后也就是个蓝领技工，无论是社会地位还是经济收入都会有差别。而目前我国用人标准的“重学历”倾向，也使得不少家长一定要让孩子考大学，用本科学历去当体面工作的“敲门砖”。

但，这不是唯一的原因。一些学生家长坦言，虽然中职生就业率高，像汽车等部分急需技术工人的行业，中职生的起薪甚至超过了一般白领。但普遍来看，中职生和本科生第一份工作薪酬还有不小的差距。

一般而言，中职生正式工作后的第一份薪水在2000元左右。而我国2011届硕士毕业生平均签约月薪为4160元，2011届本科毕业生平均签约月薪为2514元，2011届高职高专毕业生平均签约月薪为2077元。

一些中职学校校长普遍对中职教育近期发展不是很乐观，“一种社会观念的扭转需要一个时期，技术工人的社会评价和地位的真正提高也要有一个艰难的过程”。不过常玉柱认为，中国已成为制造大国，离不开庞大的高素质技工队伍，随着社会的进步和待遇的提高，中职招生必将迎来艳阳天。

专科院校招生难

一面是适龄人口持续减少，另一面是高等学校持续扩招，一增一减让身处高等教育链条末端的专科院校率先感受到了招生难。2011 年高考录取,山东省生源缺口由去年的 2 万多人增加到 4 万多人,缺口基本上来自专科院校。

事实上,在全国普通高校招生报名人数持续下降的背景下,全国不少专科院校面临着与山东相似的招生窘境。

地处山东济南章丘的一家职业学院,9 月 14 日结束了新生报到工作。然而,该校负责人却有些郁闷:本来实际招生就比招生计划少了数百人,又有 100 多名新生没来报到。

这家院校的遭遇在山东不是个例,生源危机已经成为很多专科院校面临的首要问题。

济南一家高职学校的老师说,面对生源缺口,学校动员一切力量招生。"大热天一些老师被赶出去,就像没头的苍蝇四处跑。"

"预计到 2013 年,全省高中毕业生只有 40 万人,将远远不能满足招生计划要求。"山东省教育厅一位负责人说。

更让人担心的是,部分省属高校的新生报到率持续走低,特别是一些高职院校和民办本科学校、独立学院,报到率不足 80%。

山东省教育厅高教处处长宋伯宁认为,"生源不足,将来甚至会波及一般的本科院校,带来高等教育市场重新洗牌。"

六成家长和学生对国内教育不满意

由《小康》杂志联合清华大学媒介调查实验室在全国 31 个省份开展的"中国公众眼中的中国教育"调查显示,六成家长和学生对国内教育表示"不满"或"非常不满"。

在调查中,受访学生和家长认为,目前内地高等教育存在的最大问题在于"教学质量不高"、"大学毕业生就业困难"等。

有较高比例的家长有意愿送孩子去香港或国外接受教育,近六成受访学生和家长认为，中国最好的大学在香港。

第二节　谁偷走了学生的幸福感

幸福是什么？

日前，南京一位小学三年级学生家长在微博中说，“2011 年开学第一课的主题是‘幸福’。我问儿子：幸福是什么？儿子说：幸福，就是有人能帮我写作业。儿子说：开学了，学校的、补习班老师的作业多得要死。看来，手快的儿子也吃不消了。”

如果说孩子的幸福像是一个沙漏，那么在作业、辅导班、名校目标的层层压迫下，幸福的沙子正在慢慢流失。

《扬子晚报》的记者说，孩子们到底幸不幸福？还是从他们的生活说起。暑假应该是孩子们最快活的时间了，该报记者特别询问了两个孩子的暑假安排，发现孩子们的暑假“学习太忙”！

暑假就是“第三学期”

2011 年整整 2 个月暑假，琅琊路小学三年级学生小超的时间被父母安排得满满当当。

一放假，小超就开始了他的“第三学期”。7 月 2 日～8 月 27 日，小超一周两个上午要上一位名师的英语专场课程辅导，每堂课 2 个小时，每次上完要做 1 个多小时的辅导作业；7 月 2 日～7 月 16 日，每天从上午 8 点到 11 点半，补习奥数奥语（综合课）。7 月 16 日～7 月 30 日，上午是英语复习，下午是 2 个小时的奥数加强班以及乒乓球训练班。8 月 2 日～20 日，逢双日上午是语文 2 个小时的阅读理解和写作，下午写毛笔字。逢单日上午是在家看书，下午到培训中心提前学三年级的数学。20 日以后集中赶学校的作业。

“孩子间的差距就是在假期里拉开的。”小超的爸爸告诉记者，暑假里孩子确实没有怎么休息，光是各种培训费就花了 1.7 万元左右。

考进名校也不轻松

刚刚经历了小升初历练的小康终于如愿以偿进入了南京的顶尖名校——南京外国语学校。小康爸爸说，孩子虽然没有往年学校的暑假作业，但原本应该是轻松的两个月实际没能“松”几天。小康爸爸告诉记者，从 8 月初开始，给儿子报了连续两周的“小升初数学衔接班”。这个衔接班上完后，接着是 10 天左右的“新概念英语”。

到了 8 月中旬时，孩子终于空出了三四天时间外出游玩。不过回来后，小康又开始上每天 2 小时的“3L”英语课。“虽然进了名校，但是新同学都很厉害，我要不补习的话很容易落后。”对于暑期如此紧凑的安排，小康表示自己也没办法。

孩子大呼“不幸福！”

“不幸福！兴趣班太多，怎么上都上不完！”南京一所知名小学三年级学生李同学说，他觉得自己最大的不幸福就是要上各种补习班。“其实大家在学校上课，能学懂书本上的知识，能听明白老师教的内容不就挺好嘛。但是，一旦有几个同学出去‘报班’，其他人就都跟风去报，这样的结果就是大家一起累。”李同学说，他在一年级报的美术和围棋兴趣班，到了二年级就被奥数、英语给霸占了，这样的补习班上得心不甘情不愿。

记者在采访中发现，孩子们不幸福的感觉 90%都来自于学习的压力。

高一学生杨同学说，随着年龄的增长，和父母之间的关系变得微妙起来，因为他们最看重的只有学习，其实和谐的家庭关系才是孩子心中幸福的枢纽。

谁偷走了孩子们的幸福感

“我也觉得现在的孩子不太幸福，主要还是学业负担重吧。”王女士的儿子马上念四年级，孩子进入中高年级后，王女士明显能感到孩子的抱怨多了，笑容少了。“其实那些奥数、奥语课并不是我们逼着孩子上，而是孩子身边的同学没几个不上的，但看着孩子上完课回来累得要命的样子，我们也挺不忍心的。”王女士说，现在的孩子面临的压力远远高于父母一辈，而“小大人”的性格也造成了孩子有压力不愿和父母交流。

初三学生家长张女士也认为，现在孩子主要不幸福来自学校和社会的压力。“反正他们现在是比我们那时辛苦多了，学习的压力削弱了孩子的幸福感，我们家长只能从家庭角度多补偿一些。”

张女士回忆说，自己学生时代最幸福的时刻是，每天放学完成作业后出去和附近小朋友们玩。但现在的孩子放学后不是关在家里看书就是关进补习班，想要真的幸福快乐还是挺难的。

“玻璃少年”5年增5倍

2011年11月17日，《扬子晚报》报道说，颈椎病、情绪障碍、睡眠障碍……这些原来成年人身上常见的疾病，如今却频繁地出现在中学生甚至小学生的身上。记者了解到，东南大学附属中大医院门诊部接受的“玻璃少年”在5年内增长了3～5倍。专家指出，目前中小学生所面临的学业负担和学习压力，让越来越多的孩子出现各种躯体和精神上的疾病，成为“玻璃少年”，很多疾病的发病年龄都大幅提前。

是谁惊扰了孩子们的梦乡

一位读者投书《工人日报》称，我正读初一的女儿，她不缺食物，不缺油水，课外读物多得读不完，但她很可怜，因为她缺觉。她所在的学校规定必须7点30分前到校，为此她差不多每天6点一刻就起床，她所在的学校高扬素质教育大旗，据说作业并不算多，但即便如此，她仍然每晚都得忙碌到9点多，10点前能睡觉就算利索了。

看着孩子每天睡眼惺忪、披星戴月地往返于学校和家庭之间，说实在的，我很心疼。作为一个父亲，我没法不心疼，甚至有些愤怒。我不明白，学校为什么不能晚点上课——8点半开课甚至9点开课，天就会塌下来吗？中国教育就会落伍于世界吗？

看来答案并不乐观，数字比我个人的感受更有说服力。中国青少年研究中心2011年发布的《中国少年儿童十年发展状况研究报告(1999—2010)》表明，在学习日，中小学生平均睡眠7小时37分钟，比国家规定的9小时低了1小时23分钟，比2005年减少了1小时22分钟，中小学生睡眠时间低于国家规定时间(9小时以上)的比例达78.1%；在周末，中小学生平均睡眠7小时49分钟，比国家规定的9小时低了1小时11分钟，比2005年减少了1小时47分钟，中小学生睡眠时间低于国家规定时间(9小时以上)的比例达71.8%，比2005年增加了41.5%。

让我更担心甚至不无恐惧的是，孩子睡不好觉，许多大人并不以为然。而最近发生在江苏淮安的一条新闻更是让人瞠目：一位重点中学的初三学生因周六赖床不起，他的父亲竟拨打110请警察来帮忙，还振振有词，要求儿子就不肯起床向其道歉。

我不知道这位父亲想要给孩子安排怎样的人生。他应该明白，所有的人生都应该建立在个人健康的基础之上，让孩子多睡一个小时，固然不会改变他的人生，但有益于他的身心健康。

在眼下的教育大环境下，我清楚地知道，“让孩子们睡个好觉”这一声呼喊有多么沉重和无力，但我仍不愿吝惜自己的力气，也希望天下所有的父母和我一起呐喊。

升学率成为教育领域 GDP

2011 年 12 月 11 日，针对当前中小学教育中存在学生负担重、择校热等问题，由国务院参事室等部门主办的“为了孩子健康快乐成长”教育论坛在北京举行。

教育部基础教育二司巡视员朱慕菊表示，我国高考招生制度、中考招生制度都属于高利害的选拔、淘汰制，具有激烈的竞争性，成为我国教育体制的显著特征。

朱慕菊表示，这一体制的竞争性不可避免传导到政府部门对教育管理的价值取向；传导到教育行政部门对学校管理的价值取向；传导到学校对教师教学、学生学习的价值取向。

“升学率已成为教育领域的 GDP。任何政绩观的产生绝非空穴来风，而是来源于体制性的、根源性的导向。”朱慕菊说，升学率的内涵究竟是什么？事实上，只剩下分数。凡是不能用分数衡量的重要教育价值，如健康、道德、人格等都可以忽略。

她认为，不良竞争体现在体制层面、政策层面、管理制度层面、措施层面，因此，扭转不良竞争，政府可以大有作为，需要系统介入、系统解决。例如，要求各级政府建立明确而详细的教育质量政绩标准，淡化竞争性的教育政策，规范、治理以升学率为导向的教育管理制度等。

名校生也自卑

我把自己弄丢了

“我觉得我把自己弄丢了，把那个曾经自信、积极、乐观向上的自己弄丢了。在这里，我觉得我只是一只小蜗牛，渺小而卑微。”带着家人的期盼，乡亲们的祝福，沈小军在锣鼓欢送中来到了他心中神圣的殿堂——一所全国知名的高校。随着时间的推移，刚入学时的新鲜感和自豪感已渐渐被消磨殆尽。不知道从何时开始，在沈小军的日记里或者与好朋友的交谈中，类似这种充满自卑的话语越来越多。

在外人看来，身在名校的沈小军绝对是个需要仰视的存在：智商高，能力强，有前途。人们习惯于将一切美好的字眼都安在像沈小军这样的名校生身上，怎么也不会将自卑这个词与他们或者说是他们所在的那所高校联系起来。“如果他们都自卑，那我们还怎么活啊？”——这是人们听到名校生自卑这件事时最常见的反应。

沈小军自己也发现，一旦走出校园，每当他有意无意地说出自己所在大学的名字时，周围人永远都是用或惊异或羡慕或崇拜或嫉妒的目光望着他，然后就是一连串不知被问过多少遍的问题：“你怎么考上的啊？”“介绍介绍学习经验吧！”“将来工作肯定不用愁了，肯定有大出息！”

不管外人怎么看，沈小军很清楚自己现在的状态。如今的他，虽然身在名校，虽然接受着外人的仰视，但他对自己的所有评价都是一般般。在他的眼中，周围的同学都那么优秀，要么是学术大牛，要么是社会工作大牛，要么是人缘特好的微笑天使……总之，大家都有属于自己的亮点，去吸引周围人的眼球，唯独他，似乎一直会被别人轻易忽略掉。

学校里的好多课程都需要班里同学组成小组进行课堂展示，或者合作完成期中、期末的大作业。每当这个时候，沈小军都期望着老师要求按照学号分组，而不是让同学们自愿组合。因为如果自行分组的话，那些牛人的周围永远都围满了人，而像他这种人，是几乎不会有人主动提出要跟他一组的。这让他心中总是充满了挫败感和被忽略感，甚至觉得自己本不该属于这个地方。“热闹是他们的，我什么也没有。”

因为自卑，沈小军渐渐变得玩世不恭，表面上似乎对什么都满不在乎，也不再积极参加各种活动。更可怕的是，这种心态也蔓延到了学习上。沈小军在学业上也变得马马虎虎，只求通过，大部分时间都醉心于网络游戏中。他不想面对自己努力之后仍然没有结果的局面，害怕那会摧毁他心中仅剩的最后一点幻想。

他知道自己陷入了恶性循环，却不知怎么跳出来，内心充满了纠结与痛苦。

校徽成了她身上唯一的光环

在学校保研考试前的开放日活动中，名校生刘晓茜有机会接触和了解了其他学校的竞争对手。听着他们互相交流参加过的各种各样听起来很牛的比赛、活动，罗列拿到的各类奖项，不经意地透露出自己年级第一第二或者学生会主席的身份，时不时冒出一两句纯正娴熟的英语，刘晓茜的内心深处，确确实实觉得这些人远比自己更优秀。

没有矫情，没有做作。刘晓茜清楚，这些外校生对她也充满了羡慕，但是谁又知道她内心的酸涩与自卑呢？虽然当年在高考中赢过他们，但是现在，他们已经用三年多的努力超越了她。

只要走出校园，刘晓茜就能感受到人们看到她胸前校徽时的羡慕神情。从最开始的意气风发，到临近毕业时内心深深的苦涩悲凉，刘晓茜越发觉得，胸口上的这个校徽已成为她身上唯一的光环，也唯有它的那点光，才让人们在茫茫人海中可以多看她一眼。

在大学三年多的时光中，已经习惯了优秀的她在大学中发现自己已不再处于那金字塔的上层，已不再是众人瞩目的对象，而只是这个校园中平凡甚至平庸的一员，于是她开始怀疑自己，而她的自卑也就这样慢慢生根发芽，最后爬满了整个心房。

不出所料，保研失败了，刘晓茜不得不加入找工作的大军中，然而对自己的不认同依旧是她心中挥之不去的阴影。找工作的感觉和保研是那么相似，别人羡慕着她的学校，而她羡慕着别人的经历与成就。时不时瞄一眼竞争者手中的简历，充实而丰富，让她不忍再去看自己手中那份只有校名闪闪发光，而内容却略显苍白的两页纸。

她发现，每一次面试官看她的眼神，都是从最开始的充满期待，渐渐被无奈和失望所取代。在这个不知被重复了多少次的剧本中，她错失了一次又一次宝贵甚至是唾手可得的工作机会。

如今的刘晓茜还在不同公司的笔试面试中摸爬滚打，至于身上那唯一的光环还能坚持多久，刘晓茜自己也不知道。

第三节　教育公平是最大的公平

温总理说，最大的公平就是教育公平

2006 年 7 月 18 日上午，北京中南海国务院第四会议室。

上午 9 时整，温家宝快步走进会议室，和等候在这里的中国人民大学附属中学校长刘彭芝，中国科技大学校长朱清时，江苏省人大常委会副主任、教育部原副部长王湛，教育部原副部长韦钰以及北京实验二小原副校长霍懋征一一握手，互致问候。

新华社记者在报道中写道："教育事关国家未来。"温家宝说，"我在考虑两个问题，一个是教育发展，一个是教育改革。教育发展我们已经确定了大的格局，就是普及义务教育、发展职业教育、提高高等教育质量。"

温家宝说,“最大的公平就是教育公平。”在教育上体现公平、正义,让每个人都有享受教育的机会,这是国家的政策,也是构建社会主义和谐社会的要求。

温家宝说,教育是百年大计,决定着今后几代人、十几代人以至几十代人的命运。把中国的教育搞上去,这不仅是这一届政府,也是今后若干届政府的任务。要把教育的发展放在更加突出的位置,将教育兴国、教育立国、教育强国确立为国家意志和国家发展战略。各级政府要进一步采取有力措施,实实在在地增加教育投入,坚定不移地努力实现财政性教育经费占国民生产总值4%的目标。

“高考制度要完善。但我们不会走回头路。”温家宝说。

……

座谈会结束时,温家宝深情地说,“我向大家保证,我能做到四条,第一有使命感,政府要把教育摆上更加重要的位置;第二有热情,不仅基于认识而且基于一种特殊情感;第三有意志,教育问题很多,但能克服;第四有信心,对我们的教育家充满信心。”

教育是实现社会平等“最伟大的工具”

光明网在一篇文章中指出,教育寄托着亿万家庭对美好生活的期盼。教育公平是社会公平价值在教育领域的延伸和体现,包括教育权利平等和教育机会均等。而且由于教育能够显著地改善人的生存状态,增进社会公平,被视为是实现社会平等“最伟大的工具”。

文章说,教育公平是太阳底下最大的公平,更是和谐社会的基石。当前,最大的教育不公是城乡公平缺失和配置公平缺失的问题,乡镇一级的学校无论是基础设施、师资力量,还是素质教育,与城市学校相差甚远,这种公平缺失严重挫伤了农村可持续发展的能力。而配置公平缺失最突出的表现是各大高校对于有限的高等教育经费的肆无忌惮的争夺。

解决教育公平问题不是一朝一夕的事情，需要举全社会之力，相关部门加快制定出切实有效的教育公平政策和财政倾斜政策，持续加大教育特别是农村教育的投入力度，实施义务教育“均衡化”政策，使太阳底下最大的公平惠泽每一个人。

实现教育公平的突破口

多措并举增加投入

2011 年年初，教育部党组副书记、副部长杜玉波表示，当前教育改革发展要重点抓好“落实政策筹好钱”、“科学配置用好钱”、“完善制度管好钱”三方面工作。

2011 年 6 月，国务院常务会议审议通过《关于进一步加大财政教育投入的意见》，明确指出，各地区要切实做到今明两年的财政教育支出占公共财政支出的比重都有明显提高。

“十二五”时期，中央财政将安排 500 亿元，重点支持中西部地区和东部困难地区发展农村学前教育。

针对学生“餐桌”的投入也已经展开。2011 年我国启动实施农村义务教育学生营养改善计划，中央财政按照每生每天 3 元的标准为试点地区农村义务教育阶段学生提供营养膳食补助，试点范围包括 680 个县约 2600 万在校生，国家每年投入资金 160 多亿元。国家还将家庭经济困难寄宿学生生活费补助标准每生每天提高 1 元，达到小学生每天 4 元、初中生每天 5 元。

好“钢”用在刀刃上

在《国家中长期教育改革和发展规划纲要（2010—2020 年）》中，义务教育学校标准化建设、义务教育教师队伍建设、职业教育基础能力建设等 10 大项目是重中之重。

2011年，我国继续实施农村义务教育薄弱学校改造计划，投入30亿元继续组织实施中西部农村初中校舍改造工程。

2011年，中央财政下拨中等职业教育免学费补助资金47亿多元。此举惠及400万名中职家庭经济困难学生。

为了留住更多中小学优秀教师，我国实施了农村边远艰苦地区学校教师周转宿舍建设试点项目。各地进一步加大教师培训支持力度。初步统计，2011年省级财政性中小学教师培训经费近10亿元，比2010年增加3.3亿元。

政策措施保驾护航

2011年以来，为解决当前教育事业发展中群众反映强烈的问题，中央有关部委等单独或联合出台了100多个文件，各地一系列卓有成效的举措和密集的资金投入，换来"十二五"开局之年各级各类教育的显著发展——

在义务教育方面，一年来，我国免除了1.3亿农村义务教育阶段学生学杂费和教科书费，免除了3000多万农村寄宿制学生住宿费，补助了中西部1228万农村家庭经济困难寄宿生生活费；免除了2800万城市义务教育阶段在校生学杂费，一些省份同时免除了教科书费，惠及2234万学生。

在学前教育方面，学前教育的入学率已由2010年的51%左右提高到目前的60%以上。

在高等教育方面，2011年专业学位硕士生占硕士生招生比例达到30%，高等教育质量进一步提高。

上海在教育改革上的探索

探索"名校带弱校"模式

2011年10月30日，上师大附中浦江校区及附属初级中学在浦江镇开工。

上师大附中校长严一平透露，一年前民办上师初级中学已在此诞生，因而浦江新校项目称得上“锦上添花”。作为市教委和上海师范大学共管的首批实验性示范性高中，一直尝试名校品牌的输出，十年来，上师大附中西出九亭，东进龙华，北上高桥，南下浦江，探索破解教育均衡化的难题。

托管可以让一所学校、一个地区的教学面貌发生根本性的改变。徐汇区龙华中学，从各项指标在全区垫底的薄弱校，“变身”为招生咨询时的热门校；高桥实验中学校园内，繁重低效的题海战术消失了，中考优秀率提升10%，校管乐队摘得全市金牌。

为了每一个学生的终身发展

前不久，上海市市长韩正在《中国教育报》撰文道，上海教育规划纲要确立了“为了每一个学生的终身发展”的核心理念，提出了“到2020年，率先实现教育现代化，率先基本建成学习型社会，努力使每一个人的发展潜力得到激发，教育发展和人力资源开发水平迈入世界先进行列”的目标。

上海努力“做好来沪从业人员子女教育工作，2010年实现义务教育阶段47万来沪从业人员子女全部在公办学校或政府委托的民办小学免费就读，其中在公办学校就读的比例达到71%。”

在办好基础教育的同时，上海积极构建和完善各级教育体系，使各类人群都有机会接受良好的教育。围绕培养契合社会需求的技能型人才，不断完善现代职业教育体系。建立中等职业教育与高等职业教育课程、培养模式和学制贯通的“立交桥”，打通技能型人才深造发展渠道。

《中国教育报》在报道中称，2011年3月，上海与教育部签署义务教育均衡发展备忘录，确定了上海推进义务教育均衡发展的时间表、任务和举措。

市教委主任薛明扬告诉《中国教育报》记者，上海已着手进一步加大郊区学校建设力度。在郊区新城和大型居住社区规划公建配套学校覆盖不到的城郊接合地区街镇，集中增建公办义务教育学校。同时，均衡配置教育资源。使远郊区县义务教育投入接近或超过全市平均水平。

市委副书记殷一璀说，要让教育从过度追求分数、升学的功利价值转向追求教育对人的幸福和发展本原价值的回归，要把促进学生健康工作作为教育改革的突破口，让每一个孩子都快乐成长。

不仅是上海，在全国各地，许多学校开始摆脱应试的束缚，以优秀学生成人成才、可持续发展为目标进行教学方式的变革；许多学校着力通过资源的重新整合，在充分利用与提升自身资源的同时，广泛利用社会资源……越来越多学校认识到，今天的课堂要走出具有创新素养的人才，绝不是靠统一模子批量生产，应着眼于人的发展需要，从学生的成长规律出发，创设一种滋养创新人才涌动的环境与氛围，以积极回应“钱学森之问”。

股　市　篇

文/布　凡

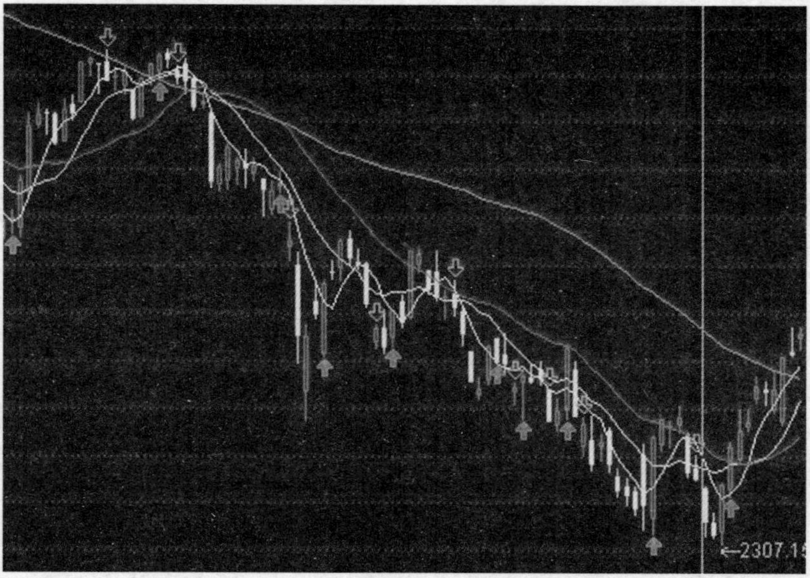

第一节　A 股的悲情故事

10 年“零涨幅”：从终点回到起点

2001 年 6 月，沪指在盘上 2245 点的新高峰后随即坠落，展开了长达 5 年之久的熊途；2011 年 12 月，时隔十年之久，我们却又惊愕地发现股市重新站在 2245 点上。

股市十年，从 2245 点起跑，转了一个圈又再次回到 2245 点，这个看似圆满的走势背后却是大批股民的投资心路，大伙们原本抱着发财梦入市，结果忙活十年，到头来却终是黄粱一梦，有的从小股民炒成了被深套的“股东”，也有的黯然离场。

“本来想‘马无夜草不肥’，上班的同时炒炒股，一年赚个几万块提高消费水平，结果不但没赚个零花钱，反而连自己的血汗钱都套进去了。”市民曲先生今年 30 岁，是典型的小白领，工资不高不低，工作不闲也不算忙，当看到周围同事、朋友一个个加入股民行列，2010 年时他也忍不住投了 5 万块入市。

曲先生称自己是超级“菜鸟”，看不懂 K 线，搞不清个股业绩，只是盲目地跟随周围人买入卖出。“那时候天天研究报纸，要不就是和同事、朋友聊天，只要有人笃定地推荐一只股票，我就会心动然后行动。”曲先生坦言，最初几笔交易还算成功，因为打听到“内部消息”，科陆电子一只股票几天工夫就赚了 20％多；家电股的一波行情里，踩对了点，格力电器也小赚了一笔。

好景不长，2010 年 11 月，大盘的一波爬升势头走到了尽头，从 3100 点跌落至 2600 多点。在此期间，曲先生像众多普通散户一样，并没有选择空仓，反而认为是抢反弹的时机，在朋友的推荐下，将6万多块全部买入万通地产。"买时价位在6.5元，后来大盘走好，它也跟着爬到了7块开外，可人就是贪心，明明再次掉头下落，我还是不甘心到手的利润飞了，所以就坚持一直抱着，到现在一年多的时间，已经跌到了3块多钱。"2011年底，曲先生懊悔地说，中间杀跌的时候，他以为底部将至，在5.9元时还加仓3万块，结果全部深套。

2010年应该是B股最为风光的一年，市民王倩看着身边几个炒B股的朋友发了几笔大财，也忍不住开了B股账户、存了3万港币玩起了B股。"身边的朋友都说B股将划为国际板，现在买入短线有赚头，长线更有大收益。"王倩试探性地先买了小天鹅B，结果几千块的利润眨眼工夫就到了手，2011年2月份，她见南玻B小幅调整过后再度发力之际，以11块多的高价满仓进入，横盘整理了两个月，整个B股陷入巨大的灾难，几次恐慌性暴跌之后，南玻B一路滑坡跌至5块多，中间几乎没有一次像样的反弹，王倩的账户资金就这样被腰斩了。

盈利、被套、割肉，再进场、盈利、出场、进场、被深套……恐怕这是目前大批股民的"宿命"。最彻底的是2008年那场从6000多点到1600点的暴跌，割肉、断臂甚至至今未解套的股民比比皆是。"我2007年60多块钱买的西部矿业，2008年最惨时跌到5块多钱，中间最高到过23块，现在又落到9块多，你说我哪辈子能回本?"吕女士无奈地说，自己几十万资金都套在股市，要是存银行定期，4年也能有几万块的收益，但搁股市里，资产直接成倍缩水。

叫苦连天的还有购买中石油的股民们，市民潘程说，2007年买的中石油40多块，之后一泻千里，还不到10块钱。

"股圈儿"里一位资深私募告诉记者，要想在股市里积累财富很难，但想要一夜崩盘却很简单，有时一波行情没拿稳，或者一只股票看走了眼,都足以“致命”。

李民原本是挺有名的私募经理,身家上千万,如果不是那只股票,他也不至于被迫离开股市。2008年,大跌过后,李民开始酝酿抄底,他拿着自己手里的1000万,加上从市场融来的1000万资金,一口气全部押在了盐湖股份上,买入价约75元。当2008年6月份,该股票以上涨姿态宣布停盘时,李民也抱有极大的希望。2008年年底,盐湖股份首日开盘便以跌停收场,而后的走势更让李民陷入了无底深渊,接连7个跌停,让该股价直接腰斩,也就是说,李民自己的1000万已经赔光,这次投资已经崩盘。最终,1000万的资产就这样瞬间蒸发,李民只能带着无限的委屈离开股市。

除了因为资金清零而被迫离场的,也有不少股民发现这个市场不好混而心灰意冷离场的。“A股已经成了‘圈钱工具’。10年了,A股大盘点位居然不进而退,可谓‘熊冠全球’。”谈到股市,老于郁闷之情溢于言表。这也难怪,这个有着十几年股龄的老股民,忙活了这些年,非但没有挣着钱,反而赔了一套房子钱。

老于坦言:我算明白了,这个市场并不适合普通老百姓,想通过股市得到免费馅饼太难了。

如今“中签如中刀”?

2011年12月28日,刚刚登陆A股的卫星石化和宏磊股份双双跌破发行价,让人心寒。

实际上,卫星石化和宏磊股份只是2011年新股破发大军中的“新兵”,名列第一的庞大集团,首日跌幅更是达到了惊人的23.16%。需要指出的是,由于庞大集团当初发行价高达45元,一个中签号就意味着1万元的亏损。截至12月28日收盘,公司股价较发行价已经跌去近三分之二。

统计显示，12月以来网上打新回报率平均只有0.07%，与11月份0.24%相比，环比降幅竟高达70%，这样的收益连“鸡肋”都不如。

“中签如中刀”的悲剧，在2011年并不鲜见。巨灵财经数据显示，在2011年发行的260余只新股中，有70只开盘当日破发，华锐风电、天瑞仪器、雷柏科技一个个名字都让打新者伤心不已。

不少个股虽然上市首日没有跌破发行价，但是在市场整体下挫的背景之下，最终还是难免陷入破发泥潭。数据显示，年内上市新股中，逾200只个股目前区间涨幅为负数。庞大集团、华锐风电等9只个股更是遭遇“腰斩”。

尽管新股表现一片惨淡，IPO的步伐却依旧匆匆。2011年，沪深两市募集资金总额超过2700亿元，仅次于2010年与2007年，为历史第三高。从时间段来看，在市场状况较好的上半年，IPO融资力度明显强于下半年，上半年约为1600亿元，下半年仅有1100亿元左右。

曾几何时，打新等同于“拣钱”，但是随着2011年整个市场的低迷与快节奏的IPO，曾经聚集在新股身上的光环也逐渐减弱。当初一手造就“高价新股不败神话”的机构资金，也显得越来越谨慎。

12月28日上市的卫星石化和宏磊股份，网下机构配售比例就分别高达49.02%和40%，十二月以来发行的新股中，烟台万润、华宏科技、荣之联、华昌达等个股的网下机构配售比例却在10%以上，显示出机构申购激情的逐渐退却。

一位基金公司人士表示，近阶段新股表现都不太好，就算上市首日表现不错，过了炒作期后仍可能面临漫长的下跌。如果是基金公司等机构参与网下配售的话，获配股份要面临3个月的限售期，等到3个月的限售期过后，可能就已经破发了。

截至2011年12月28日收盘，12月以来上市的14只新股中，仅有4只勉强保发，其余10只全部破发。

在机构申购热情退却的同时，新股发行价格和发行市盈率也有逐渐走低的趋势。2011年四季度以来，华锐风电、庞大集团这样高价发行的新股已经基本绝迹，发行价40元的卫星石化轻松摘得“四季度第一高价新股”的头衔。

除了绝对股价以外，2011年新股的发行市盈率也有逐渐走低的趋势，上半年发行市盈率均值在52倍左右，下半年快速回落至近38倍，全年维持在46倍附近，而2010年这一数据大约为59倍。

分析师向股民致歉

因为看错了股市走势，2011年12月，西南证券分析师张刚在第一财经电视节目中给股民鞠躬致歉。他很可能是国内第一位因看错行情而向股民道歉的分析师。

张刚是西南证券首席策略分析师。第一财经《市场零距离》节目中，当主持人联线采访张刚时，张刚却做出了惊人之举，对此前自己在节目中的观点——“2307点为年内大底的判断”认错，并在电视节目中向投资者鞠躬致歉。张刚还表示：“这个点位被跌破，往下的空间看得很空了。”

张刚如此一本正经地道歉引起不少股民和网友议论，有股民觉得现在不靠谱的分析师太多了，像张刚这样为自己的分析而道歉的少之又少，张刚能这样做显示了一个证券分析师应有的执业操守。不过也有不少网友认为此举有点可笑。网友“老吴”表示：“张刚致歉说明不是分析不靠谱，不是市场不靠谱，而是主导市场的无形之手太不靠谱。”

2011 年谁最熊

一路走跌的 A 股市场，12 月 28 日终于小幅收红。尽管如此，在 2011 年仅剩 2 个交易日即收官的日子里，已无人再对 2011 年的市场寄予希望。“也就是第二和第三的区别，还是倒数的，总之，2011 年的股市可以记入史册。”一位业内人士这样总结。

2011 年以来，A 股市场一路领跌全球主要股市。上证综指全年跌幅高达 21.68%，创下了历史上第三大年度跌幅。

惨淡的业绩自然有“最熊”的股票来做伴。在 2011 年，如果你手中的股票跌幅小于 20%，竟然可以称之为幸运。至 12 月 28 日收盘，算上当年上市的新股，沪深两市 2289 只股票，全年下跌的个股多达 2079 只，占比超过 9 成。而这其中，近 80%的股票全年跌幅超过 20%，279 只股票股价被拦腰折断。

至 12 月 28 日收盘，多达 47 只个股全年跌幅超过 60%。全年持续“去泡沫”的创业板和中小板公司，明显成为主力军。在上述 47 只股票中，创业板和中小板股票分别达到 11 只和 20 只，合计占比达 65.96%。

2011 年表现最“熊”的上市公司，既不是深陷“乙肝疫苗事件”的重庆啤酒、也不是出“小儿退烧药”风波的康芝药业，而是遭高管及大股东“精准减持”的汉王科技，至 12 月 28 日收盘，其全年跌幅高达 73.27%。

此外，曾被基金一致看好的万邦达近期连续大幅下跌，2011 年以来跌幅也达到了 71.3%。另有新中基和东山精密两只股票跌幅达 69.18%。

第二节　失灵的"晴雨表"

对20年股市的四大疑问

2011年，是上证所也是中国证券市场建立20周年。按照中国人的庆典习惯，20年是个大庆的日子。

诚然，20年来，中国证券市场从无到有，从小到大，磕磕绊绊，摸着石头过河，颠覆了传统的计划融资体系，提供了新的投资渠道，推动了市场经济的建立，对企业改革及发展等起到了很大的促进作用，成绩斐然，值得庆贺。

但是，当前中国证券市场存在的一系列不尽如人意的缺陷和问题，同样需要重视。诚如一位专家所言：光回顾、光自豪、光激动是不够的，我们还要往前走，必须正视现实，理性面对，深刻反思，破解难题，使中国从资本大国走向资本强国。

毋庸讳言，20年来，中国证券市场在创造无数奇迹的同时，也留给了我们四大疑问：

一、20年来，我们一直在强调建立一个有序、健康、良性运转的证券市场，保护股民的合法权益。但为何总是事与愿违？作为证券市场的管理层对此不可谓不努力，有关治理整顿的法规条文林林总总颁发了400多部(篇)，制度不可谓不健全；监管人员一再扩充，人员配备不可谓不充足，为何就治理不了频频出现的乱象？

二、20年来，中国的证券市场一直在致力于打击各种危害股市的不法行为，但是在打击的同时，各种违法行为却依然存在，一些庄家和大股东联手操纵股价，黑嘴兴风作浪，造成市场屡屡非理性地暴涨暴跌，这些反常现象为何遏制不住？究竟是违法者经受不住金钱的诱惑、铤而走险，还是打击不给力？

三、20 年来，中国证券市场始终未能正确处置好投(融)资与投机两者之间的关系，使得股市屡屡成为少数庄家和大股东牟利的场所，使股市和股民很受伤。

四、20 年来，中国证券市场一直在提醒股民防范投资风险，但是对于对上市公司的审查和监管还不到位，使一些达不到上市资格的公司坦然闯关，高市盈率上市圈钱，使得股民投资受损。管理层为何不能在源头上就把好上市关、控制发行市盈率呢？

20 年来，围绕证券市场发生的千奇百怪的事情，一个又一个问号萦绕在股民的心中：中国证券市场建立的目的究竟是什么？如何来保障人民群众正常的财产性收入？为何那些庄家和大股东总能轻易得手，受伤的总是中小股民？如果市场管理者不给力时，谁来监督、问责？

中国证监会有关领导表示，资本市场将在“十二五”期间担当重要角色，一个高效而健全的资本市场对于经济成功转型具有重要推动作用。但笔者以为，如果不解决上述四个疑问，中国股市将难以承担历史赋予它的重要角色。

A 股为何屡屡走低

2011 年 5 月 26 日，《第一财经日报》刊登沈源琼的署名文章称，继 A 股惨遭“黑色星期一”跌破 2800 点、创出几个月以来最大单日跌幅后，昨日股市继续向下破位。

一片阴云又在人们头上盘旋：A 股为何屡屡重挫？内地股市是否步入了“寻底”之旅？

当时，有专家将 A 股持续下跌归纳为四个原因：一、从担忧通胀到担忧经济增长；二、资金面依然偏紧，“本周还有 8 只新股要接连发行”;三、国际板的推出影响市场情绪;四、目前人们对下跌的预期已经较为强烈,一旦风吹草动容易争相卖出。

他们说的都有些道理,但应该还有其他原因。

对此,几位证券行业人士共同的感觉是:A股市场是雾里看花,没有规律可言,也难以寻找运行的轨迹。相对于全球股市,A股是最不可捉摸的市场。

他们认为,面对A股的跌势难挡,当时管理层似乎关心不够,没有明确的措施和态度。他们强调,在目前股市每天有大量资金流出、相当多的人不看好后市的情况下,管理层应该就此及时做出相应的策略调整。

而一位在上市公司担任领导的人士认为,许多上市公司领导不懂股票,恐怕也是A股长期走低的原因之一。在目前的A股市场上,国有企业占了相当大的份额,对市场走势起着举足轻重的作用。但不少国企老总对自己管理的上市公司,股票在市场上究竟是跌还是涨,关心不够。因为,决定他们前途和命运的,不是股票走势。股票跌得再惨,也不可能少老总们的一分钱薪水。所以虽然不少央企的股票跌得惨不忍睹,公司老总的年薪却高得吓人,公司职工的福利也高得让人羡慕,这便是明证。

作为上市公司的老总,就必须懂得股票,这是对股民最起码的负责态度。

所以说,要使A股挽回颓势,除了上述专家所说的种种理由之外,我认为,管理层还需从让市场健康发展的角度出发,放缓新股发行的节奏;而上市公司老总也必须懂得股票,对公司业绩、对股民负起责任来。

也有专家将A股屡屡走低归纳为以下原因:

一、扩容过快供求失衡。市场扩容速度太快,10年使流通市值暴涨18倍,摊薄了股价。特别是当存量股份还未完全消化时,又计划推出国际板，这无疑让市场“雪上加霜”，所以，每当诸如“国际板将推出”的消息一传来，市场就会下跌一阵子。而股改本来是为了保护中小投资者利益，那些大股东争相抛售股票走人，使市场难以承受扩容之重。

尽管市场很弱，但扩容压力依然巨大。新股发行不仅没有降低速度，而且还在提速，特别是大盘股的上市，对市场的影响就更大，已经成为A股市场上涨乏力的重要因素。

2001年全年，IPO的公司不过60多家；到了2011年的时候，全年IPO的公司或超250家，平均每个交易日都有一只新股上市，投资者应接不暇，市场资金也无力承受。

二、重融资而轻投资。A股市场重融资功能而轻投资功能的阴影挥之不去：10年前A股市场只有1073家上市公司，10年后已超2300家，2001年12月31日A股市场总市值只有4万多亿元，而到2011年12月7日A股的总市值已高达26万多亿元，但给投资者的分红还不到同期融资额的1%，更有173家上市公司10年来从未分过红利。

三、经济环境“青黄不接”。目前A股市场的生态环境脆弱。从国内方面看，在经历了长时间的高速增长后，现在面临着产业“青黄不接”的困境：一方面，传统产业已经产能过剩，特别是房地产业更是需要调控的对象，中央经济工作会议已经提出将扩大房产税的试点范围；而另一方面，战略性新兴产业目前还难以挑起经济增长的重担，使目前的中国经济进入了新的一轮发展瓶颈期。

从国际方面看，国际经济环境比国内的还要差，欧债危机不知何时才是尽头。在欧债危机没有寻找到可行的解决办法之前，中国经济不可能独善其身。

四、货币宽松预期落空。从2010年以来资金开始紧缩至今，才有了一线松动的迹象，市场也因此处于急剧动荡之中，股指忽高忽低。

前期，大家对货币政策方面有较强的放松预期，但从中央经济工作会议传出的消息表明，管理层给予“稳健”的“定调”，2012 年将继续实施积极的财政政策和稳健的货币政策，使前期对政策趋于宽松的预期落空。

五、部分热钱套现流出。由于欧债危机使美元走强，国际“热钱”要去套利。与此同时，在预期人民币不能充分升值的情况下，也导致离岸人民币兑美元即期汇率走低。

人民币贬值对 A 股市场产生了一定的负面影响。由于 A 股萎靡不振，房地产市场又面临下跌的巨大风险。人民币和美元之间的利差将缩小，炒作资金无利可图，势必加速撤出，“热钱”回流，将使中国股市的资金面进一步承压。

六、股指期货“做空”助跌。由于股指期货对现货市场具有一定的“助涨”和“助跌”功能，当现货市场上涨时，它可能“助涨”；当现货市场下跌时，它可能“助跌”，在市场一派“看空”氛围中，难免更多地“做空”，这也在一定程度上对市场下跌起到了推波助澜的作用。

股市：想说爱你不容易

一位严谨的理科老师谈及股市，用了句文绉绉很形象的描述：镜儿里的情郎，纸儿上的爱宠，心向往之，力不能及也。

中国股市成立至今，一直给人一种“想说爱你不容易”的感慨。

尽管，成千上万的股民对它爱得死去活来，但是，就像俏媚眼抛给眯缝眼。任你把它打扮得如何娇俏、艳丽，甚至整过容，然而，它还是不领情。稍不如意，说翻脸就翻脸。

有股民说，2011 年股市，一个劲狂泻，绝大多数股民，被杀得丢盔弃甲。

这是因为，绝大多数股民都不可能胸怀丘壑、远见超卓，拥有一双善于察颜观色的刁目，故而，基本以输为主。

关于股市暴跌的原因，许多人多是偏重于从资金面上解释。但辩证法告诉我们，万事万物都是内外因共同作用的结果。如果说资金面算是作用于股市的外部因素，那么中国股市内部的制度结构特征就是作用于股市的内因。

近年来的股市是：风声鹤唳，稍有风吹草动，就狂泻百点。管理层务必对此保持高度的警惕，万万不要好心办错事。

也有专家认为，过去，对于A股市场的本质特征多有争论，“资金市”、“政策市”等说法一度被视为是A股市场不成熟、不健全的代名词。缺乏投资价值的上市公司以及由此组成的市场，总是想方设法地往“价值投资”上靠拢。但时隔一年，情况却发生了彻底的转变，价值投资无人提及。

“发行定价市场化没问题，但是整个市场行为和配套体系并没有达到全部的市场化，比如，新股上市首日无涨跌幅限制，但其他所有股票都有涨跌幅限制，(投资者)这就把注意力转移到了上市的新股上，资金都涌来不被恶炒，也不可能。”

如果，管理层未能从根本上加强对股市的制度、机制建设与改革；加强对上市公司的治理，只是一味增加新股发行，对颓势将无补于事。

在这种状态下，新股发行就像江南的秋雨，铺天盖地细细密密的落下。秋雨之后，气候为之日渐一日的凉。股市同理。

对股市的管理，管理层既有敢问路在何方的胆略和气魄，又有举轻若重的审慎和细致，中国股市就不会因为短期内的“动态微调”而引起宽幅波动。届时，“中国股市，想说爱你不容易”，也就自然成为过去式了。

第三节　分红，上市公司的软肋

上市公司缘何成为“铁公鸡”

部分上市公司有“红”不分已成常态。截至2011年3月29日，已披露年报的1114家上市公司有1075家获得盈利，与此同时，366家上市公司在分配方案上选择不分配，占比逾三成。

这些不分红的“铁公鸡”理由迥异。有些由于累计的未分配利润为负无法分红；有些希望将未分配利润用在公司的发展项目上；有些则是有红不分，高管收入翻番。

A股上市公司的股息率远远低于境外市场早已不是秘密，从分红占上市公司净利润的比例来看，英国、日本和我国香港的上市公司一般拿出40％至50％的利润用于分红。

之所以出现这种局面，一方面是A股市场投机之风盛行，对短期投资者而言，现金分红并不能为之带来任何价值，相反，资本利得零税率与红利10％的税率使得上市公司分红对投资者造成一定损失；另一方面，公司发放红利多且稳定在证券市场通常被认为业务前景良好，是价值投资理想的对象。但是在A股市场中受追捧的股票多为高成长性的所谓“概念”股、“题材”股。红利分配很难影响到估值，上市公司自然没有动力发放红利。

有专家表示，这种现象，在一定程度上导致了部分A股投资者获得投资收益的方式由依靠分红回报转向依靠股票差价，这不利于培育资本市场长线投资理念，不利于增强资本市场吸引力和活力，也不利于构建上市公司和投资者之间的和谐关系。

为促进股东获得合理的投资回报，近年来，管理层一再强调上市公司分红情况要与再融资挂钩，并将上市公司再融资需满足的条件，即最近三年以现金方式累计分配的利润不少于最近三年实现的年均可分配利润的比例提高到30%。

但是，在具体执行中缺乏有效的措施，使分红在更多层面上只是上市公司的自选动作而非法律严令的规定动作。分与不分，多分与少分，取决于上市公司的兴趣、态度。换句话说，分红主动性不足，约束力不强，使得部分上市公司回报股东的意识极为薄弱，导致少分红甚至不分红的问题愈演愈烈。

有专家认为，从现行法律和制度层面看，主要存在两个问题：一是个人投资者从上市公司取得的股息、红利所得均须缴纳一定比例的税费，存在着税率过高、征收对象“一刀切”等问题；二是在交易规则中有关除权、除息等规定方面制度欠缺，造成投资者在剔除红利税后账户资产实际上存在着“明保暗降”的不合理现象。

专家呼吁，从根本上解决在上市公司和制度法律两个层面上存在的分红问题已成当务之急。

请向贵州茅台学习

贵州茅台2011年3月20日晚间发布的2010年年报显示，该公司将以每10股送1股派发现金红利23元的分配方案，创下迄今为止A股的派发现金红利纪录。而且，其现金分红的数额(含税)占合并报表中归属于上市公司股东的净利润的比率高达44.84%。

企业派发现金股利、股东得到投资回报，本是天经地义的事情。但在A股市场，上市公司不向股东派发现金红利或象征性地派发现金红利，反倒已成惯例。

中国石油在实现年营业收入14654.2亿元、利润1398.7亿元，每股收益 0.76 元的情况下，仅拟向全体股东每股派发 0.18 元。据悉，此举比往年已有了很大的进步。

这种投资与回报不成比例的现象，导致中国石油尽管业绩骄人，依旧不能阻挡股东纷纷离去的步伐。有记者统计后发现，自中国石油 2007 年底回归 A 股以来，三年时间已有约 60 万股东“割肉”黯然离去。

要保证市场的健康、良性发展，在建立健全有关规章制度的同时，必须改变上市公司不派发现金红利和少派发现金红利的现象，让广大股民享受理应得到的投资回报。

买股票的人把自己当成公司的股东之一，但是公司并不爱他们，连最起码的投资回报也没有，那么，叫小股东怎么建立对公司的认同感呢？而上市公司常年没给投资者回报，不是圈钱又是什么？一个浅显的道理是，只有保护股东的利益，才能使股东对公司建立认同感。

在 2011 年的全国“两会”期间，前任国资委掌门人李荣融坦陈自己看不懂股市，“蛮好的企业股价往下跌，不怎么样的企业股价还轰轰地往上升”，“从长期投资的角度来看，可能是投资者还没有看出企业的好坏”。

要使投资者看出企业的好坏，业绩是一个因素，投资回报也是一个不容忽视的很重要的因素。一个企业业绩再好，却没有给投资者回报，那么投资者无论如何是不会看好它的。

应该说，一些明智的上市公司掌门人已经注意到了这一问题，贵州茅台近年来合适的投资回报就是例证。

毫无疑问，贵州茅台的这种做法值得所有的上市公司仿效。这是因为，只有形成“企业从资本市场得到资金支持，投资者得到回报的良性互动”的局面，中国股市方能兴旺发达、长盛不衰。

“作为上市公司，应该按照‘尊重股东、回报股东、全力维护股东利益’宗旨，在提高分红比例、培育投资者长期投资理念方面发挥积极作用，做到‘该分则分’、‘及时足额’；作为监管部门，应不断完善有关上市公司分红的制度规定，进一步加大监管力度，促使上市公司严格按规定履行分红的义务。”

目前，监管部门正在酝酿出台措施，鼓励上市公司实施积极的利润分配方法，使投资者获得更多回报，争取形成较为健全的上市公司持续回报股东机制，还可能着手研究适当降低红利税税率，将上市公司高管薪酬与分红情况挂钩，以促进证券市场的健康良性发展。

第四节　中国股市的未来

郭树清开局不同凡响

2011 年 11 月 14 日，新华社刊登文章称，11 月 6 日，中国金融监管层换帅已一周。刚刚过去的这一周里，中国证监会新任主席郭树清成为当之无愧的财经焦点人物。或致信寄语，或微博建言，中国公众以自己的方式表达对这位新上任监管者的期待，重拾 A 股市场信心。

郭树清上任不足半月时间，便做出了两个令万千股民欣喜的决策：强制上司公司分红，暂停新股发行。

规范上市公司分红，这是中国股市成立以来，股民反映最强烈的问题。

郭树清甫上任，就干脆利落地提出了根治这一顽疾的对策。强调：上市公司必须牢固树立回报股东的意识，所有上市公司应采取措施完善分红政策及其决策机制。

与此同时，证监会将进一步加强对上市公司利润分配决策过程和执行情况的监管。证监会将立即从首次公开发行股票开始，在公司招股说明书中细化回报规则、分红政策和分红计划，并作为重大事项加以提示。此外，证监会正系统梳理和研究分红税收政策，推动分红税收政策合理化，增加上市公司现金分红的积极性。

这是一项很得人心、很有利于保护股民权利、有利于中国股市健康良性运转的政策。

有专家坦言，这样的政策等了 20 年，中国股市不能变成融资者的天堂，投资者的坟墓，股市的政策应该让投资者赚钱，而不是赚投资者的钱，这才是股市健康的根源。

中国股市扩容过快过滥，这是一把悬在市场和股民头上的利剑。梳理以往民众对证监会的指责，新股发行是批评声音最为集中的地方。

这一沉疴、这一局面，如今在郭树清的手里得以整治和扭转。报道显示，郭树清上任之后的首次发审委会议 IPO 审核仅有一家获通过，其余三家均被否；然后，是发审委从一周三会减少到一周两会，一批等待过会的公司原计划发布预披露被临时取消；接着新股发行被临时叫停，2011 年 11 月 14 日的 253 次发审会成为暂停前的最后一次发审会。

毫无疑问，上述两个决策，对中国股市将带来意义极为重大的影响，对挽救股市，重塑股民信心将起到极大地推进作用。

紧接着，11 月 20 日，中国证监会有关负责人透露，监管部门已初步形成改进和完善上市公司退市制度的总体思路，将首先立足解决"壳资源"炒作成风等问题，提高 ST 公司重组门槛至与 IPO 基本相同，并在创业板率先试行退市制度改革，有关方案将尽快向社会公开征求意见。市场密切关注已久的退市制度改革即将正式拉开大幕。

稍后不久，证监会主席郭树清在烧过上述三把火后，又烧起了第四把火：对内幕交易和证券期货犯罪始终保持零容忍。声称，对内幕交易和证券期货犯罪，将发现一起查处一起。这第四把火，不但引发股民强烈关注，也让名人、草根拍手称赞。

上任动作频频的郭树清，让人们对证券市场体制机制改革，充满了希望。

网友"小李飞刀"在网上称："绝对支持郭主席，他说出了散户的心声，多项措施也是针对市场顽疾。希望这些政策能让中国股市正本清源，走上健康发展道路。"

重塑"市场"灵魂

"要实现投资者的梦想，不管是短期的还是长期的，必须通过制度变革，才能重塑中国股市的'市场'灵魂。"

最近，《经济参考报》就中国股市的制度缺位采访过多位专家，而专家们从三个方面给出了答案：

改变市场定位

北京大学金融与证券研究中心主任曹凤岐表示，资本市场是一个长期投资市场，但我们把它定位于融资市场，忽视甚至抛弃了股市的投资功能，导致许多企业只融资不回报。中国A股成为圈钱场地，完全背离了上世纪80年代中后期资本市场理论研究阶段的初衷，甚至背离了设立股票市场的初衷。

他认为，这是初始功能定位和制度设计错误造成的。首要原因是国企急于卸包袱式改革导致的。大量国企通过上市把巨量死滞资金包袱甩给了广大股民，甩给了资本市场。而资本市场里却演绎着大鱼吃小鱼、小鱼吃虾米的大戏，最终有背景的大投资者利用各种信息渠道和炒作技巧在股市里赚取巨大利润，而“手无寸铁”的中小投资者只能成为资本市场圈钱的最终买单者。

经济学家曹凤岐指出，中国A股经过20年的历程，现在到了回头看看、正本清源的时候了，到了下决心再次改革的时候了。必须尽快还资本市场长期投资市场的本来面目，从政策层面、顶层设计层面制约过度投机炒作；引导投资者决策行为与上市公司经营业绩密切联系挂钩，使得一二级市场投资者行为能够真实完全地反映企业经营好坏，使得股票市场对企业“用脚投票”的功能完全发挥出来。

改变发行制度

“创业板的发行价高、市盈率高、资本超募比高，这‘三高’现象影响极其恶劣。”中国政法大学资本研究中心主任刘纪鹏说，“三高”引发资本市场效率的缺失，创业板的“体制性造富”则导致资本市场公平的缺失。

刘纪鹏认为，在现有这种“不把规模放开只搞个股市场化询价”的发行制度下，中国创业板可以说是“一股独大”的私人和家族企业的“创富乐园”。这种体制性造富是由于现有发行制度和创业板家族公司“一股独大”的股权结构所造成的。当上市机会仍是中国市场经济最宝贵的资源，而一旦被核准上市就可以暴富的时候，当核准制事实上是造富机器的时候，必须引起我们对“一股独大”私人上市公司在享有公众投资和上市这一稀缺资源时要兼顾公平原则的高度重视。

刘纪鹏强调，“只有站在这样的高度，在创业板未来发行体制的改革中，我们才能在追求市场效率的同时又兼顾社会财富和资源的合理配置。”

经济学家韩志国认为,新股发行制度要尽快解决。如果不能一步到位地解决新股发行的市场化问题,那就应尽快解决新股询价的混乱和无序问题。同时,要严格限制并有效监管证券公司的直投行为,特别是由证券公司做承销商和保荐人的上市公司,直投行为应该严格禁止,否则就很可能出现上市公司与承销商和保荐人之间的串通行为,以欺骗市场与投资者。

经济学家一致建议,禁止高溢价发行的企业在三至五年内以公积金转增股本。上市公司要扩张股本,只能用自己挣来的钱即滚存利润送红股,这才是对创业板"三高"炒作釜底抽薪的措施。对高管辞职套现的问题,应当要求高管做出任职承诺或锁定承诺。

改变退市制度

股市的某些不合理的交易制度,助长了各种操纵、投机,其中最被专家诟病的就是退市制度的失效。

"当前股票市场的标准几乎被搞颠倒了,改变主营、卖壳重组的痼疾长期风行,为大盘股估值低、小盘股估值高、投机炒作之风蔓延铺下了土壤。股市光生不死,保护了一小部分人的利益,却损害了大部分人的利益。"专家呼吁,如果总是瞻前顾后、患得患失,表面上是保护了上市公司和决策失误的投资者,实际上是姑息,给出了错误的政策信号,助长了投机炒作之风、推高了垃圾股的股价,结果反而贻害无穷。

专家建议,加重惩罚造假与违法行为,改变"死"而不退的退市制度。将一些不符合条件的上市公司通过退市制度劝离和强行驱逐出证券市场,以维护股民的合法权益。

同时,针对发行人和保荐人的虚假陈述与言过其实的过度包装,开通问责和索赔的快速通道。

期待全方位的制度创新

“中国股市的制度缺陷总结成一句话就是，一个中心，两个制度原罪，三个政策迷途，四个市场走偏。”经济学家韩志国说。

韩志国解释说，一个中心就是圈钱、套现。两个制度原罪：股权分置与行政化发行。三个政策迷途：消极的股市政策，危机型的股市政策，过度圈钱的股市政策。四个市场走偏：行政的力量太强，市场的机制太弱，信息的披露太灰，监管的取向太乱。或者被利用，或者被边缘化，这是中国股市的最大悲剧。

韩志国认为，第一个层面的制度创新是国家层面，最重要的是要转变对股市的认识和观念。在国家政策层面，变消极的股市政策为积极的股市政策，变危机型的股市政策为发展型的股市政策，变过度“圈钱”的股市政策为有效进行资源配置的股市政策。他表示，具体来说，主要包括三个方面：一是，整个社会的资源配置要从银行制向资本市场特别是股市转变。二是，建立有利于股市发展的税收制度。三是，国有股的利润应该向全体人民强制分红。

第二个层面的制度创新是监管层面。首先，要明确中国证监会与证券交易所的职能分工，彻底解决监管层既是裁判员、教练员同时又是运动员这种角色混乱、监管错位的问题。上市公司股票发行与上市的审查权要下放到证券交易所；证券交易所要进行公司制改造并且可以上市，这样就可以有效解决沪港、沪深证券交易所的相互竞争以及内部制衡问题。股票发行要尽快向严格准则主义原则过渡：一方面设立较高的上市基准，另一方面严刑峻法打击造假者和违法者。这项改革的核心是审核权的改革与下放。

第三个层面的制度创新是司法层面。一是要大幅提高市场的违法成本，实行严刑峻法，同时对内幕交易要引进国外的举证倒置制度。二是要尽快建立股市的民事诉讼制度，特别是要尽快建立集团民事诉讼制度，把上市公司在信息披露、内幕交易等方面的监管纳入社会制约与司法制衡的轨道，从而真正把保护投资者利益从口号变成行动。

2012 年：投资机会或隐或现

“希望 2012 年的股市能好点，损失能减少一点，如果再跌下去，真的要彻底失去信心了。”已经有 10 年股龄的张锋谈起 2011 年的股市显得十分的无奈。

上证综指 2011 年从年初的 2800 点到年末的 2200 点左右，全年跌幅超过了 20%，而 2011 年投资亏损的投资者则接近九成，损失超过一半的也大有人在，可以说是“一地鸡毛”。

面对 2012 年的行情，机构的观点普遍谨慎，最乐观的表态也就是存在结构性机会。

中金公司 2011 年年末发表了最新的对 2012 年宏观经济及市场走势的研究成果，认为 2012 年将是比 2009 年更为复杂的一年，经济增长将“软着陆”，GDP 全年增长 8.4%。A 股 2012 年二季度将出现投资机会，2800 点将成为阶段高点，低点则在 1680 点左右。

泰达宏利的基金经理王永辉表示，2012 年股市依然以调整为主，但不排除会出现结构性机会。他说，管理层对于调整的幅度应该有一个忍耐限度，2012 年一旦突破了底线，那么财税政策、货币政策肯定会出现调整，到时机会就出现了。投资者 2012 年应该密切关注政策层面的变化，如果看到积极信号，就应果断介入，而对于深套的投资者来说，也可以趁机作波段操作，以摊薄成本。

微 博 篇

文/吕锦忠

第一节 "微表达"推动"大变化"

"微博打拐" 别具一格

2011年1月17号，一位居住在福建泉州的母亲写信向中国社会科学院农村发展研究所教授于建嵘求助，希望他能够帮助寻找她被拐走的儿子杨伟鑫。

那孩子今年六岁，2009年被人拐骗后弄残成了街头乞丐，2010年曾有人发现后拍照，但由于信息沟通不通畅，家人至今没有孩子的下落。

于建嵘通过新浪微博发出这条消息后引起很大反响，许多网友给他打电话、写信，还有网友上传了一些神似杨伟鑫的照片。同时，还有不少人与他联系，希望他帮忙寻找他们走失的孩子。

于建嵘就此想到，应该专门建立一个"随手拍照解救乞讨儿童"的微博，让更多的网友们参与进来，帮助那些需要帮助的家长们。

最简单的一个方法是：见到乞讨儿童，网友可以拿出自己的手机、相机或摄像机，随手拍照，并写清楚时间、省市、街道等详细信息，发到自己的微博上并"@"到"随手拍照解救乞讨儿童"。或者，也可以将照片等信息发送到指定的邮件中（要求大家拍照并记录具体地址，是为了方便孩子的父母、相关机构进行寻找和定位）。

没有娱乐明星的号召，没有五花八门的话题，一个全新的解救微博由此正式开通，打开这个名叫"随手拍照解救乞讨儿童"的微博，里面全是网友们在车站、街道、天桥……在全国的各个角落拍下的乞讨儿童的照片，细心的网友认真地写下拍照的时间、地点，孩子的穿着和模样；负责的博主再将照片一一转发给相关的警方、媒体和志愿者。

比起明星们动辄上百万粉丝的关注，这样一个微博似乎不那么引人注目，但就像一位网友的留言："点击转发一下，就可能帮助一个家庭亲人团聚。"在微博时代，围观成为一种力量，当鼠标被更多的人点下，微博也正在发挥着无法想象的能量。

统计数字显示，目前全国乞讨人员达到上百万，其中很大一部分是儿童。于建嵘说，微博一方面能够让更多被拐儿童的父母看到相关信息，另一方面，全民参与也能最大限度加大搜索的力度。

过去，当人们碰到乞讨儿童的时候，很想帮助却苦于报案手续的繁琐，想要帮助的念头往往一闪即逝。然而微博的出现能够让博友在第一时间按动手机的快门，即时将照片发送到微博平台。这或许可以让打拐行动成为一场"全民战争"，而不只是公安机关的任务。

这一活动立即引起广大网友的积极响应，上海、北京、泉州、厦门、三亚、海口、温州、广州、长沙、深圳等全国各大中城市的网友，纷纷拿起相机、手机，拍摄儿童乞讨的画面，发到微博上来。上海、广州、北京分别有 50 多名乞讨儿童的照片被上传到微博上，全国数百名乞讨儿童照片牵动着千万网友的心。

"天津港公安局"、"广州公安"、"安徽公安在线"、"南京市公安局浦口分局"、"深圳公安"等近百个公安部门，纷纷关注"随手拍照解救乞讨儿童"。"南京地铁公安施 Sir"留言说："地铁警方救助流浪乞讨在行动，如果地铁民警发现地铁区域有流浪乞讨人员，将第一时间协助予以救助，如果涉及违法犯罪将严肃查处。"

"随手拍照解救乞讨儿童"微博开通仅半月，粉丝达到 15 万多，城市乞讨儿童照片 2000 多幅，话题讨论的条数超过 81 万条。

这一活动开展之时适逢 2011 年春节期间，众多网友将目光聚焦在“解救乞讨儿童”这一活动中来，这一年春节的“围脖”因这一关注，传递着浓浓暖意。

《北京晚报》报道称，在千家万户欢度春节的几天里，互联网上正在展开一场有近十万人参与的“微博打拐人民战争”，新闻媒体、明星、社会名流以及广大网友转发博文53万余条。经过警方、媒体、各地志愿者帮助，来自湖北的家长彭高峰借助“微博”找到了失散3年的儿子文乐，这是一个“微博”创造的奇迹。

公安部打拐办主任陈士渠表示，民政部、公安部等部门将很快部署开展接送流浪儿童回家行动，2012年年底前将消除城市街头流浪儿童乞讨现象，切实保障这些儿童权益。

微博投诉迅速有效

2011年11月27日，“免费午餐”公益项目发起人、《凤凰周刊》记者部主任邓飞的一条“关于三亚买水果被宰怎么办?”的微博引起众多网友跟帖，2天内就有数千条转载和评论，引起相关部门的注意。

11月30日上午，三亚市工商局执法人员在质监部门的配合下，查获红新热带水果店擅自拆改由质监局统一检测加封配发的电子秤，并使用含水泥夹层的重纸箱包装水果，存在掺杂使假等欺诈游客行为。执法人员责令水果店停止营业并进行整顿，同时立案调查。经执法人员调查，该店确实存在缺斤短两和掺杂使假等欺诈游客行为。

12月9日上午9时许，三亚市工商局召集凤凰镇辖区内的所有水果经营业主，在“红新水果店”门前召开现场会，并宣读对“红新水果店”的处罚决定，收缴了该店的营业执照正副本，正式下达了对“红新水果店”吊销营业执照的处罚决定，并以此警示教育其他水果店经营者，希望能督促其守法诚信经营。

令人惊叹的微博力量

2010年8月19日中午，成都市突然谣言四起，声称“受山洪影响，成都主城区将大面积停水”，一些市民纷纷涌入超市抢购各种饮用水。成都市政府立刻通过官方微博和手机短信向市民辟谣，结果在被转发数万次微博信息的积极干预下，当晚成都就恢复了正常的社会秩序。

6311万，这是2010年底中国微博用户数。

1.95亿，这是2011年6月底中国微博用户数，半年激增两倍多。

如今，中国微博用户已超过3亿。

…………

新华社记者说，短短两年时间，这种140个字的娇小身材的互联网产品，已从互联网的新秀跃升为互联网的基础应用之一，以微变革的力量，打开了一个大时代之门。

因为拥有千万粉丝，创新工厂董事长李开复的影响力从IT行业扩张到社会公众；

因为拥有百万粉丝，“伍皓红河微语”让位于西南一隅的红河州一度成为网络热词；

因为拥有数十万粉丝，一些草根微博受到了广告主的青睐……

2011年7月23日的动车追尾事故中，一个仅有上千粉丝的网友，在事发前11分钟最早发出了“狂风暴雨后的动车这是怎么了？爬的比蜗牛还慢，可别出啥事儿”的微博，此后这条微博被近3万名网友转发并有近9000条评论。此后，从事故处置到现场救援，再到医院救治，大量与之相关的文字、图片、视频，在第一时间通过普通网民的微博发出。

康菲公司渤海湾漏油事故、故宫博物院“文物门”……今年以来几乎所有的热点事件，在微博用户的关注和“爆料”下，都成为轰动性的网络公共事件。

“作为重要的舆论场，微博已经成为继新闻媒体报道之后的又一舆情源头。”中国传媒大学网络舆情研究所副所长李未柠说，“微博影响舆论的特征日益明显。”

在微博社会里，中国微博的特色在于其在公共事务中起到不可替代的作用。从于建嵘发起“随手拍解救乞讨儿童”起，它就开始慢慢演化为关注社会公平、正义、民生的有效平台。

微博走进千家万户

2009 年 8 月，新浪微博上线内测，员工们用类似分任务的方式去推广微博。

2010 年 3 月，45 岁的四川资阳环卫工人“扫地的唐老八”，在新浪注册微博，这个举动，使他一度成了当时的新闻人物。

如今，新浪的员工们不用再为寻找微博用户而烦恼，而“唐老八”已不再是新闻人物。微博正在由最初的圈子应用发展成为互联网的主流应用，开始了向大众和主流化迈进。

与用户爆炸式增长相伴随的，是覆盖人群也不断拓展和泛化，从最初的以 IT、媒体、城市白领、年轻人等为主向社会大众蔓延。以腾讯微博为例，目前其 3.1 亿微博用户在全国 1～4 线城市已基本呈平均分布态势。

微博改变着网民获取和发布信息的习惯，成为不少网民上网的第一选择，网民发微博的热情也不断高涨。新浪数据显示，截至 2011 年 9 月底，其微博用户平均每天发布微博 8600 万条。

而随着移动互联网的发展，微博的伴随特性也明显增强，在各种碎片时间中，微博成为最好的伙伴。

更值得关注的是，微博正在成为继手机、邮箱、QQ 或 MSN 之后的人与人之间的又一个联系工具，成为个人身份的重要组成部分，微博出现在个人名片上、“加微博”成为越来越多人的沟通新方式。

各类机构如企业、政府、社会组织等对微博的利用也颇为积极，无论是微博数量，还是使用频率，抑或应用创新，都走出了一条明显的上扬线。

国务院新闻办网络局副局长、互联网新闻研究中心主任刘正荣介绍说，在短短两年时间，我国微博用户已突破 3 亿，从新闻记者、政府官员、专家学者、娱乐明星、社会名流到各类组织机构、社会团体，都在微博上有体现，一批影响力巨大的微博舆论名人涌现出来。

微博应用的范围也在不断拓展，信息的发布与获取、社交拓展、社会事务讨论、政府问政网民、商业营销、社会公益……微博开始全面渗透进社会各领域。

虚拟世界与现实的完美结合

“我是山东菏泽郭村镇农民谢光华，去年村里种了 20 亩胡萝卜，今年 50 亩，我家有 14 亩，亩均 8000 斤，邻村只有几个收购商过问，昨天(9 日)价格是 2 毛(2 毛刚保本)，今天就 1 毛，还扣 15%的土，我村连收购商都没有，求农享网帮帮我们……”

2011 年 11 月 10 日，农享网新浪官方微博贴出了这条菜农的求助微博，引发网友大量关注，并伸出援手。到 29 日傍晚，谢光华的胡萝卜已卖出了约 26 吨。

“关注产生力量，围观改变世界。”当微博的内容逐渐从娱乐拓展到社会热点，当微博走下网络，开始与社会现实广泛对接，它在社会、政治、经济、文化等领域的影响便开始逐步显现出来。

“免费午餐”、“寻找脐带血救治羌族娃娃”、“关爱尘肺病人”、“停止冷漠公益救助联盟”……依托于微博的各类公益活动正如火如荼，“微公益”的作用日益彰显。

微公益的勃兴所展现出的是社会公众“聚沙成塔”的热情和力量。事实上，随着微博现实性和社会性的增强，公众对社会事务的参与也不断增强。

方舟子微博打假、宜黄拆迁事件、郭美美事件……一系列事件中，微博都发挥了重要作用。这背后，正是公众参与的力量。微博独有的传播特点，使其迅速成长为网民表达意见的新途径。通过键盘和鼠标参与社会事件、表达自身诉求，成为越来越多中国网民习惯的社会参与和政治生活方式。

在商业领域，随着微博用户群的激增，各种微博营销模式也不断涌现，各类“微商务”已开始试水。

腾讯微博先后推出了打通微博与QQ空间、IM等众多平台的企业级微博营销产品“微空间”，以及转播降价的倒贴式营销的“微卖场”。

新浪微博面向企业用户的“微商城”也已上线，并推出了微币、微号业务，试水小额支付和付费微博账号业务，据市场分析机构瑞信预计，仅微号业务就将为新浪微博带来3100万美元的收入。

不过，业内人士也表示，就目前来看，各类商业模式还只是个开端，随着各微博平台业务的创新，微博的商业前景还有很大的想象空间。

微博改变了什么

有网友对2011年的微博大事件进行总结：一月：空巢老人；二

月：微博打拐；三月：日本地震；四月：瘦肉精；五月：私奔；六月：郭美美事件；七月：甬温高铁事故；八月：京沪高铁全线贯通；九月：美国大使；十月：小悦悦事件；十一月：校车。

从网友总结的2011年微博大事记里可以看出：每一个微博大事件都引起沸沸扬扬的讨论，也成了微博控们茶余饭后讨论的话题，这充分说明，微博正在改变着我们的生活和对生活及事物、事件的看法。

改变了舆论结构

微博正在改变中国公共舆论的结构，过去公共议程或者热点话题均由精英和记者决定，民众只关心各自关心的问题。现在形势正在变化。微博已经在塑造公共舆论方面占据优势地位。

舆论是一种社会合意，它的产生是一个“问题出现—社会讨论—合意达成”的过程。“随手拍照解救乞讨儿童”始于微博，逐渐扩展到网络的其他空间，如网易、天涯、猫扑等论坛，加上大众传媒的深入报道，使这一“解救”行动被网民关注和讨论，形成相对一致的舆论，这个相对一致的舆论和声音继续在网络中进行广泛传播，并形成强大的社会影响力和舆论压力，影响事件的走向。

改变了传播方式

作为一种新的信息传播方式，微博既不同于传统的线性传播，又不同于即时通讯和手机的点对点传播，也不同于BBS等网络媒体的网状传播，它是一种裂变式传播，微博转发可以将信息转发给更多的用户，也增强了互动性。

微博它不但正在成为重要的新闻源头，还以传统媒体不能比拟的裂变速度，传播着各种各样的信息、观点。一种传播媒体普及到5000万人，收音机用了38年，电视机用了13年，互联网用了4年，而微博只用了14个月。

改变了话语权框架

有了微博，等同于拥有了一个“自媒体”，内容自制、传播自发；相当于随身带了一个“微麦”，话语音量随时可以放大。不同于传统机制赋予的话语权——高高在上或被少数精英群体所掌握，微博这样一种制度设计，使得话语权飞入寻常百姓家，只需一根网线或一部手机即可网络发声。

改变了社交途径

在信息发达的网络时代，人际交往反而成为人们最难做到的事情，“宅男”、“宅女”流行，白领们两点一线，人与人之间的交流越来越少。微博简便迅速的交流方式，受到人际交往困难的人群的欢迎。在微博里，“朋友”可能从来没有见过面，但在网上一日不见如隔三秋；“敌人”也是隔空对骂，但在网上遇不到他（她）却是寂寞难耐。微博时代，如果运用得当的话，完全可以做到“朋友遍天下”。

改变了民政沟通模式

一些地方政府民生微博服务厅的全新上线，搭建一个整合所辖地区近百个重要民生政府部门的微博服务平台，既有利于高效利用微博平台推动政务工作，拉近政府部门与网友的距离，又能将为民办实事以创新的形式体现于互联网。服务厅以创新手段打破传统民政网络沟通方式，逐步实现政务微博由“宣传发布”到“服务民生”的转变。

第二节　微博大战也疯狂

用户争夺很激烈

微博竞争很激烈，首当其冲是用户的争夺，尤其是争夺名人用户的认证。有内部人士透露，几乎每个微博部门的员工在初期都肩负“拉人”开微博的任务，多多益善，否则绩效会受到影响。

用户大战，不仅抢名人，甚至连送外卖的和在楼下扒活的出租车司机都不放过。

新浪内部有句口号：“从前台到总裁都在推广微博”。

赵本山应搜狐 CEO 张朝阳邀请，独家开通搜狐微博。他发布的第一条微博写道：“朝阳同志一直拉我在搜狐开个微博，我看他多少有点私心，可能会给他增加点儿点击率。都是朋友，没办法。开就开了吧，也赶个时髦儿，早晚得开。”

这看似勉强之举在半个多月后再次上演了。本山大叔的新浪微博又与大家见面了：“今天迎来了新浪的客人，邀我开围脖。我刚跟朝阳通过话，他也表示支持我：那就好吧，两家都开吧。我们都是好朋友，只是在新浪和搜狐两家之间，别给任何一家带来麻烦。”本山大叔不愧江湖“老姜”，和平化解了两位 CEO 的暗战，但门户网站微博间激烈的名人争夺战也可见一斑。

李娜的新浪微博粉丝在数日间激增到 217 万，其中决赛当天就增加了 100 余万，事后新浪微博大打宣传战，称吸引了多少多少人在微博上关注这场赛事。

据《南方周末》报道，搜狐微博产品总监王铁军透露，为了拉敬一丹开微博，他特地跟着张朝阳去找在江西开会的敬一丹，送了她一部 iPhone，并开通了微博。

负责微博的网易副总编辑唐岩说，为了拉人，目前网易发出去了几百台 iPhone 手机和一百多台 iPad。在搜狐，没有完成任务的，不会被罚款，但有奖金绩效降档的危险，因为领导也有任务，员工没完成，绩效将遭到领导打折。

在腾讯，只要能拉来新浪微博粉丝量排名前 100 名的任何一个，至少奖励一万元。王菲和韩寒这个级别的，“只要能拉过来，价钱随便开”。

今年两会期间，通过和新疆天山网的合作，腾讯将新疆维吾尔自治区地区党委书记张春贤拉来开通了微博，成为名噪一时的微博事件。

名人战略各有千秋

微博大战如火如荼，争夺名人资源显然并不仅仅限于已有的名人，MySpace 聚友网就把目光瞄向了“快乐女声”，推出了独立运作的微博平台 9911，使得大量音乐人和粉丝加入，一时间名声大噪。

“新浪微博的名人战略，对于微博的成长和发展很重要，这也是我们的运营策略之一。明星、名人数量的多少，是衡量微博吸引力的重要指标之一，新浪微博上的名人数量和名人的活跃度，帮助新浪微博放大了人气和提升关注度。”新浪微博负责人在接受《互联网周刊》采访时如是说。

“经济学名人”则成为网易微博重点打造的吸引力。陈志武、夏斌等超过 300 位经济学家入驻网易微博。网易相关人士说，“经济学家人数最多、领域覆盖最全、活跃度最高，成为网易微博一大特色，也体现出网易着力构建的不跟风、不盲目、思辨的微博氛围。”

微博大战无孔不入，各大网站甚至连一些另类方式也不放过。比如，在北京首都机场登陆无线网络共有三种方式，第一是获取机场赠送的账号密码，第二是成为某运营商的客户，第三则是凭借腾讯微博的账号。

资本、创新，互不相让

在激烈的市场竞争中，资本和创新成为微博能否取胜的关键。

早在2011年年初，新浪就公开宣布，今年是公司投资年，将对微博新增1亿美元的投资。从2011年第三季度数据看，新浪在微博营销和研发方面的总投入，相比2010年同期增长了超过1倍，未来的几个季度中还将进行持续投入。腾讯、搜狐和网易在微博的投入也是大手笔。

当然，除资本外，对用户需求的把握和创新更为重要，在这方面，微博竞争已经开始呈现出差异化。

新浪微博的目标是打造"开放的互联网平台"。在2011年11月9日起启动的新版微博，就增添了更多的社区平台属性，并在人机操作、人际互动方面加强了功能优化。新版微博将提供更佳的平台可扩展性，同时更好地为第三方开发者提供API连接。

搜狐微博则明确定位为"纯2.0媒体"。"搜狐微博强调媒体属性，将用户的媒体表达和体验放在第一位。"搜狐副总裁、微博业务负责人方刚表示。为此，搜狐微博推出"宽版"，突出大图，并独创了10图连发功能——每张图可单独添加描述，最终以线性模式呈现在粉丝面前，用户可借此在一条微博中了解一个动态的连续事件。

腾讯则对社交化以及和腾讯其他产品对接重点关注。以腾讯视频的"大剧托管"模式为例，微博成为重要一环，立足于社交游戏的《星佳城市》也已上线。

而移动化则成为共同的发力方向，各家微博平台均推出了手机客户端，抢占掌上市场。以搜狐微博为例，就已推出可语音输入的iPhone特别版、搜狗输入的iPhone特别版、搜狐拍客等一系列客户端。

虽然微博斗法硝烟浓浓，可是有投资者担心目前只有投入没有营收，微博会不会重蹈博客的覆辙，成为摆设的"花瓶"？对此，各大网站均表示当务之急不是从微博用户身上赚钱，更重要的是在竞争中居于领先地位。

粉丝不幸成商品

一个知名微博，动辄拥有几十万甚至上百万、上千万的粉丝，形成庞大的微博粉丝团。这些粉丝团逐渐形成了一个巨大的舆论场，使传递的信息、表达的观点更具影响力和辐射力，从而对社会舆论造成冲击。然而，伴随着微博的发展和普及，"买卖微博粉丝"的现象也开始出现，且已形成一个完整的商业利益"产业链"。

点击进入一些网站或各大论坛，微博粉丝买卖很是流行。有微博粉丝的卖家，粉丝买卖明码标价：1000个粉丝10元，2000个粉丝20元……一些希望快速增加粉丝量的微博用户，可以购买这些粉丝，短时间内把微博的粉丝量刷上去，"只要你有足够的钱，想刷多少刷多少"。

搜索淘宝网，就可以发现还有七八家做"微博推广"、"微博代理"的网店，所在地分布在全国各地。其中信用比较好的店铺已经有三钻，这意味着该店至少做了上千单获得好评的生意；其余的店铺也都有几十到几百的交易量，以及99%以上的好评率。这样的数据也让店主们满怀信心地声称，他们的服务绝对有保障，能令买家满意。

有人扬言：凡玩微博者，当你的粉丝达到10000人时，你的工作已经解决——未来几乎所有的公司，都将主动或者被动地进驻微博，因为他们最终都会发现，微博不仅仅是个传播平台，更是个汇集各类企业的公关平台。也许是出于利益的考量，"买卖微博粉丝"近来更是到了猖獗的地步。

如今，软件可以"刷人气"已经是"公开的秘密"。现在的软件功能已经不再是单纯提高浏览量，甚至可以实现自动评论、自动转发等功能。

到底是谁在买粉丝？答案是：营销公司把粉丝卖给企业微博，企业又把粉丝数量当做和广告商家议价的筹码，其中部分名人名博可以通过替公司转发微博赚取金钱。

"注意力"染上铜臭味

前不久，光明网记者撰文揭露，以微博为生的灰色利益链条——

在各种名为"粉丝"的店铺中，粉丝的价格不等，分类详细。光明网记者在新浪微博营销大会上了解到，一个拥有几十万粉丝的微博账号在市场上最少可卖5万到6万元，而在这样的微博上转发公关公司的广告，每条费用是300到500元。

光明网记者在一份"微博加粉资费一览表"中看到，每加一个"僵尸"粉丝要5分钱，优质粉丝是2毛钱一个，精选粉丝是5毛钱一个，加的越多价格越优惠。所谓"僵尸"粉丝就是由软件生成的一些假粉丝，而优质粉丝和精选粉丝会时不时地发布新微博，比较接近真实粉丝。

由于几大门户网站对微博业务越来越重视，管理也就越来越严格，所以，进行买卖粉丝的交易只在后半夜给客户"加粉"。为了保险起见，微博网络营销公司还专门有一个系统检测的数据库，用于监测什么时候最安全。

除了"卖粉丝"外，还可让一些有名的微博博主来发布或转发特定微博，从而使买家达到网络营销的目的。价目表显示，请100万粉丝的名人微博转发一次的价格为700元，直发一次价格为1000元。

有人不无讥讽，微博粉丝的买卖是市场经济发展的另类结果。

由于越来越多的人逐步认识到微博作为一种最新的信息传播方式所产生的广告效应，以及其蕴含的商机，这种代表着"公众注意力”资源正在被迅速商品化。

据法制网载文分析，“公众注意力”这种资源，因为能满足人们的需要，其实质上就是一种商品，只是这种商品是以非物质的形态存在的。所以，“微博粉丝”卖的是“注意力”。至于类似于“微博粉丝”这种“关注度”资源的商品化问题，在我国还处于法律空白的地带，亟待相关领域的法律专家对其进行定性。

第三节 净化微博舆论生态

拷问微博伦理底线

成立于 2011 年 5 月 18 日的“辟谣联盟”，由中国政法大学副教授吴法天（其真实姓名为吴丹红）、媒体人窦含章等人发起，吴法天称之为“网友自发的自律组织”，并宣称“我们只辟事实，不辟观点”。这群“自带干粮”的网友，高举“为真相服务”的旗帜，力图“为净化微博舆论生态贡献力量”。

“辟谣联盟”坦言，微博便捷快速的互动传播方式，给网民们带来了一场沟通方式的变革。如今，“玩微博”已经成为数以千万计网民的生活方式，微博也随之成为互联网上最重要的舆论场。但同时，微博意味着巨大的风险存在。

微博，这一让人充满期待、发展迅猛的新型交流工具，每天变幻出各种不同模样，以几何速度在网络上传播，以各种耸人听闻的信息刺激着网民的眼球和神经，以各种似是而非的观点影响着网民的心灵和思想。

“辟谣联盟”指出，谣言是虚假信息，造谣传谣就是用虚假信息蒙骗他人，助长人与人之间的不信任，在人与人之间传播仇恨、恐惧和猜忌。从古至今,谣言一直遭到正义之士的谴责,它蒙蔽人的眼睛,引发误解、制造混乱。造谣这种恶行,从未结出善果。从这个角度看,“辟谣联盟”确有诞生的必要。

“辟谣联盟”成立不久,即撩动了新媒体舆论场里最敏感的那根神经,引起了人们的质疑和嘲讽。“辟谣联盟”认证谣言的工具是什么?它怎样检验信息的真伪呢?微博辟谣的界限在哪里?如果这些问题解决不了,那么“辟谣”就是不均衡的,就是只打苍蝇不打老虎,只约束网友,不约束特权,这种倾向性的“辟谣”,有可能激化社会矛盾。

从纯商业的角度看,谣言对于网站来说是门好生意。因为谣言往往能够迅速制造热点话题,带来更高的转发率、评论率、点击率,而点击率对于网站来说,就意味着生命和效益。在这种情况下,网民很难对网站辟谣的力度寄予厚望。“辟谣联盟”注意到,一些传播谣言并造成重大影响的 ID 不仅没有受到惩罚,还受到推荐。一些传播谣言、抱持特定立场的人,经常会出现在微博推荐的首页。

“辟谣联盟”强调,网站是一家企业,需要考虑平衡用户、资方、监管、效益等各种复杂因素,这是网民可以理解的,在网站无法根除谣言时,民间力量就只能自发辟谣。

著名评论员何三畏说,重要的是,我们每一个博主,都可以做负责任的“微博公民”,需要的时候,要把自己掌握的“真实信息”贡献出来。一个人随手就可以解放一条谣言,而不一定需要宣言和联盟。微博的好处,也正在它的包容性。各种言论和平共处,或互相竞争,不需要先打倒谁,破而后立。

《人民日报》发表《微博时代我们怎么辟谣?》的文章说,“只要微博用户始终坚守理性、客观、温和的立场,微博管理者始终坚守‘善待善用善管’的原则,它就一定能够在推动社会进步方面发挥更加积极的作用。”

文章指出，“群众的眼睛是雪亮的，再高明的骗子，也别想在所有时候欺骗所有人。无论是‘周老虎’还是‘盐恐慌’，真相都在广大网友自发的证伪中大白于天下。正因如此，我们对尊重公民表达权、对维护互联网言论秩序始终抱有坚定的信心。也正因如此，‘辟谣联盟’的举动作为舆论自净的一种尝试，有利于推动民众的理性表达和有序参与，体现了公民的社会责任，有它存在的正面意义。”

虽然，微博言论存在鱼龙混杂、泥沙俱下的一面，但它在促进公民知情权、表达权、参与权、监督权等方面功不可没。

“众生喧嚣”期待“理性秩序”

在微博里，暗涌着一股推动社会进步的力量！然而，微博是一把双刃剑，用好微博可促进社会进步，否则，也会阻碍社会发展。

新华社发表署名文章称，随着互联网的快速发展和技术进步，无论是企业、机构，还是个人，在2011年都表现出与虚拟世界融合的趋势：企业加速电子商务的布局，机构通过网络来展示形象，个人生活更是越来越依赖网络……

文章说，只需要两个数据就能描述这种变化：第一个数据是在过去的一年多时间中，我国团购网站从无到有迅速催生出5000多家，规模跃升至世界之首；第二个数据是，2011年11月11日这一天，淘宝商城和淘宝网单日总交易额达到52亿元。

“真金白银的数据背后，是互联网对整个社会生活深度渗入。我们在看到互联网推动中国社会变迁的同时，也要看到它‘众生喧嚣’和‘乱象丛生’的另一面。”

2011年，电商之间的血拼、团购网站一个接一个地倒下、淘宝网小商户与淘宝商城之间的恩恩怨怨、土豆与优酷之间的视频纷争越演越烈、各种钓鱼网站层出不穷……虚拟世界的纷繁乱象，与它所展现的巨大商业价值一样令人咋舌。

2011年，治理网络乱象的努力从来没有停止过。北京市出台新规，实行微博实名制，以期刹住网络谣言重灾区环境恶化势头；2011年4至6月，中央四部门在全国范围内联合开展了整治非法网络公关行为专项行动；2011年3月份全国“两会”期间，一些人大代表建议“在反不正当竞争法中增加‘网络不正当竞争行为’的内容”，以根除互联网产业中侵权泛滥……

“互联网治理过程中，政府扮演很重要的角色，但不能简单依赖政府。”专家说，能否维护好虚拟社会的理性秩序，也与企业和广大网民密切相关。

北京大学新闻与传播学院教授程曼丽也认为，治理网络乱象需要常态化、制度化，也需要加强网民素养教育和引导。

第四节　纵观微博发展

社情民意策源地

有人说，微博在中国，它是公民新闻的聚集地，有了微博，任何地方的新闻都变成全国的新闻；它是公共话语的策源地，有了微博，中国破天荒地形成跨越地域和阶层的全国性的公共领域；它也是公民行动的产生地，有了微博，公民得以团结起来，不论在何处，你都能看见中国人走到一起彼此分享，共同工作。

纵观微博在中国的发展，可以说，一种可观的微博政治正在逐渐形成。

目前我国境内50余家微博客户网站每天更新帖文达2亿多条。数以亿计、最长不过140字的声音“碎片”彼此碰撞，虽然难免个体间的冲突，但这包含嬉笑怒骂甚至针锋相对的集体“和声”，在“打拐”、“我爸是李刚”、唐骏“学历门”事件等一系列公议热点中，都在抽丝剥茧、厘清真相的过程中发挥了不可替代的作用，对促进社会和谐发展产生了积极影响。

以微博为代表的即时网络不仅是全球性网络媒体的新潮流，还可能引发整个政治话语体系的新变化。有专家指出，随着“微博时代”的来临，政府面临前所未有的社会课题，如何有效应对这一形势，是对地方政府执政能力的考验。

中山大学传播与设计学院副教授张志安说，2011年，中国互联网发展的一个新趋势就是公共机构、政府部门、官员学者纷纷通过微博，来加强与社会公众的“无缝沟通”，响应“公共诉求”，关切“公共利益”。

专家强调，地方政府要善于通过微博等互联网载体了解社情民意，加强对社会矛盾的排查化解和公众利益诉求的深刻关切。

“微博问政”方兴未艾

“微博问政”已经成为2011全国“两会”的新亮点。据不完全统计，目前，已有122位全国人大代表、166位全国政协委员在新浪微博专区开通了微博。很多代表委员将自己准备的“两会”议案、提案和建议发到微博上，和网友互动，并将反馈意见收集用以完善议案、提案，以便更好地反映民意。

与此相呼应的，是“微政务”的蔚然成风。如今，政务微博日益成为推进民政网络互动的新型重要渠道和平台。在政务微博数量增加的同时，一种新型的政务微博群开始崛起，政务微博正逐渐形成矩阵模式。

2011年11月17日上线的北京新闻发布厅，集聚21个北京市政府部门和6个政府有关发言人。

2011年11月28日上线的“上海发布”微博平台则链接上海政务微博群，首批亮相的是与市民生活工作密切相关的委办局、区县政府、社会团体、公共服务机构的官方微博。

《新闻晚报》以“微博‘上海发布’升温快，8个小时听众破10万”为标题，报道“20分钟内，粉丝过万；8个小时内，粉丝突破10万”。《东方早报》则在“以‘上海发布’提升上海公信”为题的文章中评论：上海各界有理由也当有信心建立起如下认知：“上海发布”的上线，是市委、市政府顺应时势，引领社会舆论、凝聚城市共识、构建和谐上海的有为之举；是努力沟通和改善党群、干群关系的“在线桥梁”；是建设责任政府、依法治市、推进阳光政务不可或缺的重要帮手。……以“上海发布”提升“上海公信”，以“上海公信”促推“社会各阶层互信”，上海当大有作为！1月10日，政协上海市十一届五次会议开幕仅1个小时之后，“上海发布(微博)”就出现了第一条有关上海“两会”的直播讯息，不一会儿工夫，网友互动随即接踵而来，新媒体传播速度之快令传统媒体难以与之匹敌。2011年12月23日，全国首家开放式政务微博广场——“浦东微博广场”开始在新浪网正式上线试运行。“浦东微博广场”更突出互动性和开放性，首批加入“浦东微博广场”的微博有127个，包括政府机构和公务人员微博40个，与民生关系密切的民政、卫生、建设交通、公安、工商、文化等单位和部门均已加入。

在新浪微博上，全国已有15家政府机构、9名官员的官方新浪微博粉丝数超过百万。腾讯微博上，浙江省组织部部长蔡奇的微博

“听众”则已超过580万。

目前在新浪微博和腾讯微博上，通过认证的各级政务机构及官员的微博均已超过1.8万，其中政府机构微博数10023个，公务人员微博数8671个，遍布34个省级行政区，与社会公众密切互动。

这些微博群，变部门“独唱”为“合唱”，以“联合舰队”的形式，以期更便捷地与公众沟通，提高政府公共管理效率。

至此，我国政务微博发展已趋向成熟，政务机构对微博强大的社交工具、信息平台和互动媒体属性有了更深刻的认识和把握，微博规模与阵容更加庞大。

从国内政务微博的发展来看，公安微博以外职能部门政务微博的增速正在加快，政务微博结构和地区分布更趋于合理。目前，政府部门已在社会化媒体中建立大量具有公信力的“公媒体”，提升了政府形象和执政能力，扩大了舆论话语，政务微博已成为官民顺畅沟通的最佳窗口。

新华社记者说，如今，不少党政领导都认识到微博的重大意义和作用，将微博当作了解百姓疾苦和呼声的一个有效平台，他们善于用微博问政于民、问需于民，问计于民，妥善回应社会热点。

慈 善 篇

文/张建兴

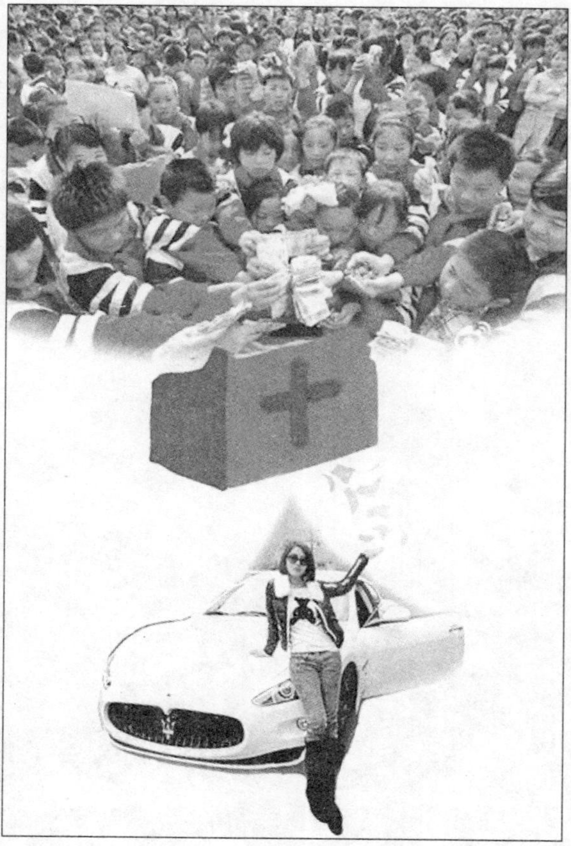

第一节　郭美美掀起"慈善风波"

风波乍起……

2011年6月20日，一个普通的夏日夜晚，新浪网上一则微博将中国红十字会推到了舆论的风口浪尖。

那天晚上，有网友爆料，在名为"郭美美 baby"的新浪微博上，博主炫富，称自己"19岁，住大别墅，开玛莎拉蒂"，并在微博上多次发布其豪宅、名车、名包等照片，更吸引众人眼球的是，郭美美实名认证信息：中国红十字会商业总经理。

19岁的女孩，何以成为"红十字商业总经理"、出入奢华消费场所、坐拥价值数百万跑车……

"红十字会"的"经理"身家居然如此富有，不由得让众多网友起了猜疑，"我们捐给红十字会的钱到哪去了?"伴随着疑问，郭美美这一名不见经传的名字迅速蹿红，火爆中国，引发了网络、媒体的热议。

6月21日晚间起，网友开始"人肉大搜索"。发现郭美美的网易相册和在58网上的卖车信息：她曾整过容，此前在深圳、北京租房，穿着和房间布置都很一般，2008年时使用的是国产翻盖手机。但不到2年的时间里，却住上了大别墅，开上了豪华跑车，暴富起来。

6月22日，中国红十字会就此发表声明，没有"红十字会商会"，没有"商业总经理"这一职位，也没有名为"郭美美"的工作人员。

同日，新浪微博坦陈：郭美美最初认证身份为演员，后经本人申请，将身份改为“红十字会商业总经理”，新浪存在审核不严格。

网友再次刨根，“扒”出郭美美是深圳天略集团旗下的车模，和天略集团高层关系密切，并且通过天略集团认识了中国红十字会副会长郭长江。

6月22日下午起，天涯网站上开始流传一张郭美美事件关系图，以郭美美为中心，红会、商业系统红会、天略集团等悉数在列。被郭美美事件涉及的人和单位：郭长江，郭登峰，中国红十字会，商业系统红十字会，天略集团，相关微博内容，转发已经接近10万次。

6月24日晚上，中国红十字会、中国商业系统红十字会、天略控股集团就“郭美美事件”再次发表声明。

然而，此事并未就此消弭。

…………

郭美美其人与自辩

红十字会声明与她毫无关系；红十字会副会长郭长江声明与她毫无关系；天略集团也声明与她毫无关系。郭美美，她究竟是谁？

横空出世的郭美美，年轻、貌美、多金、神秘。究其实质，只是一个普通的年轻女演员而已。

从百度得知，郭美美真名郭美玲，湖南长沙人，父母离异跟母姓，曾就读湖南涉外经济职业学院，后去深圳，整容后开始艺人生涯。曾在歌唱比赛中获奖，多次出演网络短片，并为平面杂志拍摄照片。

郭美美压根也没有想到，其在网络上不经意的“炫富”行为，会在中国掀起一场追查慈善机构背后实情的风波。

在漫天的质疑声中，不无惶恐的郭美美在6月21日晚23时，发布一条微博称其“所在的公司是与红十字会有合作关系，简称红十字商会，我们负责与人身保险或医疗器械等签广告合约，将广告放在红十字会免费为老百姓服务的医疗车上。之前也许是名称的缩写造成大家误会”。

3个多小时后，“郭美美Baby”将上条微博删除，又发表一条微博解释，“红十字协会和红十字商会根本就是两个不同性质，为什么会有那么多人揪着红十字这三个字不放过呢，这跟人同姓或者同名是一个性质。”但随后这条微博也被删除。

此后，在接受一家网络媒体采访时，郭美美说，自己最初的身份认证是“演员”，“红十字商会总经理”是表妹修改的，自己并不知情。

6月26日下午，“郭美美Baby”连发三条微博：“本人已经受到家人和朋友的严厉教育和谴责！这几天我一直在反省这个给大家造成了伤害和烦恼的愚昧无知行为，希望各位网友不要再炒作，我决定用更多的时间来自我反省和自我教育！”

“郭美美Baby”称，“本人出于无知，在新浪微博上自称为‘中国红十字会商业总经理’，对此愚昧行为给中国红十字会造成的名誉损害和公众误解深表歉意！本人从未在中国红十字会工作，这个身份完全是本人杜撰出来的。”

8月3日，沉寂了一段时间后的郭美美与母亲一起出现在宁夏卫视《财经郎闲评》节目中，接受著名经济学家郎咸平的独家专访。

在专访中，郭美美称，自己的“干爸”王军并非网传的、红会内部的王军，而是深圳的一名投资房地产的商人，她出于虚荣心和攀比心理，在新浪微博认证了“中国红十字会商业总经理”，并强调一切与红会无关。而对于备受关注的“炫富”，郭美美在节目现场中流泪道歉。

其自称，郭美美“干爸”王军来北京出差时，表示拟成立一家名为“中红博爱”的公司，并邀请其来公司上班，而她开玩笑地说想担任总经理,得到干爸的口头许可。

“过几天玩微博的时候,看到我所关注的人的认证都是总裁、CEO之类的,可能是出于爱慕虚荣、攀比的心理,就把原来的歌手改成了中国红十字会商业总经理。当时写的时候不记得公司名字,于是就直接写了‘红十字会’。”

据悉,王军是中红博爱的挂名董事,公司总投资是六七千万,他投资了一千多万。但因为公司尚未启动,王军并没有从中红博爱挣到钱。

谁想到,郭美美的“玩笑”掀起了惊天巨浪,社会各界对于“红十字会”的信任度也急剧下降。

郭美美反复强调,自己没有想到这件事情能引发如此大的影响,她从深圳回到北京的第二天,就被公安局叫去调查了10多个小时,第三天也是10多个小时。

郭美美在节目中称,自己在网上炫的名牌皮包,其中只有两个是真的,“橘色的是妈妈用过的,另一个绿色的是干爸送的”,其他都是假的。

郭美美的母亲郭登峰则在节目中表示,她和王军并没有夫妻关系,郭美美还未出生时,她就与其生父离婚,女儿随她姓。

郭登峰表示,自己从1990年开始买股票,从全市只有5只股票时就进入股市。数月间,几万元的股票本金就赚成几百万元。那时她在深圳就有两套房子,另外还有几百万元现金。

但是,1990年,许多人还不知股票为何物的时候,郭登峰就已经靠炒股赚得百倍,这个“传奇故事”很难让人相信。

郭美美在访谈中表示,“真的很对不起,自己爱慕虚荣在微博上发一些东西,让很多老百姓接受不了,认为我为什么过得这么好,而他们要这么辛苦工作。其实我本性很善良的,以前不是这样子的,

18 岁以前我没有这么奢侈。”

“以前我在家里很节省，多开电灯我就会让妈妈把灯关了，不能浪费电。在北京电影学院上进修班，后来拍戏，接触社会上一些人，女孩子之间会有攀比，然后觉得自己慢慢变了。”

红会“危机公关”遭质疑

中国红十字会在 6 月 22 日、24 日两次通过中国红十字会官方网站就“郭美美事件”发表声明后，6 月 28 日下午 2 点半，在北京总部召开郭美美事件媒体通报会。

通报会上，中国红十字会相关人士表示：

郭美美炫富事件波及到了中国红十字会和副会长郭长江同志以及中国商业系统红十字会，对我会的声誉造成恶劣影响，使我会的公信力面临很大挑战。

中国红十字会没有“红十字商会”的机构，也未设“商业总经理”职位，更没有郭美美其人。

中国商业系统红十字会是中国商业联合会根据《中华人民共和国红十字会法》第八条“全国性行业根据需要可以建立行业红十字会”的规定提出申请并经总会审批成立的行业红十字会，其本身并不从事商业活动。

其工作人员由来自中国商业联合会和中国商业经济学会的志愿人员构成。这些人员的工资、奖金和补助均由原单位发放，未在红十字会领取任何报酬。中国商业系统红十字会设有会长、副会长、秘书长等职务，从来没有总经理的头衔。同时，根据中国商业系统红十字会提供的情况，在其组织及其组织的各项活动中，都没有郭美美或郭美玲参加。

另外，网上流传的某些与我会及相关个人有关的照片、微博、亲属关系的说法等内容，经核实，均无任何事实依据，纯属不负责任的谣言。我会一贯反对那些企图通过制造虚假信息进行炒作的行为，也希望社会各界以平和心态看待此类问题，不被利用。

通报会上透露，为了澄清事实，中国红十字会总会6月24日向公安机关报案，并决定启动法律程序，以维护红十字会的合法权益和良好声誉。

红十字会的正式辟谣，三番两次声明与“郭美美”毫无瓜葛，但仍难以止住传言，郭美美事件仍在发酵，形成一场网络舆论监督的“瓜蔓抄”，涉及人员之广泛、层级之高，前所未有。

央视《24小时》评论指出，中国红十字会光靠声明无法打消公众的疑虑，必须拿出事实证明才可以说服公众。

有专家表示，红十字会这样的公益机构，没有隐私可言。如果仅有“声明”而无法“证明”，仅有辟谣而没有自省、改进，就可能引起更大的失信。

2011年的最后一天，新华社公布了中国红十字会关于“郭美美事件”的调查结论：郭美美及其所炫耀的财富与红十字会无关，但商红会管理存在严重问题，中国红十字会决定撤销商红会。

郭美美为何遭猛批

郭美美一个年轻的女子仅仅因为炫富，就成为众矢之的，遭到全社会的穷追猛打，冤吗？她是否应该承受网友们毫无节制的人肉搜索？

其实，从一定意义上说，郭美美只是一个引爆点，触发了许多人郁积的对慈善机构的不信任乃至不满。

诚如《新周刊》所说，人们不是不愿放过郭美美，而是不愿轻易放过红十字会。

毋庸讳言，郭美美事件中不少网上传言是捕风捉影的。但郭美美之所以能火，能引发公众强烈质疑，在于中国慈善业之前长期积累的信任危机：如 2008 年 5 月，网上传言，中国红十字会某官员在接受 CCTV－4 采访时表示，将送往灾区价值 1300 万元的 1000 多顶帐篷。经计算，每顶帐篷高达 1.3 万元，网友纷纷跟帖表示质疑。

2011 年 4 月份，上海市卢湾区红十字会一张数额为 9859 元的餐饮发票在微博上被曝光，立即引起了网友的围观和质疑。

2011 年 6 月 27 日，国家审计署审计长刘家义向全国人大常委会作《关于 2010 年度中央预算执行和其他财政收支的审计工作报告》。报告中提到，2011 年 1～3 月，审计署对中国红十字会总会 2010 年度预算执行情况和其他财政收支情况进行了审计，并在审计过程中发现中国红十字会总会在预算执行和其他财政收支中存在"超标采购 420 万元"等问题。审计署此次发布中央五十多个国家部委和事业单位财政预算执行的审计报告，但独有中国红十字会总会的审计结果引来公众的格外关注，个中当然有特定时间段内特定事件的助推因素，但亦可从中窥见人们对红十字会由来已久的持续担忧。

风起于青萍之末，不信任感是一点一滴积累起来的。

可以这么说，郭美美不是该起风波的主人公，只是公众事件的源头和切入点。7 月 4 日，王汝鹏在其个人博客上就"郭美美事件"作出回应中也承认了该点。

王汝鹏直言，该事件反映了行业红十字会乃至整个红十字会系统在组织建设、业务开展、资金募集、项目运作等方面还存在诸多问题和挑战。

王汝鹏坦陈，这次因郭美美事件引起的对中国红十字会的质疑，是某种社会情绪的一次厚积而发，虽然具体质疑的对象是中国红十字会，但值得中国所有的公益慈善组织引以为鉴，并切实改进我们的工作，提高规范化管理水平，提高执行效率，推进公开透明，做透明的钱口袋。这也是中国红十字会为什么今年要花大力气研发推出公开透明的捐款管理信息网络平台的真正动因。

有专家表示，人们揪住郭美美不放主要基于以下五种情况：

一、公益与透明：历经帐篷事件、餐票事件、违规房地产项目事件，公众对于红十字会乃至各种公益组织的信任被耗尽和透支，希望明了慈善组织的公益和透明度。

二、炫富与仇富：郭美美是个庸俗的炫富女，在被人肉之后不久还不屑地反驳网民。但仇恨和蔑视很快将她淹没。这也成为红十字会最好的解释理由，即本次事件源于社会仇富心理……

三、贪腐与官二代：郭美美一出现首先被联想到的是官二代，即红十字会副会长的女儿，被否认后又被称与商红会的某个商业平台公司老板有关。

四、围观与网络暴政：自从人肉搜索出现，"多数人的暴政"这一词汇便成了反击专用语，这次也不例外。

五、微博可靠吗：新浪的微博火透了，却不幸与郭美美事件扯上关系，新浪虽然公开致歉，人们仍在追问，微博可靠吗，认证有用吗？

有网友很坦率地说，真正需要检视的对象，是培养和造就了郭美美的土壤与空气。

一些慈善机构信用的缺失，其实只是社会整体诚信体系缺失的一个反映。人们围观郭美美的热情和焦虑皆源于此。"人无信则不立"，在当下语境的诠释，绝不仅仅指内在的道德自律，更包含复杂的、现代社会所共识的外部规约。

《新京报》表示，作为一个相当成熟的慈善组织，应该有胸怀超越郭美美事件，从根本上反思问题，挽救公信力的能力。

第二节　慈善“四乱”引发“四问”

郭美美捅破慈善四乱

中国正处于现代慈善事业的初级阶段，“乱”正是慈善初级阶段的特征，而郭美美则无意中捅破了这点，暴露了慈善四乱迹象。

一乱，善款就像唐僧肉

慈善界不是一片净土。人类所有的原罪、弱点、劣根性，在慈善界一样不少。

虽然在慈善圈里，大家似都羞于谈利益，好像利益与慈善格格不入，谈利益就会遭人唾弃。但是，利益是无所不在的，慈善领域也不例外。

在工作单位和朋友中发起“爱心社”活动，5 年多来多次与多个慈善基金会联系，并合作了多个项目的范琪说，“我们要在云南德钦地区援建一所小学，最开始是跟一家全国知名的基金会联系，希望采取‘出钱不出力’的方式，就是由我们负责项目的全部费用，项目运行交给基金会。

对方给出的报价是 27 万，当时我们觉得太高了。因为那个小学是‘拖拉校’方式，不是各个年级都齐备的‘完小’，不过是一共有 6 间教室的二层小楼的需要翻新，外加个小操场。后来我们自己与当地学校联系，请了乡里一位非常受尊重的老人、一位老教师、一位校长来帮助我们，自建完后费用一共也就 8 万。”

这 19 万的差价究竟损耗在哪个环节了？

范琪说，“是被‘扒皮’了！我们捐款到基金会去偏远地区做慈善项目，对方常常会请一些带着各种名头的领导去‘现场’，住着高档宾馆，吃几千元的桌饭，我们对着那些饭都难以下咽，不是因为这些钱都是我们掏，而是……”

范琪强调，公益慈善组织按理不应该提留庞大的管理费用，但据悉有的基金会会按照 15%的比例提留捐款，这个提留比例太高了，捐款少的时候看不出来，如果有人捐 1 亿元人民币，接受捐款的基金会提留的数额就高达 1500 万人民币！

也有人表示，现在的慈善环境与 20 年前大不同了，那时国内慈善还在发展中，做的人很少，现在做慈善已然很时髦了，企业家、演艺明星都来做，有些人把它当官做、当话题做，当揽财的工具做，做慈善不纯粹了。

二乱，缺乏透明度

中华慈善百人论坛秘书长杨团说：“慈善事业要有玻璃做的口袋，因为你是非营利组织，运营的是公众信任。”而国内基金会还不习惯于将自己透明化，很多非公募基金会没有机构网站和网页，大部分基金会依靠年检报告来开展财务披露。

国内有一批基金会根本不在乎通过透明获得捐款，因为这些基金会是退下来的政府官员当领导，不在乎公众给他捐款，反正有人给他捐。

在香港，人们相信市场力量，某个基金会不透明，业务就不能发展，竞争就会失败，自然遭到淘汰。因此，香港的 NGO 提高透明度是自发的。不是道德要求，而是生存的要求。

但在内地，有官方背景的基金会不愿透明，近几年迅猛发展的私募基金会，以及大批草根 NGO 也未必都愿意透明。

以中国《红十字会法》为例，所规定的监督机制只是内部监督和政府监督：红十字会经费的来源和使用情况每年向红十字会理事会报告;红十字会的经费使用情况依照国家有关法律、法规的规定,接受人民政府的检查监督。其中,无一字提及信息公开披露制度。

信息公开披露制度的缺失,使红十字会等慈善组织的治理结构存在天然的严重的缺陷。

三乱,相关法律滞后

中国的慈善乱象,很大一部分是法律缺失造成的,因为法律滞后于慈善事业的发展。

有专家说:"2004 年《基金会管理条例》颁布时,大家就对有些条款有意见。《条例》执行这几年,也存在一些问题,比如要求基金会工作人员工资福利和行政办公支出不得超过当年总支出的 10%,这笔钱大基金会也许用不了,小的又不够用,但它做账会做到这么多。"

《国家"十一五"规划纲要》提出"完善民间组织自律机制","十二五"规划再次提出来,慈善界人士对此并不乐观。

四乱,慈善机构身份不明

截至 2010 年,我国在民政部门注册的社会组织约 44 万个,其中社会团体 24.3 万个,民办非企业单位 19.5 万个,基金会 2600 多个,有 200 多万家 NGO 组织,其中 90%以上是草根 NGO,相当多的草根 NGO 是以"慈善黑户"的形式存在。

据北京大学中国政府创新研究中心主任俞可平估计,在中国至少有 300 万未登记的社会组织,近九成民间组织处于"非法状态"。

受制于政策的约束,深圳"壹基金",这个资金募集额度已超过 2.7 亿元的机构,徘徊在公家人和民间人之间,谋求"名正言顺"的转变。

"壹基金"背后,是数百个乃至更多处于"中间地带"、打着擦边球的民间基金。"与其让他们悬浮在中间状态,面临各种质疑,不如有条件承认他们,让他们进入法律框架,更好地监管和合理利用。"

如今，我国公益基金会分为公募和非公募两大类，前者大多为官办，可公开募捐，后者不能。“民间出身”的“壹基金”无公募权，但其倡导的月捐一元的“人人慈善”理念，却必须以公募权作后盾。因此，他们找了个婆家，从2007年起，“壹基金”和众多明星基金一样，挂靠在中国红十字会成为专项公益计划。

“我们借母体红十字会的公募牌照进行募款，钱进入母体专户，遇有项目执行时，再走母体内部财务流程拨付使用。”“壹基金”执行主席周惟彦接受媒体采访时坦陈。但，即便变通地“获得”了公募权，“壹基金”仍无独立法人地位，执行团队的招聘、合同签订、发工资都是难题。

其实，类似情况并非孤例。公开数据显示，仅挂靠在红十字基金会的专项子计划就有50个。加上其他各大公募基金会乃至地方基金会的各种挂靠，资金规模可观，但运作状态不一。

郭美美事件引发四问

《新闻晨报》刊文称，人大公共管理学院非营利组织研究所所长康晓光直言不讳，“郭美美所带来的这场问责风暴中，不仅仅是红十字会一家的事情，实际上是对整个慈善领域的挑战和冲击。”引发了人们对中国慈善事业的四个疑问：

疑问一，谁在“阻碍”透明？

透明，在慈善这个领域内已经提及无数次，但谈何容易。

由国内35家基金会共同发起的基金会中心网的工作人员，对此深有体会。在去年7月8日该中心网正式上线之前，国内还没有一个能集中披露各基金会信息的平台。“全国到底有多少家基金会，即便是主管的民政部，不同部门、不同的司局，拿出来的数据都不一样。更不用说具体的相关信息了。”

中心网的目标是，将全国两千多家基金会，包括公募和非公募的，相关的基本信息、年度工作报告、财务信息、项目信息以及项目执行机构等内容，分级收集并上线公布。但对于上线筹备期的收集工作，该网相关人士只给出50分。“不及格”的原因很简单，除了通过官方途径获取外，他们主要是通过电话、邮件甚至是亲自上门索取，但所遇到的要么是只愿提供到年报信息这一层，要么是根本不合作。只有少数基金会比较配合，“去年年初，大家穷尽各种办法，只能收集到100多家基金会的年度报告。”

基金会各级信息特别是项目信息的透明之难，有两大原因：一是没有透明的需求和意识。中国基金会发展的30年中，过去以公募基金会为主，且有政府背景的居多，无论是思维方式、做法还是资源，多有官方或半官方的烙印。另一方面，则是执行能力、管理水平的问题。

有好多基金会，他们的财务管理水平真的并不高。虽然现在有财政部对基金会统一的财务管理培训，但其涉及的课程很简单。缺乏高水平的财务人才，或是没这个意识，长期以往，粗糙的收支表不断累积，还怎么敢晒给公众看呢？

而中国红十字会此前从来没披露过这类消息。在这场慈善风波中，由于本应提供真实信息而迟迟不提供，加剧了公众疑虑，使中国红十字会深陷信任危机的泥沼。

疑问二，如何公布透明？

作为捐助者，很想知道：今年你这个基金会得到多少捐款，花掉多少，用在自己基金会上又是多少；我们捐的钱花到哪儿去了，你们做了哪些项目，怎么花的，帮助了多少人，解决了他们什么问题，得到怎样的效果。这些要求，并不过分也不复杂。

关于透明，我国早有相关的法规出台。按照2006年《基金会信息公布办法》规定，基金会应当向社会公布其年度工作报告、财务会计报告、募捐活动信息以及资助项目信息。但所指定的公布媒体平台,如各地一周一期的《公益时报》,究竟“订阅量有多少,看的人又有多少”?

一位相关官员说,“我们的主管部门确实也很想管,但毕竟人员太有限,管理基金会的也就那么两三个人。像江苏省到下面的各个市,相关的管理人员一共也就 30 个。”管不过来。

《中国基金会发展独立研究报告 2011》称,我国的基金会数量在逐年递增,与此相反的是,基金会的信息披露仍是难题,仅有不足三成的基金会有官方网站,其中只有一半的官网经常更新。

对此,有学者认为,法律制度不健全,行政化倾向比较严重,基金会治理管理能力不高,社会公益文化培育滞后等,都是此中制约关键。

疑问三,如何区分公益和商业?

《新闻晨报》曾报道:红基会的“曜阳国际老年公寓”项目,作为一个公益项目,其设施的豪华程度和环境的幽雅程度远非普通养老机构能比。有舆论质疑,红基会是在借公益事业之名搞房地产开发。

为更好地开展公益事业,基金会如何让手里的善款更好地保值增值,一直是该领域内讨论的话题。但如今,基金会如何在投资中,将公益和商业有效的区分开来,做到合理、合法,则成了最受关注的问题。

“在相关的法律、法规上,明确点出什么是关联交易。”中国社科院社会政策研究中心副主任杨团说,“此前公众对郭美美及其背后事件的步步质疑,就是尽管很多人可能不知道‘关联交易’这个词,但都明白这种现象肯定不对。”

杨团说,关于“关联交易”,在国际上是早有明文规定的。我国关于“关联交易”要尽快立法，要有一套细则，清清楚楚地全列出来。

疑问四，谁来监管？

当我们的公益慈善事业面临空前信任危机时，更加凸显出监管力量的严重缺失。其中，基金会社会影响力和效率的第三方评估，是我们目前最薄弱的环节。杨团说，在美国就曾有一个百年历史的基金会第三方评估机构，“他们是通过具体的标准，而不是善款的数额，来进行评估。评估结果用红点、黑点标出，这样普通公众只需通过数点，就能知道哪一个基金会比较好。”

杨团表示，她一直在尝试在国内推行这样的第三方评估，“但困难极大。”因为各方利益相连，错综复杂。现在，能暂时代表第三方评估的，就是公众问责。但在公益事业相关知识还需广泛传播的今天，公众尚在学习如何看清问题要害的阶段。而郭美美事件中真正要害是，暴露了现今中国社会组织的监管盲点与难度。

譬如红会，按照现行体制，属于社会团体，但在管理上属于特例，具体而言，它属于“由国务院机构编制，管理机关核定，并经国务院批准免予登记的团体”，因此无须向民政部登记。

依照现行体制和操作方法，红会总会只要一纸批文，就可以成立一个行业红会。

现在红会有 95000 个基层组织。其总会都没有办法来明确，这郭美美究竟跟这 95000 个里哪一个有联系。它只能保证总会是没有的，而民间组织里也查不到——这才是它的问题所在。

第三节　多措并举推动慈善发展

2011 年 11 月 5 日上午，中国红十字会常务副会长赵白鸽在接受《中国经济周刊》专访时说："一个有着107年历史的红十字会，怎么会在一个小姑娘郭美美的冲击下产生这么大的问题？我很震撼，也在深思。"

赵白鸽说，红十字会百年历史的背后，是无穷的人道主义精神。"特别是最近十年，红十字会做了大量的工作。我上任后一直在看它的档案，很感动。但是一个都没有被证实的网络事件，却可以用三天就把你打得稀里哗啦的。""所以我们必须要让社会了解红十字会，提高抗击风险的能力，否则一个观点掉下来，就把我们摧毁了，甚至撕碎了。"

自郭美美事件出现后，不仅中国红会，甚至整个中国慈善公益事业的公信力都降至冰点，但红会出现这一窘困的根源并非郭美美事件。

郭美美事件只是红会爆发信任危机的引爆器。

赵白鸽表示："信任危机说明了一个道理，公众的理解和信任是任何一个具有公益职能的机构赖以存在的基础，红十字会想要成功度过此次信任危机，必须通过各种方式和渠道加强与公众的交流和沟通，让公众了解和理解红十字会的性质和工作，以服务公众和社会的心态，小心谨慎地在各种职能中转换角色。"

2011年10月12日民政部副部长窦玉沛在"江苏省慈善大会"上指出，"郭美美"事件反映了舆论对中国慈善组织的要求更高了，对中国慈善事业的发展是一个推动，对提高慈善组织规范程度、运作水平是一个促进作用，不能说是拐点。

窦玉沛认为，中国慈善事业正处于起步发展时期，面临重大发展机遇和挑战，一方面，中国经济快速发展，公益慈善组织数量不断增多，慈善事业总体规模不断扩大；另一方面也有一些突出问题，例如慈善法规政策不够完善，公益慈善组织管理不够规范，慈善事业社会公信力、慈善行业专业规范程度不高等。

“慈善是一项阳光事业，慈善事业能否得到发展，公益慈善组织的自身建设、社会公信力至关重要。”

窦玉沛说：“提高慈善组织公信力，可以从两方面来做，其一是完善法律法规，其二是提高慈善组织各种意识。现在，慈善组织在公开方面的自觉意识、手段、能力还不强，例如灾害发生后，捐款数额较大，（慈善组织）在人员有限的情况下，在一定期限内公开相关内容有一定难度。但是，随着社会关注度、监督力度不断提高，慈善组织必须做到公开和透明。”

窦玉沛表示，除了完善全国的慈善事业法规政策，还应当引入“人人可慈善”的现代公益模式。

“慈善风波”凝聚起诸多共识

如果说“慈善风波”在一定程度上伤害了公众的慈善热情，那么，这场由专家、媒体、业界和公众共同参与的社会大讨论，则凝聚起了关于慈善的诸多共识。

赵白鸽说，“社会上批评的不公开、不透明主要集中在社会捐赠上。”赵白鸽分析道，“首先，我们必须严格按照捐赠人的意向来实行定向的捐赠。第二，这个钱怎么用？必须要做到决策预算的科学性，不能乱分，保证执行过程的公正。第三，监督程序的透明，在审计后向捐赠人公布。”

实现“公开、透明”，关键是监督

8月2日，在“郭美美事件”风头正劲时，中国红十字会总会捐赠信息发布平台正式上线，首次公布了红十字会接收的数十万笔青海玉树地震捐款情况。

该平台包括社会捐赠总量、收支数据、援助项目、捐赠查询、项目查询、相关资料等栏目，公众可根据捐赠人姓名或捐赠项目名称查询相关捐赠信息及善款使用情况。同时，通过该平台也可了解中国红十字会总会的捐款管理、救灾流程及监督管理等工作。

捐赠者可通过该平台查询 2010 年 1 月 11 日以来通过中国红十字会总会捐赠的信息，其中个人捐款 10 万元以上和企业捐款 50 万元以上的捐赠者不仅可以查询到捐款信息，还可以查询到相对应的援建项目及善款的具体使用情况。

2011 年 8 月 23 日下午，民政部网站挂出新起草的《公益慈善捐助信息披露指引(征求意见稿)》面向公众征求意见。在综合了上千条来自社会各界的意见后，12 月 16 日，民政部正式发布了《公益慈善捐助信息披露指引》，规定慈善组织接受日常捐赠后的公开时间为 15 个工作日。重大事件专项信息，应在收到捐赠后的 72 小时内公开捐赠款物接受信息。

民政部表示，起草该指引主要是为了规范公益慈善捐助信息披露工作，提高公益慈善组织公信力。这是民政部对于一些慈善基金会近期遭到信任危机后一个非常积极的反应。

在赵白鸽看来，实现公开、透明首先要解决内部管理的问题。“数以百万计的捐款来了以后，如果没有一个现代化的体系，你想要完全搞清楚是很难的，这就是信息化的重要性。”她筹划着建立一个“社会精英智囊团”，吸收包括新闻、金融、财政管理、项目管理等社会各界优秀人才，“来支持我们的信息化，实现我们的项目运作，扩充我们的队伍。”

归根结底，“实现公开透明的关键在于监督。”赵白鸽认为，主要通过四个环节，“第一，政府环节，审计署盯得很紧，尤其是在政府投资、财政拨款的部分。第二，党内监督、纪律检查，我们有纪检委，队伍里还有那么多的党员。第三，新闻监督，通过媒体曝光来发现问题，解决问题，虽然影响会不太好，但总比不知道的好。第四，群众监督，包括捐赠人本身，他捐钱了以后，就可以到受益者那儿去了解情况。”

理顺权责关系

“一个莱温斯基就能把白宫的房顶都掀掉，是吧？”赵白鸽笑着说，“这说明，明确各个层级的职责，在平行和垂直方向都实行问责制度是多么的重要。”

长久以来，红十字会总会和地方分会之间保持着极其微妙的关系。基于历史原因，地方分会一直直属于各级地方政府，总会缺乏对分会的监管和统筹能力，一直是“各自为政”。但在公众心目中，总会和地方分会是一回事。

“我们要理顺红十字总会和地方分会之间的权责关系，毕竟在如此庞大又复杂的组织中，任何一个局部的失误和过错都会影响红十字这个品牌，并给红十字抹上污点。”赵白鸽表示，未来的方向是，地方分会仍然自行运作和筹钱，直属于各级地方政府，“由地方政府承担起问责的职能。”人事任用上，“比如干部是五个人还是十个人，我们是没有权力管的，但是资金的用途要有明确的去向查询。”

赵白鸽直言，“我们将来主要在项目管理和社会捐赠上，尤其是下发的这部分资金的管理上加强对地方分会的控制。你要用好了，如果乱用的话，我们肯定找你麻烦的。”

同时，赵白鸽也在推动红十字会总会的管理体制改革。“要进一步发挥总会和直属单位的作用，与国家的事业单位改革结合起来，主要以提高工作效率为重点。”

赵白鸽认为：“在新形势下应该建立起与政府更为广泛、紧密的合作伙伴关系，具体于红十字会而言，核心是如何通过法律的手段重新定位红十字会的性质，平衡公众预期和实际需求。”

专家表示，法律法规的滞后也制约着社会组织的发展。从国家层面来看，还没有一部统一的社会组织法。

赵白鸽认为，想要彻底地改革，还是需要用法律来实现。“国家不是一直在筹措几个法律嘛，比如，《慈善法》等等。”

上海拟建“募捐信息”统一平台

2011年12月20日上午，《上海市募捐条例(草案)》交付市十三届人大常委会第31次会议审议。

条例草案第27条提出：由市民政部门建立募捐信息网络服务平台，为社会公众免费提供募捐信息服务，接受咨询、投诉、举报；同时，鼓励募捐组织建立募捐信息查询系统，提供募捐财产的使用情况。

要保障捐赠人的知情权、监督权，统一募捐信息平台除了公布公益组织的基本信息、募捐方案、募捐数额、募捐财产使用状况，条例草案第32条特别提出：募捐组织应当在每年6月30日前，在信息服务平台上向社会公开本组织上一年度的财物审计情况。

如果捐赠人对捐赠财产的使用情况有疑问，并就此查询，知情过程是否会“遥遥无期”？条例草案第33条的明确规范是：募捐组织应当在10个工作日内予以答复；捐赠人对答复有异议，可以要求募捐组织进行核实；经过核实仍有争议，捐赠人可以请求民政部门依法核查。

社会公益事业的发展，让政府和社会组织职能分开，已是大势所趋。政府从具体的慈善行为当中退出，不再替代慈善组织直接动员捐赠，也不再去设置捐赠点。

要推动慈善事业进步，促进透明慈善，有效规范募捐活动，政府的角色功能又该是什么？条例草案给出的一个重要答案是：做好监督者。

为此，条例草案第36条、第38条分别提出，民政、审计、财政等部门依法监督的内容涉及：募捐活动，募集财产的管理和使用，募捐组织的财务会计，公益事业捐赠票据的使用，以及履行信息公开义务的状况。

此外，条例草案第37条还特别设定了“委托审计”：民政部门还应依法每年选择一定数量的募捐组织，委托专业机构审计募捐组织，并向社会公布审计结果。

降低公益组织准入门槛

与此同时，我国在制度层面也同样在进行着更深层次的探索。长期以来，中国对社会组织管理没有一部统一的专门性法律。现有的几部规范性文件均系条例，立法层级较低，且局限于登记管理上，如1989年颁布、1998年修订的《社会团体登记管理条例》，1998年颁布的《民办非企业单位登记管理暂行条例》等。

其共同特点，就是遵循了“大政府小社会”的管控模式。比如，社会组织在申请登记注册时，被要求必须先找到一家“业务主管单位”。而且，这个“婆家”还必须是“国务院有关部门和县级以上地方各级人民政府有关部门、国务院或县级以上地方各级人民政府授权的组织”。

目前，中国的基金会每年增加数目为100个以上，由于登记“门槛”过高，大量社会组织因找不到业务主管单位无法登记，导致未登记的比依法登记的多得多。

很多民间资金由于难以找到可挂靠的业务主管单位，只能采取挂靠大型基金会、成立“专项基金”的办法，譬如，李连杰的“壹基金”，在经历了无数次曲折后，方才在 2011 年 1 月份，在深圳成立了公募基金会。

只有破除双重管理体制、放开公募权利，才能激发蕴藏于社会的慈善力量，形成更具活力的“慈善市场”。

各地的党政领导也充分注意到这一点，纷纷强调，要为公益组织去行政化、降低准入门槛，提供各种便利条件。

2011 年 7 月份，广东省委书记汪洋在十届九次省委全会的发言中提出，要放宽民间组织登记注册门槛。

如今，民政部已将降低社会组织准入门槛、简化登记办法，摆上议事日程。上海、广东等省市也表示，除特殊行业、特殊规定外，社会组织逐步实现民政部门直接登记，简化程序，降低门槛，加快社会组织发展。

在东莞，公益慈善类社会组织的登记已经全面放开，它们登记不需要再找业务主管单位，暂时不符合条件者也可先备案，取得合法身份，待条件成熟后再登记。

在深圳，自 2008 年打破社会福利类和公益慈善类社会组织登记门槛后，截至 2011 年 6 月底，深圳市的社会组织已有 4213 家。其中，由民政部门直接登记的有 581 家。

高 铁 篇

文/徐　樑

第一节 “7·23”动车之殇

悲惨的死亡之旅

2011年7月23日下午4点36分，停靠在杭州站的D3115动车车身颤动，准备开出。此时，窗外电闪雷鸣。

这是D3115的始发站，经停11个站点后，21点45分将到达福州南，行程740公里，运行时间5小时09分。

两岁半的女童伊伊一家三口坐在16号车厢，即将踏上返程，目的地是温州。以前从温州到杭州一趟，坐火车走甬温线要8个小时，甬温线经过改造之后开通了动车组，运行时间缩短一半，只需要4个小时。

为纪念女儿的第一次远行，父亲项余岸和母亲施李红都写下一条微博，“这家伙这么兴奋。本来一上车就睡的，今天一直动个不停。”项余岸写道。

小伊伊和她的父母怎么也没有想到这是一次死亡之旅。

D3115准备启动时，当日早上7点50分从北京南站发出的D301车已经停靠在上海站，晚到了约半个小时。

动车D301，由北京南开往福州，全程2283公里，运行时间13小时36分，如果准点，将在晚上9点26分到福州站。

这一天，朱平，这个梳着马尾辫的中国传媒大学动画学院的大一女生，和成千上万名旅客一样，前往北京南站。由于年迈的父亲因骨折住院，朱平没有选择坐28个小时的普快回家，她特意为自己买了D301次动车车票。

在D301次列车发生的惨烈碰撞中，朱平的人生被齐齐折断，这辆原本带她回家的列车，把一切都撞毁了。

生命结束在同一时刻的，还有陈平的校友陆海天，这个戴眼镜的清秀男孩打算利用这个暑假前往温州电视台实习，还有 30 岁、怀孕 7 个月的陈碧，还有有点微胖、背黑色包包的周爱芳，还有短发、大门牙的小姑娘黄雨淳，还有项余岸和妻子，还有 D301 次列车的司机潘一恒。在事故发生时，这位安全行驶已达 18 年的司机采取了紧急制动措施，在严重变形的司机室里，他的胸口被闸把穿透……

事故发生时，从南京站上车的福建海峡之声广播电台记者刘洪涛此时正坐在 D301 次动车 4 号软包间，他在南京读新闻学博士，放假回福州老家。

“突然车厢猛烈摇动，车内照明灯全部熄灭，天地颠倒，行李乱飞。”刘洪涛在事后接受《中国青年报》采访时形容，他感到身下的每一个轮子，都咯噔、咯噔地发出巨响，一上一下，一上一下，像是要跳起来往外砸、往外蹦。

几秒钟后，颠簸停止了，车厢内漆黑一片，车门和座位都竖了起来。刘洪涛说，他自己像大竹筒里的小骰子，在车厢里来回翻滚。

他身处在一个密闭的环境内，在黑暗中，他给妻子打了一个电话，并开始筹划逃生。刘洪涛回忆道，他用行李箱顶开包厢门，发现底部像个漆黑的窟窿，仿佛是一口竖井，他通过玻璃窗上横的扶手从过道滑了下来，不知滑了多久，但最终的结果是：因车厢坠桥，无门可走。

高架桥旁屋顶上的村民们看见，后来的 D301 次俨然着了魔，结实地撞向前车，发出一声沉闷的巨响。

除了听到巨大响声，居住在高架桥西侧老铁路桥下的居民，有人还看到撞击产生的火花。“后面的车头插进了前车的尾巴，两节车厢翘了起来，随后向一侧倒了下去掉下高架桥，又将铁轨上的两节车厢拖了下去。”

新华社播发的消息称，7 月 23 日 20 时 27 分，北京至福州 D301 次列车行驶至温州市双屿路段时，与杭州开往福州的 D3115 次列车追尾，造成 D301 次列车 4 节车厢从高架桥上掉落。目前死亡人数 40 人，受伤人数 192 人。遇难者中有 10 名女性，外籍人士 2 人……

一波三折的事故结论

甬温线“7・23”动车追尾事故发生之后，众多媒体表示，这次动车追尾事故，虽然是由于前车在遭受雷击后失去动力停车，进而造成后面动车追尾，但其中暴露出的诸多问题，却绝非是一个天气原因所能遮盖。

舆论疾呼：这次事故究竟是技术问题，还是调度问题，或者说高铁本身隐伏的安全问题，乃至事故发生后的抢救常识性错误，必须给民众和社会一个清晰无误的回答。

7 月 28 日，国务院总理温家宝抱病亲临事故现场，含泪祭奠死难者。在事故现场温家宝总理代表中央表态，彻查事故原因，给群众一个负责任的交代。

同日，随着上海铁路局局长撤职，新上任的上海铁路局局长安路生在分析“7・23”事故时承认，在雷击造成温州南站信号设备故障后，电务值班人员没有意识到信号可能错误显示，安全意识敏感性不强；温州南站值班人员对新设备关键部位性能不了解，没能及时有效发现和处置设备问题，暴露出铁路部门对职工的教育培训不到位。

8 月 11 日下午，国务院“7・23”甬温线特别重大事故调查组在温州召开第三次全体会议。国务院“7・23”调查组组长、国家安监总局局长骆琳称，“通过调查，可以认定，这是一起不该发生的，完全可以避免和防范的重大责任事故”。

骆琳称，通过前段时间查明的情况可以认定，这起事故既有系统设计存在严重缺陷导致设备故障的问题，同时还暴露出了故障之后应急处置和安全管理方面存在的问题。

2011 年 9 月 22 日，《新京报》发表社论指出，“7·23”动车事故发生将近两月，民众非常关心“7·23”动车事故调查情况。因为，在 7 月 28 日，事故调查组有关负责人在接受新华社采访的时候曾说，调查结果争取在 9 月中旬公布。

社论说，期待调查组最终给出一份经得起历史检验的动车事故调查报告，让“7·23”动车事故的罹难者安息，让事故责任者依法被惩处，让中国的铁路更加安全。

一石激起千重浪。2011 年 11 月 21 日，一篇有关“技术层面的动车事故调查报告已经于 9 月底完成并递交，调查结果颠覆了此前认为信号技术存在缺陷导致事故的说法，并提出组织和管理不善”的报道被各大网站纷纷转载，文章引用温州动车事故调查专家组副组长王梦恕的上述说法，引起公众强烈质疑。

王梦恕始料不及滚滚而来的质疑声浪，是如此汹涌，他开始辩解。

王梦恕说，11 月 20 日晚，他接到一名记者的电话。“对方在电话中向我了解‘7·23’动车事故调查情况，并问及‘7·23’动车事故调查报告为什么不公布？我回答：不要着急，国务院事故调查组将会正确、全面地公布事故调查结论。”

他表示，自己因工作繁忙并未全程参加事故调查，对事故调查的全面情况尤其是最终结论及事故调查报告是否上报的情况并不掌握，“我与记者的电话谈话并未经调查组及专家组授权，有关内容只代表我个人看法，并不代表专家组及事故调查组的意见”。

王梦恕说，看到媒体的报道和网上相关消息后，自己感到吃惊和不安，“因所报道内容与我个人看法不一致，也不属实”。

2011 年 12 月 28 日，国务院总理温家宝主持召开国务院常务会议，听取“7 · 23”甬温线特别重大铁路交通事故调查情况汇报。

调查认定，“7 · 23”甬温线特别重大铁路交通事故是一起因列控中心设备存在严重设计缺陷、上道使用审查把关不严、雷击导致设备故障后应急处置不力等因素造成的责任事故。事故发生的原因是：通信信号集团公司所属通信信号研究设计院在 LKD2—T1 型列控中心设备研发中管理混乱，通信信号集团公司作为甬温线通信信号集成总承包商履行职责不力，致使为甬温线温州南站提供的设备存在严重设计缺陷和重大安全隐患。铁道部在 LKD2—T1 型列控中心设备招投标、技术审查、上道使用等方面违规操作、把关不严。雷击导致列控中心设备和轨道电路发生故障，错误地控制信号显示，使行车处于不安全状态。上海铁路局相关作业人员安全意识不强，在设备故障发生后，未认真正确地履行职责，故障处置工作不得力，未能起到可能避免事故发生或减轻事故损失的作用。

会议同意事故调查组给予铁道部、通信信号集团公司、通信信号研究设计院、上海铁路局等单位 54 名责任人员党纪政纪处分的处理意见。

会议决定，责成铁道部和铁道部部长盛光祖分别向国务院作出深刻检查。

翌日，人民网发表署名评论，认为，这是一个负责任的调查，一些地方、一些领域的事故、事件不妨拿这面镜子照一照，看看自己的差距，在哪个环节遗漏了什么。事实上，负责任只是一个基本的处置理念，而不是最高标准。只有把“对人民的交代”统一到“负责任”

上,人民才会寄予信任。

"奇迹女孩"小伊伊

生命的奇迹

7月24日16点,37度高温,温州下岙铁路高架桥"7·23"动车追尾事故现场救援已经进行了20个小时。

从一开始,这就是一场艰难的战役。

时针指到17点。鹿城消防大队勤奋路中队指导员姜建序仍然在D3115变形的16节车厢中,坚持寻找生还的希望。在此之前,他和战友们已经抬出了12个人,无一生还。

突然,在一堆车体碎片的掩埋下,姜建序看到一双小脚,还有一只小手。是一个俯身倒在废墟中的孩子。就在他试图清理孩子旁边的碎片时,惊奇的一幕出现了,那只小手竟然动了一下。就这么一下,让姜建序意识到,孩子可能还活着。

这就是小伊伊的小手。当时,她躺在一截不锈钢管下的狭小空间内,背上被重重的碎片压着。

姜建序和其他几名队员,小心翼翼地用双手刨着碎片。"孩子脚在外面,还在流血。我一只手先抓住了她的脚,随后将另一只手,伸到她身体下方,打算把她先托起来,再抱出来。就在这时,我突然感觉手上一阵'暖流',孩子尿尿了。我心里的一块大石头也落地了。"姜建序说。

在车厢里被困了21个小时,又经历了白天的暴晒,小伊伊生命脉搏非常微弱,浑身泥土、沾满血迹、脸色苍白,左下肢一片青紫,脱水严重,而且情绪中还夹杂着一点儿烦躁。医生给伊伊做了简单检查、迅速包扎后,17点17分,小伊伊被放上了担架。

四名医疗人员、八只大手,抬着担架向救护车移动,其中一位战士脱下身上的迷彩服盖在了小女孩的身上，光着上身前行。

上了救护车后，小伊伊慢慢醒了过来。为了不让她再睡着，陪伴在旁的护士徐慧一遍遍地和她说话："宝宝不怕，叔叔阿姨就在你身边。""宝宝，你要坚强哦。""宝宝乖，宝宝最乖了，回头阿姨给你买'歪歪'。"这位5岁孩子的妈妈，用呼唤儿子的方式来呼唤伊伊。

…………

请保住伊伊的双腿

7月24日晚上8点，在解放军118医院接受了抢救手术后，小伊伊被送往温州市附属第二医院。

当晚，附二医院ICU主任潘国松见到刚从118医院转来的小伊伊，满脸都是泥巴，血液里的钾含量比正常人高，还伴有肾功能衰竭的迹象。左腿因长期挤压，左脚5个脚趾全部苍白没有血色，被诊断为"挤压综合征"，一度有截肢的风险。

闻此，小伊伊的家属急了，他们就此在网上发布了致铁道部的一封公开信——《请保住伊伊的双腿！》。

信中说："小伊伊的腿闯过了创面感染关，但至今小伊伊小腿以下还是没有知觉，有关方面表示神经功能的恢复要待第二步治疗，不排除小伊伊的腿部功能有重大后遗症的影响。"

谈及写这份公开信的初衷，小伊伊的叔叔项余遇说，"(我们)总想把事情做到极致，不留下万一以后伊伊腿功能真的不好的抱怨与后悔，不敢想象某天埋头痛哭抱怨'为什么当初没想尽一切办法去争取'的样子。""不截肢和腿功能的恢复是两回事。"项余遇说，"她已经失去了能给予她庇护的双亲，失去了最欣赏她快乐的亲人目光，不能再让她失去自由行走的能力！"

信中，家属提出三点恳求：再次组织国内肢体神经恢复专家对伊伊进行会诊，制定最好的治疗方案；恳请卫生部联络国际相关专家，寻求合作治疗，并在合适时期，让小伊伊接受相关援助医疗方案，并考虑将伊伊转至更擅长神经恢复治疗的专业医院救治；恳请全国好心人给予更多医疗信息帮助。公开信发出恳求，“请保住伊伊腾飞的翅膀！”

迈出人生新一步

2011年8月22日，在社会各界的关心下，小伊伊从温州转入上海新华医院，该院小儿骨科主任赵黎教授、康复科主任杜青教授以及由上海交通大学医学院附属新华医院多个学科组成的医疗团队，为伊伊精心治疗。

小伊伊入院后，医疗团队对她的伤情进行评估，并邀请国外和市内专家多次会诊。在关闭创面、保留肢体的同时尽量减少肢体的残疾程度，制订了极为有效的综合性治疗方案，包括全身抗感染、神经营养支持、心理治疗和清创、植皮、创面持续负压引流等治疗手段。

在上海新华医院的50余天里，医务人员为小伊伊9次清创。医院组织国际、国内和院内多学科联合会诊22次。

2011年10月19日，这是令人难忘的一天。早上八点，新华医院的医生小心翼翼地揭开了小伊伊左下肢包裹在外的支具，用镊子逐一挑出黑色丝线的“线头”。小腿内侧的疤痕长约15厘米，疤痕已经完全闭合。

拆完线后，小伊伊很开心。按照事先的计划，医生重新在伊伊腿部“绑”上了用于支撑保护的护具。小伊伊搭着护士长的肩膀，慢慢地双脚落地站了起来。双脚下地之后开始走路。

“左一脚右一脚，走得有点蹒跚，但确确实实走出了新的一步。”现场采访的一位记者如此说。

小伊伊接下来的治疗接力棒将交到康复医生手中。

康复医学科主任杜青说：“其实伊伊的康复治疗一直在进行中，

伤口好得越快，介入康复的措施也就越多。伊伊目前伤口已经愈合，但严重的肌肉、神经损伤，导致她左下肢肌肉萎缩、皮肤感觉缺失、左踝关节功能障碍，这将严重影响她左足的负重行走功能。”

经过精心治疗，小伊伊的情况目前已经有了很大改善，项余遇在接受记者采访时表示，小伊伊目前仍然不能自己站起来，不能自己行走，但已经可以在奶奶帮助下站稳了，还对着镜头摆了一个V手势。

“医生都说今后小伊伊肯定可以自己走路，但能不能像健康的正常人一样走路，所有医生和专家都不敢保证。”项余遇说。

高铁，勿忘“责任提速”

“7·23”甬温线特别重大铁路交通事故发生后，人民网从事故救援、官员问责、事故原因分析、总理答记者问等角度，连续推出《别让生命沦为事故频发的牺牲品》、《缺乏安全的发展不要也罢》等九篇系列评论，在网上引起强烈反响。

2011年7月28日的《经济参考报》刊文指出，在“7·23动车追尾事故”之后，很多网民因为情绪激动，对主流媒体有所误会。事实上，人民网连续发出了“聚焦温州动车追尾事故”的系列评论。其中“人民网评：缺乏安全的发展不要也罢”、“人民网评：铁路提速同时勿忘‘责任提速’”等标题振聋发聩。

文章称，这组系列时评平均每篇访问量6万，均进人民网每日排行榜前50名，百度“新闻”转载量平均40家以上，覆盖了国内主要新闻网站和商业门户。

7月25日，上海一财网发表高级评论员沈源琼的文章直言，高铁，勿忘“责任提速”。“7·23”动车追尾事故如果能真正引起铁路部门的高度重视，不好高骛远、确确实实地从点滴做起，严格制度管理和执行，将广大乘客的生命安全放在第一要义上。唯此，才对得起那 40 条消失的生命。

《中国产经新闻》发表文章表示,此次的追尾事故,让我们发现,我国高铁在硬件技术引领世界先进水平的同时,更应该在管理、服务、人才培养等软件上多下工夫,这样才能行之有效地避免一些事故的发生。

从这场事故中暴露出的问题不仅仅是危机应对能力薄弱,更是让人看到我国在从中国制造走向中国创造的过程中,管理、人才培养等方面无法与技术高速发展相匹配的事实。

在同济大学铁道与城市轨道交通研究院教授孙章看来,目前,中国高速铁路所存在的隐患,根本问题都在于,此前"联调联试"(磨合)阶段时间太短。

以京沪高铁为例,试运行两月不足就正式开通。而按照综合调试的基本原则,京沪高铁起码应按照时刻表"联调联试"一年,甚至更长时间。

"怎么能把磨合期放到运营阶段呢? 痛定思痛,我们必须进行根本上的反思,决不能片面追求速度。"孙章强调说,"速度不是第一的,更不是唯一的!"

百余专家"把脉"高铁

2011 年 8 月 18 日《人民日报·海外版》披露,8 月 15 日,国务院高速铁路及其在建项目安全大检查动员部署会议在北京召开,175 位专家将参加高铁安全大检查。专家们被要求充分发挥优势和作用,做到"既看病、又开方",提高对安全隐患排查的科学性和整改的针对性。

为了更全面系统地排查和彻底整治高速铁路安全隐患,有效防范和坚决遏制重特大铁路交通事故的发生,国务院办公厅 8 月 12 日发布了《关于开展高速铁路安全大检查的通知》。

此次检查范围包括速度为200公里/小时及以上正在运营的高速铁路和在建项目(包括客运专线),存在严重安全隐患的,会被责令立即停运或停产。

12个部委的有关技术专家,12个检查组,将为北京、上海、广州等10个铁路局和设备生产厂家充当起“高铁医生”的角色,查病因,开良方,明查暗访,抽查普查,深入现场,查阅资料,排查隐患,把好高铁的安全关。

第二节　高铁走过的艰难历程

2011年7月23日晚,甬温线发生动车追尾特别重大交通事故,但是,仅仅时隔30个小时便恢复通车。

4天后,为迎接深圳大运会召开,广深高铁开始试运行,预计列车时速将达每小时350公里,堪称世界上最快的铁路。

2010年底,铁道部总工程师何华武一连气用了“五个最”概括中国高铁:技术最全、集成能力最强、运营里程最长、运行速度最高、在建规模最大。

七年完成“三级跳”

《东方早报》刊文称,中国人第一次和高铁的结缘,始于1978年。

这一年,邓小平造访日本。途中,日方安排邓公搭乘日本新干线,后者于1964年开通运营,是世界首条载客营运的高速铁路系统。坐在宽敞豁亮的车厢中,邓公凝视着窗外急速飞过的模糊风景,若有所思。

“像风一样快，新干线推着人们跑，我们现在很需要跑。”邓公感慨称。

老人的感慨多少让人有些心酸。当时的中国，在一系列自然灾害与政治动乱后，积贫积弱，百废待兴。

1978 年前后，中国运输线路总里程只有 123.5 万公里，其中，铁路更是仅仅 5.2 万公里。

而此时的西方，其发展已经将中国远远抛在了后面。早在 1964 年 10 月 1 日，世界上第一条真正意义上的高速铁路就在日本通车运营，这条名为东海道新干线的铁路从东京出发，途经名古屋、京都等城市，终点到达大阪，全长 515.4 公里，运营速度高达 210 公里/小时。东海道新干线的运营标志着高铁时代的来临，此后，德国、法国和意大利等欧洲国家陆续开始高铁建设，并最终形成了欧洲高速铁路网络。

面对差距，中国确实需要跑起来。1978 年，十一届三中全会提出以经济建设为中心的发展思路。在这样的背景下，交通运输与经济发展的不适应性日益突出，成为国民经济发展中最薄弱的环节，1982 年中央更是直接提出“铁路运输已成为制约国民经济发展的一个重要原因”。

为此，“想致富，先修路”的口号和思路应运而生，铁路也进入了跨步发展的浪潮中。具体到投入上看，“八五”期间国家年均完成交通运输业固定资产投资 812.3 亿元，较 1978 年的 63.6 亿元增长 10 余倍，此后的“九五”期间年均完成投资更是高达 1997.1 亿元。

巨大投入后，中国铁路也和其他行业一样，在改革的浪潮中滋润发展。

1990 年 12 月，铁道部组织专家完成了《京沪高速铁路线路方案构想报告》，并提交全国人大会议讨论，这也是中国首次正式提出兴建高速铁路。近12年的发展后，中国距离当初的大国梦想，又近了一步。

1998年5月，广深铁路(广州—深圳)电气化改造成功，最高时速达到200公里，被视为中国由既有线路改造踏入高速铁路的开端。

连接秦皇岛及沈阳的秦沈客运专线是中国第一条高速铁路，设计时速250公里，为中国高速铁路的前期实验路段。

2008年，“中国一号司机”李东晓手握操纵杆，将中国高铁的速度最高记录推到了394.3公里。

说起真正意义上的中国高铁建设，大多数人会以2004年国务院召开的两次关于铁路的重要会议为起点，那一年，《中长期铁路网规划》与《研究铁路机车车辆有关问题的会议纲要》得以通过。由此算起，到京沪高铁正式通车，中国迈入高铁时代已是第七个年头。7年时间，起步最晚的中国建成了世界上最大的高铁网络。

有记者说，从引进消化时速200公里动车组技术，到自主研发时速350公里动车组，再到创新研制时速380公里动车组，短短7年时间，中国高铁完成了惊人的“三级跳”。

在争议中驰骋

中国通向高铁之路很不平坦。

《东方早报》在一篇报道中说，1994年，针对铁道部提交的京沪高铁方案报告，当时的国家科委、国家计委、国家经贸委、国家体改委和铁道部联合开展了“京沪高速铁路重大技术经济问题前期研究报告”的深化研究，争论就此开始。

当年6月，作为此次深化研究的一部分，中国科学界和工程技术界跨学科的常设讨论会“香山会议”召开。会议上，时任铁道部总工程师沈之介发言称：“京沪线繁忙得快要瘫痪了，京沪高速铁路的方案已经确定下来,用轮轨技术。1995年开工,2000年建成。”

同样来自铁道部的上海铁路局原总工程师华允璋则坚决反对,表示:“为什么不采用节约高效的扩能方案,而是坚持使用成本更高的高铁方案呢?”

此次争论的焦点是采用何种方式实现“像风一样快”的梦想。早前华允璋前往美国,发现美国铁路在实行电气化改造后,时速已经超过200公里。回国后,华允璋一直呼吁中国铁路进行电气化改造,尤其是京沪线路。

但铁道部希望通过修建高速轮轨的方式,直接搭建中国的高速铁路。

铁道部的意见最终占据上风。1994年底,《京沪高速铁路重大技术经济问题前期研究报告》出台,报告认为“建设京沪高速铁路是迫切需要的,在技术上是可行的,经济上是合理的,国力是能够承受的,建设资金是有可能解决的。因此,要把握时机,下决心修建,而且愈早建愈有利。”

但“反建派”并没有放弃努力。

类似反对的声音引起了中央的关注,时任国务院副总理的朱镕基就此作了批示,并要求铁道部继续论证京沪高铁的建设。

1998年6月,中国科学院、中国工程院院士大会上,时任国务院总理朱镕基在报告中,提到了京沪高速铁路和磁悬浮技术。此后,磁悬浮取代电气化改造,成为高铁争论中的核心词汇。

2002年12月31日,作为争论的一部分,上海磁悬浮示范运营线建成通车。此后,高铁项目在争论中再次拔得头筹,这场持续近10年的“方法论”争议终于落幕。

此后,中国高铁建设向前的每一步,都不曾远离公众的关注与声音。

高铁建设遭遇瓶颈

2011 年，铁道部制定的全国铁路固定资产投资计划总规模为 7455 亿元，其中基本建设投资规模达 6000 亿元。然而，铁道部官方数据却显示，截至 2011 年 8 月，铁路基本建设投资才完成 3164 亿元，比去年同期下跌 11.1 个百分点，距铁路基建全年 6000 亿元的目标还有很大距离。

分析人士将此归结为银行贷款难。据了解，自 2011 年实施紧缩政策以来，银根不断收紧，铁路基建项目贷款比较困难，经营活动现金流出现不同程度的枯竭。

新华网称："钱荒"导致的直接后果，就是部分铁路基建项目的连续搁浅。预期分为四个标段施工的哈佳（哈尔滨至佳木斯）客运专线、国家发改委已批复的郑徐（郑州至徐州）铁路客运专线、规划全长为 820 公里的郑万铁路（郑州到万州）、已完成投资数十亿元的津保铁路（天津到保定）铁路、即将全面启动的海南西环高铁建设等均被媒体爆料"已经搁浅"。

数据显示，2011 年 6 月 8 日，铁道部的基建投资正逐月下降，固定资产投资额分别为 581 亿元、443 亿元和 353 亿元。

高速发展的高铁，使铁道部成为负债大王。据上海清算所日前公布的《铁道部 2011 年 3 季度审计报告》显示，截至 2011 年 9 月 30 日，铁道部负债合计 2.23 万亿元，较去年底增 18%；资产负债率从去年年底的 57.44%升至 59.60%。这较今年 8 月公布的《铁道部 2011 年上半年主要财务及经营数据报告》显示的 58.53%负债率又有了进一步的攀升，直逼 60%。

2011 年 11 月 8 日，铁道部招标发行当年第三期铁路建设债券，发行额 300 亿元人民币，包括 7 年期债券 150 亿元和 20 年期债券

150 亿元。其中，7 年期债券中标利率为 4.63%，20 年期利率为 5.22%，利率继续保持下行趋势，且发行利率大幅低于二级市场利率 5.23%和 5.8%。

此前，发改委以特急件形式复函铁道部，明确：经国务院批准，铁道部发行的铁路建设债券为政府支持债券；财政部、税务总局也发出通知：对企业持有 2011—2013 年发行的中国铁路建设债券取得的利息收入，减半征收企业所得税，因此，这次铁路建设债券的发行，仍受到了市场追捧，7 年期债券的认购倍数达到 13.55 倍，20 年期的认购倍数达到 2.04 倍。

这已经是一个月内铁道部第三次发行债券。此前的 10 月 12 日，铁道部发行 2011 年首期 200 亿元铁路建设债券；短短 14 天后，铁道部又于 10 月 26 日发行 2011 年第二期 200 亿元铁路建设债券。加上此次发行的 300 亿债券，一个月时间不到，铁道部就融资 700 亿元，再加上此前发行的超短融券、短融券、中票等，截至目前，铁道部的募资总额达到了 2200 亿元。

2011 年以来，铁道部共发行了 8 期融资、2 期中期票据，累计规模为 1450 亿元，已达到去年全年的 82.86%。

发债只是铁道部用来应对“钱荒”的举措之一。尽管铁道部还没有公开相关信息，但铁道部获 2000 亿元融资支持的“传言”已落实。中国南车、中国北车等铁道部的“大债主”先后发布公告，称铁道部已经启动迟滞货款支付工作，其中，中国南车获得了 60 亿元还款，中国北车获得了 45 亿元。中国南车相关负责人表示，后续款项将陆续到位，预计到 2011 年 11 到 12 月有望收回铁道部大部分应付货款。

业内人士透露，新获得的融资，也将主要用于偿还前段时间拖欠的工资和银行利息。

投资模式不变“贫血”难除

尽管在政府扶持下，铁道部不断获得输血，“钱荒”暂时缓解，但相对于铁道部庞大的债务和投资需求，近期很难从根本上改变铁道部“贫血”的现状。

西南交通大学交通运输学院副院长、铁路专家帅斌在接受记者采访时表示，铁道部获得的 2000 亿融资支持和通过发债筹集的资金，肯定不能解决铁路建设资金紧张的局面。

中国工程院院士、中铁隧道集团副总工程师王梦恕在接受媒体采访时也表示，铁道部从银行获得的贷款只够还欠款。“项目再开工，还需要持续的资金注入。”

在王梦恕看来，铁路建设完全由铁道部一肩挑的投资模式需要改变，“希望国家能够参与铁路系统投资建设，比如国家投资 40%，铁道部投资 40%～50%，地方投资 10%，三方共同参与。”此外，还有声音认为，铁道部需要一场投融资体系的改革，拓展融资渠道，引入民间投资。

值得注意的是，铁道部表现出了“改革”意愿。铁道部在 2011 年 9 月 27 日发布的《关于进一步加强铁路建设管理的若干意见》中指出，“要进一步落实铁路建设管理主体责任，组建合资公司筹备组；而中小合资项目，可由合资公司委托铁路局建设或自行组织建设。”

此前铁路建设跑步前进带来的问题已引发了政府层面的高度重视，稳健发展成为第一要务。

最新的消息显示，在新任铁道部部长盛光祖上任后，曾被称为“计划经济最后一个堡垒”的中国铁路系统，也将迎来体制改革的可能。

第三节　放眼中国高铁的未来

中国需要高铁

中国为什么要造高铁？仅仅是快？那么它能快过飞机吗？不能！那么，它票价便宜？也不！造价也昂贵，一公里一亿人民币。中国需要高铁，不仅仅是政治家的夙愿。

高铁，它不用石油驱动而用电。石油，我们正缺；高铁是中国能源战略选择之一；高铁也是中国实行现代化可行方案之一。

时速486.1公里，这是目前地球上的火车所能跑出的最快时速，这也是中国高铁希望达到的速度。曾经落后世界潮流30年的中国铁路，在几年时间内达到甚至超过了发达国家几十年的发展成果。中国高铁是建立在中国经济总量为世界第二的基础上发展起来的，它的发展是中国科技进步的一个标志；它的发展也给予中国人一个全新的生活方式。

2011年8月23日，《学习时报》刊发郁雯的署名文章称，中国发展高铁不仅有必要，而且势在必行。每年的春运，当几亿人像候鸟似地在铁路上奔波时，在户籍制度无法有效解决前，要治理这个世界上最大的运输难题，必须大力发展铁路运能，因而高铁的发展就势在必行。

目前，中国经济呈现出东、中、西部的梯度发展差距，其中一个重要原因，就是落后地区受到交通运输的制约。高铁还能缩短旅客旅行时间，产生巨大社会效益；对沿线地区经济发展也能起到推进和均衡作用。

随着中国高铁的相继投入运营，不同城市间的同城效应愈发显现。中国正处于经济社会持续快速发展时期，铁路“瓶颈”制约矛盾突出，输能远远赶不上工业化的需求，也提出了一个加快发展铁路尤其是高铁的客观要求。可以说，中国比任何一个国家都更需要高铁。

时速超500公里的试验列车

2011年12月28日，西南交大轨道交通实验室区域，牵引动力国家重点实验室红色的外墙，在冷峭的天气中格外显眼，偌大的实验室像座大型厂房，大门外门可罗雀，屋内并没有机车轰鸣的声音。然而“静悄悄”的厂房内，高速列车的测试工作正在紧锣密鼓地进行。

进行测试的列车为“和谐号”CRH380A型，曾在2010年12月3日，跑出了486.1公里/每小时的试验速度，这是中国目前最高试验速度。该车由中国南方青岛四方机车车辆公司生产，《成都晚报》记者在实验室目击了测试现场。

记者获悉，南方青岛四方公司制造的时速超500公里、外形如“宝剑出鞘”的试验列车，也即将进入实验室，进行全面测试。“在试验台上将测试时速550公里的运行性能”，西南交通大学牵引动力国家重点实验室主任张卫华告诉《成都晚报》记者，这列最新技术研发而成的列车的试验速度将超越我国目前所有动车组列车速度。

补上安全“这一课”

“7·23”事故给高铁安全敲响了警钟。事故发生后，中国高铁经历了召回、调图、降速、降价等一系列“治病寻方”的过程。

2011年8月11日，中国北方机车车辆工业集团公司发布公告称，将召回其子公司生产、在京沪高铁运营的54列CRH380BL型动车组。该型动车组在京沪高铁投用36组，占京沪高铁时速300公里动车组的42%。中国北车表示，将系统分析故障原因，全面整改，确保源头质量。这也是中国铁路历史上首次动车召回事件。

动车召回让中国高铁的调整逐渐拉开序幕。8月16日零时，中国铁路开始实施新的列车运行图，新图使部分高铁降低速度。这次调整也是中国在过去十余年连续6次铁路大提速、多次冲击高铁最高时速后，首次放慢高铁速度。

铁道部消息称，铁路第一阶段调图涉及的4条高铁(京沪高铁、京津城际、海南东环、广珠城际)调图首日客流饱满，秩序良好。截至8月16日15时，240多列动车组正点率达100%。

铁道部部长盛光祖说："这是在'7·23'甬温线特别重大铁路事故后，铁路系统对中国高铁的一次'补课'。"

高铁之旅逆风挺进

2011年10月12日，中俄总理第十六次定期会晤后，在温家宝总理和普京总理的共同见证下，国务院副总理王岐山和俄罗斯副总理茹科夫签署了两国政府关于经济现代化领域合作备忘录，包括在俄罗斯境内组织和发展高速铁路运输备忘录。"7·23"高铁事故的阴影似乎在悄悄消散。

"7·23"事故之后德国《法兰克福汇报》评论，一场大暴雨击溃了中国高铁，也击溃了中国高铁的雄心壮志。日本媒体还预测，中国向美国等世界各国出口的高铁计划有可能泡汤。

但是，中国高铁20年的惊涛拍岸，怎会因"7·23"的挫折而遗弃。中国在正视"7·23"事故的同时，没有减退兴建高铁的热情。在困境中，中国高铁的希望之旅已再次启动。

铁道部规划的我国高铁建设远景蓝图为四纵四横，其中四纵，北京—上海，贯通京津至长三角东部沿海经济发达区；北京—武汉—广州—深圳，连接华北和华南地区；北京—沈阳—哈尔滨（大连），连接东北和关内地区；杭州—宁波—福州—深圳，连接长江珠三角和东南沿海地区。四横，徐州—郑州—兰州连接西北和华东地区；南京—武汉—重庆—成都，连接西南和华东地区；杭州—南昌—长沙，连接华中和华东地区；青岛—石家庄—太原，连接华北和华东地区。

走出国门进军海外

按照目前各国公布的规划，预计到2024年，全球高铁里程可达4.2万公里，这意味着国外2010年至2024年高铁修建计划达1.9万公里，据估计2020年前，海外高铁投资将超过8000亿美元，其中欧美发达国家投资额为1650亿美元，带动其他产业创造的市场规模达7万亿美元，这一数字同时也意味着，中国高铁迎来了前所未有的走出国门进军海外的良机。

尽管中国高铁故障频发，但这似乎并没有阻止相关企业实施海外战略计划。中国南车有关人士在接受《中国经济时报》记者采访时表示，中国南车希望在伦敦高铁项目上保持低调，不希望过多宣传。

中国高铁在经历一系列高调出海的战略探索之后，开始进行海外战略调整，转向更加务实的“出海”方式。

《21世纪经济报道》的文章说，目前看来，中国向海外出售整车和提供建设团队是主要的“出海”方式。

正当国内高铁热潮逐步降温之时，中国机械进出口公司与挪威方面接洽，商讨中国方面参与建设北欧高铁项目。

北欧高铁项目负责方——奥斯陆科技集团董事总经理在接受

《21世纪经济报道》记者采访时证实了这一消息。奥斯陆科技集团是挪威奥斯陆市政府下属企业。

北欧高铁是挪威迄今为止最大的基础建设工程，也是北欧地区第一条高速铁路项目，首期规划连接挪威的奥斯陆、瑞典的哥德堡和马尔默，到达丹麦的哥本哈根。奥斯陆市政府是该项目的发起人。

奥斯陆科技集团董事总经理表示，尽管挪威方面对中国团队的态度十分积极，但挪方最终希望以几个国家联合团队的形式来承接该项目，“我们刚和德国西门子接触过，希望中方和德方合作，优势互补，中方了解我们的意图，他们非常有兴趣参与”。

奥斯陆科技集团董事总经理坦言，之所以在最初规划阶段就将中方团队引入，是“希望以低廉的报价来加快推进该项目进程”。

按照业内专家估算，单就整车销售来说，中国出口的价格比其他国家低。

同时，中方的建设周期也让挪方咋舌。奥斯陆科技集团董事总经理表示，中方认为建设周期只要2～3年就可以了，这比他们预计的时间要快。

价廉与高效，是中国高铁出海的“杀手锏”。但北欧方面并不希望由中方全面承包该项目。

“联合团队是最完美的方案。中方学习到了各国先进的高铁技术，同时我们的高铁项目仍要盈利，所以需要有经验的国际化大公司来运营。”奥斯陆科技集团董事总经理指出。

巴西交通部陆路交通局高铁项目执行主管前不久主动联系《21世纪经济报道》报记者，表示，动车追尾事故后，他最关心的问题是，高铁系统本身是否安全，“我们需要知道事故的真相”。

他暗示，目前中方如果采取技术输出方式参与巴西项目，还是有空间,但成为主竞标人的可能性"几乎不存在"。

不过,该主管对中国的高铁技术安全性并没有太大的担心。他表示,尽管有不少事故,但高铁始终是相对安全的交通工具,并且其技术也在不断改进当中,另外在温州事故之后,中国公司可能会更加谨慎小心,在安全性方面大大提升。

目前,中国中铁承建了委内瑞拉 75 亿美元的迪纳科—阿纳科高铁项目,中国铁建承建了土耳其 12.7 亿美元的安卡拉—伊斯坦布尔高铁项目,中铁十八局作为承建方之一参与了沙特阿拉伯麦加—麦地那高速铁路项目第一标段,项目金额近 4 亿美元。这些在建的项目中,中方目前仅作为承建方参与建设与技术输出,但并不全部负责该项目的整体运营。

图书在版编目(CIP)数据

热的门之民生篇/《主人》编辑部主编. --上海：上海三联书店，2011.12

ISBN 978-7-5426-3671-3

Ⅰ. ①热… Ⅱ. ①主… Ⅲ. ①新闻报道-作品集-中国-当代 Ⅳ. ①I253

中国版本图书馆 CIP 数据核字(2011)第 210566 号

热的门之民生篇

编　　者 / 《主人》编辑部

责任编辑 / 陈启甸
装帧设计 / 唐熠峰
监　　制 / 研　发

出版发行 / 上海三联书店
(201199)中国上海市都市路 4855 号 2 座 10 楼
印　　刷 / 上海师范大学印刷厂

版　　次 / 2011 年 12 月第 1 版
印　　次 / 2011 年 12 月第 1 次印刷
开　　本 / 890×1240　1/32
字　　数 / 160 千字
印　　张 / 7.875
书　　号 / ISBN 978-7-5426-3671-3/C・400
定　　价 / 52.00 元(二册)

《主人》丛书

热的门 2011 之文化篇

《主人》编辑部 主编

上海三联书店

序

陈东湖

呈现在您眼前的这本书有点“另类”。它不是通常意义上的散文集、随笔录或者论文集。它比散文集更“散”,25组文章,25个话题,就像上海人孵在茶馆里天南海北地“谈山海经”;它比随笔录更随性、随意,每个话题都会引出不同的见地,擦出心灵的火花;它也许比不上论文集之严谨、之深邃、之厚重,但同样闪烁着思辨的星光,穿透着求索的洞见,积淀着认知的智慧。这里,我姑且给它一个别称:“题话集”吧。它是《主人》杂志多年来的话题类栏目“主人茶座”的精选结集。

我们的社会正处于转型期。新鲜事物多、突发事件多,热门话题自然就多。话题者,谈话、聊天、发议论的由头和引子也。“话”由“题”生,“题”牵“话”走。有“题”才有“话”,否则就是信马由缰,“开无轨电车”了。

作为上海职工文化窗口的《主人》杂志,这些年来坚持每期遴选一个广大职工关注的话题,以“茶座”的形式,邀笔友们品茗论道,亦正亦反、或贬或褒,各抒其见,共话春秋。这里,话题的选择至关重要。一锤能定音的不是话题,因为它引不起不同见解的碰撞;小道消息、八卦新闻不是《主人》的话题,因为它不过是无聊媒体吸人眼球的佐料。在“主人茶座”里,话题没有禁区,唯有选择;“题话”不求刺激,但求格调。有些话题可能会有时效性,如“足球到底是什么”这个话题,议论的是2002年世界杯足球赛。但时过境未迁,直到今天，当年导语中那句“足球是圆的，它圆了许多人的夙愿、美梦；足球又是方的，它碰得许多人头破、血流”依然如魔咒般牵动着中国足球人的神经。有些话题剑指时尚，如“奢侈消费，还是消费奢侈”。参与“题话”者则见仁见智、观点迥异：“爱奢侈，爱生活”，“我们没资格奢侈”，“谁在消费奢侈”，“将奢侈进行到底”，单读这几个标题，便可知作者们对待“奢侈”两字的态度了。还有些话题是很“文化”的，如“‘品味’杂志”。“题话”者们则把作为纸质媒体的杂志放在当下多元媒体竞争的大格局下，探讨它的处境、定位、发展空间和今后的命运走向。而更多的话题还是关乎大众文化需求、大众文化消费、大众文化走向的。如：“网购，爱不容易恨也难”、“你的幸福在哪里”、“社区文化百姓谈”、“说三道四话雅俗”、“中国达人秀，秀什么？”……

一期期的“茶座”，一组组的“题话”，让人读来犹如置身于幽香缭绕的雅室，一壶清茶，三五知己，七嘴八舌。没有一争高下的唇枪舌剑，却有玉珠入盘的推心置腹；没有酒酣后的面红耳赤，却似品茗般的口齿留香。朋友，你也想泡上一壶吗？

目　录

微博的“微力”

导语

微博，改变了实时获取新闻的渠道；改变了大众联系、沟通和交流的空间；改变了引导学习和娱乐的方式。

因为微博，网络传播的社会化时代已经到来；因为微博，每个人都有可能，也都应当参与进来，让自己成为新媒体的创建者。

微博是一种态度，微博更是一种力量。

微博，究竟是微力有限还是威力无穷？

微博：离胜利还有很多茫然的未知

文/刘诗涵

“即使再庞大的新闻媒体，也不会像微博一样在世界各地拥有众多的新闻记者。”没错，微博的自媒体时代已经来临，微博的出现，让每一个“小我”都有了展示自己的舞台，大事小事，好事坏事，国事家事，公事私事，有微博处即有评论的声音，“人人都能发声，人人都可能被关注。”草根们前所未有地蜂拥而至，聚在微博，或高谈阔论，或抨击时政，或打击犯罪，或伸张正义，或落井下石。

2010年，西安音乐学院学生药家鑫驾车肇事，在撞伤女事主张妙后担心其纠缠而连捅八刀致其死亡。一时间，风起云涌，张妙的鲜血似在微博开出愤怒的花朵，仇恨让博友们结成同盟，口诛笔伐，药家鑫，这个杀人狂魔，人人得而诛之。在案件审理过程中，张妙代理律师张显在微博第一时间向外界发布信息、求得支持和援助，无数博友夜以继日地转发、痛斥、人肉，在药家鑫被判处死刑的一刻，微博上有人高喊、狂欢：药家鑫的死刑，是中国网友自发组织的一场草根的胜利。

听了，多少会觉得有点讽刺。药家鑫该死，这毋庸置疑，可把草根的力量凌驾于法律之上，却是草根自己忽悠了自己，是微博制造了这个民意繁荣的假象。如果说药家鑫的死不是法律判其死，而是民意判其死，那么法律的公正和尊严又在何处？一个药家鑫被民意判死，是法律给了民意面子，那么法律可以给民意多少次面子呢？我宁愿相信，法律在人民的监管之下，让该死的必须死，不该死的一定不要让他去死，一切以事实为依据，以法律为准绳，才是真正的民意的胜利。法不容情，我们却通常混淆了法与情的界限，一如后来的药父起诉张显名誉侵权案，依然有博友以药家鑫该死就定药父的罪，这让人想起中国古代的诛连九族，这绝不是民意的发扬光大，这是网络的暴力。

再来看轰动到如今的郭美美事件。无疑，微博力量确实让中国大众取得了阶段性的胜利，纠出了红十字会等慈善组织的管理和开支上的漏洞，让慈善事业更透明化，让人们更清楚自己捐出的钱用在了哪里，有没有真正落到实处。这一切，都让人为微博的力量欢呼喝彩——这又是一场草根利用微博的胜利。可是，接下来，某杂志和南方某报的关于郭美美专访引起了网民的暴怒——凭什么给郭美美做专访？好！你给她做宣传我们就抵制你！一时间，骂声一片，判杂志和报纸与郭美美同流合污罪。我不知道，这所谓的抵制的声潮中，有多少人真正看过这专访？又有多少人真正是消费者？郭美美是讨人嫌招人烦，说不定就真吞了你我他的捐款，可每一次采访，不是也在对她进行一层层的抽丝剥茧吗？你又何苦一副我是微博我是草根我弄死你我抵制你的嘴脸？

还有李刚事件，李双江之子事件，钱云会事件，我在看到网络和草根对当权者与法律的监督的同时，也看到相当一部分草根对于钱权者的仇恨和叫嚣，更看到草根在“真正的权力”面前其实无能为力。微博，真是一柄双刃剑。

微博时代，有多少人云亦云的学舌者，又有多少“红卫兵”？只因为我们是草根，我们就要战斗，赢得胜利我们就是“真正的胜利”。可是，别忘了，我们要审视自己的内心，《圣经》有七罪——傲慢、妒忌、暴怒、懒惰、贪婪、贪食及色欲，我们别在消除了别人一宗罪的同时，却让自己犯了另外一宗罪。因为有罪，所以微博，离胜利还有很多茫然的未知。

微博：让我们不自觉地成为“楚门”

文/胡　杨

微博吸引人的原因所在，就是能够让你随时随地与任何人分享自己的信息。如果说之前的博客为的是让人了解自己的思想，那么只有 140 字上限的微博为的就是让人了解自己的生活。只要有微博账号，你就能时刻向世人展示自己做过什么、正在做什么、想做什么，手机上网更是让微博的这一功能发挥得淋漓尽致。

而不少人也确实热衷于此，把自己的生活尽数向他人直播。笔者身边便有这样的朋友，只要看她的微博，便可知道她一天的动向，何时起床、何时到单位、何时吃午饭、何时和朋友逛街、何时回家、何时睡觉——甚至连个中细节也可以一窥究竟。

这样的情景让你想到了什么？是不是觉得和电影《楚门的世界》中的主人公Truman很相似？电影中，Truman生命中的一举一动都暴露在隐藏于各处的摄影镜头面前，成为名为“楚门的世界”的肥皂剧。全球上亿观众都注意着他的一举一动，而他自己却不自知。微博“直播癖”者的行为虽不至于此，但也差相仿佛。

视频短片《微绑架》中有一段台词：“我们观察到，如果当事人发了一千两百条以上的原创微博，它就给我们创造了不少接近他的窗口和信息。分析他关注的人，就能知道他的朋友关系和欣赏的类型。分析他回复的留言，就能知道他对什么样的话题感兴趣。分析他转发的微博，就能了解他的价值取向和他的世界观。认真分析这些资料，就很容易掌握一个人的信息。”在互联网技术异常发达、人肉搜索风行的今天，这和把自己暴露在无数的摄像头下又有何区别？

更糟糕的是，Truman最终认识到了自己生活在一个虚假的世界中而想要逃离，但被微博“绑架”的现实版Truman们却是“此间乐，不思蜀”。微博的关注功能非常频道化，人们可以只看自己想看的内容，这就很容易自己给自己创造出一个虚拟的空间，从而沉浸在微博的世界里无法自拔，从在生活里发微博变成了在微博里过生活，生活本身竟不得不位居其下，这是非常可怕的事情。

最后，引用一篇《国家公敌》影评中的话来作为结尾罢：“任何过度狂热的地方必然有看不清楚的潜在风险，每个人都应该意识到技术的进一步发展与我们对技术的进一步依赖将导致的不良后果，我们应找回在真实世界里的自我，达到返璞归真。”

微博：“偷窥狂”的乐园

文/小　一

总有朋友问我，“你有微博吗?”而我说，“我没有微博，我只有一个偷窥的账号”。

是的，我不是“微生物”，但我是个“偷窥狂”。

我不告诉你我在干什么，但我知道你在干什么。

你有没有想过，你在天气糟糕时候的抱怨，你吃饭前上传的菜色照片，你和恋人吵架了发的一时气话，我都知道?

你关注了许多企业名人，你喜欢看冷笑话，你经常转发各式漂亮图片，你还爱和朋友@来@去，我知道的，我都知道。

你测试过自己的星座性格，你发起了“今年去哪里旅游”的投票，你上周去吃烧烤了，你的墙纸是绿色的，你还常常标注自己在某时某刻所在的某个位置。你看，我越来越了解你了，你的性格，你的爱好，你的生活轨迹，你的喜怒哀乐，我了如指掌。

我甚至知道你的朋友们，你朋友们的朋友们。你是谁们的粉丝，你的粉丝是谁们。你的生活圈子已经尽在我的掌握中，你的红颜知己蓝颜知己死党闺蜜哥们好兄弟，我通通都了解。

还有你关注的那些偶像明星社会名流，他们有时会随随便便地打出错别字拼错英文单词；他们有时也会贫嘴耍脾气发丑照乱发议论掀起轩然大波；他们的粉丝成千上百万，他们的每条微博都有几千条回复，其中“我爱你”占300条，抢“沙发”占300条，“要加油哦”占300条……我看到，你也在其中津津有味。

其实你也是个名人明星，你这个微博控，你的手指泄露着你的秘密。你在微博的聚光灯下，无时无刻不在直播，每分每秒都在作秀。你用一条又一条微博发布有关自己的种种，你再用各种关注各种评论各种@彰显你的品位。而你的朋友们，也用一条又一条微博补充你们的生活——暴露你的生活。短短的“140 字”，你其实已经无处遁形了。

但我不说，我只是静静地看着。看你写微博，看你“织围脖”，等它绕着你的脖子渐渐长起来，围住你，围住你，而我站在“围脖”前，手执一端，冷笑。

你有没有一种汗毛竖起来的感觉？

你是不是决定立刻注销你的微博？

你会不会，和我一样当起偷窥狂？

微博：只是水坑中鼓噪的蛤蟆

文/微　言

微博的诞生是一种社会发展的必然趋势，意大利文艺复兴，英法资产阶级革命，美国独立宣言，马丁·路德金的“我有一个愿望”……人类文明发展至今，自由、公平、平等、人权等观念已经成为了人类世界的普世价值观，人们渴望展现自己人性的一面，渴望自由的表达，渴望平等公正的环境，这些欲望从人类一出生就有了。

微博也许是时下最流行的、间接的、人与人之间沟通的工具。明星，名人，官员，普通老百姓，大家都可以在微博中说想说的话。从某种角度来说，微博实现了大家的平等，自由。嬉笑怒骂，没有阶级，没有职位，大家都只是微博中的芸芸众生。

也许在微博还没有出现之前，大多数人还是选择沉默，但微博出现后，短短的140个字却促发了人们自我表达的欲望在瞬间爆发，而且它是免费的。

微博的本质不是小，而是"快"。快是怎么产生的呢？快是"便"产生的。

博客产生那么多年了，却没有人静下心来去增强使用体验，发一篇博客要：打开一台电脑，打开浏览器，找到博客主页，登陆，新建博文，输入标题，输入正文，选择分类，选择投稿分类，加标签……这样的东西太麻烦了！而微博一部手机就可以玩得游刃有余。

现在大部分上网的人"被微博"了，慢慢的他们发现了一点好处。那就是有什么隐私要说，八卦要传，人要骂都可以尽情地发挥（虽然也有"被人肉"的危险）。

本人有多个博客，换言之，也有多个微博。但我从来不写。我不写不是因为怕写了什么惹恼名人的事而招来官司。也不怕错把微博当成QQ写开房的事而被官家罢官……因为我只是一个平头百姓，既弄不到名人的名事，也犯不了为官者犯的错。换而言之，我写微博没有屁用。

据官方消息，国人开微博的有一亿多人，说是跟精神不好的人数接近。我历来不太相信官方有关部门的统计，但这次就姑且信之吧。每个人都想写出让人击掌的东西来，都想写出能指点江山的语录来。这个时刻可能忘了，中国只有一本语录，那是毛主席写的。

微博是什么，说句不中听的话，网站是一个水坑，微博只是水坑中鼓噪的蛤蟆。可能领头的几个的声音会出众一些，但其他的，就是叫声再大，也没有任何的用。

站在坑边的，有一句名言：听蛤蟆叫，也要过河。即便是桥被超载的车给压塌了，路被车流给堵住了，也要过河。

就算领头的声音出众，又能如何呢。

说三道四话雅俗

导语

郭德纲说：枯藤老树昏鸦，小桥流水人家。古道西风瘦马，夕阳西下，断肠人……在医院。

赵本山说：生活就像一杯二锅头，酸甜苦辣别犯愁。

周立波说：其实你我都一样，人人都在装，关键是要装像了，装圆了，有一个门槛，装成了就迈进去，成为传说中的性情中人，没装好，就卡在那里了。就是卡门。

……

相声小品滑稽戏，现在又多了个海派清口，通俗文化是民众的文化，民众的事让人民做主，基于庞大的人民群众，这一不小心便多了好些个派别，有门户便有纷争，好比那武林英雄大会，谁都想弄个盟主当当，“千秋万载，一统江湖。”就怕是一不留神，成了一桶糨糊。看客们在郭德纲的相声里笑了一通，在赵本山的二人转里打了个转，在周立波的海派清口里洗了把澡，然后提着个干净舒爽的身子，润了润笑哑的嗓子，拉开了场通俗文化的口水仗。

中国传统文化之大众走向

文/徐蕙照

电视统治着当今社会文化的大半壁江山，而近段时间的中国电视，中国的传统文化渐渐占了上风，其中尤以大家喜闻乐见的曲艺表演最受欢迎。而这曲艺细说起来又分成了三国鼎立之势。北方无疑是赵本山先生的一统天下，京津是郭德刚的地盘，南方，则由周立波当红。而自从某年春晚之后，赵本山先生的快乐大本营几乎已经把全国的电视台覆盖了。

我们先不忙着给这种文化现象定义，也不必给这种文化现象对当今中国的文化走向作什么预测，我们仅就这三位当红的明星分别给画个像吧。

郭德刚——一拜失“贞节”

那时，郭德刚还“在野”，带着他的德云社在京城里苦打苦拼的时候，很多人佩服他。一个真正的草根相声艺术家，在相声门派各霸一方的时代，他能独立单干，还能在京城赢得老百姓的赞誉，实属不易。后来在一次相声大赛中，听说他的弟子也参赛了，但赛到中途就自行退出，正有些不明所以，不过马上就看出端倪了。那是马季老先生生前最后一次主持评奖，他有两个弟子创作了一段相声，在他们自己的名字前冠上马老的名字。不是我在这里想说谁的坏话，对于马老在相声界的成就，我也是肃然起敬的，但他这两位弟子委实没有说一段好相声，那段参赛作品也非常不咋的，可就是这么着，这二位得了专业一等奖。平心而论，闯入决赛的业余选手的作品都要比他们出色。这时再想郭德刚让他的弟子中途退出相声大赛，真是有骨气。观众的掌声就是最高的褒奖，真有本事的，是不必来趟相声大赛这浑水。这个时候，我对郭德刚真是非常地崇敬了。

可是好景不长，那次相声大赛不多久，就有消息证实，郭德刚正正式式拜了侯耀文为师。咱也无意在此评说先人的长短，但你郭德刚就是要拜师，也得真拜个能教你点东西的师父吧？他这一拜不要紧，把他草根相声艺术家的名节给拜没了。加上运气又不够好，侯先生年轻轻的，就突然驾鹤西去了，郭德刚要学艺没学着，想拜个码头，掌柜撒了手，倒是人家家里的遗产风波让他跟着闹腾了一阵，真正的得不偿失啊。

郭先生已经在野单干多年，德云社的弟子们也跟着他风风雨雨的挺过来了。当初你的腿骨何其硬，后来这是怎么了？是觉得自己的艺术一定要认祖归宗一下，还是照这么单干下去前景不乐观？前者也说得过去，若是后者，中国的相声界真是令人生忧。

周立波——单干别落单

我不知道北方的相声是大蒜还是大葱，但作为一个上海人，上海的滑稽戏是泡饭萝卜干这一点是清楚的。周立波脱离滑稽剧团，创立了所谓海派清口之后，突然翘起兰花指说他是喝咖啡的，这就叫人有些摸不着头脑了。上海的老克腊是真正的咖啡文化的代言人，他们不会唱滑稽，更不会在电视上秀自己收藏的雪茄和红酒，真正喝咖啡的上海男人是低调的，说话有分寸，做事有进退。

是大蒜还是咖啡，都是自己说了不算的事情。周立波拼命拔着自己头发脱离上海的滑稽界，是为了表明自己有品。换言之，周立波虽然出身上海滑稽界，却瞧不起自己当年起家的基石，或者他也明白，滑稽戏是无论如何算不上咖啡的。

一个班底的人成就了一个周立波，他的成功就有了必然性和偶然性。但当他走红到春节的档期上海电视台专门为他开辟了一个《一周立波秀》，他的演出水准就大大下降了。一是可能话题枯竭了，二是可能天天秀新内容，没时间备课，只能在台上照本宣科了。

后来又爆出因为经济原因，周立波与艺术总监关栋天等人分道扬镳了。所谓打江山容易守江山难，爬上一个艺术的高峰其实也不易，但要守住可就更难了。如果只是循着同一个模式，并没有新的内涵抓住人心，你在台上本来差不多就是单干，如果台下也落了单，立波啊，你这一周能秀多久？

赵本山——共走康庄道

与周立波急于要忘记滑稽戏相比，赵本山却一直不能忘情于他的二人转。

若干年前，那时候还没有小沈阳，没有《刘老根》，没有《马大帅》，没有《乡村爱情Ⅰ Ⅱ》，更没有《乡村爱情故事》。某一天下午，CCTV－3 直播了一档赵本山的徒儿们演出的二人转节目，那时，中国绝大多数的老百姓还不清楚二人转是个什么样子，开始只是觉得花花绿绿、装疯卖傻的有点俗，演着演着就黄了，央视发现品质有问题，当场把节目半道掐了。央视当时是过于相信了赵本山的品牌，而事后还有报道说赵本山对央视半途突然掐播他弟子的演出事件表示愤慨。

但老赵的愤慨可能有些一时冲动，他不愧是个聪明人，肯定从这一掐播事件中领悟到原汁原味的二人转与中国的国情不符，与绝大多数中国人的审美情趣不符。但二人转已经是植入他骨髓的东西，他所有小品的基石都离不开二人转。二人转的特色是拿人的生理残疾和扮丑搞怪取乐，赵本山那顶著名的软塌塌的帽子，半身不遂的步子，无一不深深烙刻着二人转的印记。赵本山比周立波高明之处是，否认二人转低俗是无用的，否认自己与二人转的关系也是徒劳的，自己一个人“高处不胜寒”总是难长久的，所以他最终运用自己的威望和能力，启用大批二人转的弟子出演他的东北农村风情系列剧，将二人转的逗乐手段深化成这些电视剧的逗乐元素，从而从整体上提高了二人转的趣味，最终成就了他自己。

凭心而论，二人转演员除了能把一首《路边的野花不要采》，从搞笑到搞黄没完没了地一路唱下去外，一般都有几把刷子几手绝活，以东北二人转演员为班底创作的一系列农村系列喜剧，给中国的电视注入了一股清新的风。这股风从北方到南方，如今可以说赵家班底已经把全国的电视台都给覆盖了，以至全国都铺天盖地刮起了东北风。这说明你老赵有能耐，你能用土里巴叽的东北风把全国观众都征服了，是你的本事。这是上海滑稽戏演员所望尘莫及的，也就是说，他们自身的才艺决定了他们将拥有较宽的艺术天地。

文化现象本无雅俗之分

文/陈建华

之所以将本文标题确定为《文化现象本无雅俗之分》，主要是源于自己对文化现象的亲身体验和诸多认知。说白了，本人既是长盛不衰的古典音乐的发烧友，又是风靡上海的海派清口的拥戴者。我可以不假思索地一甩 1800 元购票聆听维也纳爱乐的现场演奏，也可以兴致勃勃地将周立波的《笑侃三十年》、《笑侃大上海》、《我为财狂》等所有演出尽收眼底。也许，这对于好多人来说简直是不可思议的，因为以社会的界定，一般认为，古典音乐总是高雅的，海派清口总是低俗的。两者相遇，一定是水火不容。但我却不这么认为，我总感到，存在的总是合理的，而文化现象本来就不应该有什么雅俗之分，一种现象的产生，主要是与时代的发展和社会的背景有着紧密的联结，它常常是自然而然、水到渠成地形成和派生的。而硬要将文化现象系于雅与俗的两端，只能是传统的思维模式和人为的因素在起着作用。

其实，我们真的不必拘泥于所谓的文化现象之间的雅与俗的关系，当一种文化现象产生的时候，我们更多的应该关注它究竟为我们带来了些什么？是愉悦？是开心？还是厌恶？还是烦恼？只要是愉悦，是开心，那么我们就应该拍手叫好。周立波的海派清口为什么长演不衰，一票难求，因为它切入了广大民众的心理需求。地道的上海本土方言，幽默的时代鲜活片断，让观众笑声连连，尽享欢乐。人生苦短。一介平民，一天工作劳累之余，看一场演出的目的完全是为了消遣，为了轻松，而绝对不会故作姿态地去做什么思索状，那是累上加累。只要开心，什么都好。

就我个人而言，我在聆听古典音乐和观赏海派清口后的最终感受完全是一致的，那就是心情愉悦。这其实也是最实际最管用的基本目的和基本要素。至于中间的过程，无非一个是以音乐的样式向我传递，一个是以语言的版本向我放送。丝毫不存在什么高雅与低俗的问题。不同形式，一样感受。这就是我对古典音乐和海派清口这两大当今异常时尚的文化现象的界定。

记得有一年在东方艺术中心观赏维也纳爱乐六把大提琴的演奏。出乎观众意料的是，整台古典音乐的演出，竟被处理得相当幽默风趣：五个男琴手在舞台上来回走动，分别以琴声向一个女琴手求爱，而且琴声和动作都很俏皮，古典音乐中似乎注入了故事的元素。全场观众都被逗乐，并报以热烈的掌声。你说，这是高雅还是低俗？真的，没有人会去考虑这个问题，只要在现场领略一种轻松感受，就比什么都强！

往近了说，前段时间在北京中山音乐厅，周立波的海派清口和中国爱乐乐团艺术总监、上海交响乐团音乐总监余隆的古典交响乐进行了嫁接，一场别具一格的《欢乐颂·交响音乐“新”赏会》的纯公益性演出，吸引了众多的北京市民。从小酷爱古典音乐的周立波以自己独特的方式“解读”交响乐，令现场的观众耳目一新。我在电视画面中看到的场景是：观众在笑，乐队演奏员在笑，就连指挥余隆先生也在笑。笑，笑，笑，整个中山音乐厅被笑声引爆。演出结束后，一些记者对观众进行了采访，大多的观众对这场演出给予了高度评价，认为通俗易懂，身心愉悦。而著名学者余秋雨的点评是：这是一种艺术的对接，至于它将来究竟产生什么结果谁也不知道，但从今天的演出效果来看，还是成功的。

是的，我想，古典音乐是艺术，海派清口也是艺术，而艺术，本来就是相通的。至于我们常常有意无意地将一些文化现象分解为高雅和低俗，真的是有一种根深蒂固的传统思维模式在作怪，好像高雅就显得神圣，低俗就显得卑微，好像作为文化现象的接受和被接受者，都应该分出一些档次，界定一些层面。其实，这些真的是没有必要的，说得重一点，是不利于文化发展和社会和谐的。所谓“青菜萝卜，各有所爱”，你能说清楚到底是古典音乐好，还是海派清口好？其实，说得简单一点，只要是适合自己胃口的，就是味道最好的。

文化现象本无雅俗之分。

文化现象越多越好。

噱头要“噱得正”

文/巨　澜

上海虽然是一个国际性大都市，但上海人的娱乐方式实际上与其他地方的人是一样的，都需要一点乐子来调节一下自己紧张的生活节奏。

上海滑稽戏、上海独角戏都是上海人能够找得到乐子的曲艺。

无论是滑稽戏还是独角戏，其中的“噱头”是使上海人乐不可支的艺术手段。只要戏中的演员在台上来一点“噱头”，台下的观众就会捧腹大笑，甚至有笑出眼泪水来。

有一年我到黑龙江镜泊湖去疗养。在旅游车上看到了东北的“二人转”。这才明白，原来赵本山、潘长江们在春晚上的小品都来自于这东北的“二人转”。于是，我问驾驶员是不是能够帮我们买到“二人转”的光碟。见我们喜欢看“二人转”，他欣然应允，很有点自豪感，干脆又换了一盘光碟再放起了“二人转”。

我们全然不顾车窗外黑土地的景色，全神贯注地欣赏起来。出乎我所料的是，接下来的二人转的品位越来越低下，男扮女装且不说，梅兰芳也是男扮女装的，台上的演员突然把花衣服往上一脱，赤裸裸光膀子地露出胸前挂着的两个大气球。

“啊！恶俗！”同车的观众，有的哄堂大笑，有的摇头叹息：“怎么这些‘噱头’这样恶俗啊！”

接下来，台上演员的语言低级下流更是让人不堪入耳，羞于复述。我决定不要买“二人转”的光碟了，我发现下了车，没有一个人再想向驾驶员买“二人转”了。

俗文化当然有媚俗的一面，因为俗文化的受众就是老百姓嘛！媚俗一点，笑料多一点，噱头多一点，让大伙儿开怀大笑是喜剧演员的本分，无可非议。但是，一旦把媚俗弄到了恶俗的地步，就会引起大部分人的不满了。

上海的滑稽戏，自从周立波的海派清口独角戏出来以后，引起了上海人对上海滑稽戏的又一轮关注。上海人民滑稽剧团在原黄浦剧场开了个“上海笑天地”，除了演出一些新编的节目外，还演出了一些传统剧目，不少还是经过老老少少滑稽表演艺术家的千锤百炼打造的经典剧目，吸引了众多喜爱滑稽戏的观众。其中，《剃头》

就是之一，台上两位老搭档的表演令人捧腹。但是，剃头师父在调侃顾客时，借用方言的错会，说顾客“老下作（下流）的”，“下作透顶”。在我旁边的一个小朋友听了顿时有些糊涂了，说：“他怎么可以对顾客这么不文明的啊。怎么可以在舞台上骂脏话呢？”

我听了小朋友的话，不禁愕然。今天的小朋友连这个滑稽戏的“噱头”都不懂吗？

我正想告诉小朋友，这就是滑稽戏里的“噱头”。但是，继而一想，对啊！这个“噱头”不是不太文明吗？这与二人转里的脱了衣服光膀子，胸前露出两个大气球不是一样的吗？

相声、滑稽戏、小品是需要笑料、包袱和噱头，但是，这些东西都是可以品味的，是高雅？是俗气？还是媚俗、低俗抑或恶俗，在观众的眼睛中和耳朵里自有评判。为了博取观众的一笑，作为创作者和表演者是不是也要有一个艺术的、思想的、道德的衡量呢？是不是为了博尔一笑，什么有伤大雅的动作、什么污染视听的话都可以登台入戏呢？艺术里的这些“噱头”是不是可以噱得正一点呢？

当小品远离了生活的真实

文/新　玫

每年春晚结束总要有一番热闹激烈的评说与争论，这已成惯例。是啊，谁让中华民族那么多的节日里面就这么一个春节最隆重，谁让全国人民一起放假而且可以同时看一台晚会呢？能作为人们休闲度假茶余饭后的谈资，还有什么东西比春晚更合适的呢？而说起春晚，不得不想起赵本山。只是一年年观众缘越来越低的赵氏小品，在 2010 年跌到了谷底。在一向严肃的凤凰网发起的 2010 年央视春晚“最烂节目”评选中，赵本山的小品《捐助》以近半的票数获得“最烂”第一名，人们对《捐助》的不满与批评声轰然一片。当然几十年积累的人气说明赵本山的小品肯定有其长项，挺赵派与倒赵派在网上展开一番激战，其结果似乎后者占了上风。教育部原发言人也批评《捐助》反映出节目编导者对教育制度的空前无知；据说著名剧作家魏明伦曾在大学课堂上炮轰赵本山的小品是“娱乐的摇头丸”。多次蝉联观众最喜欢的节目的“小品王”彻底遭遇滑铁卢。

与赵本山往年的作品比较，《捐助》的艺术水平确实降低不少。观众对《捐助》不满主要集中在小品中植入了广告，题材内容表现出对女性的歧视，低俗化倾向等。而我认为其中最主要的还有一点，那就是《捐助》的故事远离了生活的真实，被赵本山称为来自一个真实事件的故事却呈现出令人质疑的虚假，同时缺少美感。对于一个成功的小品，编导演三个要素不可或缺。小品成功了，大家往往看到舞台上演员所获得的鲜花、掌声与光环，而忽略了编剧在台后的默默付出。其实，好的本子是一个成功小品的基础，所以赵本山才会悬赏十万征集剧本。提到剧本的重要性，并非为《捐助》的遭到观众炮轰寻找借口，而是想指出其被大家忽略的一个因素。不过，小品总是在不断的打磨与改进中最终与观众见面，赵本山不能不为《捐助》的粗糙负有把关不严的责任。

艺术的真实来源于生活的真实，当然并不是说艺术作品的形象完全与生活一样，而是指艺术真实比生活真实更集中，更能反映生活的本质真实，同时具有美感。喜剧是一种充满智慧的艺术形式，往往运用夸张和语言的幽默等表现手法让人发笑，比如周星驰的《国产凌凌漆》、《唐伯虎点秋香》等电影，赵本山的喜剧小品也多采用语言的幽默、动作的夸张以及人物的性格因素等使人发笑。只是在小品《捐助》中，我们没有看到积极、健康的审美倾向，而是看到了对生活的歪曲。当然对生活没有深层开掘的并非此一个，郭达、蔡明的《家有毕业生》对现在的社会热点——毕业生找工作，同样停留在肤浅的喊口号的安慰层面。

从表演方面来说，赵本山的演技堪称精湛，举手投足，声音表情都能活灵活现地刻画出不同角色的人物性格，让人感觉真实、自然。从早先的《相亲》、《我想有个家》、《小九老乐》中所塑造人物的淳朴自然到《昨天、今天、明天》、《策划》、《小崔说事》中的"白云黑土"系列中性格鲜明的黑土，赵本山的表演都能赋予角色鲜活的生命，且各不相同；与之相较，黄宏、郭达所塑造的人物明显具有雷同性，让人记住并能区分开来的不多。但是，从《不差钱》到《捐助》，赵本山明显地甘作绿叶，推出徒弟，在赞叹这种牺牲精神的同时，我们也不得不指出，并不是有了赵本山的加盟，就能保证小品的成功。本着宁缺毋滥的原则，我觉得赵本山应该对春晚说"不"了。

闲话“上海话”

导语

爸爸说：现在的上海小孩怎么连上海话都不会说了？

妈妈说：新闻里说了呀，公开场合不好说上海话了。

妹妹说：房“干”里还是好说额呀……

上海话到底怎么了？

上海话应该提倡，还是应该限制？

应该“保存”，还是需要“保护”？

上海话出现了退化或者俗化的现象，

还是仍然保持着自身的活力和生命力？

上海话需要传承，还是需要发展？

或者，上海已进入了一个“双语时代”？

学不学上海话？

讲不讲上海闲话？

上海人说上海话

越来越多的上海人说不来上海话了，尴尬的上海人，还有上海话情结吗？

以发展的观点看上海话

文/沈善增

关于上海话的讨论，前两年热闹过一阵子，可以视为这次讨论的成果，是出版了《上海话大词典》(钱乃荣等著)、《上海西南方言词典》(褚半农著)、《标准上海话自学法》(徐世利著)等词典类研究著作，为确立“标准上海话”打下了一定的基础。随着周立波海派清口的热演，上海话作为上海人的重要文化表征，上海人对上海话的热情，对乡音的热情似乎又高涨起来，许多上海人心底里或许有这样的期望，希望会有许多人主动要求学上海话，说一口标准、流利的上海话“不要太骄傲噢”，开办上海话培训班或许会成为一些老上海人的新的生财之道。

上世纪九十年代初，在上海人的自信心跌到低谷，生于斯、长于斯的上海人以被外地人夸为“你不像上海人”为荣的时候，我曾著书立说，指出上海话是自南宋杭州话以后，中国大地上唯一诞生的新方言，而造新方言之难，难于造长城。一种新方言的诞生，标志着一种文化的诞生，上海话的诞生，则标志着现代城市文明在中国大地上诞生了。所以，上海人为中国的近现代史做出了许多精神文明和物质文明的贡献，而最大的贡献之一是创造了上海话。我依此定义，上海人是以上海话为内心语言的文化人群，也就是说，上海话是上海人的文化内核。我由上海话的特点出发，撰文分析上海人群的整体的精神特征，指出，上海人是特别有文化创造力的人群，举了外滩情人墙(这个词还是我的发明)、外语角、恋爱角等当时的文化现象为例。《话说上海人》此文一出，就得到了一些朋友的热捧，还专题开了个讨论会。此文一再被转载，尽管我很少拿到转载的稿费，但能起到一些为上海人与上海话“正名”的作用，我也很高兴。在此文的基础上，我应浙江人民出版社之约，写了《上海人》一书，后来台湾出了繁体字版，前不久又来联系要出韩文版，可见我的这些观点还是有些影响的。

但我对这两年的上海话热却有些保留看法。近年的上海话热是由保护方言、保护上海话的话题引发的，现实的忧虑是今天的上海小孩说不来标准的上海话。此话题得到了多数上海人的支持，因此而形成上海话热。或许上海话热只是热在媒体的版面上和图书的选题上，现实中今天的上海孩子，不仅在学校里，而且在家里，主要用标准的普通话夹一点上海话与人交流，依然故我，没什么大的改变，但这不影响“上海话热”成为值得注意的文化现象。研究文化现象主要是关注背后的文化心理。造成上海话热的心理因素很复杂，但我认为有一种心理值得注意，就是文化心理的萎缩。就像当初“上海人看不起上海话”这种反常的现象，恰恰反映了上海人要走出去、注重交流的开放的文化心理。现在是上海话热，强调要上海的小孩说标准的上海话，有没有面临大量的新上海人涌入上海，在高档的写字间里位居要津而引起的心理反弹呢？我觉得是有的，从“内环线内说外国话，中环线内说普通话，外环线内说上海话”这样的新民谚可以辨出味道来。这种心理反弹也正常，但相对于创造上海话的上海第一代移民与本地人，是文化心理的萎缩。如果当年来上海的移民与本地人，绝对保护自己的方言、固守标准的乡音，就没有上海话会被创造出来。所以，对上海话主要不是谈保护，而是谈发展。

从发展角度来看，发音标准不标准还不是首要问题(今天所谓的标准上海话，我认为是以广播电台沪语播音员的发音为准的，这个标准也不过是那个时代的上海人的约定俗成)，重要的是让上海话怎么更适合书面语言，也就是让上海话中生动的词汇给现代汉语注入新鲜血液。上海话的最大好处，是这种易发音易听懂的语言，把上海人的舌头训练得能说各种标准的官话，包括外国话。上海人是中国说普通话最标准的人群之一，也是中国说牛津音英语或美音英语最标准的人群之一，因为上海话最少发音的方言特点(特点同时也就是局限性)。所以,上海话恰到好处地体现了海纳百川,融会和谐的海派精神。上海人为上海话自豪的,正应该是上海话体现的这种“善利万物而不争”的海派精神。至于明天的上海人说的是什么腔调的上海话,不必我们操心,也操不了这份心。有一点可以肯定,应运而生的上海话,只有更兴旺,不会被消灭。如果真要被消灭,再保护也是徒劳。

还是学说普通话好

文/王安诺

从来都是听说人人要说普通话,上海作为海纳百川的大都市,更应该号召市民说普通话,为什么倒要外来人员学上海话?当然,有的是外来人员自己要求的,会上海话容易找工作,容易与上海人打成一片,更不会被少数有地域偏见的上海人瞧不起,这更说明是上海人自身的问题。

老实说,在方言中上海话是比较难学的。有位北京朋友告诉我,他曾在上海住了一个多月的医院,临走时还是一句都听不懂。他说上海话像“鸟语”“吱吱喳喳”的,音全在前齿间,而且速度极快。我觉得他说得很对。我下放时,村里农民愣愣地听我们几个上海知青说话,一脸迷惑,最后问:这样的话你们都能懂吗?上海话怎么跟外国话一样。原来的单位里有个安徽小青年,在上海读了几年大学,一口上海话足以乱真,但是就有人指出:你让他用上海话说“蟹”和“虾”两个字听听,准保露馅。果然,这两个字无论他如何努力,就是说得“洋泾浜”,马上与本土上海人区别开来。

也许是当过教师的原因,我喜欢说普通话,特别是在开会采访或比较正式的场合说比较重要的事的时候,但在日常生活中还是说上海话。我们家原来一直说普通话,因为我爸爸是福建人,长期在部队文工团,后在上海话剧团,打交道的人都是说普通话。有时家里来了演员,长得好看,普通话也又标准又好听,使我对普通话更充满好感。我爸爸在上海多年,仍一口福建普通话,但上海话他听得懂。为了适应他,家里人都说普通话。如今两老都去世了,兄弟姐妹之间就说起上海话,但有时也会有意无意地露出几句普通话,每当这时,我就会不由自主回想起父母都在的时光。

听说现在的孩子回家也跟父母开国语,就有人担心上海话会绝迹。其实,不说不等于不会说。福建人下南洋是 19 世纪的事,但现在的新加坡人还说闽南话,教堂布道,除了英语、国语,还有闽南语,电视台也有闽南语专门频道,说明语言很难绝迹。不论怎样,语言是交流沟通的工具。从这个角度说,应该推广普通话,而不是让外来人员学说难学的上海话。既然海纳百川,上海人就应该主动适应。但是作为对民俗方言的研究,可以让少数学者去研究上海话。

沪语走向弱势

文/吕锦忠

印象中,以前能说一口标准、流利的沪话被看作是一种身份的证明,即区别于某种带有偏见色彩的"上海人"和"外地人"的标志。从语言的角度看,经济的发展必然导致语言的流行,某方言的强势从来就与该方言所在地区或城市的经济发达有关。80 年代前,在中国的大多数城市物质都是极其匮乏的,而上海的工业基础比较雄厚,因此,就沪语的流行和地位而言,这要归功于上海活跃的交往和繁荣的经济文化。这与后来广东经济发展了社会上就以说广东话为荣是同样的道理。

但对待上海话的态度，却因人各异。记得部门中有位来自江西的女大学生，刚进来时因为语言障碍交流很不顺畅，比如从同事口中猛然蹦出“老历八早”、“捏鼻头做梦”之类的沪语时，若不经解释，她常常会望文生义闹出一些笑话来，总觉得听上海话要比听英语费力得多。好在她模仿能力强，记忆力又不差，在沪语的氛围及环境的熏陶下，几年后她便能说一口标准的上海话。当然，也有至今不愿被上海方言所“同化”的例子。一个朋友祖籍武汉，在上海念了四年大学竟然一点也没有改变他含有浓重地方口音的普通话。工作后仍一如既往，我行我素；与其沟通，我们便以挟带浓重南方口音的普通话与之对应。久而久之倒是相安无事，双方仿佛都认同了说并不标准普通话交流的方式。十多年过去了，他却依然说着一口有着武汉口音的普通话居然没受到沪语的丝毫“侵蚀”，而如若某一天他突然用“夹生”的沪语与我们进行交流的话，吃惊的一定会是我们。

随着改革开放的深入和人口流动的频繁，上海渐渐成了名副其实的国际大都市，尤其到了 90 年代后期，作为一座海纳百川的城市，上海再次成为移民们的目的地，这对上海的经济发展有好处，但对沪语却起到了潜移默化的“破坏”作用。从文化层面上看，沪语是一种“弱势”语言，它缺乏造词能力，近年来除了少得可怜的“帮帮忙”、“捣糨糊”、“攁边模子”等之类的所谓的新词外，在这几十年里，它的造词功能越来越衰弱。上海滑稽戏就是一个明显的例子，由于上海方言的先天不足，它只能通过表面取笑、动作夸张等来弥补其语言单薄的困境，有时甚至肆意借用苏北话、山东话；倘若以纯粹的搞笑为目的，说沪语的上海滑稽戏只能供人们饭后消遣，影响力有限。

作为一种集吴方言中的宁波话、苏州话和苏北话的融合体，有人认为，上海话不太适应在正式场合高谈阔论、传道解惑，只适合在生意场上谈斤头、还价钱，在生活上摆标劲、发嗲劲。另外，上海话有其致命的缺陷，它只适合口头传播而不适宜书写，即便是上海人，若一眼看到“侬勿会神之呜之了”，八成也会傻了眼。

说来奇怪，从小到大一直说着上海话的我，虽然对它天生有种说不上来的亲切感，但心里却有一种底气不足的感觉。原因何在，自己也说不上来，只知道，当我因工作关系跟北方人在一起交流时，就感觉到上海话单薄，不够大气。

“烂污三鲜汤”是一道菜？

文/单　苏

我的朋友有个东北朋友，东北朋友来上海有些年头了，还娶了个上海老婆。前几天他问我朋友：“烂污三鲜汤”是不是一道特色菜？

十多年来大量外来人口涌入我们这座城市，把上海话逼入一个尴尬的交流环境中。好在全体上海人民临危不惧，见多识广，用从小就学会的普通话化解困境，在普通话和上海话的熟练切换中继续着自己美妙实惠的小康进程。

广东人香港人就不同，他们碰到别人说普通话，他们还是用粤语回答。他们要别人入乡随俗，要大家都说广东话。上海人比较随和，别人说普通话，他也就说普通话，听到别人改说上海话了顶多问一句：侬是上海拧？

城市无法拒绝外来人口的进入就像无法拒绝本地人口外出一样，在接纳了无数杂乱的方言之后，我们的上海话情结还是顽固地埋在心灵深处。近年来许多本地媒体都在做上海话节目，而我们现在讨论上海话的生存环境更说明了大家还是把上海话当回事，上海话是这座城市的一种文化标志。

上海人民的宽宏大量就像这座城市的语言能力一样博大精深，你说普通话我们就陪你说普通话，你说四川话我们就陪你说四川话，你说法国话我们就陪你说法国话，你说美国话我们就陪你说美国话。但是我们最后还是说上海话，最机密最隐私最紧要关头的时候我们吐出来的都是上海闲话。前几年那个东北老板说他运了一批货到上海，几个上海客户平时都跟他说北方话，那天看到货后全部都说上海话：瓦特了，瓦特了。他一点听不懂，急得满头大汗。从此以后他下狠心要学会听懂上海话，否则生意没法做下去。经过几个月几年的刻苦学习，东北老板已经娶了上海姑娘做他的私塾方言老师了。

上海人还是以说上海话作为自己内心的优越感觉。有些上海人的父辈也是外地人，但是他们心里面还是看不起刚到上海的外地人。也许那些外地人的下一辈也会看不起后来进入这座城市的外地人，城市繁华地段的昂贵地价就是靠一代又一代居民积淀而成的，上海话的语言环境就是在一代又一代居民的操练中变得炉火纯青，刻骨铭心。

有关上海话的是是非非还要讨论几十年几百年，大家用各式各样的方言来讨论上海话的得失长短，上海话在大家的关心关注下还是一种普普通通的口头方言。这种方言只有在幼年接触才能领悟其精髓，否则的话，很难意会这种语言的精妙之处。

东北老板想把“烂污三鲜汤”做成一道特色菜，这道菜会不会卖疯掉？他盘了一个门面，准备开个餐馆，就做上海菜。

别与上帝掰手腕

文/绿　香

小时候坐火车，最喜欢的事是听天南地北的人大声聊天，觉得每种方言都有其独一无二的、无法取代的精髓和传神之处。上中学时，有次在一个公交终点站，听到一个北方人仰着头问车上的售票员：师傅，第八人民医院坐到哪儿啊？售票员用上海话回答：沪闵路。那北方人一脸疑惑：无名路啊？那是我第一次发现，方言的隔阂就像一个魔方，不知道在什么场合会出现什么样的障碍和歧义。再后来开始写小说，我自认为自己的国语学得还是挺不错的，但一下笔，我先得把思维时习惯的沪语在脑子里翻译成国语，然后再落笔，这就好比是经过翻译的作品，在语言表达层次上多少总会有些缩水。沪语是个大杂烩，又不是精道的大杂烩，是白话文中的白话文，通俗语言中的通俗语言，所以非常不适合用来做书面语言，不像很多有历史积淀的方言，说起来平常，细嚼起来却非常有意味。

到处推广普通话，我觉得这是一件好事。当初上帝变乱人间的口音，是怕人类气息相通了，就更方便给这个世界制造些麻烦。如今世界都大同了，同一个国家的人沟通起来还有障碍就太说不过去。十多年前我正在当老师，对于推广普通话来说，学校自是首当其冲的前沿阵地，我把我学生个个教得说国语都不带杂音的。但校长仍然不满意，她不光规定学生在学校里不能说沪语，就连老师在学校的任何地方也不能说沪语。我是无所谓，但好些上了年纪的老老师，国语从来就没说准过，这其中就包括那个下命令的校长。可天就是那么的不公道，偏我在办公室用沪语闲聊时让那个校长听见了，当月扣了我五块钱奖金，那时候的五块还够在学校吃几顿饭，就是说她靠行政的手段用饿我饭的方法逼我说国语。也许她老人家自己也发现了这上海人的家长里短还就得用上海话说，于是这扣奖金逼说国语的事在学校里跟刮阵人来疯似的很快地刮过去了。

生活是会逼迫你的，当民工如潮般涌入大上海，别说在学校得说国语，就是上街买个东西，你得说国语，因为店主是外地人；上医院看病得说国语，因为医生是外地人；就连在家也得说国语，因为保姆是外地人。可饶是我国语说得这么好，还是给一个偷懒的保姆钻了空子，说我关照她的话她没听懂。我说我说的是国语啊，电视里的话你怎么都听懂了呢？她说，你说的话跟电视里不一样。晕死！

现在还在说着我们小时候"地道"沪语的人，如今一般都生活在别处，因为与本土的隔离，才让他们嘴里的母语固定了下来。常有在国外定居的朋友回国，听他们说话，才知道我们嘴里的沪语也已经在不知不觉中产生了很多的变化。

人类的口音是上帝的管辖范围，让人类来管，就非常累人。禁止说沪语也好，提倡说沪语也好，用行政手段都不能见效，更别说我们在这里纸上谈兵。语言的产生和发展是社会发展的结果，不是其他力量能改变的。曾经有人创造了一种子虚乌有的世界语，力图让全世界的人把语言统一起来，有段时间很是热闹过一阵子，我还有个朋友正儿八经去学过。请问，这世界语今日安在啊？

著名的园艺设计师，他把公园小径的设计权交给了游客，给每个入园的人发一把草籽，让游客随心所欲地去播散。等草籽发芽后，那些被踩踏出来的小径，就是公园最佳的设计路线。到底是应该统一口音还是变乱口音，就让大众在日常的工作和生活中随意地去运用吧，反正如今的沪语就是这么来的。

外地人说上海话

“伊刚伊戆一刚”，你到底说的是啥？遭遇上海话，到底是谁傻？

遭遇方言：被淹没还是潜水

文/新 玫

一直喜欢北京人说话，着迷那种字正腔圆，轻巧幽默，可是因为自己生长在北方，却偏偏对南方的山清水秀情有独钟，一不小心就被诱惑了去。“走异路，逃异地，去寻找别样的人们”的结果是遭遇方言，遭遇方言有那么可怕吗？又不是去国外。去国外生活要离开自己的父母亲友、熟悉的生活环境以及语言文化这三大支撑，确实需要一些勇气。而在自己的国土上，南方不下雪的土地也可以撒点野。远离故乡的第一站是厦门，在厦门我遭遇了闽南方言，事实证明，它比劳什子英语可难懂得多：英语自学三四年，可以轻松过考研关；从没练过听力，一个学期下来，外教的口语课也基本能听懂，可是厦门三年只学会了“走”、“吃饭”、“睡觉”等几个闽南词语，真是汗颜啊！

离开了厦门，第二站是上海，于是又遇到了上海话。其实，从没真正觉得方言是一个问题，因为周围的人来自五湖四海，大家都用普通话交流，所以并未因为沟通出现过问题。生性疏懒，反倒为自己的不融入当地文化找了不少借口，比如，当本地人说些粗口，我可以因自己的听不懂而不必动怒。直到有一天被扑面而来的“上海话"包围，我才突然感受到那种被淹没的窒息。

自从进入这个编辑部，发现编辑部里的人员都是"土著"，开会时也讲上海方言。我是唯一的外来户，我的到来暂时打破了这个惯例，开始的几次例会大家开始讲普通话，但是没过多久，强大的惯性使例会又滑入原先上海方言的轨道。听不懂会议内容使我倍觉尴尬，而且重要内容请别人再次转述也过于浪费人力，此时我终于感觉到方言真的成了问题。胳膊拧不过大腿，边缘无法成为主流，我的势单力孤注定要被"土著"卷裹而走，俗语早就说过"到什么山上唱什么歌"，此时方真正有所醒悟。与我的后知后觉相比，我的两位朋友早有先见之明，其中一位在读书时便买了学习上海话的磁带，一心扎根大上海，几年下来，已经完全上海化了；还有一位一到上海，便与上海本地人打成一片，两年下来，上海话已经不是交流的屏障。如果说他们是放在什么水里都能生存的鱼儿，那么我大概属于很容易搁浅并被晒成鱼干的一类吧。

与其被方言淹没，为什么不主动出击，俯仰于其间而游刃有余呢？当防范的心理去除，于是使我倍感尴尬的例会便成了学习上海话的强化训练，尽管大家的谈话经常被我猜得南辕北辙，毕竟悄悄地向"土著"靠拢。不管什么东西，只要沉溺其间，就会渐渐发现其中的乐趣。"红烧鱼尾"，到了上海人这儿，变成了"红烧甩水"，确实挺形象的。"托人托了个王伯伯"，是因为"王"与"黄"谐音吗？为什么"骗人"要说"放鸽子呢"？人多拥挤快被挤成相片了，其他地方方言中有这样的说法吗？如果没有，大概与上海人多有关。看来，上海方言不但值得学习，还很值得研究。其实，每一种方言都代表了当地的深邃文化与悠久历史，关键看我们是否以一种开放与积极的心态去学习与接纳。韩少功在湖南汨罗插队十几年，会说一口流利的本地话，而且他还把这种亲身的经验写成了当代文学作品中独一无二的《马桥词典》，以语词构筑小说，令人叫绝。他不但没有被方言淹没，还学会潜水乐此不疲！只此精神，也值得我辈学习了。

上海话的味道

文/王慧敏

来上海三年了，时间不算长也不算短，上海话是听得懂讲不出，但是我本人却特别喜欢上海话，以及与上海话相关的艺术类型，比如苏州评弹，比如滑稽戏，比如周立波的海派清口，比如三四十年代的上海电影。一次和《新民晚报》一个朋友一起喝茶聊天，她说你来上海适应吗？你喜欢上海的什么？我这个人是感性的人，当然是跟着感觉走，我不假思索地说，我喜欢水，上海的性格就是水的性格，所以我觉得挺适应的，我很喜欢上海话的味道。她有些惊讶，说第一次听一个外地人说喜欢上海话，还喜欢上海话的味道，那你说上海话的味道是什么？生活的味道，我笑着回答她。也许是她作为作家兼编辑的敏感意识，也许是她作为上海当地人的自豪感，那个下午她用上海话滔滔不绝地和我聊到很晚才意犹未尽地分别，我也特别开心，感觉享受了一次生活宴。

我最早接触的一句上海话，是“吃生活”，那时我还没有来到上海定居。2004 年 9 月，我因为要组一篇稿子，就电话采访了著名儿童文学作家梅子涵老师。他后来给我一本他的书《女儿的故事》，里面夹杂了不少上海话，其中就有“吃生活”。当时我还对上海话以及上海话语境一无所知，更无感觉。但是我结合上下文，大约明白就是管教不听话的小孩子的意思。我是个喜欢刨根问底的人，后来来到上海，认识了很多上海当地的朋友，我特意请教他们这句话的来历和含义，我用普通话发出这句话，上海朋友云里雾里不知道我说的哪句，后来才搞明白是这句话，因为是很要好的朋友，他们善意地笑我“戆嘘嘘”。其中一个朋友是从小在弄堂长大的，她给我讲解说：“上海普通人家以前的生活是很苦的，大人对生活苦涩的味道人生的无奈是有亲身体悟的，所以每当自己的孩子不努力学习不听话故意和大人作对时，会很着急很生气，就会跟小孩讲‘吃生活差不多’或‘把侬点生活吃吃’，意思是让小孩吃点苦头长点记性。另外也有亲近的朋友或恋人之间开玩笑说这句话的。”

是呀，你看上海话里的这些特殊含义，正是我喜欢的，也许与我学的汉语言文学专业有关，我对文字对语言很着迷，觉得每个字都那么审美，那么寓意丰富，尤其是一些方言。

我来上海第一年赋闲在家，除了照顾孩子日常学习生活，我主要就是买了很多有关上海话和上海文化的书、磁带以及碟片等，有空还自己一个人骑上单车去上图听都市文化讲座。也许与我融入上海的心态有关吧，我来上海后的生活是快乐的，充实的，我还把我来上海后的生活感受写成文章投稿，其中《我爱上海》发表在了上图讲座月刊上，另一篇《我来上海的理由》发表在《新闻晚报》上。这也使得我交了更多上海当地的朋友，我和他们去寿宁路和云南路小吃街吃夜宵，和他们去朱家角小镇乘船喝茶，有时也会一起去逛街，还偶尔去一个喜欢做饭的上海朋友家里吃吃本帮菜，她煲的汤味道可好呢，我和她开玩笑说是上海女人的味道，越品越香，适意得很。我还曾用3个月的时间看完王小鹰老师的《长街行》，我和小鹰老师见过两次，聊得很投机，感觉她是特别标准的上海女人，她的这本书用了近6年时间完成，里面第一次尝试用了很多上海话来表现人物，我读着觉得别具情趣。

后来就赶上了周立波的海派清口走红，我也跟着开心了一场，还到上图倾听了他的讲座，并买了他的《诙词典》每天翻几页看看。也许别人看着以为我是“轧闹猛”，但我自己知道自己是乐在其中。因为我之前风风火火地过了十几年奋斗和快速的生活，我现在特别想“过日子”，享受慢生活，而上海话的味道，就是这种过日子的味道，慢生活的味道，我喜欢。

上海话让上海人做主

文/小 白

我是河南人，70后，对家乡话的感情经历了一个曲折的过程。

年少时，曾经对自己家乡的方言有过鄙夷。在当时的我心中，电视和广播里传来的普通话是那么美妙动听，它代表着大城市更文明、更优雅的一种生活，而周围终年劳作的父老乡亲们的一口家乡话，却是土得掉渣、上不了台面的，甚至很多字词都不知如何用文字来表述，似乎它们是见不得人的黑户头。

而随着年龄的增长，离家乡越来越远，对乡音却越来越感到亲切，我已不再如儿时那般幼稚浅薄。漂泊在外的人，在成长过程中可能厌恶过自己的家乡，一如孩子曾经那样的叛逆，曾经希望一切都与父母截然两样，但年岁渐长，才渐渐发现，虽然家乡仍不尽如人意，但在普通话的标准面具背后，是斩不断的乡音之根，是挥不去的故土情深，是家乡无尽温暖的记忆……

我对家乡话的这些感受，似乎与上海话没什么关系，却也可以说是有关的。作为外地人，我不会讲上海话，但上海人讲上海话我觉得无可厚非。从小到大，每个人感到最亲切的，应该是家乡的方言，梦中脱口而出的，也绝不会是普通话。我们的母语，首先应该是方言，在标准的普通话背后，地域消失了，独特的文化印记淡去了，而失去方言，一个地方就失去了自己鲜活的文化。

很长一段时间，在中小学的课堂上，上海话曾是被禁止的一种语言，而外地人口的大量涌入和普通话的普及也使得有人忧心忡忡地感叹，要不了十年，上海话将在年轻一代中失传。所幸这一局面已在渐渐改观：幼儿园的孩子们不仅学普通话，也学起了上海话，这其中，自然也包括新上海人的后代；学校课堂中引入的不只有京剧，也有沪剧、昆曲等，周立波的海派清口不仅为男女老少带来了欢乐，也让上海人爱上海话的热情持续升温。

城市化进程中不同地域文化的冲突，引发了网友们一轮又一轮的地域攻击战，这其中，上海话成了一个随时可能引爆的热点。从上海人民广播电台990评论的《世博会期间，我们该说什么话?》中的“陋习”一词引发的争议，到《新民晚报》社区版中李大伟《新英雄闯荡上海滩　不限户籍个个精英》一文中将上海话与“没文化”联系起来激起的众怒，从白领丁某在某论坛对上海话的攻击，到晓君在动感101节目中对听众短信的直接回击，每一次，都将上海话推到了风口浪尖。但这些争斗在媒体的炒作和网络的推波助澜下，也在逐渐变味。而一个简单的道理是：每个地方的人都有爱家乡、讲自己方言的权利，在不妨碍交流的前提下，上海话这点事，还是留给上海人自己做主吧。

当然，每个地方的人在爱自己的方言的同时，也应以开放的心态，尊重和吸纳其他地方的语言和文化。开放的城市需要以独特的地域文化为主体，方言不仅是交流的工具，也是文化的载体，不应成为阻碍交流的巴别塔。今天作为上海的一分子，我们需要开放的心态，作为新上海人，要积极融入，作为老上海人，要敞开胸怀，理性和开放的心态，相信能为上海和上海话带来更美好的明天。

上海话，欲说还休

文/文　沂

我是在上海上的学，但在学校里的几年，我一句上海话都不会说。因为学校是普通话的天堂，我不会有压力，就是那些上海同学，平日里说的也是普通话。后来工作了，就感觉到了麻烦，公司开会，同事聊天，说的都是上海话，人家在那里呱啦呱啦地谈得热火朝天，我却只能在一边傻傻的听。偶然老总会想到我，说，大家照顾一下小林，尽量说普通话。小林啊，你也要早点学会上海话，不然会影响工作的。我就点头如捣蒜，连声说哎哎哎。

原来我不喜欢上海话，觉得"柔"，觉得"嗲"，不像北方话那么硬朗，可是慢慢的，被这南方的风吹拂着，被这南方的雨浸淫着，这上海话就像午后小资们的茶点，自然也成了我生活中不可或缺的一部分了。

其实上海话也不是那么好学的，英语能对付得了的人，不一定就能学好上海话。办公室的内勤王阿姨，那天正聊着自己的孩子，看了钟，就说时间到了，自己要去做"生活"了。我就谦虚地问，这"生活"是什么意思。王阿姨想了想说，就是"工作"的意思吧，做"生活"就是做"工作"。我说哦哦哦，我懂了。第二天，还是那个王阿姨，还是聊自己的孩子，说孩子太调皮，昨晚请他吃"生活"了。我越听越糊涂，就问，这"生活"不就是"工作"吗？这"工作"可怎么能吃呢？话没说完，就引来哄堂大笑。以后才慢慢懂了，晓得上海话其实是一门学问，一门深不可测的学问，不下点功夫，很容易闹出笑话来。

就是学了点上海话，上海人也不把我们当“自己人”，我心里明镜似的。曾经无意间听那些上海同事议论，说现在公司快成了外地人的天下，学了几句上海话，就真的当自己是上海人了。这些话让我听着很不舒服。外地人怎么啦，能留在上海进个大公司，能坐上个位子，靠的不是几句上海话，而是自己的实力啊！所以有好一阵子，我跟上海人打交道的时候始终矜持着，不肯说上海话，其实经过几年来的努力，我的上海话足以乱真了。

最近的舆论界有点乱，一边嚷嚷着要保护“沪语”，为沪语的“蜕变”痛心疾首；一边则举着规范语言的大旗，像要把上海话赶尽杀绝，一时间蛮热闹，弄得很多人无所适从。可要我说，不管是普通话还是地方方言，都是中国人的“母语”，都是几千年来那一方土地孕育出来的、美的、有生命力的。大批的新上海人涌进上海，是好事，他们把自己的方言带进了上海滩，但与此同时，他们也在被上海话同化，成为上海话最好的传承者，所以啊，从这点看，上海话消亡不了，也不可能消亡，争来争去的，其实都是在杞人忧天。

如今的上海，语言已经极大丰富了，除了那些“职业的”，大家都挑爱说的说吧！

学说上海话

文/依　依

能听懂多种方言，会说一口普通话，这大概是在部队长大的好处。

一身军装，一口普通话，从北走到南，又从南走到北，语言交流似乎都不是问题，好比当时的全国粮票，到哪儿都好用，所以也就没有动过学方言的念头。

惟独到上海，学了几句方言，也是不得已为之。

刚到上海就被告知，要学上海话，否则要吃亏。

记得那时，朝九晚五上班，单位给买公交车的月票或季票，挤上车把月票晃一下，若是车挤，喊一嗓子“月票”，算数。可是，用字正腔圆的普通话喊，就有些生分和疏离，没准还有小麻烦。售票员眼睛毒，不太情愿放你过关，常要盯你左看右看，或索性过来验验你的月票对对上面的照片，这种感觉很不爽。于是，开始练习讲上海话。发“月”字音时，音往下压，发“票”字音时，再把音拉上去，这样喊过两嗓，便可以乱真了，给自己省了不少麻烦。所以，“月票”二字大概是我最早讲的上海话。

到个体户那里询价买东西，用普通话问价，准挨斩，若还不下价来走人，背后会传来骂声，巴子。无奈，又学了两句上海方言。再去买什么，指着要买的东西真愣愣地问，几钿啦？若还不下价，丢下一句，忒居了，走人，背后没一定有白眼，但不再会被当成“巴子”骂。

就这样一句一句，学会了一些上海话。三两字连在一起说，基本上听不出什么破绽，说长句子难免露馅。

喜欢电话里讲上海话，对着话筒你一句我一句不心虚，倒是可以把上海话讲得颇好。上海话里有许多短语，似乎比普通话更活泼、风趣。

喜欢用上海话发信息，用上海话在网上聊天，把上海话变成文字，过特一歇，耐么好了，要西快了，等等，读起来滑溜溜的又是一种味道，赞的。

我学讲上海话一直是讲着玩的。与朋友面对面，还是顽固地讲普通话，入乡依然不能随俗。

中国达人秀，秀什么？

导语

东方卫视精心打造推出的文娱节目《中国达人秀》已经播出两季了，第一季轰轰烈烈，第二季热热闹闹，作为电视文娱节目这般红红火火顺顺利利地达到预期的目标，这在近年的电视荧屏上恐怕是久违了。

回过头，再想起"一炮打响"的第一季，不禁还是有那么多热烘烘的场景与问题回荡在脑海。还记得当时各种纷纷攘攘的舆论：从对广告太多的不满，到质疑东方卫视录播直播的问题，从达人秀选的是达人还是感人，到短信票数到底有没有作假，各种各样的讨论从四面八方冒出。而在此刻，依然想问一句：达人秀，秀的到底是什么？

达人秀　精彩秀

文/兰　草

"我的人生只有两条路，要么赶紧死，要么精彩地活着。"

——题记

还记得年少时的梦吗

两袖空荡的刘伟在聚光灯下走上了《中国达人秀》舞台，他坐到了特制的琴凳上，然后，他的脚趾在琴键上开始弹奏，十个精灵起舞，优美的旋律随之响起，我坐在电视机前，静静地听着，伴有心疼，更多的是心服。刘伟的嗓音有些沙哑，他的歌声像一只被折翅的小鸟发出的坚强心声，心声由远而近，直飞人们心里。

还记得年少时的梦吗
像朵永远不凋零的花
陪我经过那风吹雨打
看世事无常
看沧桑变化
……

全场起立，评委起立，掌声热烈，经久不息。

评委伊能静盈着泪，“你让我看到了达人中的达人，真正的达人是用生命展示他的才华！”

评委高晓松由衷感叹，“匪夷所思，我们用手弹钢琴都要练很多年，何况你用脚。”

在一片赞誉声中，刘伟淡淡的，“……没有人规定钢琴一定要用手弹。”

青春年华，不以物喜，不以己悲。

“人总要学着自己长大”、“人生难免经历苦痛挣扎”、“为自己的心找一个家”……面对无臂刘伟淡定从容的生活态度，我们难道不应该丢弃诸多抱怨，去做些我们应该做的事吗！

2010年10月10日，刘伟成为中国达人冠军，一位10岁时因意外触电失去了双臂的男孩。电视屏幕上打出10月7日他刚刚过完了23岁生日。

周立波说，“用故事感动我们，用才艺征服我们，这才是真正中国达人的标准。”

总决赛中压轴出场的刘伟，演奏了“神秘园”钢琴曲搭配流行劲歌《You Are Beautiful》，遇见两种风格的音乐在舞台上交相辉映的观众们，心悦诚服。混搭后的效果极富感染力，人们仿如看见爱尔兰空灵飘渺的乐风和挪威民族音乐的古典一起从深远处恬静走来，啊！你是如此美丽。

琴声在千万人心中激起重重波浪，歌声在上海八万人体育场久久回荡。刘伟再次用他的故事感动了我们，用才艺征服了我们。

从无臂刘伟身上焕发出来的超强影响力或许是他不曾意料的，而我无法视而不见，那影响力唤醒了多少人沉睡的梦想，坚定了多少人消沉的意志。

活着，爱着，梦想着

如果梦想化蝶，那么，要实现梦想就得破蛹。

舞台上，翟孝伟和马丽的《牵手》之舞，看得我热泪盈眶，她是他的另一条腿，他是她的另一只手，他（她）是她（他）的另一个生命。

世上有哪种信任比把生命的托付更胜一筹呢？

在我心里，他们一个是奔跑的大卫，一个是断臂维纳斯，拥有完美心灵的一对生命舞者。

“千万别对我们充满怜悯、同情什么的，绝对不需要。我们只是少一只胳膊、一条腿而已，和健全人没有什么不一样。”马丽上场坦然表示。

半决赛第三场他们组合表演了《一剪梅》，唯美的舞蹈，说着又一个生命的故事，情感被深深震撼了。舞蹈过程中，加入了水墨画元素。舞蹈的韵动和画面的静美，此时的梅竹犹如两个生命的紧紧依靠。“白雪丛中点缀以红梅绿竹，可称清艳双绝。”“傲雪”二字刚劲有力，残疾的他们书画出一幅有着坚贞崇高人格魅力的作品。

当场的65位媒体评审团给他们打出了62分的超高分数。生命如傲雪梅竹，因残缺而更加完美。

用舞蹈语言来表现梦想，诠释梦想实现过程的缠绵凄婉，从幽咽凄怨转向坚定刚烈，破蛹而出，蝶翼飞翔，晶莹剔透，蹁跹优雅。总决赛舞台上，在《梁祝》音乐的伴奏下，至高境界里两只蝴蝶，美轮美奂，又真真切切。

舞蹈编排得十分紧凑，看他们舞蹈，好像在看一场"梁祝"电影，故事叙述得非常完整，演绎得更是感人。

情为何物？生死相许！

那是信仰的力量

在中国达人秀舞台上，普通人传递了生命的价值。很多久违的以为已经不存在于这个时代的人生观、价值观、世界观闪亮登场。

破产千万富翁高逸峰站在梦想的舞台唱响《从头再来》，他的一声呐喊同时也惊醒了因挫折而沮丧的人；23岁的袖珍女孩朱洁，用优美的童声唱起《萤火虫》，她说她虽然小，也要像萤火虫一样闪闪发光。那一句"我相信我一定会幸福的"，一时间成为网络上的流行语。

热爱生活，生活也一定热爱我们。

"达人秀"是平民造梦的舞台，"达人秀"的光荣属于质朴的灵魂。

那是一种信仰的力量。

在信仰缺少的年代，"独善其身"的平凡人在舞台上唤醒并传递信仰。"人是需要一点精神的信仰。"仅从这一点，《中国达人秀》节目已经是非常成功的了。

如今，2010达人秀已落下了帷幕，也许我们会忘记"达人"们在舞台上的表演，但我们不会忘记“达人”们生命中的故事。

达人秀　何必秀

文/清　淡

何必秀不是河莉秀的什么人，何必秀是对第一季《中国达人秀》的几声质疑。

英语秀　这里没有先要嘲讽总决赛那几段让人瀑布汗的英语对话。我只想问，打着“中国”达人秀的旗号，为何连过与不过都要用“Yes”和“No”来替代“你通过了”与“你淘汰了”。请淘汰者“挪”是很好理解，但辛苦晋级了非得“噎死”实在胸闷。之前说好先不嘲讽评委和国外达人嘉宾对话的。现在嘲。波波说着只有我们懂的冷笑话，晓松老师翻译得无所适从我们听得云里雾里，只看到他手中的话筒拿得一低再低。而波波两声“I，I”于我看来威武直逼黄教主的“闹太套”。从主持到评委到观众，在中国上海举办比赛，看的是中国选手，选的是中国达人，全程打着“中国”旗号，请问这是何必呢？

附加秀　男人不要展览自己的痛苦和灾难。这句有深度的话不是我说的，是“I，I”周立波说的。他毫不犹豫地淘汰了模仿 MJ 的四川擦车仔，因为他的一段艰苦自述。达人秀最棒的地方是给平凡人伟大的梦想。这句有高度的话又不是我说的，是“女话评”伊能静说的，她率评委团晋级了扮杀猪的鸭脖夫妇。这不是抱着儿子来和牵着妻子来的差距，这不是舞蹈模仿和歌唱模仿的差距。才艺＋催泪故事，早就不鲜见于各大小比赛，这个可怕的公式被无限套用，仿佛与晋级、胜出划上了等号。都是来自民间的草根，谁没有点大小经历真挚情感，乡亲凑钱圆梦和为妻扮猪献丑，你能说谁比谁真谁比谁惨吗？说好是个展示才艺的舞台，请问这是何必呢？

广告秀 大街小巷胡乱张贴的小广告讨厌不讨厌？它们讨厌，可是不会在你看电视的时候跑进你家客厅来打断你。也许有朝一日小广告雄起了，它们也会走上电视完成骚扰全人类的伟大梦想。在那之前，有大广告身先士卒。那个让全上海人脸上多条笑纹的活宝，戏谑调侃过电视剧中插播的冗长广告，也是这个头势清爽的男人，在中国达人秀播出期间的立波秀里，让我们亲眼见证什么叫在广告中插播节目。当他一口气报下70家参与评审团的媒体时，我心底有种被出卖了的委屈欲说还休。比赛的推进，让越来越多的"合作单位"入伙，节目间插播的广告一次次从数量和长度上挑战我们的耐心。父亲每每抗议并表示"上当上当，下礼拜不看了"，却还是坚持到了总决赛，还乐此不疲一而再，再而三地为那压缩起来可能不足一支烟工夫的表演欢笑落泪，请问这是何必呢？

评委秀 不要忘记，我们看的是秀，不要以为，只有节目才算是秀，不要忽略，评委也要作秀。我们的前辈英国达人不仅在参赛模式和选手选拔上时刻给予我们"启发"，连评委都在以身作则树立榜样。我一点不愿去诋毁让人"要么爱死要么恨死"的毒舌 Simon Cowell，我甘愿冒着被扣崇洋媚外罪名的风险，表达我对他评审风格的赞赏。与此同时，我带着主观情绪地从第一场比赛起，用有色眼镜观望高晓松，这个总以斜45°角面对镜头发表评论意见的评委，这个力挺过曾轶可的评委。当活力四射的老太太在台上又蹦又跳载歌载舞，大喊"我最喜欢的歌手是庾澄庆"时，镜头很体贴地切到伊能静的表情特写，我们懂的，还有她赞扬选手优秀的独特方式：这个我要让我儿子看，一定要。我们都懂的。我曾企图将中国达人秀的三位评委与英国前辈的对号入座，这是被山寨文化长期熏陶而滋生的劣性。我曾思索，周立波被分配扮演的难道是 Simon Cowell？幸好我错了，可惜我错了。原来我们还是有东西不去学人家的，当然，有些东西，也不是想学就能学得像的。

中国达人秀，如果只是秀，我们又何必太认真。

达人秀　痛苦秀

文/绿　香

第一季中国的达人秀，最终以刘伟那双无敌的钢琴脚一举夺冠而落幕。这个结果对于跟着达人秀一路看过来的观众来说，应该觉得没什么悬念。

选秀节目都有一个共通的核心理念，一定是小人物大梦想，平凡人创造奇迹。至于达人秀是要有才艺还要有故事，还是要有故事也要有才艺呢？这一点我没怎么搞清楚。但有一点我是看清楚了，要说比故事，那就是比谁的故事更痛苦。达人的感人故事是建立在才能之上，而不应驾驭于才能之上。达人秀是草根们的舞台，门槛低，这是好事，但既然是秀，怎么说也得有可秀一秀的才艺吧。毕竟不是大世界吉尼斯记录，卖拳头要把式的都能上。自杀猪、孔雀哥哥等等，真的跟才艺没发生什么关系。

最后总共八个（组）选手进行最后的角逐，残疾人占了四分之一。我无意轻视残疾人，也无意冒犯大众的恻隐之心。如果残疾人拥有超人的技艺和才能，也能和健全人一样，在这个达人秀的舞台上决一高下。但达人秀不是残奥会，能站在这个舞台上的人，无论你的地位高下，能力大小，身体健全与否，都应该接受同一个标准的检验。同是残疾人秀才艺，刘伟的自弹自唱，无论从琴技，还是到歌喉，都相当欠缺。有人说任何一个学过钢琴的人都弹得比他好，任何一个卡拉OK厅里随时都能找到几个比他唱得好的人。刘伟是达人，但总觉得离不开感动。他赢的，是他用脚弹琴的绝技。许多媒体称他为无臂钢琴家，这个家字，可不是随便能给的，无论刘伟多么刻苦，他练钢琴，是跟他的命运叫板，而不是跟这个手玩的乐器叫板。刘伟的精神和毅力的确值得肯定，但决赛高音吊得那么勉强，连他自己的表情都写满了不满意。

同样是残疾人，马丽和翟孝伟的双人舞，达到了极高的技术境界。看他们的表演，你完全可以忽略掉他们肢体的残缺，不光能看到的是他们克服困难的毅力，更有一层人生的哲理在里头——人生纵有缺憾，互相依存便能活出精彩。他们是用灵魂和生命在跳舞。虽然他们最终没有得到冠军，但他们是许多观众心中最完美的达人。

中国达人秀的总导演金磊说，“才艺是最终的评判标准。一切达人秀的核心标准都是去发掘百姓当中有没有惊人的才艺，有没有能带给人感动的奇迹，你的故事和你的才艺形成了完整的个体。”看看，虽然强调才艺，还是故事排在了前面。

如果中国达人秀是个说故事的地方，我觉得深圳的民工街舞团肯定也有很多的故事。他们从普通的打工仔，走到中国达人秀的本身也是一个寓言故事——三个中国人未必一定是条虫。在个体奋斗强于团队精神的中国，这群年轻的民工长期坚持、不懈努力的团队精神，应该是中国达人秀所要展示的力量。

虽然中国达人秀本身就是一次商业运作，但有那么多的草根参与，还有更多的草根被感动了，也算得上2010年中国传媒的一次盛事。最让我感动和感触的，是当场内绝大多数观众手里掌握极少的票数，却能齐心协力推翻极少数评委手里掌握的绝大多数的选票，改变评判结果的游戏规则，这才是真正的看点，让我们看到了什么叫聚沙成塔，什么叫万众一心，什么叫人心齐泰山移。

达人秀　媒体秀

文/范　尼

自2010年夏天以来，一档电视节目成了沪上乃至全国的话题，就是《中国达人秀》；一群普通人的故事、才艺成了全国关注的热点，例如“孔雀哥哥”、“鸭脖子夫妻”、“中国版苏珊大妈”等。中国达人秀，表面秀的是选手，实质秀的是媒体。

第一秀，秀媒体的策划、包装能力。《中国达人秀》(英文名字China's Got Talent)脱胎于风靡欧美的《英国达人》，国内几家卫视曾搞过山寨版，节目模式差不多，一群选手在三个评委面前表演各种才艺，影响力不大。这次东方卫视和《英国达人》的制作公司合作，付出了110万元人民币的版权费用，得到了正版授权和英国制作团队的“秘籍”。“达人秀”不是单纯的选秀节目，不是少男少女唱唱跳跳，是各色人等各种情况。节目除了关注才艺，还关注选手参赛过程，会用纪录片的形式，把等候区、侧幕、密室的情形都多机位同步拍摄；还会“抖包袱”，设置专门的故事组，挖掘才艺对接的价值观，时不时打起亲情牌、励志牌。经过几轮比赛，连观众都认同导演组“一吨信息量”的晋级标准，就是“不管技艺、长相、身世、背景、情感，加起来超过一吨信息量，就可以；但是如果下一场比赛还是这些信息，震撼不了大家，那就马上变成零了，就该被淘汰。”

第二秀，秀媒体的整合、宣传能力。常规的选秀节目，选手在正式出场亮相之前肯定有大量轰炸式的报道和铺垫，刚上台甚至没上台，观众就知道这人长什么样，从事什么职业、唱什么歌、走什么路线、有什么嗜好，甚至还能组织发动粉丝团。“达人秀”选手事先没有任何媒体的曝光，主持人、评委和现场观众全都不知道选手的故事和才艺，导演组就是在试探、捕捉大家第一次接触选手时的反应，要的就是那份真实感。随着比赛进程的推进，再把选手的信息一点点透露给观众，这种好奇——释疑——感动的节奏感，屡试不爽。底牌揭开后，对选手的宣传就是全方位，才艺、背景、身世、情感、故事，一样不落，使得每个选手在观众心里都是独一无二的。此外，节目组颇为成功的是，在宣传媒介和渠道上极端重视多媒体整合、立体化推进：电视首播；官方授权网络视频转载；电视、报刊专栏采写选手真情实感；新闻杂志重在制作团队解密，理论提升。可以说对各类媒体的利用都扬长避短，恰如其分。

第三秀，秀媒体的价值传播能力。“达人秀”的成功，不单在于综艺节目的大投入、讲故事、放大选手个性、契合观众情感需求，而在于它深刻反映了当前信息传播的时代特征。资讯爆炸时代，每天产生数以万计的信息，但是媒体对信息传播途径和介质的垄断被打破，受众有权力接受或者不接受信息，受众往往只会选择自己感兴趣的信息。因此常规选秀节目的受众面是有限制的。“达人秀”节目拥有巨大的包容性，选手类型多样，大多数观众都能找到自己崇尚的精神特质和情感需求。其次，当前受众接受信息的方式，从单向、被动地接受信息向有权选择、加工信息转变，信息传播过程的关键节点体现在对所传播信息的解释和促使受众个人产生判断上。例如“孔雀哥哥”姜仁瑞，丈夫为病妻端茶送水、洗衣搓背的故事很多，但是“孔雀哥哥”与众不同，他不仅表达了中国人不离不弃的传统价值，更体现了中国人感性浪漫的美感，这是观众的判断。节目的品牌、价值观也不知不觉在观众中建立。

《中国达人秀》第一季作为一档移植的电视节目，肯定是成功的。国内电视界在引进境外正版电视节目进行本土化上，又多了一个成功案例。但是光有“拷贝不走样”是不够的，我们期待更多能体现中国文化内涵，适合国人欣赏水平的本土原创电视节目的诞生。

达人秀　只是秀

文/文　武

《中国达人秀》，已经举办了两季，我对其的关注程度超过了曾经的“好男儿”。但我还是觉得节目“秀”的成分过于突出。从初赛到决赛完全是出于收视率在安排节目。可怜的达人们，从一开始就被无意中卷进了一场收视率的幕后操纵。

既然是“中国达人秀”，应该是“秀”，但是“秀”多了难免会给人造假之嫌。让我们来看看观众是怎么说的。

“其实就是个商业选秀，除了买了个英国的版权，自身还是一塌糊涂。有太多东西不完善，感觉跟前几年好男儿决赛差不多，声势弄得很大，其实谁都不知道能撑多久，看过算数，纯属娱乐。”

我们一把汗一把眼泪选出来的“达人”居然在观众眼睛里“纯属娱乐”，那么达人精神和达人的真正含义是不是也被贴上“娱乐”的标签了呢？莫非我们当时感动的泪花也是娱乐的一部分？

达人秀中可圈可点的是那些“真善美”，那些普通的小人物何其微不足道，可是他们依然在发着光发着热，我觉得这是刻意不出来的。记得央视的“十大感动中国的人物”主持人的煽情，完全还不如达人秀现场那些深入人心的即兴泪水。

现在观众已经自然形成一种“娱乐惯性”，一看到“真人秀”节目就想到了收视率，就想到了幕后操纵，倘若“真善美”这部分都要被贴上“娱乐”的标签，那是主办方的悲哀，也是观众的悲哀。

有一个观众说：“为什么我们只能在残疾人身上看到感动呢？”

这也是我一直在思考的问题，失去双臂用脚弹钢琴的刘伟最终拿走了冠军，身残志坚的翟孝伟、马丽组合也因为感动全场而进入决赛……残疾人最终以绝对的优势赢得了第一季“达人秀”，相信观众的感情是复杂的。观众对他们比别人多的那份怜悯和感动，恰好成了主办方炒作的焦点，成了“秀”的收视率。

达人秀，真的只是秀而已。

达人秀　腔调秀

文/冬　澜

干什么事、做什么样的人，都讲究要有“腔调”，“腔调”是南方市井特有的俗语，北方市民也并不陌生其语义。

何谓“腔调”？从大处讲，就是一个人的品位、格调，德行、操守，精神、面貌。从小处讲，就是一个人的一言一行、一举一动、一笑一颦，其中也包括他的同情心，哪怕是他是否正眼看人也能判断出他有无“腔调”。

因此，每个人都要有哪怕是一点点“腔调”，才能够在社会上被大家认可。更何况是公众人物，经常在公众面前抛头露面的，要特别注意自己是不是有“腔调”。

上海东方卫视办的《中国达人秀》，请出了三个各有特色的评委：职业音乐制作人高晓松、电影演员伊能静和海派清口创始人周立波，可谓是动足了脑筋，恐怕也是觉得他们是各有各的“腔调”吧。

但是，说起“腔调”，这台节目的评委也有不尽如人意的地方，用一句时下流行的话来说，有个别评委不大有“腔调”。

说的是周立波吧。他头势清爽，三七开的小分头，的确是蛮有“腔调”的。可是他在说话的时候，可能是头子太活络了，老是想利用各种场合发扬光大自己，每每把自己的大名和小名，想方设法地嵌在他的节目里，嵌在他的话里头，出自他自己口中的“周立波”、“波波”之声不绝于耳，久而久之，听了令人生厌，为什么？

谁人不知，何人不晓，最近东方卫视好像是靠周立波一个人在撑市面，“壹周立波秀”节目的出现，使他在市民中的知名度与日俱增。但是，他仍然觉得还不够，他要把他的知名度提高到全国去，东方卫视的广告让他觅得了一个良机，为三得利啤酒做广告。当然，时下演员做广告已经是一种时尚的玩意，形成双赢的局面。周立波却能独赢，因为他借为三得利做广告的机会，也为自己做起了广告，借此把自己的大名播向全国：“我是三得利！哦，不，我是周立波。”

殊不知，让不少观众最反感的就是这一句广告词：戆伐，啥人不晓得你是周立波啊。

看来，周立波急于扬名的做法的确有点戆了。

但他不是这么想的，甚而他还想要走向世界。机会又一次选择了他，而他又一次把握住了机会。

在《中国达人秀》第一季总决赛的时刻，面对八万现场观众和上亿电视观众，周立波不肯放弃宣传自己的机会，他叫高晓松当自己的翻译，问“英国达人”亚军保罗一个问题：“中国有个非常有名的人叫周立波，你们知道吗？”周立波何许人，外国人当然不知道，保罗当然是一脸的迷茫，周立波便“急吼吼”地叫高晓松：“把我的名字告诉他，我是谁。”

让人最不可思议的是，张冯喜投其所好（注意这是在投一个评委的所好)，在总决赛的演出中不失时机地说着，波波叔叔如何如何，波波叔叔怎样怎样，说得周立波眉飞色舞，得意忘形。大有稚童举贤不避亲之嫌啊。

油头滑面是周立波的基本面，作为一个滑稽演员无可厚非，但是作为另一个角色——评委，那他就要警惕了，与观众互动，逗乐一下观众，也是需要的，但是千万不要失去评委的“腔调”，“腔调”在这个时候，对他来说是性命交关的。而不择手段地宣传自己，就不大有“腔调”了。

电视购物，诚信有几何？

导语

电视购物作为一种新型的商品零售方式，渐渐走入寻常百姓家。煽情的讲演方式，精美的广告包装，还有一大群现场观众拍手叫好。信不信？买不买？信吧，看广告做得多好；买吧，算下来多便宜。货到付款了，真的合不合心意呢？好也付了款不好也得认了。那句老话怎么讲？鞋子合不合脚，只有自己知道。

电视购物：购，购，购

文/范　妮

最近几年，当你在某些时段打开某些频道的时候，就会看到俊男美女穿上菱形格羊毛衫等家居款服饰，围着一件小物件侃侃而谈——这就是电视购物。当下你想忽略都无法忽略的电视节目。

我始终认为，电视购物节目的兴起和现代社会生产过剩，消费主义文化大行其道的大环境密切相关。翻开电视购物的历史，从录制手段来看，节目分两种：一种是事先录制好的节目，此类节目和电视广告的历史差不多一样悠久；还有一种是实况摄制节目，1982年诞生于美国。上世纪90年代，电视购物节目的热潮席卷亚洲，包括日本、韩国和我国的香港、台湾地区发展迅猛，先有节目，后来纷纷成立各种专业电视购物频道。北京电视台则于1995年诞生了我国首档电视购物节目。电视购物节目的运作机制,概括起来就是利用电视节目发布商品信息,电话联系送货上门,无店铺销售。从模式看,电购节目受热捧的前提,一是社会商品供应相对丰富,形成买方市场;二是电视技术发展,能够体现商品的特性,促进消费者形成购物冲动;三是电话等通信技术和物流配送技术发展,便于送货上门。所以,上世纪90年代中期电视购物频道在我国出现,也是正得其时。

据统计,美国的电视购物节目的零售额约占美国全部商品零售额的8%。我一直在想,人为什么喜欢电视购物呢?从消费心理看,一是方便,现在"宅"生活大行其道,边当"沙发土豆"边下单,然后坐等送货上门,符合"宅男宅女"足不出户的行事风格;二是便宜,电视购物作为无店铺销售模式,省却了中间渠道和铺面租金,确实也有部分值得买的东西;三是电视摄制手段高妙,产品熠熠生辉,挠得消费者心里"长草",不买拔不了草。如果是前两者,买了倒也罢了,也不过是把商场搬到了电视台,如果是原因三,你真得好好找找自己的原因,你买的是东西还是寂寞。

电视购物节目产生有一定的前提,作为生活的调剂,原也不错。但是如果从调剂到24小时疲劳轰炸,再到遍地开花,甚至泛滥成灾,我们就该找找自身原因。我们生活在一个物质供应相对丰富的时代,西方的消费主义文化教我们:只要有钱,我们就可以买,也不管这样物品是不是有用,或者这样物品是不是造成了环境污染,是不是消耗了不必要消耗的能源、原料和水;消费主义文化还教我们:你买吧,你买说明你有购买的经济基础,只有对物质的占有才能证明你的存在,进而证明你的"成功";消费主义文化更教我们:购买是一种美德,消费是一种美德,因为消费促进生产,从而促进社会

"进步"。于是,我们就进入了消费主义文化的语境里,购、购、购,购你没商量。然后周围的大环境又再次"纵容"你,在你的面前放上无数"物质诱惑",走在马路上有灯箱广告,坐在公交车上有动态广告,坐在家里打开电视,还是广告,你填满了一个"诱惑",又产生一个新"诱惑",心里的"草"总也拔不光……久而久之,你就得了一种名叫"物欲症"的病——你面对琳琅满目的商品,缺乏意志力,丢失了对朴素生活的乐趣而只热衷于追求物欲享受。"物欲症"虽然是一种流行病,但就像"甲流"一样,能不得还是不得吧。

所以,如果你打开电视,请尽量换一个频道,人生有价值的事情很多,不是只有购物这一种,多看些"有营养"的节目吧。

电视购物是个大忽悠

文/昭　昭

我是从没把电视购物当作自己的消费方式。首先我不怎么看电视;其次,就是看了,也不可能把难得看电视的宝贵时间花在看电视推销这种无聊的节目上。

去年中学同学聚会,青拿出厚厚一叠信纸,问我有没有办法把她电视购物的遭遇发到报刊杂志上去。我细细看了一下,弄明白她在看了电视购物节目介绍的一款家用电脑后,觉得性价比不错,当即打电话过去用分期付款的方式为儿子订购了一台。

如电话里的小姐所承诺的,电脑三天后及时送到,之后又有专人上门为他们进行安装,在安装的过程中,还顺便推销了一套连发票都没有的杀毒软件。儿子回家,见到新电脑很高兴,马上开机玩起了游戏,想不到根本无法运行。当即他们打电话过去询问,对方承诺七天之内为他们进行检测。七天之内有人来他们家检测了一下，说要拿回去修理，留下身份证号码就搬走了主机，并答应三天之内就电脑的故障问题会给他们一个明确的答复。

青与儿子越想越觉得吃亏，好好的新电脑，还没用呢，就要拿去检修。青给电购公司去电话表示要退货，因为本来就说好七天之内如用户不满意是可以实行三包的，她完全有理由提出退货，并通知银行，停止给电购公司划账。电购公司接电话的小姐并没明确表态，只说三天后给答复。三天后，青打电话过去，对方却支支吾吾只肯检修，不答应退货。再之后打电话过去，既不送回机器，也不让退货，连人都不肯理了。青气愤了，找到市消保委。市消保委说，该公司注册在闸北，你要到闸北区的消保委去投诉。她到了闸北区消保委，人家一听就说，你怎么可以买这个公司的东西呢，他们的东西太次，到我们这里来投诉他们的人多了。不过现在该公司已经搬到杨浦去了，你要投诉得去杨浦的消保委。已经来回赶了大半天的路，青一气之下，也不上杨浦了，又杀回了市消保委投诉，同时打电话给电视台。电视台的接线小姐说，这跟我们电视台无关，你要找直接去找这个公司。青在电话里骂：你们的电视台让人家把广告做得地球人都知道了，出了问题就没有一点干系？但人家就是摆出一副毫无干系的脸嘴来，不予理睬。

青是个文字表达能力很差的人，为了这台要命的电脑，她写了七八张稿子的长信四处投诉，连市长那里也寄了一封去，可见这次电视购物对她的刺激有多深。

市信访办把青的信转到了市消保委，终于市消保委接下了她这个投诉。经他们几番调解，该电购公司终于答应退货，但这前前后后，已经耗去了两三个月的时间，期间电脑的货款银行在青的账上照扣，所以即使退得了电脑款，而因分期付款所发生的利息，仍落在买家身上。青为此又四处奔波，数额虽不大，但责任必须明确吧？为此又几番波折，最后终于由市消保委出面彻底解决了这起消费纠纷，为青讨回了公道。

早知道电视购物像小品《卖拐》里的赵大忽悠一样的不可靠，看了青的这番电视购物经历，我是更加抱定宗旨，绝不被电视上七花八花的广告弄花了眼，最后花了钱还买罪受。

我家有个电视购物"狂"

文/龚尤妮

有天早上醒来，听见母亲在门口与什么人热烈地交谈。我悄悄掀开一条门缝，往外一看：是个年轻的陌生人。母亲脚边放着一个大大的纸板箱，上面好像贴着签收单据。过了会儿，年轻人走了，母亲风风火火杀到我房间，命令我把门口的那个大纸箱搬进客厅。我看了一眼：OCJ。

不错，电视购物，这是母亲最近迷上的。

我大学毕业顺利找到了工作，母亲正值光荣退休年纪，两人交接完毕，她说算是心头一件大事落地。终于被抛进广阔的天地，我的社交生活丰富起来，陪伴母亲逛街购物的时间渐渐被同事朋友的聚会应酬所取代，母亲体恤父亲工作的辛劳，除了每天晚饭后的散步，极少拉他外出血拼。如此一来，平日我与父亲上班时独自在家的母亲，便平白多出了不少空闲。但女人毕竟是喜欢购物的，喜欢浏览琳琅满目的商品，比较、算计，见我在淘宝上订购些小玩意儿，她便在一旁看得津津有味。可是检验了几次我从网上订购的物品后，她渐渐对这种购买方式失去了兴趣。

此后，她开始迷上电视购物。

记得第一样被请回家的是一台踏步机。母亲得意地说：这是为你和老爸的健康事业投资。我和老爸从相互争抢使用权到彼此退让，只热衷了短短3个月左右，那台400多块大洋的机器便开始落灰了。不过这丝毫没有削减母亲对电视购物的热情。但凡有直播，她便守在电视机前，聚精会神地看主持人热情洋溢地演示产品的使用，遇见心仪的，立即记录下货号。起初还只等我下班后央求我打电话去订购，后来只要一见钟情了就立即一通热线送货上门。母亲对这档电视购物的研究日积月累，愈渐熟悉起来，得知从其网站上订购能得更多的积分，原本对网络一窍不通的她竟自己钻研起网上订购的一套流程来。

于是，家里三五不时有配送人员拜访。有些面孔渐渐熟悉起来，会在货品送到时与母亲小小地攀谈一番。如那天早晨这般的场景，也就见怪不怪了。

若说母亲是盲目、被"嚎"进，我倒也不认同。做了几十年会计的母亲，有着缜密的心思和精打细算的头脑。细数家中订购的那些产品：蚕丝被、羽绒被、记忆枕，确实让对床品颇为挑剔的我赞许有加；上了年纪后，睡眠质量逐渐下降的父亲，虽不时流露出心疼银子的态度，却也乐得享受舒适的睡眠带来的身心放松。此外，退休后的母亲接管了"御膳房总管"要职，对一家人的饮食健康更是挖空心思尽心尽力。不知从哪里打听到橄榄油的"神奇"功效，家中从此无论煎炒蒸煮，一律换上特级初榨橄榄油。我眼馋她购买时搭送的小瓶装橄榄油，母亲立即很专业地说，卸妆哦？拿去吧。我吃水果向来不自觉，一般女生大爱的苹果我几乎不碰。倒是一次在逛超市时对黄金奇异果流露出好奇。过不多久，家中冰箱被两大盒饱满诱人的新西兰金果塞得满满当当。我一问价格，真是不菲，但母亲大手一挥：这是季节品，过了 10 月侬想吃也买不到了。父亲特意跑去水果超市打探，回来也直说划算划算。

母亲爱看锅具产品节目中的现场演示、对床上用品的品质测试也会发表一些看法。但当画面一旦播放主持人推介保健品之类，她便兴味索然地换台。虽有那台被束之高阁的踏步机，不过我想母亲的“迷恋”还是有几分理智的。

不知是否母亲的气场强烈，我竟碰巧结识了在这家电视购物工作的朋友。到他家中做客，也随处可见那些电视上主持人强烈推荐的产品。他有些无奈地笑道：我妈看了我们节目也忍不住这想买那想要。回家向母亲转达，她显得颇为得意。彼时电视正播放外地某卫视的购物广告，看着一男一女声嘶力竭地叫卖，我突然有些担忧地对母亲说：“这种就别看啦，早有内部爆料说是假货。”母亲不屑地摆摆手：“你妈还是有脑子的，什么真钻真金瑞士机芯，全是骗人。我等着看电视剧呢。”

电视购物简直是“电视勾魂”

文/张　正

说起电视购物，我气就不打一处来：儿子、媳妇喜欢电视购物，总被我批评，说他们“花钱买麻烦”，因为经常遇到不按时送货或送来的东西有缺损需要更换等麻烦事。为了和经销商联系，他们往往要打好多电话，一会儿订货、一会儿换货、一会儿催货、一会儿退货，把电话费加上去比到商店里买东西可贵多了。他们却说我 OUT 了，老土啦，现在流行电视购物、网上购物，省钱还在其次，主要是省时间、省劳力。

当着他们的面批评他们，但被他们说得心里痒痒的，也想尝试一下这新玩意儿。眼看着妻子的生日快要到了，我就在电视上关心起购物广告来。没想到这一看就被勾去了魂。

首先看中的是一款手机，真夺人眼珠，黑皮面、黄金板，据说面上闪闪发光的还是真钻石呢！操作也方便，还可以用手写代替按键输入，又有好多好多功能。最令人心动的是价格便宜，只要998元。电视里的推销员声嘶力竭地吆喝着，说是限量版，不要错过机会。当然，我知道，这款手机适合男人用，不宜作为给妻子的生日礼物，但我那手机已经用了六七年了，儿子早就叫我换了，我一直懒得去换就拖到现在，不如就此换了吧！

然后，再留心给妻子的礼物。我看中了两个一套的不锈钢闷锅，一大一小，大的煲汤，小的煮粥，妻子经常抱怨没有好的闷锅，害得她每次煲汤或煮粥时只好一直守在灶旁。根据推销员的介绍，这种闷锅使用时，只要等水烧开就可以闷在套锅里不去管了，几个小时后，打开锅子，不仅煮的东西都酥了，而且还保温。最关键的，两个锅子只要980元，太便宜了！

于是，我抄下了联系电话，立即就下了订单。过了两天，手机和锅子都送上了门，妻子直夸我会买东西，儿子、媳妇表扬我“与时俱进”，我心里别提有多美了。从此，我也开始每天情不自禁地关注起电视购物节目来，想看看还有什么价廉物美的好东西可以选购。妻子笑我“真被电视购物勾去了魂！”但也没怎么反对，因为这两个锅子还是用得挺称心，她说既省时又省煤气，真好！

但好日子没过多久，麻烦就出现了。先是我那手机的“黄金”褪色了，活像患了“白癜风”，斑斑驳驳的，很难看；而且其设置的菜单不合理，使用起来不方便，尤其是手写的问题，要发个短信、找个联系人，都必须双手端正地捧着手机工作，还不如那老手机我可以一手按键，一手干其他活儿。最头疼的是：经常死机！我打电话和经销商联系，态度倒不错，但结果不理想。他们说："行啊，你到我们位于青浦的代理店里来换吧，但新款的手机就不是这价格啦，你还得加数百元！"又远又贵，实在犯不着，我悄悄地把 SIM 卡又换回了旧手机，将这"黄金、钻石、真皮"的高级货束之高阁了。

两个月后的一天，我外出回到家，进门就看到妻子黑着脸，一双怒目对着我："你买的什么锅子啊？三无商品吧！今天如果不是我动作慢了点，你得到医院来看我了！"细问之下才知道，妻子今天煮粥，15 分钟后煮沸了，她就准备将锅放到套锅里去，谁知，她刚小心翼翼地拎起锅，锅底那块烧得通红的厚铁板居然掉了下来！所幸她移动锅子的动作很慢，铁板掉在煤气灶上，否则真就砸在她穿着拖鞋的赤脚上了！我拿起铁板，翻转锅底一看，原来这么重、这么厚的铁板竟然就用三个螺丝和锅子上的三根铁脚来固定，螺丝经常被高温烧得通红，使用多次后就烧断了，铁板和锅子瞬间"脱离亲密关系"。真是后怕呀！我找出当初的送货单，才发现，当时光顾着高兴了，连发票都未索取，再打上面留下的电话、手机，都已经成空号了……

做生意怎么能这样不讲诚信呢？产品怎么能这样不注重质量呢？电视台怎么能不把好经销商的进入关呢？如今，这手机和锅子都成了妻子"教育"我的活材料，数落我不会买东西，容易上当受骗等等。我呢，只要电视里一出现电视购物的内容，赶紧换频道，眼不见心不烦，管住自己的"魂"，再也不愿上钩啦！

电视"购物"还是电视"推销"

文/德　兴

写文章的人喜欢熬夜，有时候有了灵感，半夜里也会起来弄两笔。如一时不能下笔千里，就会打开电视机陪陪自己，碰到了好看的电视剧也就索性看下去。我记得在上个世纪末的时候，中国的卫星电视节目常常在半夜里播放进口的电影或者电视剧，让我这个夜行人饱尝饕餮大餐。

现在我不开夜车了，但是只要有夜起的时刻，我就会习惯地打开电视机，把各省市的卫星电视频道翻一遍，企图发现有好的影视剧可以一睹为快。

不料，现在半夜的电视里全是电视购物广告，你看：一身赘肉的女人只要穿上广告中的那件保暖内衣就立马变成窈窕淑女了；绑上广告中的护腰，椎间盘突出竟然神奇地好了；满脸的麻子涂一涂他们的药品立刻光滑如鲜了；丰胸、美臀、瘦身的电视购物促销触目皆是……

然而，我被一个电视购物广告深深地吸引了，这是销售笔记本电脑的广告，在市场上要花 3400 元的笔记本电脑在电视购物那里只要 499 元。

不仅如此，你再花 500 元就可以有 10 年免费上网的优惠，他们为消费者算了笔账，如果一个月的上网费是 100 元的话，10 年就需要12000元。不是太划算了嘛。

我睡意全无，想看看这个电脑到底是什么牌子。可是，广告的噱头又来了，如果买了他们的电脑，还可以得到一个日本品质的 CD 机，价值 2000 元，现在只要 299 元。我不由得怦然心动，接下去我就想看一看这台笔记本电脑究竟是什么牌子。

但是，二男一女的主持人声嘶力竭、唾沫四溅地推销着，让人们赶快打电话抢购他们的产品，抢购限时啊：上海的高小姐已经电话订购了一台，北京的王大哥已经订购了两台，广东的李先生一下子抢购了 10 台，原来是做生意的。现在只剩下 120 台，大家赶快打电话吧，晚了就抢购不到了！

他们的语速极快，虽然他们的嘴巴里吐出过电脑品牌的名号，你根本听不清说的是什么牌子。我睁大了眼睛希望在电视屏幕上看到他们打出的文字，但是，自始至终，电视屏幕上没有出现这种电脑的品名。

奇怪了，为什么不把电脑的牌子打出来？二男一女主持人仍然在电视屏幕上声嘶力竭地推销他们的产品，真是有点上海人所说的“急吼吼”了，这时候，我突然想起了列宁说过的一句名言：“那些在市场上叫得最响的小贩，往往就是想将最坏的货物推销出去的人！”

我立刻清醒了，这可能是一个陷阱。想想吧，我们周围上电视购物当的人还少吗？我别再当一次冤大头了，到时候投诉无门，只有打落了牙齿往肚子里吞，自认倒霉了。

我马上把电视机关掉，却一下子睡不着了，我不明白的是，为什么这样的电视购物广告还能大量播出？电视台是有公信力的媒体，就应该严格把关，不让那些假冒伪劣的电视购物广告公开播出。

广告是否经过检查？是否合法？是否真实？是否符合职业道德？是否对得起信赖你的观众和消费者？电视台也应该想想了。

大话“职场小说”

导语

当金融危机、裁员减薪、大学生就业……一道又一道难题摆放在大众面前时，现实生存显然压迫到了职场人与职场边缘人，放下风花雪月的诗词歌赋，从魔幻穿越的网络文学中醒来，职场小说空降而来，迅速成为了大家进步打拼的“教科书”。

从《杜拉拉升职记》、《输赢》、《圈子圈套》、《浮沉》到《“白骨精”职场秘诀》、《丁约翰的打拼》、《不认输》、《一个外企女白领的日记》、《人事总监》……一纸风行的职场小说究竟魅力何在？它们是能经久不衰的百宝书典，还是仅一时风靡的快餐文学？

“职场小说”，拘于一格？

文/史　雯

近年来类型小说颇为风行，继“玄幻”、“盗墓”、“穿越”等着力打造虚幻世界的小说之后，职场小说又大热起来。它肇始于2006年《圈子圈套》三部曲，2007年的《杜拉拉升职记》、《浮沉》等热销作品给以加温，2008年则成为了“职场圣经”的畅销之年，2009年仍然有《丁约翰的打拼》、《杜拉拉2华年似水》、《浮沉2》出版，到了2010

年，则有《杜拉拉 3 我在这战斗的一年里》等。在各种图书销售的排行榜上，职场小说都占据着重要的席位，甚至屡屡登上榜首。销量佼佼者之中，据说“杜拉拉”系列图书销量已有 500 万册，《浮沉》出版 6 个月便逾 30 万册，第一部销量突破 50 万册，《输赢》、《圈子圈套》、《无以言退》等等，也在畅销书排行榜上轮流坐庄。

职场小说大致可分为商战小说和职场成长小说两种类型，前者如《输赢》、《圈子圈套》、《终极逐鹿》，后者如《杜拉拉升职记》、《不认输》。它们多以呈现职场生存状态和打拼形态、指导年轻人实现“中产阶级梦想”为内蕴主旨，以企业商战、职场攻略、办公室政治为主要叙事元素，具体呈现出以下几个特征。

首先，职场小说往往凭借作者的特殊身份和叙事的自传性，在内容方面显示出充分的现场感、可信度和权威性。这类作品的作者大都是在职场摸爬滚打多年、而且在行业内颇有成就的职场高手。作者以自己成功的亲身经历为基础，来为读者呈现一个本真的职场生态环境，自然能使渴望获得职场经验的读者因信任而如获至宝。

其次，职场小说往往在曲折婉转的故事情节中，着重贯穿对具体的职场状态、规则和身处其中如何掌控的经验、技巧的陈述。《浮沉》的故事情节涉及到邮件风波、“炮灰”、团队协作、性骚扰等诸多职场日常生态的内容；《杜拉拉升职记》关于杜拉拉和上司李斯特争取升职的情节，对于职场中人如何在勤勤恳恳之外，还努力争取和把握各种成功机会，无疑也能给予有力的启示。所有这一切在真实性基础上显示的实用性，也是职场小说红火、走俏的重要原因。

再次，职场小说还具备一种心理抚慰和情感激励的阅读功能。当今的大学教育普遍存在与社会脱节、职业技巧传授匮乏的局限，大量职场生涯的初入者虽然受到过大学的专业教育，却迫切希望了解职场实战的生存状况和观念、法则。职场小说所着重描述的白领职场生活，则以都市职场生活的原生态展示，成为这类读者人生经验的有力补充和人生选择的具体参照。而且，几年前席卷全球的经济危机也给中国带来了影响，以至无论职场中人还是即将踏入职场者，都具有严重的职业危机感，渴望在精神上和知识上给自己"充电"、"打气"。在这样的职业形势下，职场小说应运而生、迅速走红，实在是顺理成章的事情。

但是，当前的职场小说也存在明显的局限。首先是情节编织方面大多满足于生活表象的直白叙述，经不起推敲，文学性稀薄。其次是精神内涵方面仅仅满足于励志和实用，满足于传授一些职场和商场的"术"，而缺乏对更高的职场境界、更智慧开阔的职场态度的发掘与表现，从整个时代思想文化层面对职场生态的深入剖析和世道人心、人情人性的独特反思，则显得尤为欠缺。

时下走红的职场小说，虽然从具体作品看各有千秋，但总体看也许可以一时吸引刚刚踏入社会的职场新人，却无法具备普遍的社会阅读价值和长久的阅读魅力。因此，对于"深度职场小说"的呼唤，就成为这种类型小说创作发展的必然。

"职场小说"，月盈则亏？

文/吕树梅

职场小说的作者大多具有多年职场经历，在小说的写作中浸透着作者自己的影子，其职场经验因为不能直露地道出，所以采取了小说子虚乌有的虚构形式，唯其虚构，才尽显其中的真实。职场小说提供了许多细节，介绍在遭遇工作困难时如何有效解决的途径，而这些问题往往是很多刚刚走向工作岗位的人经常会遇到的。为了少走弯路，许多参加工作不久的“职场菜鸟”和正在寻找工作的学生都纷纷在小说中寻找可资借鉴的秘方，职场小说成为了他们的职场宝典。另外，职场小说的作者大多具有一个共同的特点，他们多具有外企工作经历，而且多在一些知名的大企业工作过，小说揭开了里面的很多内幕，像《浮沉》的作者崔曼莉说的“外企那些事我都知道”，而对于不知道那些事的局外人，职场小说无疑满足了他们的这一窥视愿望。因此，让职场小说迅速升温的并不仅仅是“职场菜鸟”和以后要参加工作的学生，还有很多隔行如隔山的其他职场人士。职场是离我们最近的生活。可见，职场小说想不火都难。

《易经》的“乾”卦有言“亢龙有悔”，走向鼎盛同时也意味着要出现颓势。职场小说华丽的背后也存在着隐忧。职场小说的写作先在网络上出现，因为极高的点击率，才漫向纸媒。虽然这种边写边贴的写作方式能够引起作者和读者的双向互动，但不可避免它也有自身的缺陷。它属于一次成型的东西，流畅通俗有余，却缺少精工细作以及反复修改而具有的精炼与优美，这也是很多网络小说的通病(像起点中文网上的玄幻、盗墓等)，因为网络发表之后不能修改，便造成有的职场小说注水现象严重，情节拖沓。

职场小说多以主人公从职场青杏到慢慢成熟为线索展开情节，经历种种磨难的成长对许多读者来说具有激励人生的作用，然而人生的成功并不仅仅限于钱赚得多少和爬上更高的职位，还有精神境界的提升以及人生智慧的开掘，职场小说从这一点来说做得不够，还需要继续开拓。另外，职场小说涉及到很多职场中的潜规则，也叙述了不少商场黑幕，这种内部爆料是它吸引读者眼球的一个重要原因，然而当新奇感消失，职场小说恐怕很难再成为万众注目的焦点。文学是人学，不管是哪种题材的小说创作，都以写人为主，尤其是对复杂人性的深层次挖掘，职场小说也是如此。短、平、快只能解决燃眉之急，毕竟经得起时间淘洗的才会沉淀成为经典，尽管这样的要求也许显得过高了些。

"职场小说"，何去何从？

文/李　欣

中国文坛上有官场小说，如《国画》；有单位小说，如《一地鸡毛》、《单位》；也有财经言情小说，如梁凤仪的系列小说；有商战小说，如陈一夫的商战传奇小说，但却始终未对上班这点事表现出足够的兴趣和关注。随着市场经济的繁荣，政治不再是人们关注的最大焦点，企业已经成为社会生活中的重要角色，在国内一些大城市中，新的中产阶层正在诞生，这是一个财富神话大量产生的时代，大众也从未像现在这样渴望财富与成功。官本位的文化绵延千年，中国特色的办事秘诀是看重关系人情，而源自西方的现代企业文化或崇尚平等自由，或倾向张扬彪悍，如何在本土文化与外来企业文化的冲撞融合中找到游刃有余的生存之道，便成为上班族的必修课，被冠以职场生存宝典的职场小说便在这样的文化环境中应运而生。上班这点事说小不小，办公室小天地大乾坤，办公室政治因此颇费思量，处处留心皆学问，在职场小说热的环境下，连热播的谍战题材剧《潜伏》也被看作了职场生存宝典。

职场小说的繁荣也反映了作者与受众关系的变化。九十年代以来，虽然产生了商战财经题材小说，但对于大多数人来说，那还只是遥远的传奇，对于传奇，普通人只能作为旁观者，一窥豪门恩怨，了解圈中黑幕，而如今，对于颇富纪实意味的办公室故事，上班族却可说是感同身受，心有戚戚焉。与职业小说家相比，如今职场小说的作者常常是客串身份，他（她）们多是在职场中已经摸爬滚打多年，作为如今的成功人士，回味奋斗往事，总结成功经验，便成了他（她）们创作的重要动机，而源自自身经历的创作特点也使其作品更为真实亲切。与传统的写作出版方式不同的是，职场小说多是先在网络流传，后见诸平面媒体，作者不只是面对自己写作，而且是面对着网友，写作不只是自我心灵的抒写，也是与受众的互动对话，受众的需求与反馈同样影响着作品的最终面貌。金融危机的蔓延，职场生存的不易，使得职场小说在讲述引人入胜的故事的同时，也不忘特别强调可操作模仿性，或专文总结职场经验，或每章点明生存准则，务必同时满足职场人的娱乐和充电需要。因此，如果说官场、单位小说展现的仍是一种官本位的文化，而以往的商战小说距离读者过于遥远，那么职场小说中呈现的则是一种真实可感的利益导向的职场文化。同是上班这点事，同样勾心斗角，争名夺利，表现却大不同，这种不同不只是表面看上去各有各的规则，各有各的秘诀，更在于曾经存在于官场小说中的批判精神如今已不复存在，曾经存在于商场小说财经小说中的传奇色彩也渐渐淡去，取而代之的则是人人似乎都可以效法模仿的成功法则，就此而言，职场小说似乎为普通上班族指出了一条照此办理便可成功的康庄大道。

当然，如果由此得出结论，认为职场小说未能达到之前小说的深度，那是非常不公平的。职场小说是特有的社会文化背景下的产物，是作者与受众间新型关系的产物，它的出现，拓宽了文学的题材领域，适应了上班族的精神文化需求，它的红火，它的被追捧，已经说明了它作为畅销书不可替代的价值。当然，职场小说也许还不成熟，在为大众营造财富和成功神话的同时，它似乎也面临着将自身变为权术教科书的危险，要想长期发展，职场小说必须提升自己的文学品位，为读者呈现激动人心的商场故事，塑造个性鲜明的职场人物，展现人性的丰富微妙，将职场生存智慧融入故事和人物，避免成为通俗版的《孙子兵法》。职场小说的作者也应该在创作中更多些自觉意识，在客串中更多些专业和敬业精神。面对现状，不少人担忧，职场小说还能走多远，是否红火于一时？对此，笔者倒不担心。职场小说的兴盛，说明大城市中产阶层的文化需求尚未充分满足，这一市场还有着可待开掘的广阔空间。未来的职场小说可以针对不同的受众，从题材、视角、领域做更进一步的细分。职场小说也可以与影视剧、戏剧联手，扩大其影响力和受众面，充分实现其商业价值。在这方面，《杜拉拉升职记》已经做了尝试，借助小说热销的势头，同名电影、电视剧、话剧也已成功上演。我们期待着，在出版界与小说家的共同努力下，职场小说能有更广阔的发展前景。

一本没有读完的书

导语

当读书被称作是“行为艺术”的时候；

当“读书成为最奢侈的户内活动”的时候；

当“多快好省”成为一种新的阅读方式的时候；

当“书虫”可能成为中国新的“濒危物种”的时候；

当你“无论如何也不能将一本书读完”的时候；

我们将“一本没有读完的书”作为探讨话题，

是为了“别让那本未读完的书等得太久”；

或者，“放开它吧，可读的书多着呢。”

别让那本未读完的书等得太久

文/常　文

“五一”长假，出了几天太阳。在家洒扫时，那套被忽略了很久的书，忽然就露了出来。《追忆似水年华》，那是法国作家普鲁斯特的书，原著有3000多页，中文版也有厚厚的七大部。普鲁斯特的书不好读，故事没有连贯性，中间经常插入各种感想、议论、倒叙。这样的文字，写的人是自由的，读的人是费劲的，但是不读不行啊，在那崇尚知识的年代，不读是要落伍的。有一阵子真是嗜书如命啊，即便是跟风，即便是起哄，但好书也因此不再错过。《喧哗与骚动》、

《百年孤独》、《追忆似水年华》，都是我攒了好一阵子钱才买成的。那时的愿望也低，我曾对我那尚在少年的女儿说，“等你以后工作了，妈不需要你孝敬别的，就希望你每月能给我 10 块钱买书！”再早些，自己还是姑娘时，有一个男孩久追不成，就说，“我有本书，你想不想看？想看的话，陪我看场电影！”尽管我一直讨厌他的纠缠，但我还是去了，因为他手上有我最想看的《忏悔录》！

那情景，似乎还是昨天的事，可忽然间，就没人读书了！

那套我费了老大劲买回来的《追忆似水年华》，其实也没读完。我读到第三部的时候，领导找我谈话，说是希望我能承担更多的责任。当时我还犹豫，生怕受管束，后来抵挡不住升职加薪的诱惑，就允诺了，以后便日日应付差事，忙得不亦乐乎。那些被世人誉为经典的情节，就这么被泛黄的书签给隔断了。

我如此，其他人想必亦如此。

现在，休闲时间在一点点多起来，但人均读书量却在一天天少下去。富豪们忙着享乐，老板们忙着挣钱，白领们忙着加班供房，学生们忙着读书考研，那些企业的员工、进城的民工，自然也在忙着为自己的生存打拼。读书，就这样被边缘化了。前些日子媒体刊登了一个数字：法国人均年读书 11 册，日本人均年读书 17 册，美国人均年读书 21 册，而中国人均年读书只有 5 册。上海人要好些，年读书量为 6～10 册，居全国前列，但这依然让原本有着“悬梁刺股”、“凿壁偷光”等读书传统的优秀民族有些羞愧，哎呀呀，这样下去，岂不是会影响全民的素质？

也可以有其他的办法，譬如，让书变得“好看”。商家早已看出了现代人的浮躁，他们开创了读图时代。3000 页的《追忆似水年华》，一“漫画”，就只有 80 页了，让人们在周末下午，就可以轻松地了解这经典名著的大致内容。刘索拉的文字是很先锋的，其也出了本“图画书”，叫《女贞汤》，书的装帧也好，绘图也好，都是极其时尚前卫的，得空时翻翻，赏心悦目间居然轻易就把书给读完了。大概是有市场，所以现在这样的绘本越来越多，从另一个角度看，这或许是最容易亲近书的方式了。

但是，要让全国人民都热爱读书，光靠行政命令、商业噱头还是不行的。过去的人希望“金屋藏娇”，所以古人便把读书的好处归结为“书中自有颜如玉，书中自有黄金屋”，让人一目了然，这样读书人就有了动力。现在倡导读书，也应搞点市场调查，知道现代人想什么要什么。

读图时代谈读书

文/张　凡

有时候想想，我可能真的算“前现代人”一族，不爱泡吧，不爱蹦迪，不爱看电视，最喜欢读书，后来为了了解信息的需要，也上上网，不过因为总是抱着审视的态度看待流行，所以显得比很多人慢一拍。

我一年或买或借，泛读、精读的书不少于五十本，还不算坊间的教辅、言情、武侠、漫画等，过手过眼的更是不少。大学学文科，从事的又是和书有关的工作，三四年前在沪上某知名出版社当过两个月学徒，一两年前又“跟风”考了个出版从业资格证书，扪心自问，勉强算对现今的图书有点发言权。

说是最喜欢读书，家里藏书不多，也就千把本，仔细一看，有些书就是买来，读过几页就丢在一边了，数量不多不少，约莫十之一二。没读完的书又分两类，一类是名著，主旨高远，就是艰涩难懂，诘屈聱牙，例如《尚书》、《喧嚣与骚动》、《哈扎尔辞典》之类，只可远观，不可细读。吾等凡夫俗子，慧根有限，实在读不了，硬是灌进大脑，只会头昏脑胀，一点阅读的愉悦感也没有，只好作罢。另一类书，我称之为“不想让读者读下去”的书，整本书主旨平庸，内容乏味，词句拖沓，制作粗糙，读来让人恹恹思睡，外面的世界又如此精彩，就只好把它打入冷宫了。

如此一来，就问一声，这个时代好书的标准是什么？什么是好书？冯骥才老先生说过一句话，现在已经是读图时代。似乎有没有插图成为一本好书的必要条件，精美的装帧比过去任何一个时代都受读者的重视。图书，顾名思义，就是有图有书，但是自从有文字以来，除了个别种类，如画册、摄影集等，图都是处于文字的陪衬地位。如今插图不但在美术、摄影、旅游、服饰、饮食、室内装潢等方面大行其道，而且日益入侵文字的传统领域——文学，连三联书店这样的老牌出版社都出了插图本傅雷文集。于是乎，饱学之士纷纷作忧心忡忡状，大声疾呼，现代人的阅读能力在下降云云。其实大可不必，任何事物之存在，必有其道理。时人愿意读图，一则因为过的是快节奏的生活，信息爆炸，目不暇接，读图可以提高阅读速度，精准的插图往往就是对内容最好的概括。世间很多信息，你只要知道即可，不必事事求甚解，如乾嘉考据家一般，对每条信息的每个字都考订训诂，既无必要，也不现实。二则印刷技术和计算机技术的发展，让同一内容的表现手段多元化，插图成了文字的有力补充，像我手边的《神话的历史》，印刷精美，介绍神话人物，配上画像和雕像，必要时博采众家，电脑绘图来个情景再现，生动直观。此等好书，人人皆爱。图书，需要文字和插图相辅相成，以前是认识所限、技术所限，插图被怠慢，现在是插图回归本来属于它的位置，众人切莫大惊小怪。

其实好书很简单，就是能让读者放不下的书。读图时代，纯文字的书照这个标准也是有好书的。比如，丹·布朗的《达·芬奇密码》，从主旨上看，就是一部普通的悬疑小说，先看结尾，也就没什么新鲜的，硬是挂在畅销书榜上数年，自有它的道理：整部小说里面贯穿宗教、神学、文化、艺术，你一读就掉入了作者精心设计的陷阱里，两条主线穿插进行，甚至借用电影的表现手法，环环相扣，惊险刺激，让人爱不释手。后来又借偶像的力量，重装推出电影，迎来销售第二春也是可想而知的。

做读者爱读的书，说来简单，实际贯穿图书选题策划、组稿审稿、加工整理、整体设计等整个流程，包括主旨、内容、章节、词句、插图、装帧等，难度实在不小。读图时代，技术进步，给写书人、编书人打开了另一扇窗，主旨平庸、词句乏味的书借助精美的插图也可能大为走红，购者踊跃。反之，读者也有了反击的武器，不好看的书读过几页甩开，心有不甘，可以上网点评，告诫大家千万别买此等骗人钱财的图书，帮助书友绕过地雷，搞砸书商敛财计划，真是扬眉吐气！

读图时代，不再是精英学阀的盛宴，是庶民的狂欢。没有读完的书，只是不适合你读，放开它吧，可读的书多着呢。

阅读的状态

文/新　文

家里的书橱已塞得满满的，利用率却并不高，没有看过的、仅仅读过几页或几章但至今仍然没有读完的书竟然占了不少的空间。譬若说，曾暗中发誓要在一二年内研读完的七本《追忆逝水年华》，结果是，断断续续读完了《在斯万家那边》、《在少女们身旁》后便再也没有精力继续看下去，原先在阅读时因沉醉于作家梦幻一般的心理细语而几近迷失的境界，现已消失殆尽。同样没有看完的书还有21世纪年度最佳外国小说中的数本长篇小说，如《完美罪行之友》、《灵魂之湾》、《夜半撞车》等，这几本书我基本都是掀了几页或浏览了一番而懒得再去翻看一下的。为此我似乎陷入到这样一种状态中：在阅读的动力变得不再强劲时，购书仍在继续，而一旦新书被我领进家门，未读完的“旧”书则被随意塞在书堆里遭到冷遇，当我再次被新书的油墨味所诱惑时，就不断有所谓的“旧书”被打入冷宫。

如此看起来书没读完遂受到不公正待遇在我身上已经习以为常，并且劣性难改。究其原因有种种，心绪不宁是其一。现代都市充满着不安分的喧嚷和诱惑以及急功近利式的鼓动，亦不乏工作上的疲惫不堪和压力；生活既有闪烁的光亮点，又有不确定的变数，始终在路途上的状态又让我们始终把神经绷紧。我们在忙忙碌碌之中心态渐渐变坏。如今每个人都在忙，即便走路也变得匆忙，如同魂不守舍一般。我很敬佩有种人可以心无二用地独守书房一整套一整套地读自己喜欢的书。我有时煞有介事一次又一次地制订了详尽的读书计划，然而自己监督自己常常狠不下心，所谓的读书计划更多的是一种心理上的慰藉而已。所以我很羡慕德国人既看重生活上的悠闲自得，又舍得在读书上花时间的平静心态，难怪乎在首都柏林和中部名城魏玛不时可以看到坐在草坪上在聚精会神看书的年轻人，他们聚精会神，全然不顾周围悠然踱步的游人……我有时在想，当一个人几乎没有时间边呷咖啡边陪朋友聊天时，他肯定也有充足的理由忘掉他昨晚刚读过那本书的内容以及页码。

然而当我在某一个时段终于静下心来、不再烦躁时，却又会发现如今能真正打动我并保持动力读下去的书并不多。倘若一本新书在最初几页不能吸引我的话，我多半会选择放弃的。除此以外，有些书与它本身的枯燥乏味，甚至复杂、晦涩不无关系，这亦会伤害到我的阅读兴趣或者减慢了阅读的速度，如上述所指的《追忆逝水年华》就属此类。毋庸置疑，它是公认的世界名著，可是这套计两百万字数的巨著，作家断断续续的意识流叙述，纷繁众多的人物构成，琐碎般家庭式的情感交流，委实很难调动起一般读者的阅读兴奋点。我相信在我的朋友中，只有极少的人敢夸口说自己是真正认真读完此书的。

由于种种原因，我对购书的欲望肯定不会像从前那样接近疯狂。如今即便路过书店，至多也只是匆匆过客。不过在离开书店的那一刻，我一定在想，把自己书橱里未读完的书读完已经足矣。

又见露天电影

导语

又见露天电影。

2011年夏天，上海音乐厅西侧音乐广场上放起了免费露天电影，吸引了不少市民；上海许多个公园周末也放起了露天数字电影，让市民流连忘返。露天电影又闹猛起来，不过，如今人们“看的已不只是电影”。

露天电影作为一种大众文化的娱乐形式，兴起于上个世纪的50年代，成熟于60年代，在70年代达到了鼎盛时期。对经历过那个年代的人来说，看露天电影是当时的一种文化娱乐活动，一种“欢乐总动员”，是“精神世界的一部分”。

今天，看露天电影，不只是大众文化形式的一次回归，也不仅仅是穿越时空的一种怀旧情结，更不能把这当作是一种流行的时尚。

露天电影，是大众喜闻乐见的娱乐天堂；也是世界上最宽大的电影乐园。

久违的露天电影

文/可　艺

露天电影，一个已经有点陌生了的名词，看到它，想到的是久远的年代，是十里八村的热闹，是夏日夜空闪烁的繁星，是空旷广场上萦绕着的欢声和笑语……

像我这样七十年代出生在城市里的人，恐怕大多数都已经许久没有接触露天电影了。在我的记忆里，仅有那么一次关于露天电影的回忆——不是在童年，也不是在家乡，而是在大学时代，在北京郊县的那个令人难忘的大学生军训基地。那是一个全封闭式的训练基地，全校大一的学生在那里度过了人生中难忘的二十一天。由于风沙和缺水的关系，严格的训练让我们这些只会爬象牙塔的莘莘学子越发觉得苦不堪言。在那个铁门紧锁的基地里，没有图书馆，没有电视机，没有商铺，更没有在当时原本就不普遍的电脑网络。除了训练，我们唯一的娱乐就只有唱歌，而且唱的全是部队的歌——多姿多彩的校园生活在一瞬间变得机械而乏味。然而，就在第二周的周末，连长向我们宣布了一个令人振奋的消息，那就是晚上六点将放映一场露天电影。那天晚饭后的我们，脸上没有了一贯的疲惫，大家手拿小马扎，轻松愉悦地、井然有序地来到操场。我记得我们班的位置挺靠后的，但没有一个人抱怨，因为我们感兴趣的并不在电影本身，我们亢奋，是因为总算有了新的娱乐项目，总算不用担心这个晚上连长会来宿舍突击检查，也总算可以毫无顾忌地在教官的眼皮底下窃窃私语。那晚放映的电影的名字，我已经全然忘却了，深藏在记忆里的只有穿着军装和胶鞋的我们在放映机投射出的光影下那一张张纯真的笑脸。

由于大学学的是影视专业，我们每周都要看好几部影片，但除了军训期间的那一回，我们再也没有看过一场露天电影。随着电影院观片环境的日渐优越，以及 VCD、DVD 和网络的不断冲击，露天电影的那个夜晚很快沉入了记忆的箱底。身处多元化的娱乐市场，大家的胃口越来越挑剔，并且很快由影片质量的挑剔转化为观片条件的挑剔。多座位的大放映厅少有光顾，私密的包厢却是备受青睐。科技的不断发展更是让电影走进了家庭，买上一台 DVD 影碟机，便可以不用出门就把世界各地的电影看个痛快。那空旷广场上徐徐的清风没有了，那家长里短亲亲切切的家常话没有了，那放映前和散场后热热闹闹的欢声笑语没有了，现代人在选择了新型文化形式的同时，也更多地选择了趋向闭塞的沟通形式和越来越冷漠的相处方式。同住一幢楼的左邻右舍互不相识，同在一个办公室的同事见面只有吝啬地微笑，同读一所学校的同学甚至形同陌路。在露天电影已经“没落”的年代，人与人之间的互动、沟通真的已经不那么重要了吗？

不知是因为“怀旧情结”的兴起，还是因为人们心态的一种回归，近几年来，在越来越多的报纸和网页上看到了露天电影重返都市的报道。可喜的是，这种几乎“销声匿迹”的文化形式在免费走进社区的同时，不仅得到了一些商家的大力支持，而且也受到了广大市民的喜爱，大家普遍感觉在家门口看电影既健康又娱乐，何乐而不为呢？伴随着免费露天电影的日渐升温，电影放映的设备也来了个改头换面，当年的小银幕换成了宽银幕，高音喇叭换成了杜比音响，有的电影公司甚至打算斥资购买数字电影放映机，为的是让观众看得更过瘾，而一些企业单位和郊区农民也主动与电影公司联系，表示愿意花钱看一场露天电影，人们对露天电影的喜爱可谓不减当年啊！

而更令我欣喜的是，就在昨天我走过小区宣传栏的时候，竟看到了一张小区将于月底播放一场露天电影的海报。想到这熟悉而又陌生的大众文化即将再次与我“亲密接触”，我不禁又有了军训期间的那种愉悦与亢奋，我仿佛看到了夏夜星空下素未谋面的街坊邻居聚在一起拉扯家常、亲切交谈的惬意，仿佛听到了孩子们在广场上大呼小叫、奔跑追逐的爽朗的笑声……

久违的露天电影，让所有被高楼大厦阻隔的现代人找到了一种全新的交流渠道，让老一辈的露天电影迷不再只有回忆。

久违的露天电影，或许昨日的辉煌已经不可能重现，但今日回归的意义却已经远远超越了现象本身……

露天电影：闪回或者淡出

文/江上人

据说，现今城市一些人热衷于放映露天电影，为的是“满足社区居民的文化需求，丰富城市文化的内涵”。我认为，这至少说明，我们的一些城市文化机构，在与时俱进地推动城市文化发展的过程中，思维模式似显陈旧，方法手段过于落后，对城市社区居民真正需要什么样的精神文化食粮，缺乏深入细致的调研和准确的判断。

老实说，就我本人而言，对露天电影至今怀有深厚的感情。从某种意义上来说，我能从一个农村青年成为城市的一名文化工作者，就是受露天电影这种大众文化的影响。当年，我们农村哪个村镇要放露天电影了，往往三天前人们就开始奔走相告，甚至通知几十里远的亲朋好友一同来观看。下午三点左右，银幕在学校操场或生产队打谷场刚一竖起，便可见村路上扶老携小、扛凳掮椅的如蚁队蜿蜒而行。村里的大小事宜，如计划生育宣传、上交公粮、兴修水利工程，还有“抓革命、促生产”之类的政治学习，都在露天电影开映前，由大队支部书记、村长等一干要人，通过高音喇叭传达布置。小孩家最为兴奋，在银幕下叽叽喳喳像麻雀争食，奔奔跑跑如小鸡逐蝶，嚷嚷着“快开映，快开映呀”。老年人倒显得不急不躁，乡里乡亲的寻常日子难得照个面，趁着电影未开映之际，抓紧时间唠嗑一些芝麻绿豆的家事，无非是男婚女嫁、春种秋收，言语间透露着对美满生活的期盼。而在黑压压的观众群的最后边，通常散落着一些青年男女，他们借此机会和场合结识朋友或者谈情说爱。也有勤勉、持家的小媳妇来晚了，就在银幕的背面找个地方蹲着或坐着静静地观赏，常常是电影还没结束，又匆匆先赶回家去伺候娃儿或鸡羊猪鸭……可以说，露天电影，是农村人交流思想感情，传播各类信息的重要场合，也是欣赏高雅艺术的唯一途径，更是小孩子们一生都难以忘怀的快乐时光。

上世纪80年代初，我在上海一家大型国有企业工作时，厂里还经常有露天电影放映，并且引发过两起附近居民家的小孩为看电影翻越围墙失足死亡的惨剧。后来，“职工之家”开设了电视室，就再不用去看那夏天被蚊虫叮咬、冬天冷得瑟瑟打颤的露天电影了。当改革开放的步伐奋进到又一个新世纪，家庭影院、多媒体传播等现代化的影视娱乐活动早进入了寻常百姓之家，人们的思想观念、思维习惯都有了改进和拓展，社会生活变得更加多元化。你可以把上电影院当成是一项周末休闲活动，你可以在新华书店或者音像公司选购偏爱的VCD、DVD带回家慢慢品味，你也可以在网上任意下载影片或者在弄堂地摊上恣意淘碟。这宣告着一个新时代的到来。今年夏季，当我在小区门口的黑板上看到晚上有露天电影播映时，怀着对青少年生活的美好回忆，带上儿子一同前去观赏，却非常失望地看到，寥寥三十来人，均是白发苍苍的街坊老人。他们并没有将注意力集中在银幕上，都在诉说老年人的孤寂。鲜见几个民工模样的人，也是瞄了几眼又匆匆离去，显然是影片内容吸引不了他们。我那十多岁的儿子，经常听我讲那“过去的事”，但也只在场上呆了五分钟，说了一声：“露天电影原来就是这样的？”便撇下我径自回家寻找乐趣了。事有凑巧，隔日有当年农村同窗好友来访，无意间说起露天电影，他竟也是一脸的不屑：都什么时候了，还放露天电影？我们那里放电影的人都整日抱着个电视机看呢，你以为我们农村还像当年那样贫穷落后？

我一时语塞。继而看到电视新闻里说，我们城市的文艺工作者将高雅的交响乐送到浦东某居民小区，结果被众多居民以鞭炮之声轰出，不由感慨万千：如果说我们当年盼望着露天电影、送戏下乡，是因为物质和精神文化生活的双重匮乏而造成的，那么，今天富裕起来的人已经懂得选择生活，选择娱乐。这是社会进步的标志，也是人本主义的回归。假如我们的城市能普遍降低影院票价，或者按地域有规律地分布几家免费的简易电影院和电影棚，再或者干脆划它几个地方作为露天电影专用场地，一如国外的汽车影场三百六十五天放映电影，我相信，这样的露天电影，不仅可以成为城市文化的一道靓丽风景线，更可能体现以人为本、发展先进文化的美好意愿。

记忆中的露天电影

文/王安诺

我家以前住淮海路时，前面是一所女子中学的操场。夏日傍晚，透过墙篱笆看到操场支起大幕，我心里就兴奋不安起来。学校不允许外人进入，我家住底楼，要想看电影就有三种选择：窗台、围墙和三楼阳台。自家窗台方便是方便，但是站在窗台上，挺着身子，目光须越过围墙、篱笆两道屏障，才看到屏幕的三分之一；坐在围墙上倒可看完整，但绝非我等女孩能操作，即使能坐上去，时间长了难保不头晕；于是三楼阳台就是最佳选择，我们的不安也正因为它。

住我家三楼的是与我们年龄差不多的女孩，我们平时玩得挺好，但她的家规矩很严，大人一般不欢迎小孩上去，邻居多年，我们没上过三楼几次。可现在不同，三楼一层就住她一家，掌握着绝对垄断权，我和妹妹就不得不厚起脸皮拼命拍她马屁。此时女孩就不似平常随和，很矜持地接受我们贡献出来的玩具，对我们围住她说的那些废话也爱理不理的，最后扔下一句话：我要回去问问外婆。心神不定吃完晚饭，我们在手心里攥几颗糖，在二楼楼梯口仰着脑袋一声声叫女孩的名字。须叫上好几声，三楼才伸出一颗花白的脑袋，那是女孩的外婆，老太其实很慈祥，就是喜欢对小孩板着个脸，大概以为这样能吓唬住顽皮孩子吧。此时她虎起脸孔警告说，上来可以，不许吵。有了这句话，我们才算真正领到放行证，于是涎着笑脸讨好地齐声叫着"三楼阿婆好"，上楼了。女孩看到我们十分欢喜，表现与下午判若两人。她是独女，心里自然喜欢有其他孩子一起玩，只是畏惧大人而不敢做主罢了。我们站在阳台上，分吃着糖果，快乐无比。

站在阳台往下看，风景非常好。操场里女学生笑闹着跑来跑去搬长板凳；放映员在调试机子，白色屏幕上晃动着人影；谁在拍着扩音器，发出震耳的轰鸣声；等着看电影的人兴奋地说话喝汽水。最令人兴奋的是弄堂玩伴也纷纷显身，有的爬在窗台上，有的站在阳台上，有的坐在围墙上，大家隔着老远的距离把名字叫来叫去。我喜欢叫我家围墙上的孩子，那大多是弄堂里最刁蛮的，趁机会炫耀一下我们的优越位置。学校教室的灯一盏盏暗了，操场上的人越聚越多，归鸟鸣叫着从昏暗的天空飞过。电影终于开演了。因为在大幕背面，看到的画面全是反的，小偷用左手偷东西，警察用左手抓小偷，风过处李向阳的肚子就鼓起来，音响也轰轰的不清楚，人走来走去，说话，笑，还有小孩哭闹，场面闹闹腾腾的……事隔多年，早记不清露天电影都放过哪些片子，留在记忆中的是一些与电影本身无关的细节。

露天电影在我老公印象中却不那么美好，会勾起一段荒唐的回忆。他大学毕业后到安徽劳改农场劳动锻炼。一天半夜，突然吹哨子紧急集合，从热被窝爬起来，打好背包，带上小板凳，在呼啸的北风中急行军一个多小时。到场部才知道，原来是上面有指示，要拉练和看样板戏相结合，锻炼锻炼这批臭知识分子。那晚，人到片子还没到，一行人坐在露天大幕前冻了一个多小时，芭蕾舞“白毛女”才姗姗来迟。电影里“北风那个吹”，电影外“观众那个抖”，但是谁也不敢叫冷，更不敢退场，在寒风中硬挺着表现革命性。

这些年，也许是电影票价太贵，为丰富老百姓文化生活，创建和谐社区，露天电影又开进弄堂。据说对露天电影感兴趣的是两类人：老人与孩子。老人是怀旧，小孩是图新鲜和热闹。

但真正喜欢电影的人是不看露天电影的，而情愿买票去享受优雅的环境和逼真的音响。

露天电影，一种新的时尚

文/周日华

露天电影又回来了。

在没有电视、没有网络的二十世纪六七十年代，人们的业余生活没有现在这么丰富多彩，但却是电影的黄金时代。据说那时看露天电影就像过节一样热闹，有时甚至比过节还要闹猛。一场电影即使看上几遍甚至十几遍也不会厌烦。看露天电影可以说是那个时代的一种时尚。

当遥远的记忆渐行渐远，露天电影忽然又回来了。“露天电影”在今年夏季的上海似乎与高温、台风等自然现象一起成为媒体的热词，成为上海今夏的一种社会现象，一道文化风景线。看露天电影成为上海人民的又一种避暑的方式，一种流行的时尚。

然而，我却认为露天电影的回归，不应该只是过去的那种历史条件下的形式的简单重现，而应该有新的时代特色，以更好地发挥露天电影的优势和作用。记得有一段日子，中山公园举办了根据同名电影改编的“木乃伊归来”的主题乐园，并在长宁路、定西路路口树立了一块大的电子大屏幕，不时地放着与主题乐园有关的广告，电影中恐怖、惊险、奇特的画面吸引了许多路人的眼球，吸引着路人的好奇心。该活动的主办者还在每周六、日晚上露天播放《木乃伊归来》的原版电影，使更多的人对举办主题乐园的内容、背景有了更多的了解。我觉得这是一种创意，值得借鉴、推广。

又如，国内外的有些城市举办过露天汽车电影院，很受有车族的欢迎。这即是对过去露天电影的一种怀念，更多的也许是对这种新鲜而不失浪漫的观影方式的体验，而且这种露天电影受天气的影响比较小，一年四季都可以举办。可以想象，随着人民生活水平的不断提高，私家车族的不断增多，这种露天汽车电影想不受欢迎都难啊。

其实，不少国家和城市都曾举办过如沙滩露天电影，露天电影周等大型的活动；也有的商家在商场的广场上或空地旁拉一块白布，用一部放映机就放起了露天电影，目的就是在人们观看电影的同时提高商场的知名度，增加人气，带动销售。

上个世纪九十年代初，有一首名叫《露天电影院》的流行歌曲这样唱道：“城市里再没有露天的电影院/我再也看不到银幕的反面/你是不是还在做那时的游戏/看电影的时候已看不见星星……”在一股浓浓的怀旧情绪中，又带出一种莫名的失落，显得忧郁而又孤寂。然而，值得欣喜的是，听说有国内的导演拍了一部反映过去免费的露天电影内容的电影——《电影往事》，想以此唤起大家对电影的感情。这消息令人有些感动。

看来，露天电影不仅前景看好，而且还可能成为一种新的时尚。

看露天电影不花钱

文/淡　水

电影已经在上海放映了100年了。100年前，去看电影肯定是件很时髦的事情，能够去看电影的人肯定是不一般的人。记得在上世纪五六十年代，能够去看电影也是一件很隆重的事情，全家去看电影更是一项比较重要的活动。

露天电影好像也不是什么新鲜事物，当年在农场、农村就有人把大银幕支起来，几个放映员把电影放给大家看。

现在露天电影是在公共绿地放映。城市在重建过程中诞生了无数个公共绿地，除了供大家休息散步之外，公共绿地还有娱乐功能。露天电影的放映为公共绿地增添了新的功能。

娱乐的多元化使得看电影已经不是人们娱乐的唯一选择，各种娱乐方式的竞争也在全民互动中得到充分印证。一些人还在看电影，一些人不看电影了，一些人爱看老电影，一些人爱看新片子。随着碟片市场的扩大和网络技术的丰富，去电影院看电影已经是一种很奢侈的休闲娱乐方式。做一个调查，在十年中，有多少人没有去过电影院，这个数字肯定不会少。不进入电影院，我们照样知道电影的剧情，知道演员的名字，知道拍摄的外景地在哪里，知道导演和演员之间发生了什么故事。

露天电影的放映可以让大家不花一分钱，尽情享受看电影的乐趣。电影的梦幻艺术把大家带入梦境，带入梦境要有代价的，越来越贵的电影票价就是买梦境的入场券。

不花钱能够享受梦境就是露天电影的最大好处。睡觉做梦是每个人都经历过的事情，不睡觉也能做梦就不是每个人都能经历的事情了。电影能够在大家不睡觉的时候带大家进入梦境，电影在上海放映了100年依然常演常新就是大家依然需要在不睡觉时做几个梦。

露天电影的放映是在夏秋季节，大家乘凉的时光就是露天电影放映的档期。城市的生活成本每年每月在上扬，而露天电影则提供不花钞票看电影的美妙时光。

露天电影还是一项时尚活动，让大家觉得聚在一起能够欣赏电影就很新鲜。聚在一起看球，聚在一起听音乐，聚在一起喝酒撒野，聚在一起看电影。电影是把大家聚起来的一个磁场。

天气还是凉快起来，风吹落叶的季节也是露天电影闭幕的日子。今年夏天，可以用放映露天电影来吸引大家，明年后年，城市中又有什么新的东西来吸引大家呢。兴趣爱好的奇出怪样让娱乐产业的老板伤透脑筋。

看露天电影不要钞票。

排队是一种"快乐的痛苦"？

导语

有人说，今天的中国人，不在这里排着，就在那里排着。排队，已经成为当代中国的一种社会现象。对排队，多数老百姓表示愤慨，他们质疑排队中体现出来的社会不公，质疑服务单位的社会效率，希望早一点走出"排队时代"的泥沼。可是，也有的人认为，在有限的公共服务资源与不断增长的公众需求矛盾还未解决前，排队是一种社会秩序的象征，社会文明的象征。那么你呢？你又怎么看？

排队：一种"幸福的痛苦"

文/钟新凯

当今的中国人，不在这里排着，就在那里排着。有调查表明，有接近一半的人都会为此感到焦虑。而缓解焦虑的措施又大都成为摆设：比如杂志架上没有杂志，饮水机旁没有水杯。

以前排队是钱少的烦恼，现在排队是钱多的烦恼。不过，这可称之为"幸福的痛苦"，因为生活品质在排队的郁闷里还在不断上升。

而更多的中国人学会了与"后排队"运动和谐共处。他们一面呼吁排队的制度革新，一面耐心地面对现实，比如他常常是先去银行取个号,出去吃顿饭,回来再接着排队。

“如果没有别的更好的办法配置时间资源,排队就可能是最公平的解决办法。”有人指出,排队要真正做到公平,最重要是贯彻“先到先得”或者“先到先办”。

只是看上去简单的法则并不能普适于“后排队”时代。排队现象并不是某个国家或者某种社会乃至经济制度的专属。排队是人类社会的共同现象。在美国要排队,在澳洲要排队,在英国还是要排队,只是等候的时间不同,排队的心情有别。至少让你感到不像国内那么躁。

中国的“后排队”大军们心态格外敏感,任何有嫌贫爱富和地域歧视嫌疑的举措都能够激起众人的逆反心理。比如在美国可以“用钱说话”,花钱购买了 VIP 票,就可以从专门的通道或柜台优先办理手续,无须像其他人那样排队,其他人也丝毫没有异议。但在中国排队民众强烈的仇富情绪下,试图用收费解决排队问题简直就是一场灾难。中国银行上海分行曾经推出了“业务办理加急”的服务项目,花 50 块人民币就可享受类似的 VIP 服务,不料被讥为是“花钱买加塞”,是“双重不道德”,甚至有人认为其恶劣性质等同于春运期间火车站自己倒买火车票。结果该办法实施了一天后便紧急取消。

排队存在于世界一切经济制度当中,在资源紧缺的状况下,排队仍然是一种均衡选择。只是排队的心态不同,排队的后果也各异。只有当人们能够自信、自由地选择未来生活,以短期逐利为特点的“后排队”焦虑症才有可能药到病除。

重要的是人们能够拥有对自己未来生活方式的选择权。只有当住在祖屋里的人能够自己决定是否进行危房改造,不用担心一纸政令就没了栖身之所,人们才能够自由选择悠闲的生活方式,不用忙着排队买房子,忙着为此排队挣票子,忙着排队存款,忙着排队炒股买基金，忙着将孩子排队送进名校，为了将来有能力挣钱排队买房子。只有打破了这样一个鸡生蛋还是蛋生鸡的排队怪圈，人们才能够真正体味排队的本来面貌，即排队本身是社会文明的一个象征。

排队：一道文化风景线

文/吕锦忠

生活中，我们几乎每天都要碰到排队，坐车要排队，上食堂吃饭、超市付款要排队，等等，不一而足。排队最能反映出市民的文明素质，它折射出的社会现象往往令人关注。但相对一些令人沉闷、失去耐心或烦躁不安的排队，我记忆中的排队场景却是另外一回事。

上世纪七十年代，我经历了一次轰轰烈烈的排队场面。那是属于文化上长期遭受禁锢后的一次思想的释放。在离我家不远的徐家汇新华书店门口，购买世界文学名著的读者从凌晨起就已经开始排队了。时值冬季，人们打着寒噤缩着脖子在朦胧的街灯下静静地等候，穿着厚厚的冬装却忍不住使劲地搓着冻僵的双手，有人裹着一身军大衣倚在路边的橱窗上。天将亮时人越聚越多，长队逶迤不见首尾，穿过一个路口后拐入昏暗的弄堂。好不容易等到书店开门，人们身体紧贴着往前挤，好在大家都挺遵守秩序的，听从戴红袖章纠察的指挥一队一队跨过书店的门槛鱼贯而入，其场景如同长久在黑暗中摸索之后，赫然寻找到一扇通往光明的入口。记得那时我走出书店时，手里虔诚地捧着《悲惨世界》、《艰难时世》，以及《安娜·卡列尼娜》等。几十年过去了，这一幕排队的场景却永久地定格在我的头脑里。如今，世界名著在书店里随处可见，漂亮的封面也各显风采，只是盛况不再，往昔排队的景象很难再出现了。可是我在2007年7月21日的这天从电视上意外看到了这样一幕：从伦敦到上海，又现难得一见的排队购书景象——《哈利·波特》英文原版书在世界同步发行，上海的哈迷们顶着36度的酷暑，兴致勃勃地排起了长队，等着购买该书的终结篇先睹为快。

说到排队，不能不谈到一次印象深刻的卢浮宫之旅。8月的一天，我一早起床便换乘地铁直奔仰望已久的收藏有无数世界文化瑰宝的卢浮宫。那天是周日，在巴黎，一个月中第一个周日的好处是可以免费参观卢浮宫。这对于在巴黎的游人来说，每个人的兜里可以意外省出8.5欧元的钱币。那天到达卢浮宫的时候，在它雄伟的方形宫殿建筑群外围，已经排起来一条蜿蜒长龙。人们轻松地站立着，一边闲聊一边往前移动，宛如在公园里散步。长队看上去松松散散，但没有看到有插队的现象。偶尔会看见貌似荷枪实弹的巡警从队伍的一侧威严地走过。队伍行进得很顺畅，约摸1个半小时，经过颇有争议的玻璃“金字塔”入口，我进入到皇宫一般的卢浮宫……卢浮宫每天都有不计其数的国外游客慕名而来，据说平时排队买票也要等上至少一个小时。卢浮宫门前的排队现象已成为巴黎一道亮丽的文化风景线。

所以，当排队成为一种愉快的回忆时，你会产生别一样的体验。

排队、公平与机会主义者

文/戴　红

为什么要排队？一个人无所谓排队，两个人以上才有排队的问题。如果每个乘客都有位置，其实也不存在排队的问题，乘客大可客客气气地礼让三先。排队的产生首先在于有限的公共服务资源与不断增长的公众需求的矛盾。大凡在北京、上海等大城市生活过一段时间的人，对此大概都深有体会。每天上下班时间，几乎任何一趟公交车都是人满为患，很多乘客不得不在拥挤不堪的车厢里一站就是一两个小时，座位于是变得重要起来。如何分配有限的座位呢？如果放任乘客争先恐后，那势必身强力壮的占优势，这显然无助于良好的秩序。按先来后到的时间顺序排队上车，不仅体现了一种公平，还提高了效率。在现有的公共交通资源下，排队不失为缓解乘车压力的好办法。

问题在于，社会现实中的人往往是机会主义者。有人在自觉地排队，不自觉的人到前面插队，结果可能就是排队的人没有位置而不排队的反而有位置。机会主义者一旦不受到约束，其他人也就很容易变成机会主义者。因此，在倡导自觉排队之前，社会要发动大量的志愿者上街宣传、服务甚至监督。当然，也可以在硬件上保障排队的行为可以更好地进行，如在公交车停靠点设置栏杆，在乘客上车的位置写上排队的提示语等等。假以时日，在社会上形成了“排队光荣，插队可耻”的氛围和舆论，市民自觉排队的观念就会慢慢树立起来。

但是，处于转型时期的中国，社会资源的有限性与人民生活需求的不断增长之间的矛盾是客观存在的。在法律制度不太健全之际，机会主义者总会乘虚而入，即使在法律制度健全之后，也会有人看准执法不严的空子，谋取非法的利益。刁民、奸商、贪官，都属于这种不守秩序的“插队者”，监督的缺位给他们的活动提供了广阔的空间。这不仅对于踏实工作、勤劳致富的人来说不公平，而且对效率也有巨大的破坏力。公平游戏规则一旦遭到践踏，社会资源的内耗就会导致极大的不经济，甚至动摇整个社会秩序。因此，良好的法律和严格的执行才变得尤为重要。法律本身并不会创造社会财富，但是它具有防止社会财富浪费的功能。它保障一种类似于“先来先上”的公平规则，保护遵守纪律的文明乘客，惩罚扰乱秩序的投机分子，并从制度上保障良好的秩序得以维持。

在我看来，法治社会的标志，不在于一个社会制定的法律数量有多少，也不在于一个国家的法律执行力度有多强，而在于法治的理念是否深入人心。在一些先发展国家和地区，其实同样也经历过类似的交通困境，但靠着政府建设性的引导，使公民自觉排队成为理所当然的行为。这并不表明他们的道德多么高尚，而是表明插队带来的收益相对于耻辱而言已经不经济了。同样，法律的遵守跟文明的养成一样，不取决于空洞的说教，而完全靠制度的保障。只有制度的约束，才能慢慢改变人们根深蒂固的一些观念。

就像排队的文明需要时间一样，法治观念的形成也需要时间。一旦法律的规则被潜移默化，国家的政府和人民把它作为习惯了，那法律规定的惩罚措施实际上就没有用武之地了。

排队：日常生活中不可缺少的内容

文/冯　强

排队是个能量巨大的怪物，虽然它不怎么讨人喜欢，但即使是最反对排队的人，在它面前也不得不屈尊俯首。然而，当我们周围忽然出现了“新排队”现象：到银行办事、订房买房、驾校考试、缴税办税、看病取药，统统都要排队时，还是引发了许多不满的言论。

姑且不论“新排队”现象是好是坏，按本人的一孔之见，除了物质匮乏引起的排队外，任何一个思维健全的人，面对其他的各种排队，不管是否公共服务缺失，都应该“叫我怎能不想它”。想它，是因为这意味着社会秩序井然、社会公德建立、与文明行为接轨。然而，当这样的盛况需要你付出时间和遵守秩序的代价时，当这样的景象要靠牺牲个人利益去争取时，局势马上就有了变化。小我与大我之争，历来总是媒体高奏凯歌，受众却节节败退。排队现象也在这样的怪圈中徘徊——由于无数人不愿主动排队，即使不需要警察来维护这样的好事，我们仍然会动员保安、动用铁栏杆来维护。

说来可笑，前些天从市区返回金山，面对铁栏杆维护下的排队乘车，照样有人置之不顾，我后面就嬉皮笑脸地挤入这样一对 40 多岁的男女。当我鼓足勇气批评他们的时候，他们却毫无愧色。真叫人难堪。由此想到，过去我们比较喜欢追求那种虚无缥缈、远在天边的美，现在人们的想象力正在被花花绿绿的现实所取代，转而又过分抬高了个人利益的位置，把哪怕是排队、公交车上让位子这样的付出，都当成了需要追求和维护的个人利益。当然，与“新排队”现象去比，这样的排队是陈旧了点。但这样的蕴含在日常生活中的现象，仍然是平头百姓须臾不可缺少的内容。

在日常生活中我排队和大家排队，是把自己纳入社会所需要的秩序，这样的行为美，应该是自然而然地流露于个人行为之中的。这不由使人想到了教育的问题，依我之见，把孔子学院办到世界各地去，还不如办到全国各地去。儒学的精粹之处，完全可以抵挡我们行为方式的“放荡”和无所适从。以其“德不孤，必有邻”的学说来普遍教育、引导一番，面对排队，不知会不会有更多的人与我一样傻乎乎地“叫我怎能不想它”。

排队：社会秩序的一种体现

文/文　沂

那天跟同事聊天，说起那年在日本旅游，正遇上地震，因为轻轨错了位，迪斯尼乐园门口聚集了数万名游客，排着队等出租。从傍晚一直到午夜，同事一家足足排了六小时队。让同事最最感慨的是，在那漫长的六小时内，那数万人的蜿蜒长队居然井然有序，没有焦躁，没有争吵，没有拥挤，没有插队，所有人都对眼前的处境泰然处之。他说，要是在我们这里，恐怕得踩死几个人。

对排队的议论，在媒体上见得多了。起先对排队的批评还只停留在表层，说银行办理业务平均每笔需要耗时四十分钟，效率低下，没有群众观念，于是，各大银行遭到广泛的谴责，被责令整改。渐渐地，对排队现象的议论开始延伸开去，纵深下去，一时间诞生了无数质疑：为什么一个金卡会员就可以享受不排队的优惠，这不是富人经济吗？为什么一个局级干部上医院看病就可以长驱直入，这不是干部特权吗？为什么有门道的人手上可以捏十套八套的楼花，待价而沽，而老百姓掏出一辈子积蓄想买套房，还必须搬把躺椅在售楼处门前守着，彻夜不眠。这不是不正之风吗？许多人先前还“木知木觉”，现在被提醒了，想想还真是个问题。于是觉得作为一个小小百姓，被忽略了，被歧视了，因为排队这点小事，他们甚至对社会的公允产生了怀疑。

我以为，某些议论看似公正，看似在为老百姓说话，但其实是很危险的。

排队，其实也是社会秩序的一种体现。

先说那些富人。为了享受贵宾待遇，他办了张金卡，存进了50万。相信当初在赚这50万的时候，他也是花了大把时间的。他把资金存进某家银行，购买了银行赋予他不排队的权力。银行呢，需要生存，需要盈利，需要吸收资金，就用不排队的承诺跟富人作了交换。这是一个双方认可的协议，从双方的角度来看，没什么不应该。大多数的人没有50万，要分出个先来后到，就必须排队，这也没什么不应该，至于如何为老百姓着想，提高工作效率，把排队需要的四十分钟减少到十五分钟，那就是另码事了。

那些苦哈哈的"黄牛"，常看见他们冒着风雨，在兜售他们自己排队买来的车票、球票、演出票甚至是香火券。那些没有时间排队的人，是很愿意多花个几十块钱，从他们手里拿票的。对"黄牛"来说，这多出的几十块钱，是他们花了时间花了心血，有的甚至是冒了风险赚取的利润。至于那些利用权势非法占有资源，甚至是造假票赚黑心钱的，那就是另码事了。

我常想，把排队秩序的好坏，单纯地看成人的文明素质，是片面的。作为一个老百姓，在资源缺乏，供求不平衡的社会阶段，你必须从内心深处认可排队，接受排队，维护排队必须遵守的规则。要不然，人人都以为自己被歧视了，被伤害了，不愿遵守规则，这样的情绪蔓延开来，一旦遇到突发事件，那是真的会踩死人的。

老外也来闹新春

导语

春节就像是一场隆重的盛典,在最寒冷的季节里,因为有这样一个节日,从心底泛出一丝暖意。我们走亲访友,彼此祝福,就像是一个"中国式感恩节",用最热情、最喜悦的方式表达着最美好的祝愿和感激。

看着地球村的脚步日益加快,在中国,一些西方节日早已进入年轻人的生活,而春节也正以它独特的魅力被世界上越来越多的人所接受。一些在中国生活、工作的外国人,在感受过了家乡的圣诞之后,也越来越多地选择回到中国来感受一下新春佳节的气氛。

正月里,大街小巷新春佳节的气氛日渐浓烈,这也感染着那些来自异国他乡的客人。从陌生到熟悉,从旁观到参与,老外们也开始渐渐像模像样地过起了他们的中国年。

365 天鞭炮节

Aaron Drogseth　来自美国西雅图　英语外教

整理人:AnnAnn

自从 2008 年 10 月起,我开始住在上海。去年春节的时候,除了放鞭炮外,我并不是很清楚还会有什么发生,而实际情况并未让我的期望落空。我的一个朋友开玩笑说,"今天是中国一年一度的'365 天鞭炮节'的开始。"确实,无论走到哪儿,我都得对聚集在一起,然后突然拿出那些冒着火花喷向各个方向的人们小心翼翼,搞清楚他们点燃的究竟是什么。那天,我得过了午夜以后才能躺下好好睡觉,而我还能听见远处持续的庆贺新年的声音。其实,在美国独立日的时候,我看过很多很棒的烟火秀,但没有一个像中国的新年那样,鞭炮声震耳欲聋,而且还是整日整日地环绕在我周围。有人告诉我,新年第五天午夜的鞭炮是为了吸引财神的到来,而那最响的鞭炮声则最能吸引到财神。我猜他们是对的,钱嘛,有出才有进啊。然后,接下来的一天早晨,更加让我印象深刻——无论是街道还是人行道,无论什么地方,我都需要在脚踝深的鞭炮垃圾中走路。但是到了第二天中午,整条街却被打扫得干干净净一尘不染。

当然,中国的新年并不是只有鞭炮,但是作为一个外来者,那对我来说是最显而易见的庆祝方式。初来上海的第一年,我还对中国的春节一无所知,直到我的一个中国朋友让我有了这个认识。那时候,我有个美国的朋友来找我,我们原本打算去北京,然后在春节前回来。我的朋友因为被从美国到我这里的长途旅行搞得相当疲乏,所以我们只能白费了我已经买好的火车票,省下了我们在中国这一年中较为疯狂的旅行,待在了上海。不过有意思的是,在春节期间,上海的街道非常的空旷。有那么几天,都感觉上海像是一个幽灵住的城市,就好像我在美国住的城市一样。不幸的是,很多我喜欢的餐厅也关门了,几乎害我饿了一个星期的肚子。

从那以后,我知道了春节是一年中家人团聚最重要的日子,火车、汽车和飞机上坐满了来自中国各个地区的回乡的旅客,为的就是可以回到他们自己的家和家人一起共度春节。庆祝春节的那顿丰盛的家庭聚餐有点类似于我们的感恩节和圣诞节一样回到家中和家人团聚。圣诞节也标志着会有礼物拿，要一起唱歌。这个应该是为了耶稣诞生的日子对大多数人以及我来说，其实就是可以家人团聚的家庭休息日，而不是一个宗教节日。我已经在上海度过了好几个圣诞节，并不打算再次还在离家那么远的地方度过，因为我想念那个传统佳节，那些丰盛佳肴，以及那些和父母、妹妹一起共度过却因为各自不同的生活而快被遗忘的时光。我们应该再次作为一个家庭聚集起来，一起欢笑，一起回想前一年的情况并猜测今后一年的发展。当冬天来临，白天变短的时候，再也没什么比聚集在“家”中，在寒冷的夜晚，围坐在火炉旁或毛毯下，看着电影，吃着食物，分享着故事这样共同度过来得更舒服的了。

有趣的是，在美国，节日对家庭来说并不意味着轻松或者享受。大多数人们觉得节日令人窒息，和家人一起的时间伴随着压力、尴尬和争吵的情况发生。我的家庭也会有争吵和意见不合，但是我们总是将那些无伤大雅的东西搁置一旁，共同度过一个最愉快的假期。当我们和我们的阿姨叔叔、表兄弟姐妹以及祖父祖母在一起时，我们不能表现得很随便，并且我们总是必须对可能发生的问题小心翼翼。而我的中国朋友们则没有这样的问题，或者至少他们不认为这些是“问题”，这令我印象深刻。在美国，听见有人说他们需要在和他们的家人度过的“假期”后再有一个假期是很普通的事，因为和家人在一起充满了压力。

今年，在迎接中国新年之际，我很可能会做和去年做的一样的事，那就是和我的老外朋友一起出去喝点什么，然后在午夜来临之时走上街头享受壮观和喧闹的乐趣。不过，这次在我见到我的中国朋友后，我会对他们说“新年快乐”以及“恭喜发财”！

今年春节去海南

托　德　来自美国　公司职员
整理人：言　延

虽然我是个如假包换的美国人，但因为我娶了位美丽的中国姑娘，所以，我就成了中国人的女婿，据中国的老人们说："女婿为半子。"于是，我就成了半个中国人。

当了数年中国女婿，我悟出个道理：中国人最重视的就是过春节！每年的12月份，全家就要商量关于"今年春节在哪里过"的重大问题。岳父是四川人，岳母是东北人，他们大学毕业后则长期在湖北工作，退休后跟着开公司的儿子定居在上海。我们夫妇俩从来不发表任何意见，随便老人们安排，无论在哪儿过春节，我们都赞成。而这些年春节留给我的最深印象只有一个字：吃。其实，现在平时也吃得很丰盛的，但到了春节还要讲究，天天人来客往，顿顿变着花样吃。我真搞不懂：难得休长假，除了吃，难道就没有别的事可干了吗！

情况从前年开始发生了变化：我太太生了一对可爱的龙凤胎，可惜的是我们的儿子先天过敏，有气喘病，特别不能受寒。家里请了两个保姆，空调一直调到恒温。当年春节，我们俩借口儿子要到暖和的地方去休假，有益于他的健康，脱离了岳父家的"大部队"，带着孩子们和保姆去了夏威夷；去年，我们又带着孩子们和保姆去了普吉岛。我们在风景点也不玩，每天全家人躺在沙滩上晒太阳，充分享受阳光、沙滩、海浪、微风，真的非常非常开心。

可是，今年春节不行了。我太太说："爸爸妈妈觉得春节就该一家人一起过，连续两年过年少了我们一家四口，他们感到缺了点什么。所以，今年春节无论如何要团聚，不能分开了。”本来，我想今年春节带孩子们去巴厘岛，这样一来不成啦，队伍太庞大，开销不起哦！于是，我和太太商定：今年春节全家老少连同保姆共计11个人，一起到海南岛去过春节！随便他们去游览什么景点，我们依然享受我们的阳光、沙滩……

喜庆而温馨的节日

Brett　来自加拿大　英语教师

整理人：田　叶

“除了鞭炮，春节是我在上海最喜欢的日子。”在中国生活了3年的加拿大人Brett说道。今年将是Brett在中国度过的又一个中国年。当被问到今年打算怎么过年的时候，Brett说：“这我可还不知道喃，在上海你永远不知道下一秒会发生什么，这也是我喜欢这个城市的原因。”虽然每年Brett庆祝的方式都不同，但感受都大致相同：喜庆而温馨。

刚到上海的那一年，Brett在大学工作，前前后后有近2个月的休假。于是他盘算着何不趁这个机会领略中国大好河山的秀美壮丽？身处南方城市，对首都北京，古城西安，以及曲阜的孔庙，Brett一直充满了好奇和向往。因而他制订了计划准备向3城进发。出乎他意料的是，由于没有考虑到春运高峰，他计划搭乘的火车一票难求。火车计划的破产并没能阻止Brett的节假游，最后他买了机票欢欢喜喜地上路了。Brett说在北京过年完全是个喜庆的意外收获。在“噼噼啪啪”的爆竹声中涮着羊肉火锅，吃着满是大葱香菜的京菜，对于刚来中国不久的Brett来说别有一番异国情致。他说当然最让他欢喜的还属北京的暖气和人不那么多的长城和故宫。曲阜的静谧恬静在北京一幅欢腾热闹的景象的映托下显得格外素美优雅。西安在 Brett 看来虽然旅游商业氛围重了些，但西安的小吃不虚此行。“很累，但很值得！”Brett 笑着说。

第二年 Brett 去了厦门、珠海和香港。上一年，Brett 购置了一台单反相机。他想何不待在上海，看看平日的上海和春节的上海有什么不同。于是他开始了用相机记录上海的弄堂春节，感受着这在街头巷尾透出的市井文化。他和我说上年一个中国朋友邀请他在过年的时候去他家吃饭。他最喜欢吃的是四喜烤麸，从来没有吃过也不知道是什么，怕以后吃不着了所以吃了很多。后来每次去中国餐厅都试着要点四喜烤麸，想把这道菜推荐给他其他的朋友，可是就没人懂他要什么。直到一次他去了新天地的夜上海看到了菜单上的照片和中英对照的菜名和素材他才明了这道让他食指大动的上海菜叫烤麸。他说中国过年时，无论在什么地方都能看到合家团聚其乐融融的景象，这和西方不同。在西方圣诞节，一般老人俩自己过节，儿子女儿们回来看望自然高兴，但若是不来也很正常。没成家的年轻人一般聚在一起派对，成了家的就和自己妻儿一起过。他说每当过节都很羡慕他的中国朋友，因为他能感受到的是温暖和归属感。Brett 说今年他的妈妈会从加拿大过来和他在这里一起度过。

在空城玩摇滚

Darko　来自萨尔维亚　外资私企老板、乐队吉他手兼主唱

整理人：于小北

（Darko 一再询问我这篇采访的初衷，对于除了无线电之外的

出版物他都保持着欧洲人的警觉。）

问及春节，Darko说了个有趣的概念："这城市一下子变成空城。"他和大多数在上海的外籍人员一样，这样一个节日里像周六周日一样待在家里，我说起大多数中国人都习惯在春节期间与家人在一起，对，他嗓音突然提高，说起过年的时候路上的人少了，他格外喜欢在这样的时候和家人一起在上海的弄堂小马路上散步。"你瞧，街上总是有很多人"。在农历里，除夕和春节，表示一年的结束和开始。Darko困惑他在中国过的两个春节日期都不固定，但他还是非常享受能一年享受一次突然慢下来，空下来的上海。他说这感觉是中国人的一种幽默，变了个人数的戏法，寻他们老外的开心。

Darko同时谈论起了上海的摇滚乐，尽管他因为下班之后闲来无事经常出入上海各大演艺吧，几乎细数所有的上海乐队，仍旧觉得不太好。他自己的小乐队，集合中（做汽车平面设计）、日（做国际幼儿园老师）、欧（他本人），三人一起大声说着蹩脚的英文排练，去年春节假期，在原0093的排练室里大笑着挥洒热汗，齐吼Ramones的punk rock。他反复强调，"就是玩！"他看见太多严肃认真的年轻人满脸要复兴摇滚乐的眼神，他们只是享受三个大男人在这样的一个空城里，忘情狂欢的喜悦。即便朋克是属于年轻孩子的，但他享受这样感受自己的年轻吧。

采访结束时，他问了我春节还会不会来再看一次他们排练，我说我是传统中国姑娘，得回家过年。他笑了一下说起今年年底就回家离开上海，在欧洲家中妻子和两个孩子不能过中国式的春节。（我想他大概是想说，不能让他的家变成他在上海感受到的空城。）

一个人的寂寞春节

Mark　来自英国伦敦　英语阅读指导老师
整理人：莫　良

Mark 老师被上海学员戏称最有腔调的英国老绅士，鼻音浓重，上课的时候喜欢一只手背后，一只手执笔。他来上海时间有 8 年多，每年几乎都会收到中国朋友一起过春节的邀请，当问起“你希望他们准备什么料理给你”的时候，我原本以为他会说“饺子”或者更传统点儿的中华料理。但他很严肃，“不要头，不要脚。”想来是哪年被朋友邀请，面对满桌的猪头凤爪傻了眼吧。

因为每年圣诞节都会回家度假，到 1 月中旬再回沪继续一边执教一边经营自己的公司，所以这 8 年来他的每一个春节都在上海度过，我问及是否会感觉孤独，他话中透漏出被中国文化渲染的时光带来的敏感。“是，我会。我的中国朋友告诉我，这不是个特殊的日子，但是要跟家人在一起。”许是自己一人在上海度过了他中年时期的大部分时间，他能感受到这个中国人的传统节日的力量，或者仅仅是因为过年休假他不能和学生们侃自己最近看的小说才寂寞？他没有说。

问及今年还会和中国朋友一起过吗？他摇了摇头，说想一个人看小说度过。送走这个微微发福的英国老人时，我在想是年龄还是这个节日潜移默化的力量削弱了他一个人抵抗寂寞的能力？年假之前，果然还是想念他背着手，眉飞色舞地说起那些不属于世界名著的小说的日子。又或者只有我们这些对这样一个节日用习以为常的方式过了多年的中国人，去看这样一种坐享一杯清茗，一本小说的英国佬，自己兀自加上一抹色彩了吧。

我们需要连续进食！

Paul　来自加拿大　英语教师

整理人：张誉川

Paul是一名来自加拿大的英语教师，在上海某英语机构已经工作了近两年，而他在中国生活的时间则更长。他的中文非常好，更喜欢和我用中文交流。他不仅掌握流利的普通话，他的粤语甚至比普通话还要地道。当然，上海话除了“侬好”、“再会”，日常用语也能说上几句。他说，中文很美，比英文的发音更有意境。

说起中国的春节，Paul说他用两个字就可以完全概括：热闹。他在发音的时候，还特别在两个字中间做了停顿。他说，妻子是武汉人，于是去年一家人在武汉过的春节。

“春节给我的另外一个特殊的印象就是：一大家人，以及连续进食。第一次的时候我简直惊呆了，我们几乎从大年初一的早上开始，一直吃到午夜。每一个半小时就开始吃。God!”Paul笑了，然后接着说，“但是我知道，中国的习俗里，这个节日就是全家人团聚的日子，比任何一个中国的传统节日都更加重要。所以我想，团聚，应该是这个节日最重要的意义。”

“我在这里总是非常容易地被感动。作为一个‘老外’，在圣诞节快要来临的时候，我看到整个城市都充满了节日的气氛，中国小孩都戴着圣诞帽在街上快乐地奔跑，很多中国家庭甚至会和西方国家一样，在孩子们的床头挂圣诞老人的袜子，让我觉得很温暖。但是，对于中国的传统节日，比如说，做月饼的那个叫做什么节日来着？”Paul疑惑地看着我。我笑了，答道：“是中秋节。”“对，就是中秋节。其实我们更像是旁观者。我希望我能融进整个中国文化，但是除了春节，其他的节日，我们老外好像依旧只能在一旁观看。”

“当然，我希望，在接下去在中国的几年，慢慢地去了解中国的文化，努力去理解每一个传统节日所蕴含的意义。你知道，我真的很喜欢中国，很喜欢。”

“品味”杂志

导语

杂志，是一种有固定出版周期、固定名称，并用期号连续不断的形式，间隔的，不断出版发行的出版物。随着当今社会的发展，衍生出了电子杂志，它是以Flash、视频、音频和文字组成的新兴电子杂志，其最大的特点就是多媒体和互动性。然而，随着网络的普及，杂志市场开始受到激烈冲击。

而正当传统的杂志受到网络冲击的时候，一些新锐的畅销书作家又开始介入杂志，韩寒的《独唱团》刚出版就引发追捧，南派三叔创办的小说杂志《超好看》在2011年上海书展上吸引了众多目光，安妮宝贝的杂志书《大方》第一期首印100万册……

网络时代，究竟是选择快速、便利、低价的网络媒介，还是选择传统的纸质媒介，一直是人们争论关注的焦点，而作为纸媒的一部分——杂志，你又会选择吗？

杂志，需要点“斗志品”

文/赵其尔

在我的概念里，何谓杂志？顾名思义，内容必须要“杂”。这里并不是说杂乱无章，毫无逻辑的编排，而是说在这种书面媒体传播的特定范围内，一种包罗万象，涵盖各个知识层面的充实感。而所谓的“志”，我则理解为阅读之后有种对于无论是精神意义还是物质欲望上的激励。就如男性对于汽车杂志里豪华跑车的精神幻想，又如女性对于时装杂志中美妙服饰在现实中的实现力。

但是，杂志并不可能如我定义的那么纯粹。它的产生根本毕竟是作为一种被要求的社会意识的传播工具。而在现代社会中，由于商业元素以及市场化的介入，它曾经被赋予的神圣使命已经越来越单薄，更多的经济元素被植入其中，例如旅游杂志中的酒店介绍，更或者有夸张的大篇幅的广告出现。

杂志不仅从内容上发生了转变，从形式上的变化也是显而易见的。由于网络时代的发展，新型的电子杂志的出现大大影响了原有杂志形态的发展，甚至有段时间大有赶超颠覆之势。究其原因，我们不得不赞叹电子杂志对于现代人类，特别是都市人群快餐式消费文化的迎合。首先，电子杂志从硬件载体本身来说，有着无可比拟的存储优势，极大地提高了信息量。其次，从技术上来说，快速的阅读以及查询功能可以更具有针对性地满足读者的需求。最后，丰富的表现形式不仅可以从图、文这两个传统方式传播，声音、动态影像的出现让人的感知更加实体化。

我接触电子杂志算是比较早的了，男性似乎对于3C产品以及附属产物的更新换代总有种莫名的冲动。起初对于这种免费高效的阅读方式很是享受。一个按键，一篇文章。久而久之，感觉电子杂志似乎总不能给予我传统杂志带来的那种冲动。连载的小说可以一次性看完，享受不到过程的魅力。所以我逐渐对电子杂志失去了兴趣，因为我还是喜欢那种细水长流的感觉。

然而，电子杂志毕竟只是针对特定人群的消费品，杂志赋予我们这代人的不仅仅是一种信息的传播和消费观的提供。就如前文中提及的，杂志对于我们来说更有一种精神层面的意义，它辅助了我们世界观价值观的形成。这些只有翻动着纸张才能体会到的感觉，是电子杂志远远不能企及的。

我想我们这代人在求学的历程中应该都经历过《读者》、《小说月刊》的岁月。男孩子爱看武侠连载，女孩子爱看言情长篇，这种纯粹对于美好世界的期望是现在都市人越来越缺乏的感知。记得小时候拿着几块钱每个月等待《读者》出刊时候的急切，不是为了作文拿高分，不是为了炫耀肚子里有多少墨水，只是想知道，这期的故事是什么？简单而纯粹！现在的孩子很少有为了想要知道而去等待，因为社会的发展让他们太容易得到想要的了。一个查询就可以解决的事情何必辛辛苦苦去等待呢？

我最近买了一本《读者》看，说到底，我并不太喜欢这类文绉绉的期刊，我更喜欢汽车杂志所能幻想的速度感以及旅游杂志所展现的美好人生，即使都有些遥不可及。我只是想看看，当初的我和现在的我看同一本杂志时的感受有什么差别。同样是从最后一页看起的习惯，不同的是当初有些蜡黄的纸张已经白得犹如涂上了高档护肤品一般。我发现，我再也不能像以前一样去欣赏一篇短篇小说，去思索它到底想表达什么？我所考虑的是，这些到底能带给我什么？只能说：我被社会化了。但我依然怀念小时候的感受。

现代意识的差别让传统的杂志在消费层面失去了竞争力，然而，杂志那一页页实实在在的纸张本身所传达的那种味道是不可复制、无可比拟的。李敖说：我情愿死在书本中，也不要活在网络里。偏颇如斯，但确不得不承认传统媒体渠道的魅力。

话说回来，形式上的改变是我所不屑的。然而内容上的多元化，的确是我们所愿意看到的。现在杂志的种类名目繁多，汽车、旅游、时尚、购物、情感等等，刺激我们的物质生活趋于丰富，同时我们的精神生活也得到满足。很多人向往的一杯下午茶，一本杂志过一下午的小资生活，不仅仅是一种装腔作势，其实也是现代都市人对一种回归的追求。原来，杂志也成为了一种潮流！

总而言之，杂志不论是在表现形式还是内容种类来说，都是社会发展的一种体现。而我只是真心希望可以通过杂志这种方式听到更多的声音，看到更多的客观世界，了解更多的故事背后。

杂志，未来的“奢侈品”

文/韩楚翘

我15岁以前，课余生活是被各种各样的杂志所填充的。学生刊物，音乐体育类刊物及动漫刊物被我分散着隐藏在写字桌的最深处、床下的箱子里、洗手间的杂物柜底层，因为我那个望女成凤的老爸会时不时地突击检查，一旦发现，我的宝贝们就会被他毫不留情地撕碎，关上房门前还要来一句：再买这些闲书，我就停了你的零用钱。

可我依然不为所动，依然像地下党般往家搬运着我的杂志，那时，社会还不如这般进步开放，电脑和网络虽然已经出现，但是家用电脑的普及程度还远远不够，偶尔和同学偷偷摸摸地去一次网吧，也就是上个QQ，不熟练地加几个好友，胡乱地聊几句。繁重的课业之外，我的心还是在杂志的广阔天地里翱翔，在那些杂志里，我看到了新鲜的时尚着装，那些青涩美丽的初恋，那些喜爱的明星的心路历程，甚至，我还在体育杂志里找到我的偶像李金羽在巴西留学时的地址，我花了几十块人民币给他寄一封信，那是我少女时代所有的梦想发源地，是那些各色杂志给了我寻访未来的方向。虽然现在，我老爸还偶尔提起，当年若不是你爱看闲书，肯定能考个更好的大学。我知他期望，可他并不知晓，我没有念成书呆子，我拥有现在独立乐观的性格，我是个幸福感很强的女生，跟过往杂志给我建筑的多彩世界，有着不可割裂的联系。

你一定想不到，因缘际会，我毕业后在曾经陪伴我长大的杂志工作，做编辑。这时，网络迅猛发展，电子、网络媒体铺天盖地而来，纸质杂志，面临着前所未有的难题，可是我们这些纸媒工作者，没有谁甘心放下这块阵地，我们希望依然能用杂志给读者以多彩世界。我们迅速调整杂志的方向、受众、内容、方式，每一期杂志，我们都觉得做得比以前更好、更精美、更有时代气息，内容上或者向前向前再向前，或者偶尔怀旧一下，走一下回头路，可是，依然，我们找不到从前的感觉，或许，读者也找不到从前的感觉。不可否认的，纸质媒体确实是在走下坡路，且这条路是不归路。是呀，网络媒体、电子媒体现正如日中天，在这个快速消费的时代，我们经过各种流程辛苦出来的纸质杂志，到消费者手上的时候，很多东西都已经被网络媒体发表过了。我们也曾试着从网络媒体上吸取新东西新营养，可是纸质杂志对读者来说，毕竟是单向的阅读，跟网络媒体的即时、双向互动比较，这是致命的弱点，当然，这也是这个时代的弱点：快速消费、人们没有定力给阅读留有时间。还有一点，纸质杂志越做越精美，定价也自然越来越高，一本杂志十元二十元，而网络媒体的东西，大多数是不需花费的，读者的流失也在所难免。

这条不归路，并不是说杂志会走向灭亡，并不是说以后所有人都不看杂志了。就是因为杂志越做越精美，定价越来越高，而人们中的少数，还是更喜欢纸质阅读的感觉，那么，杂志，在未来，也许会变成“奢侈品”，它们精美地被陈列在酒店的高级套房、企业经理人的办公室、富豪的家里、高级会所的阅读栏、具有文艺气质的人们的手上，少数人拥有，少数人阅读，精美制作，小众阅读。

杂志，人生的“必需品”

文/吕树梅

杂志和书不一样。读书需要静下心来，无人打扰，在安静的阅读中与作者对话交流，那是一种享受；读杂志可忙可闲，不必拘泥于此，等候公交的十分钟也不妨翻翻那些令人赏心悦目的美女明星或者漂亮服饰——当然那是指不必费脑子的杂志。如果说书是正餐，杂志算得上水果和甜点了，营养丰富不可缺少。

人生不同的阶段会读不同的杂志。小时候的精神食粮如同物质一样的贫乏，馒头和肉是过年过节的奢侈，如果平时能够得到一本小画书简直如同过节一样了。村中五天一个大集，有时候也有卖小画书的，如果我看中了某一本，就撺掇弟弟去央求爷爷买。那时候爷爷退休了，每月有一点退休金，他最疼爱弟弟，所以偶尔我们的计谋会得逞。在集市上也能够看到《大众电影》，半新的，但里面的明星依然耀眼。记得最初读过的杂志是《少年文艺》和《辽宁青年》，32开本薄薄的《辽宁青年》里面有很多时新的内容，对于当时懵懂的我简直是个冲击。后来离开村子到百里外的县城读师范，做着那个时期很多少年都有的文学梦，因为那时自己能够支配几块甚至几十块钱，所以省吃俭用买了生平第一本杂志——《校园文学》，与故事中那些同龄的男孩女孩同悲同乐着，甚至尝试给它投稿，尽管稿子石沉大海。那个时候就暗暗下定决心，毕业工作了，一定要订一种自己喜欢的杂志。

愿望实现的时候我开始喜欢《青年文摘》和《读者文摘》(后来改称《读者》)了,两相比较,选择了订前者。师范毕业后,我分在离家很近的一个乡村中学教书,每个月的《青年文摘》如同一股清新的风,给我带来外面世界的信息,成为我了解外面世界的通道。望着院子里四角的天空,心中却承载着一个无比广阔的想象中的世界。

后来随着到省城,继而到外省读书,杂志和书在我的生活中日益丰富,我可以在学校的图书馆随意选择我喜欢的杂志,可是那份少年的热情却逐渐冷却。研习文学以后,读杂志已经不是休闲,而是学习和工作的必需。所读也主要以学术类为主,《文学评论》、《文艺批评》、《电影艺术》等等,有时候忍不住想,轻松有趣的文学和电影为什么偏偏要被评论家弄得这么深沉呢?于是经常在学校的阅览室读完那些深刻而沉重的学术杂志后,搜罗一堆养眼的服饰美容或者电影画报,进入"读图时代"。有一次读到戴锦华写的一篇文章,说自己的三大爱好——文学、电影和音乐,已经有两个(文学、电影)被毁了,她绝对不会再研究音乐,否则她连一个爱好也没有了,不禁莞尔。

如今,很多人也许已经习惯读无纸的杂志了:在手机上读。可是我还是留恋捧一本图文并茂的杂志在手中的那种感觉,尽管现在不订杂志,也很少买杂志。但是有一本杂志即使我没有订,也会每一期给我寄来,那就是《净土》杂志,是我去东林寺参加夏令营时结缘认识的,后来还给它写过稿子。两个月一期的《净土》,具有神奇的力量,使我在浮躁的时候变得安静,在我怀疑的时候给我信心,并且经常提醒我荡涤内心的尘埃。不过,少年时的那份迷恋和盼望早已荡然无存,有的只是淡淡的喜悦和感激。读完了,遇到有人喜欢,也会把它送人。因为，它还可以在别人那里继续发光。年轻时向外追求梦想，到了一定阶段开始向内驰求，谁说读杂志的路不是人生的路呢？

杂志，生活的“调味品”

文/王福美

对我而言，杂志就是生活的调味品，它让我的日子有滋有味，活色生香。

在懵懂的少年时代，虽然日子拮据，但父母居然能够从口中节省出几块钱让我有机会订购到《少年文艺》。乡下生活闭塞，难得接触到所谓的“闲书”。所以，在那时的我看来，一本《少年文艺》就好像长年苞米咸菜的饭桌上突然上了一盘红烧肉，色泽香味令人垂涎欲滴啊。少年时代一目十行的阅读习惯大约也是因为这样养成的吧，无论什么总想一气读完，就像一个饥肠辘辘的孩子狼吞虎咽地吞噬着自己身边的食物，甚至来不及细细咀嚼。

那时我开始搜罗自己能够见到的一切杂志。我至今仍然认为我在大学期间表现出的对外国文学的热爱与这一时期的旁学杂收是分不开的。记得一个暑期中，屋外大雨滂沱，我作业做烦了，就偷偷地翻阅一本《课外学习》，其中有外国名著故事梗概，这是我最感兴趣的部分。谁知不知不觉中被弟弟抓了个现行，因此被老妈一阵数落，还被勒令立马给人还回去。但正是通过《课外学习》，我知道了《呼啸山庄》、《名利场》、《唐璜》等名作，虽然囫囵吞枣，一知半解，但足够向小伙伴们炫耀了。

在那个年代，杂志是我了解世界的窗口，也是我寂寥生活中的调味品。当下,随着包括互联网在内的各类新兴媒体的出现,获取信息更加方便、快捷,获取信息的渠道也更加多元化。现在,互联网是我获取信息的主要渠道,但也许是习惯使然,我对传统的纸质媒体仍然有一种偏好。我个人认为,要领略文字的力量,纸质媒体显然有不可替代的优势。时至今日,工作之暇手捧一本杂志,在袅袅茶香里掩卷沉思仍然是我向往的事情。

虽然随着商品大潮的冲击,很多曾经辉煌的杂志不再坚守自己的品位,但总有一些杂志仍在坚持自己的宗旨,不为时代大潮所左右。因此,在喧嚣躁乱的日子里,总有机会获得灵魂的洗涤,心灵的给养。我不是某一本杂志的忠实拥趸者,但比较喜欢《读者》,因为在它的字里行间总是流淌着祥和、沉静和内敛,即使故事本身已经让你泪眼婆娑。不管岁月如何沧海桑田,我们生命中总有一些东西是不变的,例如对真善美的追求。在宁静的夜晚,在温馨的灯光下,手捧这样一本杂志,细细品味人世间的苦乐与友爱,这是一件多么惬意的事情。在闪烁的电脑屏幕面前,我却很难体会到文字与心灵水乳交融的感觉。这就是我为什么不放弃杂志的原因,因为我比较迷信白纸黑字的力量。

生活需要调味品,我的调味品就是一本适合自己的杂志。

破译韩影密码

导语

滚滚“韩流”绵延不绝，并且呈现出愈演愈烈的势头。当韩国电视剧风靡一时、竞相热播之时，韩国电影也已生成风格多元的格局、令人关注：有代表韩国传统力量的当代影像，有坚守艺术原则的“作者电影”，有引领韩国主流的商业影片，也有先锋实验的独立电影和非主流的影像叙事，显现出一片繁荣景象。“野蛮”的浪漫喜剧片、细腻的爱情文艺片、“悲情”的历史战争片、审美恬淡的情色片和阴魂不散的恐怖片……真可谓百花齐放，令人目不暇接。

在国际上，韩国电影不仅是亚洲电影的新生力量，而且已日渐成为亚洲电影的一种标志；韩国电影不仅繁荣了国内的电影市场，更成为世界各类电影节中必不可少的参展影片，获得了世界重要电影奖的公认。接连不断的获奖作品也使不少韩国导演、演员的名字相继出现在国际电影舞台上，令人耳熟能详……韩国电影这种强劲的发展趋势，已引起世界影坛的关注，甚至被称为“狂飙突进”。

韩国电影何以如此风光，其魅力究竟何在？

暴力的魅力

文/陈　雷

正如陈凯歌在《三联生活周刊》上所说的那样，韩国电影中充满了暴力的元素。当然陈凯歌的完整说法是“色情和暴力”。本文着重谈后者。陈凯歌说，有些韩国影片暴力到他都没法看。我想，说这话里他一定使用了夸张的修辞手法的。

电影是反映生活的，电影也是高于生活的。这是我们正统的文艺观。电影之所以好看，是因为它既是我们的生活，又不是我们的生活。完全是生活，当然会琐碎、具体、事无巨细、平淡无奇得让你没那个耐心去看；而完全脱离生活，没有一点生活的影子可以寻找，没有一个人物可以让观众欣欣然地去对号入座，当然也就虚无飘渺、离奇、事不关己得让你没那个意趣去看。

或许你不太留意，暴力从来是我们生活的一部分。电影如何去反映？中国电影中，以前反映得很少，或者极抽象。除了一些战争片之外，基本上见不到什么暴力镜头。即使是战争片，也都是那些国家机器级别的宏观的暴力，而不是生活当中人人都会不时地施予别人或者被别人施予的小小的不自觉的暴力。以至于，暴力这个生活中稀松平常而又十分重要的元素，在中国电影中，成了被“高于生活”的原则调整、修饰或清除的对象，成了国产片中与色情齐名的若干禁忌中的重要一类。

这也就能解释，为什么我们在看到韩国电影中的那些暴力镜头、场面时，会如此敏感，甚至会像陈凯歌那样感到“没法看”。我们对银幕上的虚拟暴力的心理承受力，因为多年的少见而变得孱弱、病态而多怪。虽然生活中历历在目，但就是不能在银幕上展现，一见就心慌，就“没法看”。

我所看过的韩国电影里，几乎九成以上都有“敲头”的情节，或者是老师敲不听话的学生，或者是母亲敲不懂事的儿子，或者是长官敲不称职的手下……总之“敲头”这个动作在韩国电影里真的屡见不鲜，甚至可以说特别多。在其他任何国家的电影里都从来没有那么高的比例。即使是那些充满温情如《九岁人生》、《兄弟》之类的影片，以极为温情的笔法讲述两小无猜的童年往事，或者感人至深的亲情纠缠，整体风格是柔软而感性的，也都不乏那种小小的暴力，并且更能使观众为韩国人刚中见柔的真性情而动容。当然在《我的野蛮女友》之类的爱情喜剧片里，“霸道女友”的暴力倾向就更为凸现，但她对男友的“打骂”丝毫不会令观众怀疑他们之间的爱情。

或许这跟韩国人刚烈直率的性格有关，这种小动作在日常生活中本来就是常有的。我们看到了，就说韩国电影很暴力啊。但中国人呢，其实也有这么一个不是太文明的习惯。我小的时候，大人就经常会对我们随手实施这种小小体罚。所以，在看到韩国电影中动不动就动手动脚请对方吃点小“生活”的情节时，我会感到震惊之中倍感亲切。震惊的是，韩国电影为什么就能拍得那么直白、那么逼真、那么自然，虽然那么暴力？亲切的是，它与我的现实生活以及我对生活的记忆竟然如出一辙！这种细节的出现，不是我夸大其词，它真的可以轻易敲打出真实生活的巨大张力，令观众的神经末梢瞬时激奋。

韩国电影的特有暴力倾向，是一种生活中人皆有之的暴力倾向。虽然韩国电影也拍了不少黑帮题材，其中也有大量的暴力元素，但这种暴力天生有一种媚俗的功能（至少是嫌疑）。也就是说，你在日常生活中并没有太多机会、甚至从来没有看到过黑吃黑的群体武斗、火并的场面，但你肯定对此很好奇、很想看，那么电影就来展示给你看，来满足你的这种猎奇甚至是幸灾乐祸的心理。这在好莱坞电影里是很常见的。

而我所说的韩国电影的暴力的魅力，其主流并不是黑道的群架，而是普通人之间的敲头。这种魅力正从一个侧面反映出大韩民族刚烈率真的性格，这种暴力正是他们生活的一部分，如同我们在生活中说话、走路。

韩国电影：机智地直入心性

文/葛　颖

电影、电视创作虽相近相通，在韩国却各自承担着不同的叙事功能。韩剧较为中庸，着力于日用伦常的细腻之处，题材保守，中规中矩，暗合儒家观念，面向影像的大众消费。韩国电影则尽显活泼，直入现实生活的敏感地带，题材开放，闪转腾挪，颇具禅意，面向知识阶层和青年观众。这种明确的功能定位，有效地满足了观众分野需求，使两种根本上不同的表意系统能够各展所长。对韩国电影而言，卸去了“大而全”的创作职责，转向“小、特、异”的题材领域，犹如一支行动诡秘的先头部队，常能直取生活的要害。

“小”是指题材的开口小。在目下的韩国电影中，很少出现所谓重大题材。创作者往往偏爱周遭的凡人小事，既是对现实问题的关怀、逼近，又能于最平凡处开释众生。

“特”是指对题材的特别处理。我们常常感叹韩国导演的想象力，他们似乎总能预判到观众的期待，并成功地使故事的发展绕过所有人的意料，又恰在情理之中。对类型叙事的熟稔与研究，对观众心理的深入揣摩，目的在于提升故事的精彩性。一个精彩的故事，它本身就是特别处理的产物，又是其他的特别处理得以有效展开的保障（画面、声音等）。

“异”是指对题材的独到理解。题材的选择与处理，根本上取决于创作者对生活的态度。近年来韩国电影对传统亚洲题材多有扩张，凸出了情欲、暴力在影片叙事中的比重，这不是哗众取宠，而是对新现实的严肃回应。应该承认，大胆而直率地切入人性的本源，并非始自韩国电影。但能将情欲、暴力理解成人人皆有的最普遍与平常的身体事实，并善于在叙事中将隐晦与暗藏的此类情结诱导出来，则是韩国电影的一大特征。不回避人性的丑陋，将丑的现实挖掘出来，艺术地展览它，这仿佛是在生活貌似平静与完整的表面，打开了一条通向本质的缝隙。

在叙事策略上，韩国电影谋求机智地直入心性。而韩国电影在题材上的开放，正是一种率真与坦然，是一种大机智。横陈丑恶，揭示它的普遍性、日常性，或许更能开启我们对严峻的当下现实的思考。

没有音轨的旁白

文/徐　赜

中国电影，自忖看了不少，但印象深刻的，似乎不多，无非是“五十年代，新闻简报（纪录片）；六十年代，打打闹闹（战争片）；七十年代，唱唱跳跳（革命歌舞和现代京剧）；八十年代，反思检讨（“伤痕”影片）；九十年代，胡编乱造。”能登上电影殿堂的，倒是三、四十年代的一些黑白影片，至今值得称道的，《一江春水向东流》、《乌鸦与麻雀》、《马路天使》等均可罗列在内。至于张艺谋的《红高粱》、冯小刚的《手机》等影片，尽管创下了不俗的票房价值，但对于一个看惯了满世界经典影片的头脑而言，充其量只能在大脑皮层划上一道浅浅的痕迹。

韩国电影，自愧看得不多，没想就像阿里巴巴撞开了藏宝洞，发现了不少熠熠闪光的珍品。在尽情饱览一遍以后，不由庆幸改革开放的政策，使我辈对这个以前素不往来的东邻半岛国家的政治、经济、文化，都有了一个初步的了解，而对韩国电影，也有了一个大致的评价。套用一句话，就是韩国“人口少，影片多，质量高，发展快”，并不由为当今中国电影人着急：兄弟姐妹们，加把劲啊！

也许中国地大物博，中国人一向犯有自以为是的老毛病。中国电影人也有相当一部分感染了这一“流疾”。日前，就看到一个电影人撰写的文章，把韩国电影说得一无是处，“中国几亿观众如此痴迷韩国电影和电视剧，简直是集体无意识的集中体现，是对文化潮流的盲从”。作者由此为中国的几亿影视观众“深感悲哀”。瞧瞧，这话几乎与中国七八十年代电影里一些角色说的如出一辙，难怪中国的电影总是上不去，或者说，这也是现在中国人不爱看中国电影而热衷于韩国影视的原因所在！

在我看过的有限的韩国电影中，内容涉及方方面面。其中战争题材的《太极旗飘扬》，以朝鲜战争为背景，刻画了两家人的爱国情愫和不同遭遇，人物鲜明，形象饱满，特别是对战争的反思，对历史的诠释，一反政治式的图解，就应该让中国电影人好好学习领会一番。假如再以中国的某些同类战争题材影片相比较，高下优劣，一目了然！反映朝鲜与韩国紧张关系的影片《无人地带》、《双重间谍》、《赤尾岛》等，无不以合乎情理的构思，出乎意外的结局，让我辈拍案叫绝。反观中国类似影片，如《停战以后》、《东港谍影》、《海霞》

等，都幼稚得可笑。在一些深入揭示人性本质的艺术性影片中，《漂流欲室》、《逃遁》（又译《榴莲飘飘》或《色即是空》）等，无论其艺术水准还是直面人生的残酷剖析，未来十年中国也鲜有影片能出其右。即使是历史题材的《武士》、《黄山伐》、《美女湖》等影片，均气势恢弘、张合有致，张艺谋、陈凯歌包括香港大哥成龙的一些作品，多少都带有《武士》的烙印，或曰难避“拾人牙慧”之嫌。《海岸线》、《薄荷糖》、《萨玛利亚的女孩》反映了现代社会给人带来的生理和心理双重压力，有着独到的醒世作用，而这一点，正是中国电影人所漠视的，因此中国现代电影在这一层面上显得苍白而浮肿，一味热衷于玩一些“小众电影”，沾沾自喜；或者玩弄三维电脑特技，继续新一轮“假、大、空”的电影事业。至于一些“边缘人”的生活境况，韩国电影人也目所能及，并且予以足够的关注和同情。如《巴士站》、《空房子》等，都闪烁着“以人为本”的人文主义光辉。

呵呵，还好，我对韩国电影看得不多，不然，不知还要啰嗦一些什么，还要发几多牢骚。不过，作为一个爱看电影的业余级电影专栏作家，我这个老实人还想说上一句老实话，并且不怕得罪中国电影人，继而群起而哄向我“砸板砖”——中国电影要老老实实向韩国电影学习！

这，就是我的一段电影旁白！

小说到底怎么了？

导语

春秋战国时，学派林立，百家争鸣，许多学人策士为说服王侯接受其思想学说，往往设譬取喻，征引史事，巧借神话，多用寓言，以便修饰言说以增强文章效果。庄子认为此皆微不足道，故谓之“小说”，即“琐屑之言，非道术所在”，是“浅识小道”，即琐屑浅薄的言论与小道理之意，此为小说本义。

而经过几千年的历史变迁，小说这样东西留存了下来，百转千回，道理越说越多，文字越写越长，内容越编越杂，几乎变成了“大说”。

不是有一种讲法，现在写小说的比读小说的还要多吗？到底，你们在读些什么，他们又在写些什么呢？

你还在读小说吗？

快节奏时代，我们的耐心还放在小说上吗？

我又读小说了

文/安　妮

我还在读小说，确切地说，是我又在读小说了。因为有过一段时期，我被各种诱惑勾引着扔下保持了几十年的习惯，去追逐电视、碟片、各类报纸，但是最后，就像一个从艳遇中清醒过来的花心男人又回到发妻身边一样，我又捧起了小说，在一行行文字间进入故事和人物内心时，我有种回家的安心。这次团聚与初识不同，我不会再弃它而去。

这世界上有什么东西能代替小说呢？没有！生活一天天平淡无奇地过着，我们身陷其中，常常沮丧，随着年龄增长不断询问自己：生活就是这样吗？更令人沮丧的是，我们渐渐不再发问。这样的生活需要故事，有人说，去看《故事会》好了，但不行，我们不仅需要故事，更需要知道故事中的活生生的人，他们的遭遇、情感、想法，并从中认识生活，认识人，认识自己，《故事会》远远承担不起这么大的任务。有人说，去看电视剧好了，有故事有人物还有人演绎给你看，也不行，它没有优美的语言让你享受阅读的美感和快意，也没有那种深入到人的心灵深处，揭示复杂人性的力量。它太直观也就太霸道，不给你一点点想象的余地，塞给你的林黛玉就是那种模样，不管你接受不接受。

小说拓展了我们的生活，延伸了我们的视野，给了我们平淡人生中的另一个世界。它的优雅在于完全是一副好脾气，随你从头看，从中间看，甚至翻到尾巴上看，语言文字提供了无比宽广的空间，让你在阅读的同时参与"再创作"。

我爱看小说要归功于"文革"。那时天天批判大毒草，外国名著尤被称为黄色小说。我怀着好奇从封闭的图书馆偷出许多"黄色毒草"：托尔斯泰、屠格涅夫、陀思妥耶夫斯基、契诃夫、莫泊桑、巴尔扎克、雨果、德莱塞、霍桑、马克·吐温……越读越入迷，被深深折服，至今仍十分喜欢19世纪批判现实主义作品。那年北京中国话剧院来上海演《九三年》，我从书橱最顶端翻出雨果的同名原著重读一遍。那个时代的贵族,世界上没有人比雨果刻画得更好了。当我读过沈从文后,以前读过的作家顿时黯然失色,那种优美、淡定和从容不迫完全迷住了我,像诗,读着全身都像浸润在湘西美丽的山水和淳朴的人情风俗中。去年去张家界,为去凤凰而放弃其他景点,临行又读一遍《边城》。尽管小说写的不是凤凰而是川湘边界的一个渡口,但荡舟沱江望着两岸吊脚楼时,心里就不断对自己说,这就是写《边城》的沈先生的故乡了,这就是沈先生的故乡了……如朝拜圣地一般。想必作者沾染了这里的山水灵气,才写得出这么美的作品吧。后来在《上海文学》上看到张新颖评沈从文的《边城》,说那美的山水和人情下掩藏着作者的伤痛,不禁愕然,原来自己没有真正读懂。这就是小说了,好脾气又是矜持的,不是任何人都能当它的知音的。

近年来喜欢上一个作家,确切说 8、9 年前就喜欢他,自从读了他的第一本小说集《心痛初恋》,就不能忘怀。那时他远未成名,王安忆却为他写了序。这人叫刘庆邦,出生于河南贫困的农民家庭,他笔下大多是煤矿和农村生活,就他的出生和作品题材,真不可思议,写出来的小说竟会那么纯净、优美,富于感情,尤其是中短篇。现在一进书店两眼就搜寻,除了余秋雨外,就是找刘庆邦,这两个人的书,出一本买一本。后来有评论家评刘庆邦的风格酷似沈从文,才恍然大悟,小说看多了,对某种风格的小说就形成独有的喜好。

最近读了《法兰西组曲》,作者是出生乌克兰的俄裔犹太女作家内米洛夫斯基,尽管入法国籍,在二战中仍被送进集中营处死。这部作品跟随她女儿四处逃亡,60 年后才拿出来发表,并一举获得雷诺多文学大奖。作者原计划写 5 部,结果只完成 2 部就去世。《六月风暴》讲述德国人逼近巴黎时各个家庭逃亡情况,刻画了灾难面前各种阶层人的表现，身份体面却失态，地位卑微却保持尊严……第二部《柔板》，讲述德国人占领某小镇后，一名法国女人与德国军官之间有开始却没有结尾的恋情。小说真是好看，不仅因为它描绘了绚丽宏伟的历史画卷，更因为从未看过这么来写侵略者和被侵略者之间关系的。

让人烦恼的是如今“伪劣小说”太多，出版成产业，小说浩如烟海，让人不知如何沙里淘金。

我好久不读小说啦

文/陆家路

朋友打电话问我：最近在读什么书？小说读不读？我相当不好意思地回答：有空就翻翻杂书，已经好久没有读小说了。小说和我的日常生活已经有一段距离了。

中国的小说创作从明清算起，到现在也有几百年的历史了。小说和人民群众的生活息息相关，只要识字，肯定都读过长长短短的小说，小说在每个人的心中有着长长短短的美好记忆。

发展到今天，现在写小说的人数要比读小说的多吧，也许这是个玩笑的统计数字。但是每个人可以把自己的平凡生活演绎成文字，发表在各式各样的媒体上，提供给各式各样的读者，这就是时代的进步。小说产业从来没有像今天如此繁荣昌盛。

我们可以读到各种体裁的小说，但是我们很少读甚至不读小说。我想，现在读小说最卖力的大概是小说编辑和电影电视的导演，他们为了自己的饭碗，每天要看几部小说，他们是小说市场最大最有耐心的消费群体，他们是长篇小说作者的衣食父母。

我们都是等待电影电视导演把文字的东西变成了图画，再去寻找被改编的小说。小说第一次印数很少，等到导演把小说搬上荧幕，有了一定的收视率，小说的再版机器隆隆作响，导演是小说作者的再生父母。

我们接触文字的器官已经退化，文字的显现已经无法挑起我们的任何情绪，我们在任何文字面前可以无动于衷坐怀不乱，我们和文字的关系就像老夫老妻一样情如白水相伴相依。

小说还是在顽强地再现着今天丰富精彩的生活，不管有多少人在读。读小说有读的兴趣，不读小说有不读的理由，文字应该是人类认识世界最大的媒介，无论你接受了多少五颜六色的图像，最终的记忆还是要通过文字表达出来。

小说一部接着一部推上超市的货架，读小说和不读小说的消费者穿梭在超市里算计着每家每户的衣食住行。这是一幅 21 世纪的“清明上河图”。

读不读小说都是对的

文/董　煜

我拿起一本刚到的《小说月报》，卷了卷，走向美发厅。在那长达一个多小时的头发被蹂躏的过程中，我可以读读小说，而不至于浪费时间。旁边一个头发被抹上焗油膏的女人好奇地问，你在看什么？小说？她很不解地看着我说，我早就不看小说了，浪费时间。是啊，看小说是浪费时间，但是不看小说，我们除了生存必须花费的时间，那多出来的，又拿来干什么呢？看电视上没完没了的选秀？一个个羞涩地唱或跑调地唱，晋级了就感谢评委感谢父母，淘汰了就玩煽情的游戏，哭天抹泪的，弄得主持人倒成了托儿所阿姨。或者上网打电玩？无休止地与关卡纠缠，与分数搏斗？与其如此，我宁愿看小说。

我们都曾是小说的受益者，《欧阳海之歌》、《三侠五义》、《安娜·卡列尼娜》、《男人的一半是女人》、《福尔摩斯探案集》、《白鹿原》……在庞杂的阅读过程中，我们被小说滋润着，慢慢地变成有修养、有知识的人。我们又都是小说的受害者，曾经为了凑钱买齐一套世界名著，压制了自己最朴素的爱美愿望和最原始的对食物的渴望。因为沉迷小说，错过了很多发迹的机会，让我们至今手无寸金深陷柴米油盐之中。真是成也小说，败也小说。

我看小说吗？看的。小说就是编出来的故事，我们需要故事，我们每天都生活在故事里，演绎着自己的故事，但我们仍然需要别人的故事。故事有时候编得好，活灵活现的，读者就会称赞一声，说小说写得像真的一样。故事有时候编得出了格，显出来假，但依然会傻乎乎地看下去，期待在生活里也会有小说中那样完美的人，完美的事。不知在哪见过这么一句话，“电影是创作，而生活才是模仿”，很绝。确实如此，在有些时候，我们早已搞不清是因为小说描述了生活，还是生活在按小说设计的模式往前走。

古人云，秀才不出门，便知天下事。现在社会进步了，不必是秀才，所有有点文化的人，不出门都能知天下事了。他们靠网络，靠电视，当然也靠小说。小说让我们知道天下事，当然，更多的让我们知道别人的生活，它是阿 Q 的秘密武器，给人极大的精神满足，在为别人的不如意而怜悯而感动之余，会对自己平淡无味的日子生出一些留恋。

我看过一篇文章，作者提起如今小说备受冷落的状态，极其担忧和愤慨，似乎不读小说的人就是市侩就是低级趣味就是无药可救。还不至于吧,世上不看小说或者没空看小说的人很多,搞数学的,搞经济的,搞航天科技的,或者是跳国标的,很多人都不看小说,但不能抹杀他们在各自的领域里成为伟人。

在当今时代,看小说和不看小说的人分成两边,他们向左走或向右走,他们各取所需,他们都是对的。

小说,生还是死

文/凡　凡

我知道,小说的时代正渐渐离我们远去。现在小说已经不是处于中心位置的表达形式了,处于中心位置的表达形式,可以是电视,可以是网络,但绝不是小说。不要说上世纪80年代初读者通宵排队去抢购外国文学名著的盛况已成明日黄花,即使是韩少功翻译的《生命中不能承受之轻》100万的印数也成绝唱。余华的《兄弟》上部在全国书市大炒特炒,现代化宣传手段全用上,游走于雅俗边缘,也不过印数40万,已算年度亮点。

小说不再在我们的生活中举足轻重。它曾经是许多读者生命中的明灯,如果你身在80年代,要鼓励自己养成自信坚韧的性格,你只有去看海明威的《老人与海》;而今随便一本心理或励志书,会串烧无数个自信坚韧的例子,教你无数种培养自信坚韧的方法。所以,80年代是小说的时代,现在是多元的时代。很多人爱小说,因为小说提供了天马行空的环境,在小说中你可以张开想象的翅膀,无所不能,读小说是最好的休闲与调节,而今你可以看电视、看DVD、上网、呼朋唤友等等,消磨时光的事太多了。所以,80年代是小说的时代,现在是多元的时代。

最近几年，我不常读小说，总感觉缺少动人心弦的作品。优秀的小说，首先要有精神，真正能反映时代风貌和读者心声。《阿Q正传》动人的不是结构或语言，而是对国民心态丝丝入微的刻画。如今所谓“重现历史画卷”的小说对时代、人性的描述往往流于浅薄，隔靴搔痒。二要有情节，好的故事让读者牵肠挂肚，那流连于《三寸金莲》中冯骥才编织的亦真亦幻意境里无法自拔的日子，我还依稀记得，如今小说的寓言式结构程式化，人物脸谱化，味同嚼蜡。三要有语言，像D. H. 劳伦斯那样行云流水般的语言能让不以英语为母语的读者都深深沉醉，如今小说的语言仿佛淋过雨的仙女，已无这种魔力。

小说死了吗？

当初我读《神雕侠侣》，曾经傻傻地想，为什么结尾杨过要和扭扭捏捏的小龙女终成眷属呢，他们根本不般配，如果我重写结尾，一定要让杨过和英姿飒爽的郭襄在一起。现在你就可以做到！你可以勇敢地写，然后在线上传，读者网友会写中肯的点评，提供创作意见。渐渐地，看留言、更新文章、上传文章成了作者每天生活必不可缺的一部分。国内像“晋江文学城”、“四月天”这样大型的文学网站，千千万万个“业余作者”都是过的这种日子，他们或是大中学生，或是职场新鲜人，白天忙于读书工作，晚上就是为自己的梦想而写，为读者而写，不计报酬，留下千言万语。

这样的小说已经出版了——《柔福帝姬》踏出了这一步。作者米兰 lady 自称历史情感小说，以南宋初年真假公主柔福帝姬的历史疑案为背景，大胆展开想象，穿插靖康史事，描述了这位亡国公主的一生。这部40多万字的小说整整连载了两年，期间无数热心读者传播中又自行加入语言和情节，故事越拉越长，越来越完整，正如网友所说：“《柔福帝姬》是一个过程，无论对于作者还是读者。”回顾世界文学史，脱胎于神话传说、民间故事的文学作品都离不开这个过程，它只是在走《三国演义》、《水浒传》、《西游记》的路，现代技术手段为口耳相传加了个外包装而已。在网络交互式的创作过程中，读者得到充分尊重，有发言权，能左右故事，真正天马行空，为所欲为。从这个意义上，网络为小说延续了命脉，重新燃起了读者对作品的热情和爱。

小说的时代在远去，但是它灵魂附体，无处不在。比如《亮剑》，如果没有电视剧，我相信这部题材不算新颖，语言平平的小说是不能成为 2005 年畅销书的，凭着导演和演员的成功演绎，小说在塑造军魂和民族魂方面的价值，获得了公众的认可。这是小说身在这个时代的悲哀，但是也是小说重生的机遇。

小说没有死！死的是自以为是的小说家的心，活的是读者的心。

你还在写小说吗？

在写作者们眼中，小说的分量还占多少？

我读，故我写

文/王季明

作为一个业余小说写作者来说，不读优秀小说，那是不可想象的事情。人生苦短，精力有限，不可能时时处处"体验生活"，读优秀小说，就是给你一双翅膀；给你一根拐杖，给你"第三只眼"。她可以让你飞得更远；她可以使你走得更稳；她可以把你眼睛擦得更加雪亮。

毋庸置疑，随着社会迅猛发展，这年头，人们业余时间想看想玩的东西很多，他们需要更多的选择。而进入二十一世纪以来，中国的小说（尤其是长篇小说）越来越让人失望，每年上千部国产长篇小说，又有多少能给人思想、行为、审美方式带来一点收益呢？于是乎读者逃离小说，实在怨不得他们。

然而中国当代缺乏好小说，并不等于整个世界缺少好小说。随着对外开放，媒体发达，世界越来越成为一个小小的地球村时，世界上发生任何一件事情，经互联网传播，只要几分钟、几秒钟就能让我们知道。优秀的小说同样如此。中国的读者，从来没有像现在那样，在极短的时间内，就能读到国外的优秀小说。

为此，作为一个业余写作者，他是不应该逃离优秀小说的。

举几个例子吧。比如前两年读波里亚科夫的长篇小说《无望的逃离》，至今还记得他坦诚地希望中国读者“在读了它之后，也许能更好地理解俄罗斯人的悲剧性命运，理解如今仍在经受艰难而又充满矛盾的时代风雨的俄罗斯国家的悲剧性命运了。”这部小说真实地告诉我们，前苏联巨变与转型对俄罗斯人精神世界的冲击与震撼。读完后，我们会自我拷问，为什么我们改革开放那么多年，我们国家发生了那么多的事情，怎么就没有一部如《无望的逃离》那样的煌煌巨著呢？

又比如读品钦的长篇小说《V.》。这是上世纪的作品了，然而并不因为时间的消逝而让你失望，相反，读完后，你马上就会被品钦独特的叙述方式以及小说中处处表现出对世界充满了随意性与不确定性的哲学思想所折服；再比如读胡赛尼的处女作长篇小说《追风筝的人》，我们不仅对阿富汗这样的国家与人民有了更深的了解，同时我们更为主人公字里行间流露出的那种对人性弱点的忏悔而感动得每每流泪。而读富恩斯特的长篇小说《与劳拉迪亚斯共同的岁月》，你会为他用魔鬼似的语言,准确无误地解读人性,而长时间地陷入思索;而读奈保尔的长篇《毕司沃斯先生的房间》,那么从此以后,有关房子题材的小说,我劝你最好别写了,同时更重要的是,让我们记住了中美洲的那个小小的岛国:特立尼达与多巴哥。而读印度作家洛伊的长篇小说《微物之神》,那么你一定会为小说中神奇而又神秘直抵心灵的哀伤惊叹不已。

是的,快节奏的生活与工作的劳累,常常挤占了我们的读书时间。但是谁又能说,自己每天真的日理万机呢?我们不可能是鲁迅,他把别人每天用来喝咖啡的时间都用来读书与写作。但是作为自己来说,每天上下班来回坐地铁要花去整整60分钟,那么请算一下,5天不就是300分钟,不就是5个小时?这是多么宝贵的5个小时啊!一星期有这5个小时,(我们不算其他边边角角的时间)我们能看多少优秀的小说啊,更不用说一月或者说一年了。

作为一个业余小说写作者,我读,故我写。以后我若写不动了,我同样需要优秀的小说来滋润我的生活。那是精神的,是无可替代的。

小说越来越难伺候

文/阿　庄

前不久去临安开笔会。车行途中,经停高速公路服务区休息时,在书摊购书,笔友发现他的小说被地摊杂志转载了,小说标题很是抢眼:《麦莎这个"娘儿们"》。众人便笑他,说你这个搞纯文学的也向地摊文学低下了高傲的头。一路上还不停拿这篇小说的标题开涮他。不过,在读过他这篇小说后,我在笔会上却替他打起抱不平，麦莎本是个台风名，“娘儿们”意指台风的诡异多变，而小说内容就是说了台风季节在上海地铁里面发生的另类故事。但对书商来说，光这个标题做在地摊杂志封面上，就能吸引读者的眼球了。

由此联想到今天，对于我们许多想写小说的作者来说，小说也越来越难伺候了。首先，看你敢不敢在小说的题材上真正放开，你要畅销，要成名成家，要争取更多的眼球经济，就看你敢不敢，会不会写眼下最时髦充斥眼球的“三上”作品，哪“三上”呢，就是由原来的“两头”(枕头加拳头)变成了“上朝、上房、上床”。再展开说，“上朝”就是写唐宋元明清帝皇将相三宫六院的阴谋诡计加上争风吃醋勾心斗角的宫廷故事，“上房”就是武当少林青帮洪门飞檐走壁拳来脚去的武侠高僧之间的功夫打斗，“上床”则是都市白领丽人两性婚姻第三者插足的情感性爱故事。一般说来，你没有专业文史知识面和武林阅历，你是不敢碰“上朝，上房”的题材的，而“上床”这类作品，你就是有这个心没这个胆了，还不要说你敢写出来公布于众吗？因此，对于我们这些长期在国企里工作长大，只有工业题材生活经验的作者来说，还是老老实实地盯住脚下这口井，身边的人和事，写出自己的作品来。

第二想说的是，如今经济发展、科技进步，各种新生事物层出不穷，小说的包装形式也越来越多样化了。过去的小说，除了期刊杂志，载体不多。而如今呢，有专门给白领听的情感“音画”小说(碟片加 CD)，有给网民看的网上原创小说，有发给拇指一族的手机短信小说。因此你想要在小说创作上有新发展，你也必须与时俱进，掌握各种先进载体的运用方式。

第三想说的是，小说早已是人老珠黄了，读书、读小说的人越来越少了。据统计，截至 2010 年 11 月底，我国网民人数达到 4.5 亿。至 2011 年 6 月，我国的手机用户已达 9.2 亿户。而我国的电视机前的观众有 11.67 亿人之多，平均每天为 179 分钟。还有人统计说，北京、天津、上海等 7 大城市的人均阅读时间已从原来的每天 15 分钟减少到了每天 12 分钟。可见电视、网络、手机等新生媒体吸引走了大批读者，今夜无人阅读几成定局。

但小说的功能还是不可低估的，一篇好的小说就能火了一座村子和一个小城。就拿笔者最近去过的一条旅游线上的两个必去的景点湘西凤凰小城和芙蓉镇来举例。沈从文笔下的小说《边城》让更多的读者对地处偏僻的湘西凤凰小城产生了好奇，各地的旅游者慕名而来，寻访他笔下美丽的沱江边的吊脚楼和老街、虹桥风雨楼。如今沿沱江的居民都富了，沿街到处是商店和旅游纪念品，这里已开发成为了中国最美丽的旅游小城和旅游景点。而小说《芙蓉镇》改编成电影后，湘西名不见经传的王村小镇一下子成了旅游胜地，王村也更名为芙蓉镇，而且还拉动了周边的经济环境和旅游人气。当笔者在芙蓉镇刘晓庆拍电影的米豆腐店铺里面品尝美味时，只见游人络绎不绝，纷纷在此拍照留念。

最后，为所有还在写小说和准备写小说的同好们打个气，目前，我国年产影视剧目为 17000 部集，有不少影视剧从小说改编而成。听说有家公司专门请了一批专职阅评员，从全国所有文学报刊中挑选好小说，只要有选中的，公司就会和小说作者签下改编权。可见，道路是曲折的，但前途还是光明的。

小说，我拿什么拯救你

文/徐蕙照

我是个写小说的人，自然比别人更关注小说的去留和生存状态。对于小说，我们还能说些什么呢？我已经有好几年没好好的写过小说了，作为一个以写小说见长的人，也许就算是一个回答了吧。

余华写《兄弟》，据说是十年磨一剑。照余华的水准，写一部《兄弟》绝对花不了他十年的宝贵光阴，这十年的沉寂之中，我想他更多的时间是在思考我拿什么样的小说奉献给当今的读者吧。

我在网上开了两个博客，一个是搜狐上的《红泥炉　绿香袖》，专门发小说和散文，很多都是已经在正规刊物上发表过的，常常见人就拖他们进去看，还逼他们表态，当然多数人会泛泛地赞一句，很好啊。也有人说，啊，原来你写的文章都很规矩。自然听得出这弦外之音里有小瞧人的意思啦。为了不让人小瞧，我立马去新浪上开出了一个《朋友勿进》，专发不规矩文章。所谓不规矩文章就是小小短短的，即使是板着脸的大道理，也绝不板着脸说的快快乐乐的文章。不就耍耍笔杆子这点事吗，姐我上得厅堂下得厨房。

然后有个不认识的网友被我拖进《红泥炉　绿香袖》里，他不知道那是我的博客，才进去瞄了一眼就逃出来，说，你让我看什么呀，这种东西能看吗？我气得骂他，真是白白喂了你一顿精神大餐！他这才醒悟过来，说原来那是你的博客呀？我说那你去我另一个博客看看吧。于是他捏着鼻子摸进了《朋友勿进》，结果等把所有的文章看了一遍之后，出来透了口气说，现在我对你的景仰已经像滔滔的江河湖海的水加起来那么多了。赞得很夸张，但至少说明当下读者的口味。

我们生活在一个快餐时代，生活在一个由读者挑选作品的时代，高明的余华用了十年的时间，去揣摸读者的心理，然后冒着自毁声誉的代价写出了一部《兄弟》，并且一改作家们在作品正式发表前讳莫如深的做法，亲自把《兄弟》的一部分挂到了网上，借用网民们的眼睛来检验自己的小说。

余华这样做是在拯救小说吗?他这样做是成功地拯救了小说吗?除了余华,我们还能做些什么来拯救我们的小说呢?

至于我,小说写到今天,能不能发表已经不是终极的目标。作秀要有观众,小说要有读者。当芙蓉姐姐在网上公开酥胸半露羞羞答答地说,我要找个身体和心灵都很单纯的男孩来嫁的时候,半夜裸奔还有什么意义呢?

小说之痛

文/吕锦忠

股市很热,小说趋冷。有位创作势头旺盛的女作家,前几年在《收获》杂志接连发表了两部长篇小说后,竟也抵挡不住上证指数往上急窜的诱惑,搁下笔,一头扎进股市折腾了一番。这或许反映出,欲望都市对文学创作有着极大的冲击力。

但是,该写小说的还会继续,嗜好阅读的依旧痴迷,只是,如今的纯文学小说,再也不像以前那样轰轰烈烈。印象中,能让我眼睛一亮的优秀作品少之又少,即便在《收获》杂志上刊登的小说,真正属于精品力作的,屈指可数。当然,好的作品仍然会不时冒出的,只是在国内数百种文学期刊中寻找变得十分困难,在一个视时间就是金钱的年代里,大家对时间的安排都十分苛刻。那么,怎样才能独具慧眼?曾有位熟悉的文友这样开导我,在一流的期刊上把眼珠盯住陌生的作者。他的意思是说,一个面孔生疏的作者若能在像《收获》这样一流的杂志上发表作品,没有它的特别之处,是不大可能轻易被编辑同志认可的。

后来我在《收获》杂志上就找到这样一篇小说,它的名称叫《李阿姨》，光看标题一点不显眼，而且俗气得很，可读后却让我感触良久。作者写得朴实无华，却出人意料，叙述心平气和，又怡然自得，毫无故弄玄虚。之后顺藤摸瓜，我读了他的《朋友》、《生日》、《温柔的部分》，这位习惯以第一人称写作的作者总之并未令我失望，尽管他可能并不是最优秀的。之后我就想知道，顾前是谁？原来他是南京的一位普通作家，之所以说普通，因为同在南京，在他之上还有苏童和韩东。

固然，优秀的小说还有许多，我认为能让我有兴趣看得下去，并且略有心得的都是好小说，当然这只是我的标准。其实呢，我的判断标准非常简单，如果小说的开头部分不能打动我，或者语言过于平淡、粗糙的话，我便迅速过滤。遗憾的是，在我眼中一掠而过的小说绝对占了大部分，从而使我的眼皮出现了审美疲劳症。这样的事实是存在的，有的作家在文学圈子里炙手可热了，可小说写得未必出色。这或许证明这样一个道理，名气有时与作品的好坏，并不一定成正比。

出于对小说忠贞不渝的热爱，我也一直在试图写小说。这话只能说给自己听，因为我已经有好几年没有写过一篇像样的东西了，除了出一个十万字的译作；反过来说，长时间的沉寂，已让我游离在圈子外隔岸观望。这样并没有什么不妥吧，自己该干什么就干什么，读书写字全凭个人兴趣所致，心态放松、超脱。对我来说，写小说毕竟不是为了生存，说得高雅一点，写小说只是我心灵中的一种召唤，如果缺失了与此相呼应的内在冲动，在空闲时不妨多欣赏一些优秀影片。我也许始终在等待时机，因为我确信已积累了写小说的足够素材。

事实上，评头论足容易，写完全是另外一回事。有时看一篇好小说时，尽管会有一种莫名的创作冲动，轮到自己动笔了，却往往无从入手。在认真构思一篇小说的时候，我会考虑到之所以成为一篇好小说的种种元素：作品应具有深刻的内涵、特色的语言、精彩的故事，还要有生动的人物形象、出人意料的结局等等(评论家对好小说的标准)，然而，样样谋划到位了，这篇小说的下场便似乎已经非常不妙了。这让我非常沮丧。完美，竟成了我写小说的大忌，况且，就算什么都想到了，小说却失去了最初的灵魂。

从某种程度上说，写小说又是一件体力活，它由内在的“气”积攒而成，因此，反过来讲，写作时靠的是“气”而非纯粹的体力，“气”尽了，体力也耗尽完了，小说也就玩完了。若想重现，得需要一段时间的慢慢培养。有时，借助大量的阅读也能够培养自己写小说的感觉。前几年，读到巴别尔的《红色骑兵军》时，写作冲动竟然无比强烈，犹如一下子拨开了记忆中的尘埃，许多生活的往事仿佛突然在我面前变得栩栩如生。写小说是在写过去发生的事情，是对过去的一种追溯和回忆，当我在整理自己积累已久的素材本时，我发现我可以追忆的事情正在逐渐变得清晰……

可是，写好小说，我缺的是什么？其实自己并未完全明了。

奢侈消费，还是消费奢侈？

导语

奢侈品，作为“一种超出人们生存与发展需要范围的，具有独特、稀缺、珍奇等特点的‘非生活必需品’”正在火速、全面地进入中国。

“中国人已经取代日本人成为世界上最狂热的消费群体?”著名的《经济学家》曾如此指出，日本人曾经被认为是最盲目的消费群体，而现在中国人大有取而代之的趋势。日益富有的中国人希望被认同的意识越来越强烈，他们需要品牌，需要疯狂地购物。

而现今的上海则是汇聚最多时尚品牌大本营的中国城市，外滩、淮海路和南京西路已经成为上海的奢侈品集聚地，并在见证全球高档奢侈品抢滩中国的盛景。

难道，我们已经生活在一个奢侈时代?

难道，奢侈已经成为大城市的一种生活方式?

究竟是奢侈消费，还是消费奢侈?

谁在消费奢侈

文/刘　迪

在中国这块苦难深重的土地上谈“奢侈消费”，实在是令人感到颇不和谐。

据说，在上海举办的国际顶级私人物品展火暴程度令人惊讶，听后叫人不免质疑。

究竟哪些人具有“奢侈”的理由呢？

这些年我们仿佛一直在哭泣，70 年代我们这些生在新社会长在红旗下丰衣足食糖水里泡大的少年为苦大仇深的高玉宝、雷锋哭泣，为旧社会吃不饱穿不暖还要被地主鞭打的“贫雇农”哭泣，我们为“右派”哭泣，为“文革”哭泣，我们一次又一次地为苦难哭泣。我们为过去为别人不停地哭，我们以为苦难已经过去，直到今日，当余华的作品向我们再现 70 年代的境况时，我们幡然醒悟，那不是我们自己的过去吗？同样的水深火热，于是我们才开始为自己痛哭。我们对自己的后代说，我们小时候怎么怎么的苦。我们开始憬然，70 年代我们为什么总是忆苦思甜，原来是为了淡化和缓解我们正在遭遇的苦难。

匮乏和贫困几乎是我们成长的基调。有人可能富了、暴富了、功成名就了，但他身体里流淌的血一定是苦难的。也许我们当中有人具有贵族气质，但不会有真正的贵族。奢侈消费属于贵族当中的人，他们应当没有咀嚼过匮乏和贫困的滋味。带着苦难的胎记去享受奢侈品总是叫人感觉夹生，就像早些年中国人穿西服一样，怎么看都像假洋鬼子。像贵族那样去消费就是贵族了吗？看来还是不得要领。

重庆有一位大老板，搞房地产和收藏，你能想象他的资产有多少，他小时候的生活很艰苦，偶尔用香皂洗一次头洗一次澡算很奢侈了，直到今日他依然用这种“奢侈品”，而且他说他这辈子恐怕不会改变。我想，这种有苦难意识的富人才是中国富人的楷模。

那些动辄百万千万的物品叫谁买去了？有两种人购买奢侈品似乎比较多，一类是贵族中的贵族，命当如此，比如戴安娜，人家嫁了王子，有这个资本，她不奢侈也就不对了。还有一类是大毒枭，用冒死赚来的大钱换回稀世珍品，是给冒险生涯的一种自我补偿和安慰。按逻辑推理，那些靠勤劳致富乃至大富的人，按理通常不太舍得随便把钱花在奢侈品上。那些花一千万买一套家具的人物不免叫人浮想联翩，来得太容易的钱花起来大概很爽。

爱奢侈，爱生活

文/张　凡

“爱奢侈，爱生活！”要是15年前我这么说，一定会被勤俭持家的奶奶念叨上半天，甚至还可能被扣上若干负面评语。其实现在回想起来，那时的奢侈不过是在少体校游泳训练结束后，顺路到国际饭店点心部买一块奶油蛋糕填饱肚子；或者是花5毛钱坐一下人民公园的小火车和小飞机；最多是父母买了一条缀有花边的公主裙。那种温馨的奢侈是我童年幸福生活的记忆，会伴随我终身。

所以，我一直认为，奢侈是生活的一部分，是一种生活态度，是一种生活方式。

据说，法国人不管什么阶层，对奢侈享受都有一种复杂、奇怪、说不清道不明的感情。一个勃艮第老农会每月节约100法郎，然后年底到酒店一顿花掉，那天他要跟天天上那儿的富人得到同样的款待。对他而言，奢侈是在品味生活、享受生活，是一年辛劳的犒赏，是自我的肯定。奢侈的人不一定不节俭，只是他会为了追求心目中的精致美好的生活去奋斗、去花费，即使这种花费是高昂的，是奢侈，他也认为是值得的。从这个意义看，奢侈更是一种美学。奢侈对象的价格也许有高低之分，但却没有贵贱之分，昂贵不等于奢侈。对中学生来说，也许一顿必胜客就是奢侈；对大学生来说，也许一顿日本料理自助餐就是奢侈；对社会新人来说，也许一次港澳旅行就是奢侈；对事业有成的人士来说，也许一次环球豪华邮轮旅行才是奢侈。他们为奢侈付出的金钱不一样，但是他们在奢侈面前是平等的，因为他们都在用热爱美、发现美的眼光在生活中寻找美、追求美。

爱奢侈是热爱奢侈带来的那种生活态度、生活方式，它教会我们时刻用美的眼光看待生活，正应了那句广告语“眼光比生活高一点”。爱美的眼光成就了这个多样化的时代。如果光就生活而言，大概世界上至少70%的女装根本不会被生产，更不会被购买和消费。如果中国人现在穿衣服还考虑款式要持久些、布料要结实些、颜色要耐脏些，那中国也不会成为世界上最重要的纺织品出口国了。上世纪20年代，德国经济学家维尔纳·桑巴特撰写了《奢侈与资本主义》，认为资本主义的产生与奢侈密不可分。近年来，沃夫冈·拉茨勒博士又撰写了《奢侈带来富足》，详尽阐述了奢侈品的历史渊源、经济背景、道德伦理分析和对社会进步的作用。奢侈也许没有以上两位说得那么伟大，但是奢侈确实引导了我们看待生活的方式，把精致、舒适、高科技、人性化设计渐次引入我们的生活，从而提升生活品质。生活品质就在这样一点点的雕琢中日趋完善、革新和超越。今日之奢侈品也许就是明日之必需品，例如玻璃丝袜、电视机、电冰箱等等，奢侈品转化为必需品的速度，也体现了我们这个社会进步程度和经济发展水平提高的快慢。

奢侈在《辞海》语词分册里的释义就是“不节俭”。这也不全面，奢侈的人在努力实现他或她的梦想时，一定是节俭的。如果一个月收入只有3000块的女孩子想买一个Gucci的包，要么使用她的存款，否则她一定会在两三个月内仔细筹划自己的用度，戒置装、戒零食、戒Taxi等等。现在流行“月光族”，我不反对“月光族”，只要他们不把自己搞得财务崩溃就可以了。因为“月光族”的存在也是一种自信，自信自己下个月一定可以清偿这点负债。说到底，奢侈也是一种消费，就是一种介于仅仅消费必需品和自己最大消费能力之间的生活方式。作为一种消费，只要把握好一个“度”，不超越自身承受能力就行了。节俭固然是美德，但是奢侈也是每个人的生活权利。

时代在进步，观念也在更新。想当年，我勤俭持家的奶奶绝对是那种坐公交车也分清楚 4 毛和 5 毛车费，为了 1 毛钱可以走 2 站路的人，现在她可是出门就扬招 Taxi 的摩登老太。老人家认为，与其一个人在家戚戚然，不如坐车出门走亲访友，还有点夕阳乐趣。爱奢侈，爱生活，凡是用钱可以买到的东西都是便宜的。

我们没资格奢侈

文/文　瑶

我们公司招聘时，我曾给那些应聘者出过这么一个题：“一个‘海归’到亲戚家做客，看见主妇开着水龙头洗菜，任凭自来水哗哗地流，有些心疼。主妇笑着说，现在我们国内的生活条件都好了，这点水费我还是付得起的。海归听了大吃一惊。”我请大家回答，那个海归为什么吃惊。大多数人都说，海归出去时大概家里很穷，那个主妇过去大概很吝啬，这个细节可以反映人的变化和祖国日新月异的变化，我给那些人统统打了不及格，我们公司是跟水打交道的，不懂得珍惜水的人，不配当公司的员工。

我们真的没资格奢侈，就算我们已经小康。

我国有 6000 多万残疾人，绝大部分生活在农村，他们当中有相当数量因自身残疾的影响以及外界环境的障碍，生活处于贫困状态。中央财政年投入的扶贫资金已高达 130 亿元，但目前中国的绝对贫困人口超过 2000 万人，就算我们已经小康，但毕竟还有二千多万人还在为温饱担忧啊。

我们真的没资格奢侈，就算奢侈者花的是自己的钱。

目前我国人均水资源量 2200 立方米，是全球人均水资源最贫乏的国家之一。我国每年因干旱损失粮食 300 亿公斤。专家预测，到 2033 年中国人口将达到 15 亿，随着工业化进程和城市化步伐加快，还将导致河湖干涸、地面沉降、生态环境恶化。此外，石油资源紧缺，煤炭资源紧缺，城市土地资源紧缺，大自然已经在不断地亮出红牌，就算奢侈者花的是自己的钱，但浪费的却是全人类的资源啊。

甘肃兰州师大附中的一名老教师，为了教会学生节约，将学生扔进垃圾桶里的饼子拣起来当着全班 80 多名同学的面吃了！媒体大为赞赏，认为节俭教育不能光嘴上说，应该提倡这样的言传身教。看过之后总觉得有些辛酸。关于奢侈这个问题，先人其实早有训诫，李商隐说，“历览前贤国与家，成由勤俭破由奢”；白居易说，“奢者狼藉俭者安，一凶一吉在眼前”；就连国外的一些智者也说，“奢侈乃德义之灭亡”、“奢侈是民族衰弱的起点”。可是，我们的日子刚刚好过一点，就忘了几千年来的古训，却要一个六十多岁的老人，为了增加教育的震撼力，甘冒着吃坏肚子的风险，来承担教育者的责任！

奢侈是个美丽的陷阱，要抵御奢侈的诱惑，真的很难，但我们必须节制自己，只有这样，我们才有希望，我们的子孙才有希望。

将奢侈进行到底

文/可　艺

没住过金碧辉煌的庄园别墅，没开过风驰电掣的“保时捷”，没戴过沉甸甸的N克拉的钻戒，也没用过SKⅡ的“神仙水”，更没拎过真正的“路易威登”，刚过贫困线的我还是叫嚣着要将奢侈进行到底，朋友疑惑地问我是不是有“妄想症”，我要说“此奢侈非彼奢侈也”！

在儿童天真的世界里，恐怕是不存在“奢侈”一说的，因为他们没有比较。少了比较，奢侈还是拮据便都没有了标准，也都失去了意义。只有在对物质消费有了主观认识的情况下，“奢侈”才有了它自己的范畴——说到底它脱不了一个“俗”字。可是我们谁又不是凡夫俗子，谁又离得开这个“俗”的世界呢？所以，就大胆地“俗”吧，别在意他人的目光，因为这就是真实的生活，再在一俗到底的同时痛痛快快地“奢侈”一把，这样的生活才叫惬意啊。难道你不信吗？还是鄙夷？唾弃？……

Maggi前一阵去了趟法国，在那个浪漫的国度观光休闲了两个星期。回国后，Maggi给我展示了她在法国购物的“战利品”，其中有一个“卡迪亚”的拎包。包非常的小巧，几乎放不下什么东西，包上除了两根黑色的带子没有任何其他装饰物，非常的简洁大方。

“多少钱？”

“退完税680欧元。”

“不会吧，六千八人民币，就这么一小包包？”

“卡迪亚的新款，不打折呀。”

“你真奢侈！”

“嗨，辛辛苦苦工作了大半年了，也该犒劳犒劳自己了。这年月，你自己不犒劳自己，难道还等着老板来犒劳你不成？”

“说得也是。”

“我算想通了，钱是自己辛辛苦苦挣的，总得对得住自己啊。用奢侈来换时尚，用时尚来换开心，何乐而不为呢？”

是啊，Maggi说得没错。这些年她工作一直非常努力，再加上培训和进修硕士，她可是没少辛苦。如今年收入也算有个十几万了，偶尔的奢侈一把应该还是在她的经济承受范围之内的。

像 Maggi 这样的白领都追求时尚，时尚就意味着年轻，年轻就能跟上时代的步伐。在如今这个快节奏的社会，有几个年轻人愿意自己和时代脱节呢？所以，将奢侈进行到底吧！

Alex 来到上海快两年了，他是一家小公司的小会计，每月的收入不过两千多。刨去租房和一些基本的生活开支，他每月的剩余都非常有限，所以他一直是一个“节俭主义者”。然而，有一天他竟请我吃了一次“哈根达斯”。

“怎么，涨工资了？”

“没有。”

“那怎么……”

“嗨，我也想尝尝奢侈的滋味啊！”

“奢侈？用词有点过吧？”

“对别人来说可能不算，但对我来说这已经很奢侈了。每天从这过都看见很多人在里面开心地吃着冰淇淋，很是羡慕。其实，我也不是吃不起，就是狠不下这个心。但今天拿到薪水的时候，我突然想体验一下坐在里面的感觉。”

“那感觉如何？”

“挺好的，至少这冰淇淋的味道我很喜欢。”

Alex 那天始终面带笑容。奢侈，对他来说是对自己消费观念的挑战，挑战成功了，便成了自我放松的体现。后来 Alex 每隔一两个月就会去一次“哈根达斯”，在那里一边看着窗外的景色，一边细细品味冰淇淋浓浓的香甜。他说，节俭是日常所需，奢侈则是一种点缀，有了缤纷的点缀，生活才显得多姿多彩。所以，将奢侈进行到底吧！

商家说，奢侈消费不一定都是虚荣心消费，但虚荣心消费几乎都是奢侈的。一查词典，“奢侈”的定义果然是一个贬义词。其实，奢侈的定义应该是相对的，既取决于社会的平均收入水平，也取决于每个人的心理感受，而且是因时因人因地而异的。十几年前，手机被老百姓看作是奢侈品，一眨眼功夫连楼道里打扫卫生的阿姨都用上了；穷人认为买私房驾私车是奢侈，富人认为住花园豪宅开私人飞机也不算奢侈；在发达国家，穷人的住房里也有独立的卫浴设备，而对发展中国家一些低收入者来说，那无疑是一种奢望。社会发展到今天，消费早已不再只是满足生存的需要，炫耀财富也不再是奢侈的象征，取而代之的多是那种平时难以获得的生活体验。如果快乐花钱可以让自己的生活更充实、更有质量，那么，就将奢侈进行到底吧！

奢侈是社会发展的一种动力

文/文　沂

在这个高速发展的社会，任何一个话题都可能稍纵即逝。而近些年来，“奢侈品”这个词始终在人们的视野中出没。价值 10 亿美元的私人飞机、3000 万美元的游艇、最顶级的跑车……世界上最有影响的奢侈品纷纷登陆上海。名车、时装、雪茄烟和鸡尾酒会，一时成为传媒口中的胶姆糖，被反复地咀嚼着，直到没了一丝甜味。在媒体孜孜不倦的“教诲”下，连普通老百姓也开始知道乔治阿玛尼和外滩 3 号了。对如此频繁地举办“国际品位生活展”，或是“国际顶级时尚品牌行业高峰会”，很多人是有非议的，认为在西部还有很多人在为衣食担忧的前提下，允许奢侈品大张旗鼓地进入我们的生活，掏空我们刚鼓起来的荷包，是决策上的错误，是对年轻人的消费误导。可是，任何存在都是合理的，在某种意义上，奢侈其实也是社会发展的一种动力。

某小城，经济一直平平，周边地区都在飞速发展，都在“大变样”，可是这里依然按部就班，吃着大锅饭，住着福利房，职工拿着不高的工资，饿不死，也吃不好。上面来考察干部，一听，老百姓意见蛮大嘛，就找市委书记谈话。市委书记心中委屈，确实，他从不多吃多占，家里住的是六十年代的公房，水泥地面，连空调都没有。妻子只是一个书店职工，每天骑着自行车上下班，刮风下雨的，还得去挤公交车。正是由于他安于清贫，安于现状，不说小富即安了，还没富呢就安心了，弄得老百姓也跟着他受穷，过苦日子。后来，给换了个领导，新书记吸取了前任的教训，把提高老百姓的生活质量作为任期目标，他只是让大家知道什么东西才是好东西，什么样的日子才是好日子，稍微允许大家享受了一下奢侈品，人们有了欲望，也就有了动力，没到三年，经济就给拉动了，老百姓也买上了商品房、私家车。这是一个足以打破我们思维定势的，值得思考的真实的范例。

人活着得有目标。还没富起来的人可以往富起来的目标奔，已经富起来的那部分人呢，就必须再给他们一个新的目标，那就是奢侈的生活。奢侈，在我们的字典中不应该都是贬义的，它意味着好的生活质量，高雅的欣赏品位，意味着精致、完美和高贵。所以，我们用不着把奢侈品看做洪水猛兽，试着接纳它，学着欣赏它，在与奢侈品相伴的日子里，让我们学会享受生活。

只要我们努力，相信奢侈的生活不再是那些富豪们的专利。最后，让我们盗用一句大师的名言，“奢侈品已经来了，好日子还会远吗？”

月饼代表你的心？

导语

中秋节是中华民族的传统节日，“笙歌远闻千里，嬉戏连坐至晓”的景象或许已不多见，但赏圆月吃月饼却依旧不曾改变。月饼被称之为“国饼”不无道理。

从传统的豆沙馅到时尚的冰淇淋馅，月饼也赶着日新月异的时髦。那你呢？走亲访友之际送上的一盒盒月饼，有着怎样流转的心思？

月饼代表了你的心吗？

月饼是食品还是礼品

文/尚　云

离中秋节尚有一些日子，各式各样的礼品月饼却早已开始争奇斗艳，令人目不暇接，看似应有尽有，吃则大同小异——月饼，是卖口味，还是卖概念？是礼品，还是食品？

曾几何时，随着现代生活节奏的加快，中秋团圆赏月的习俗已经悄然淡化，月饼不再像过去只有单一的食用功能，而是成了人们表达感情的一个载体。在今天，人们对月饼的感觉已经大大改变了，多数都是浅尝辄止。在人们的眼里，月饼已基本上不被看作是一种食品，人们已把月饼当成是一种节日所必需的礼品和摆设品，是用于送礼和点缀节日气氛的。中秋节的过法已经越来越多了,而月饼难道就真得变成一种“买的不吃、吃的不买”,华而不“食”的尴尬礼品?

月饼作为重要的节日礼品由来已久,月饼原本是中华民族的一个特殊的吉祥食品,千百年来,对中国人来说,中秋节意味着一家团圆,而月饼则象征着圆满。月饼的造型多是圆的,这正是表达了人们对幸福的追求。小小月饼,包含了多少特有的情感和文化。但那时送月饼送的毕竟是祝愿。

可在现在一些人的消费观里,月饼作为礼品,要“拿得出手”,甚至形成了一种怪现象——越贵越有人买,越贵越显得高档,越贵越显得气派。人们买月饼不是为了吃月饼,而是为了送月饼,而送月饼更多时候是要送出它的昂贵,而不仅仅是送出它所代表的原始感情。

毕竟月饼作为一种团圆喜庆的文化象征,是所有时令食品中最能将食用、礼品、感情这三者完美结合的一种商品,特别是作为礼品和感情的载体,月饼可以说留给了商家和企业丰富的操作空间。

近年来,随着人们生活水平的提高,月饼的价值已经超越了自身作为食品的价值,越来越体现出作为礼品的附加值,这本来体现的是人类文化的提升。但是,我们现在面临的却是这种现象的异化,月饼的食用价值不是被超越,而是消亡;月饼“身价”的提高,也不是人们对其文化附加值和情感附加值的肯定,而是把昂贵的附加品和月饼融合,这其实是一种“买椟还珠”的畸形消费。

厂家想尽办法在月饼包装上搞出不少噱头,用夸大文化内涵、超豪华包装的做法来放大“月饼商机”。对于这种“月饼高消费现象”,其实反映出的是需求的不正常化。毕竟,只有公款消费、购买行贿、高额回扣等,才能支撑这种价格高得离谱的月饼市场。月饼作为一种具有独特的文化内涵的商品，却被一再滥用，其形式大于内容的现状已取代了其在人们心目中约定俗成的地位。

节日食品代表的是一种文化，是一种饮食习惯，到了一定的季节和期限，大家就想吃固定的食品。然而，这与节日食品实现“日常化”并不矛盾。如今人们不愁吃穿，传统时令食品除了其固有的食品属性以外，更多地被赋予了一种文化属性和社会属性。其实，只要老百姓不忘传统节日，即使天天可以吃，节日食品仍将会保持其特有的魅力。

月饼其实是有广阔市场的，关键在于如何把握住市场的脉搏，走“礼品化”道路只会离主流市场越来越远，以夸大文化内涵来放大商机只会适得其反。

我们希望，月饼作为一种约定俗成的传统文化能够回归其本来的属性。

月饼不能离百姓需要越来越远

文/常　德

时近中秋，又到了举家团圆的时候。月饼这个象征国人团圆之念的佳品，曾经在商家们不停的炒作下发生了巨大的变化。而这种变化最明显的特征，就是月饼其义愈来愈离百姓的初衷相差甚远了。

月饼与平常百姓实际需求越来越远，主要是商家对中秋月饼的过度开发、利用和发挥，越发地让人感到了庸俗化。披金戴银的有之，穿花怀衫的有之；主配相合的有之，名创奇迹的亦有之。贵族化、豪华型、奢侈状成为月饼市场上的主调，大有一发不可收之势。在月饼之外搭售了一大堆不相干的诸如红酒、玉镯子、手表、甚至还有金饰用品、名贵香烟等，可谓五花八门，让人眼花缭乱。而当这些高档月饼摇身一变，就成了一些人进贡领导、上司的“专用礼品”，就成了一些人讲排场、拉关系的“敲门砖”。身价上千元的月饼随处可见，在相互攀比之中，惟恐不豪华不贵重不气派。与之相比，老百姓面对着这些价格高得吓人的月饼，除了望而却步之外，只得抱怨，发发牢骚罢了。十几块钱一盒的月饼在市场上难觅踪影，这种追求豪华之风，把个本来朴素的团圆节日搞得十分铺张和不实在。

有不少平常百姓觉得现在的中秋节没有意思，缺少了兴致，甚至于成了一些负担。这不能不说是中国人对于传统的一种生厌。人们对于走向商业化的节日已经感到了乏力，尤其是社会现象让人费解，一边是奢侈浪费中寻求着虚伪的满足，一边是追求平常中满足心灵的慰藉。在这种强烈的反差面前，商家追求商业利润，满足那些肯花大钱购买的人们的愿望，而不惜让绝大多数人的美好愿望遭到冷淡。假如有一天中秋节成了商家的节日，成了有所欲求者的节日，成了追求奢侈的节日，那么，对于平常百姓来说，也就没有可过的必要了。

月饼离百姓需要越来越远是一个信号，它从一个侧面告诉人们，背离了传统美德来讲传统那仅仅是一种虚词，片面追求奢侈是一个时代的不幸。如果我们不能从月饼的蜕变中找回属于民族本来的东西，那么抛弃这种传统也是迟早的事。

没有月饼的中秋节是寂寞的

文/范　尼

往年过了立秋时节，上海滩几家知名的老字号就忙不迭地满世界做广告——提醒市民月饼上市了，年度大戏又上演了。各家字号照样摩拳擦掌，准备大干一场。

这些年媒体常拿月饼说事：有说月饼高油高糖高脂肪，不是健康食品，不宜多吃；有说月饼体现中国人际交往怪圈，买的人不吃，吃的人不买，平白养活一群月饼票黄牛贩子；有说月饼是腐败滋生的源泉，红木盒包装的“天价月饼”，配上洋酒、名烟、茶叶，动辄千八百，拿着不烫手。沸沸扬扬，政府也坐不住了，发改委一纸公文从天而降，这民俗食品配红头文件，月饼也是第一号。

我从小不特别嗜好月饼。以前的月饼不像现在整齐划一都是广式，比较流行散装的苏式月饼，一口咬上去，酥松的皮层会纷然飘落，馅料有猪油的香味，又甜又肥。难得有盒纸盒杏花楼，净挑椰蓉吃，因为椰子是只闻其名，不知其味的水果，狼吞虎咽吃完了，呆呆地望着嫦娥奔月包装盒使劲回味，至于五仁、金腿、豆沙等等，我都是不吃的。后来椰子汁成了常见的饮料，吃月饼的理由就更加没有了，每年走过场似的吃上一两个，权当完成任务。

七八年前的中秋节，我在异地游学，离家数百里，一个心灵上还没断奶的孩子第一次在没有家人陪伴下过节，那种孤寂不可言说。忽然电话铃响，同学兴奋地告诉我，她爸特地寄来一盒杏花楼，她要送我一个，叫我自己去挑。那一刻我觉得她简直就是天使。至于那次我吃的是什么馅月饼，我已经记不清了，只记得明月和家乡的月饼。

中秋节几乎是公认的我国第二大传统节日。中秋节吃月饼，古已有之，明代以后，月饼越发是中秋节的象征。据说中秋夜月球距地球最近，月亮最大最圆最亮，人们仰望天际朗朗明月，自然会期盼家人团聚，食用月饼也是取“团圆”之义，所以中秋又被称为“团圆节”。春节、中秋节的兴盛是因为天下游子更多了。古人有“父母在,不远游,游必有方”的训诫,除了求学、游宦、做生意,终生不离乡里的人比比皆是,现如今什么都可以成为分离的理由。1.4亿的流动人口,几千万期盼团圆的家庭,只要有这样的现实,这样的情感,中秋的民俗就会存在,月饼就会存在。中秋节的情感是团圆的情感,与它相比,庸俗的人际关系学是如此苍白,易于消逝。就我个人而言,七八年前同学送我的那个月饼至今口齿留香,浸入心肺,是鲍鱼、鱼翅、燕窝等高价月饼都不能比的。

没有月饼的中秋节肯定是寂寞的。有人总结北京过中秋八大俗,这俗既是民俗,也是俗气,随大流的中秋过法,第一条就是送月饼,第二条是发短信。短信也离不开月饼,什么“送你一份中秋月饼,成分:真心+快乐;保质期:一生;营养:温馨+幸福+真情;制造:想念你的人”,估计收到这短信的人心里也很受用。中秋送月饼还是最得人心的。

月饼物流图

文/杜星解

每年一到中秋,便是标志着一年一度的月饼物流大会开始,城市中呈现出一幅川流不息的月饼物流图。到了中秋节,男女老少不是吃月饼,而是算计着手头的月饼应该送到谁的手里,用什么方法送到亲朋好友手里,月饼的物流路线真是伤透了每个望着月亮的凡人心。一年一度的月饼物流图以快递公司营业额大幅上扬而胜利闭幕。

月饼不是自己吃的,而是送给人家吃的。可是人家也不吃月饼,拿到月饼还要想办法送人。月饼的物流方式正在百忙之中以N

种方案在大街小巷向左走向右走。

一个古老的故事说一盒包装精美的月饼经过一个月的旅行，又回到第一个主人手里。这个黑色幽默故事是现代版的吴刚嫦娥传说，月饼已经承载了传统文化太多的故事，月饼不是一种普通的食品，月饼是饱含文化底蕴的一件时尚礼品。

月饼物流图使得城市交通堵上加堵，月饼像一朵鲜花一样给忙碌的城市锦上添花。各式各样的月饼纷纷出笼，各式各样的送法创意无穷，月饼代表了一颗心，月饼只是一个概念，我们送的是一颗心，而月饼给我们送礼提供了一个美好的空间和时间。

月饼给我们太多的想象空间，送月饼的过程就是过节欢庆的日子。在这中秋月圆的日子一天天来临的时候，我们在车水马龙的城市各个角落，看到月饼物流图正在激情上演。一颗颗大大小小的心藏在花花绿绿的月饼包装下游荡在各条不同的运输线路上。

明月照耀下的月饼物流图把城市装扮得无比温馨。

月饼代表我的心

文/冯　强

每到中秋，缠人的月饼必然跃上心头。就像上海人着装四季分明一样，我家有个传统，对节假日特别敏感，中秋节就更当一回事了，每到这个“举头望明月”的时候，老老少少总要在吃月饼上花费许多，我们做小辈的还带着父母喜欢的杏花楼月饼去聚会，以求得绵绵不尽的天伦之乐。

对月饼的态度，我肯定属于“好派”，甚至是属于泥古不化的“好派”，而对那些烧炭月饼、雪月饼等等改头换面、乔装打扮的，则无法苟同。沉湎于“原汁原味”的百果、豆沙、苔条、椰蓉、莲蓉中,与醉心唐诗宋词,闲步平湖秋月一样,有着躲避纷繁复杂的人际交往之功。而对传统的杏花楼、新雅月饼的情有独钟,则进一步流露了自己对亲情的向往。

我以为杏花楼、新雅月饼是传统月饼中的佼佼者,它们皮酥、馅精、味香、外美,几乎集月饼的优秀之大成。因而,佳节前后,我家至少要消费4至5盒杏花楼、新雅月饼。可惜,这些年它们也不能免俗,开始时尚化、贵族化了,好在仍保留了五、六十元纸盒包装的,其实只有它们才是杏花楼、新雅月饼的真正代表,也是被更多普通消费者“自摸”的对象。“不吃月饼的人买月饼,吃月饼的人不买月饼”,这是街谈巷议,但这话不适合这类纸盒包装月饼的消费者。对月饼有意见,最大的原因是它被异化成了一些人不良动机的敲门砖。其实,这也从侧面反映了它的存在价值,私事、公事、好事、坏事者都看上月饼,都以此为媒,从中反映出人们既希望自己是普通的消费者,又不得不在混沌的尘世中奔波、耗费、折腾,有时还会无可奈何地充当不光彩的角色。这是一种已被社会化的矛盾心态。

所幸的是,把中秋节吃月饼当作好传统、当作传递亲情的人并不是少数,这是月饼的大幸,也是其得以源远流长的主要原因。每当超市、专卖店里出现人头攒动的场面,就预示着无数次亲朋好友的“人约黄昏后”。我曾读过一本外国人写的《月亮的传说》,在经过仔细比较后,我发现,在对月亮的神话传说中,中国的传说远比其他国家来得完美、动人,其中的“千里共婵娟”,充分显现了“月亮还是中国的圆”,而人们用各种方式表达对月亮的崇尚,乃至对月饼的大众化作用的肯定是最显著的,它表明了在这美妙的时刻——“月饼代表我的心”的群体意识。

电影中的奥运精神

导语

提起奥运，总不免想到一些词汇：和平、理想、奋斗、荣誉，还有爱。只是一场体育盛事在时间长河中很容易就呼啸而过。幸好，我们有电影。当那些美丽的故事以影像作为载体来呈现时，不仅更能打动人心，更让奥运精神永远定格在了画面中。

自信心的重生

文/巾　心

实话说，酷爱DVD的我，对体育类题材的电影却十分陌生，总觉得，与其坐在电脑前欣赏这样的影片，毋宁看一场实况的体育比赛更为直接。如此理解或许是十分肤浅的，事实上，电影是一门艺术，而体育仅仅是比赛或竞技而已。前不久，当我静下心来，以观赏的姿态看完一部叫做《伯尔尼的奇迹》的影片时，不但彻底改变了对体育影片的误解，而且还被深深打动。

这部德国前总理施罗德在观看时眼里噙着泪的影片，究竟有何吸引力？

《伯尔尼的奇迹》是一部德国影片，它真实地再现了发生在50

年代初的一次足球决赛，内容大致讲述的是，体育记者保罗·阿克尔曼突然接到赴伯尔尼采访的任务，于是将蜜月旅行改在瑞士。此时德国某煤矿小镇上的居民都聚在小酒馆，欣赏电视转播。店主理查德·鲁班斯基曾在苏联战俘营被关押了11年，小儿子小马蒂亚斯把德国球员赫尔穆特视为偶像，千方百计想去瑞士为他捧场。比赛当天，匈牙利队在八分钟内连进两球，但德国队最终却赢得了世界冠军。

战后的德国正处在经济衰退，国民情绪低落的阴影笼罩下，在这样一个敏感时期，或许一件突如其来的事件，一场全民关注的盛事，都有可能在德国民众内心掀起不平静的涟漪。足球世界杯上德国队的比赛，正好作为一个"大事件"吸引了民众的注意力，它因此被赋予了太多的内涵，人们似乎把对世事的一切快乐或不满全部发泄在足球上。由此可以想象到，对当时的德国国家队来说，压力之大是难以想象的。教练赫博格在赛前的"军令状"犹如战前动员，紧张的场面令人不敢喘气；球员入场前肩连肩地围成一圈，个个神情凝重，大有"壮士一去兮不复还"的气氛。赫博格在队员面前甚至引用了球迷对他放出的狠话：干掉赫博格，要在他光脚板上抽50靴子，然后把他踢出德国……决赛的结果大大出乎德国民众的意料之外。

看完电影，觉得德国队看似偶然的胜利其实有其必然的一面：首先，人们对足球的热爱是空前的，决赛那天，街道、学校、办公室、车站空无一人，大家聚集在电视机前又喊又叫；换一种角度思考，这种情绪的发泄可视之为对一个国家的希望和信心，把对足球的胜利更看作为一个民族的胜利。显然，德国球员在绿茵场上的意志力明显高出对手一筹。电影中有个场面非常感人：当德国队在上半场先以0比2输球后，球员变得意志消沉、斗志全无时，原本对足球并不喜爱的体育记者的未婚妻，却带头在看台上放开嗓子喊道，“加油，德国，加油，德国”，受此感化，整个体育场的德国观众顿时全体起立，为德国队加油，其声势排山倒海。至此，想必观众也会深受感染。

德国某知名撰稿人如此评论道：“伯尔尼的胜利是德国足球美德的诞生，是国家自信心的重生。”因此，这部电影的意义在某种程度上已远远超出了体育的界限，它体现的更是一个民族的精神力量象征，从这一点上看，《伯尔尼的奇迹》除了带给我们诸多的启示外，其吸引力更多的是在它的精神层面上。

爱，也是一场马拉松

文/照　照

20 岁的裴享珍在 2001 年春川马拉松赛上以 2 小时 57 分 7 秒跑完全程；2002 年参加铁人三项赛，以 15 小时 6 分跑完 222.195 公里。他是韩国最年轻的国家纪录保持者。以真人真事改编的韩国影片《马拉松》，说的就是他的故事。导演郑允哲以这部影片摘得“韩国百想艺术大奖”的电影最高大奖和最佳剧本奖，男主角赵承佑获得最优秀电影演技大奖。此外，影片还获得了“韩国大钟奖”最佳影片、最佳男主角奖等七项大奖。在韩国上映期间，观影人数超过 500 万。

初看以上这些介绍文字，这是一部完完全全的体育竞技片，但如果我告诉你，世界上生来就有这样一种人：他们不会表达感情，难以与人沟通，不愿意和别人相处。这叫自闭症。这是一种残疾，而不是疾病，任何药物或者手术都无法治愈。这样一说，是不是听起来叫人觉得特别绝望?《马拉松》这部片子里,这个叫伊草原的孩子就是这样一个患有自闭症的人,它告诉我们的,是另一种竞技的故事。

父亲也许就是因为绝望,离开了家,但草原却不懂得悲哀。他没有喜怒哀乐,也没有接受和给予的概念。为了教会他生存,母亲反复教他去感知世界,但是他连倾盆大雨这样的强刺激都感受不到,只是日复一日机械地记住了母亲的每一句话和每一个字。在他还是个小孩时,绝望的母亲在动物园里故意松手弄丢了他,他在感到害怕前,找到了他一生的最爱——斑马。他对斑马的痴迷使母亲萌发了用长跑来启动他心智的尝试。随着年岁的增加,有着成年人身体却只有幼童智力的草原在一次十公里长跑比赛中跑进前三名,这给了母亲极大的安慰和动力。她带着儿子向更高的目标——马拉松,发起了冲击。

一位曾在世界级比赛上获得过冠军的著名马拉松运动员正旭因酒后驾车受到惩罚,被分配到草原所在的学校当义工。母亲带着草原找到他,苦苦哀求他收下草原当学生。随着和草原相处的时间越来越长,正旭慢慢地被孩子般纯真直率的草原同化,而草原也逐渐向正旭敞开了心扉。

草原无意中与母亲的又一次走失,唤醒了草原的表达,母亲想不到他一直记得儿时在动物园放开了他的手弄丢了他,原来他懂得害怕。她开始自责,不愿再将自己的意愿强加在孩子身上。她决定放弃。

眼看盼望已久的春川马拉松赛一天天临近,草原出人意料地生平第一次自己作了决定,他要参加比赛。

感人的一幕出现了:草原没有得到母亲的同意,擅自登上去春川的汽车来到了赛场。母亲和弟弟追到赛场终于找到了他,母亲紧紧拉住他的手，不让他参赛，不让他再丢失。比赛已经开始，参赛者纷纷从他们身边跑过，身影就像斑马在草原上尽情驰骋的召唤。这是命运的召唤，他无法摆脱。终于，他挣开了母亲的手，汇入了马拉松的洪流。一直以来，他只习惯牵住母亲和教练的手张开了，他的手掠过草叶，拂过清风，承受雨滴……与路边加油助威的观众的手一路相触，感受着人与人之间情感交流的温暖。忽然间，他明白了倾盆大雨的含意，第一次面对照相机露出了微笑。天注定，他这辈子永远都是一只长不全羽翼的鸟，但这一刻，他乘着风飞起来了。

这部洋溢着温情的《马拉松》，用细腻的电影语言，清新的画面，时而催人泪下，时而让人会心微笑的故事，给我们讲述了这样一个道理：每个人的人生就像完成一次艰苦的马拉松，我们也许会慢下我们的脚步去欣赏沿途那优美如画的风景，我们也许会在崎岖和坎坷面前暂时驻足不前，但我们始终未曾停歇向前的脚步。只有拼尽全力，才能到达胜利的终点。

马拉松如是；人生如是；爱，亦如是。

一部关于理想与奋斗的励志电影

文/罗　亭

《火的战车》，一部颇具英国古典主义气质的电影。一部关于理想与奋斗与信念乃至信仰的励志电影。一部没有多少人完整看过但几乎没有人不曾为它的主题音乐感动过的电影。

影片是根据真人真事改编的。讲述了英国两位青年短跑选手为参加奥运会而刻苦训练，最终分别夺取 1924 年巴黎奥运会 100 米、400 米冠军的故事。1919 年，赛跑好手犹太人哈罗德进入剑桥大学学习，同时在苏格兰的基督教信徒利迪尔也是一个天才的赛跑选手，两人最大目标都是在1924年巴黎的奥运会上夺冠。在奥运前的一次比赛中，利迪尔以微弱优势战胜了哈罗德，但哈罗德并没消沉，顶住了压力，刻苦训练，在巴黎奥运会上和利迪尔在不同项目上双双夺冠。哈罗德是为犹太人的名誉而战，利迪尔是为苏格兰人名誉而战。但影片表现出的高尚的体育精神和道德精神，成为影片最为吸引人之处。影片着重刻画两位出身和经历不同的青年的心理状态，所表现的与其说是竞赛，不如说是火热般的信念。他们的胜利是体育比赛的胜利，更是意志的胜利，信念的胜利，信仰的胜利。

在这部电影里，理想与信仰被清晰地从镜头之外拉了回来，每个人都可以看到它们的存在对于人的生活和生命有着什么样的作用。影片主要是唤起人们积极向上的进取精神。像这样的题材与主题在英美影坛上是比较罕见的，加上编导处理深刻、演员表演生动，因此上座率相当高。

我一直认为人是不能没有理想的，虽然你可以不是理想主义；人也是最好有些信仰，比如一种信念，一种爱，甚至相信真真实实的一个自己。所以尽管总是有人说着类似婚姻是爱情的坟墓、现实是理想的葬礼这样的警句，我依然坚持自己的观点，依然为自己的理想奋斗着，矢志不渝。

在这个理想主义被看作幼稚和笑谈的时代，在这个甚至也没有什么理想无需多少奋斗的时代，深夜里一个人静静地看完《火的战车》，不啻于一种洗礼。

这部拍摄成本低、题材古老且英国味十足的影片，在1981年度奥斯卡奖的评选中爆出了冷门，它竟然战胜了呼声很高的美国影片《赤色分子》、《金色池塘》等，而夺得最佳影片、最佳创作剧本、最佳作曲和最佳服装四项奖。

好莱坞式的挑战

文/王　平

“运动比赛”或许天生就是浅薄的题材领域，编剧再使劲也跳不出“知耻而后勇——团结就是力量——虽败犹荣”之类的路数，这是体育竞技以成败论英雄的命数规定了的。

《挑战星期天》讲述的这支叫做鲨鱼的橄榄球队输赢衰盛的故事也不过如此，没有什么新意。从故事来说，《挑战星期天》完全充斥了美国式的英雄主义和自由：达马托教练是这个美式足球最伟大的教练，拥有总冠军戒指，不过他的时代似乎已经过去了，麾下的迈阿密鲨鱼队已经多场不胜；克里斯蒂安接下了父亲遗留下的球队，却发现自己无法达到父亲的高度，同时还面临城市支持力度不够、队伍面临迁址的尴尬；曾经的明星四分卫、队长鲁尼风光不再，严重的伤病让他有了退出的念头；天赋极高，但命运坎坷的黑人替补四分卫比曼终于抓住机会成为英雄，却因为个人主义过于严重且桀骜不驯而迷失自我；被视为权威的队医为了私人利益而隐瞒队员们的伤病情况……故事的结局所有人都猜得到，教练在最关键的比赛中证明了自己的能力，毒瘤被及时清除，老队长咬牙挺过上半场，少年天才则领悟比赛真谛替补出场，女老板看着胜利明白了生活其实比美式足球，比继承父亲的遗志更重要——典型的好莱坞式的结局！

但千万别因为自己猜到了结果而放弃这部影片，也许你会告诉我，你完全不懂美式足球，但我的建议是：即使你一点都不明白规则,你也不应该错过它。

由奥利佛·斯通导演的《挑战星期天》给我们展示一个真实的职业体育世界:为了一百万美元的表现奖金,有些人甚至明知有生命危险仍搏命出战;为了能报答教练的知遇之恩,有些人连站立都不稳仍一次次送出致命长传;为了能够配合自己钟爱美式足球的丈夫和女儿,有的人一生就把原本可以有精彩生活的星期天放弃了——牺牲,这就是《挑战星期天》的主题。生命和美式足球一样,都是差之毫厘就能改变一切。如果你的一生,都要为那微小的一"英寸"(美式足球中最小的计算单位)而拼搏,虽然也许你争取的东西是那么渺小,却对你身边的人可能有着巨大的帮助。而只有你有为那一英寸牺牲的决心,你才可能是最后的胜利者。

《巴尔的摩太阳报》的影评家霍纳代曾这样评论《挑战星期天》:"它做到了一部电影所能做到的一切。"够了,还有什么样的称赞能超越这句评语。你错过它,就错过一部足以称为伟大的作品!

电视内外的世界

导语

电视在我们的日常生活中有着显著的地位。"看电视"已成为人们的一种生活习惯,成为人们日常生活的一个组成部分,成为人们在家庭生活中的一个"标志性行为"。电视也由此形成一种独特的"电视文化",被称作是"大众文化"、"娱乐文化"、"快餐文化"等等。

那么,电视究竟对我们的生活产生着怎样的影响?又与我们的生活发生着怎样的关系?

电视在默默改变着我们的生活

文/康 怡

前些日子家里的电视机坏了,打电话找维修的,可是说要第三天才能来。这等待的两天,晚饭后的那段时光,就成了无所事事的空间。过去对电视也不是那么依赖的嘛,常常开着电视,心里想着别的事,手里干着别的事,还经常笑话那些被连续剧俘虏的人群。难道真的是失去了才知道珍贵?

记得放《望乡》时,电视机还是奢侈品,向刚刚睁开眼睛看世界的中国人传达着遥远而陌生的信息。但是,电视机拥有者是少数,电视节目的受众却是最广大的老百姓。当老奶奶拿着小凳早早地守候在居委会小院，在荧屏前咧开嘴傻呵呵笑着的时候，当成千上万的人看着同一部电影，为同一个人物的命运担忧的时候，电视，制造的是一种大众文化。

到后来，电视就不那么稀罕了。起初是新婚夫妇才会买一台，后来退休的工人也可以买了，到最后连走街串巷收破烂的，用三五十块钱收一个旧电视，拾掇好了，也会在阳光开始温顺下来的夏日黄昏，洗了澡，赤着膊，在旧电视机前摆一张方凳，放上啤酒和三两个下酒小菜，享受他们在劳作之后的幸福生活。这时候如果没有电视，相信他的幸福感一定会大打折扣。

日子就这么悄无声息地流逝。从什么时候开始，电视在默默改变着我们的生活呢？电视里的人哭，我们也跟着哭；电视里的人笑，我们也跟着笑。电视里的人遭到不幸，我们也如丧考妣，终日沉沦。电视里说吃这个能长高，我们就可着劲地往孩子口里灌。电视里说用那个能减肥，我们就没日没夜地照着做。效果不好，总以为是自己哪里做得不周全，却从来就没有怀疑过电视里说的。哪怕智商是150的人，在电视面前照样没有免疫力。这时候的电视，制造的是一种"傻子"文化。

也不是没有头脑清醒的，常常有专家隔三岔五的提个醒，说在电视机前坐久了，对脑子不好，只会一味地接受信息，大脑的功能会慢慢退化。有一时期犯罪率上升，犯罪手段也高明了，就有人发现，许多情节都跟当时热播的电视剧相似，电视，变成了教唆犯罪的课堂。于是下面呼吁，上面下禁令，在黄金时段不得播放那些血腥或带点"颜色"的片子，为了保护那些"世界观还未形成"的年轻人。可是，在其他时段就可以了吗？那些世界观已经形成的成年人，就一定能抵挡电视的诱惑吗？

什么是敌人？就是知道对方对你不怀好意，需要防范的人。可是电视呢？你不可能防范它。你在它五色绚烂的画面中沉醉，你在它可歌可泣的情节描述中迷失。不管是大俗还是大雅，你都能在电视里找到自己的精神需要。痴迷电视的确有害，可你说快餐使人肥胖，油炸食品致癌，就能使那些爱好者远离？肯德基照样人满为患，每天人们照样视死如归地站在油条摊前。电视也一样，这小小的荧屏是人生的镜子，在里面，它代替你哭，代替你笑，代替你说出不敢说的话，代替你杀掉不敢杀的仇人，你真的可以不看电视吗？

电视，在默默地改变着我们的生活。

电视的魅力和魔力

文/骆　元

电视称得上是迄今为止人类进行信息传播变革过程中影响最大的成果之一。电视传播声像并茂、色彩兼备，远距离传送，不受文化、年龄的限制，面向社会，深入家庭，成为最具活力的大众传播工具。它使真人、真事、真景、真情的表现达到最佳状态，使观众具有现场感和参与感。它兼容电影、戏剧、雕塑、音乐、绘画、建筑、舞蹈、文学等各类空间艺术形式和时间艺术之所长，通过电子编辑手段对各门艺术进行再加工、再创造，具有灵活性和综合性。

电视形成了独特的“电视文化”。它改变着人们的思想观念和生活方式。电视已成为人们生活中不可缺少的部分。许多人已经养成了每天在某一固定时间收看电视的习惯。通过电视，可以得到与世界、与社会的某种联系，可以得到新的信息、新的知识，对根本不可能亲历的事件可以目睹，对终身难以涉足的异域可以一览无余。电视可以令全世界不同国度的人们在同一时间看同一地方的战争与灾难，也可以令他们看同一场球赛和演出。电视有着不可阻挡的魅力。电视观众不需要具备报刊读者那样的文化程度，在现代国家中几乎所有的社会成员每天都可随时、轻易地接触到它。它的这一特性，使它成为“大众文化”最具影响力的传播工具。它可以使一首歌一夜流行，也可以使一个演员一夜成为明星。由于电视提供大量娱乐性节目，使个人的娱乐性倾向得到空前的发展，它吸引人们把更多的时间投入到收看电视之中。以至有人感叹：如果今天没有了电视，我们的生活将会怎样？

电视已经在全世界得到普及，电视台的数量和节目频道呈爆炸性增长，播出的时间越来越长，甚至24小时全天播出，加上卫星电视技术的发展，已使全世界变成了一个“地球村”。它促进各国人民相互了解，促进不同文化交汇融合，使“地球村”的“村民”关注他们赖以生存的这个星球，为美好的未来而努力。但在电视发展过程中，人们对电视文化褒奖的同时，也时时抨击它带来的消极影响。如对电视商业化倾向的批判，对电视中大量暴力、色情节目和镜头的批判，对电视使人们远离书籍、报刊的批判，对电视降低人与人之间进行交流和沟通的批判等等。英国哲学家波普尔认为：电视把学校、图书馆、博物馆排挤到次要位置。他认为，目前电视的影响可以和酒鬼父亲的影响相提并论，在儿童成长的环境中，充斥着色情、暴虐和犯罪，家长对此简直无能为力，电视成了欧洲神话中的仙女手里的魔棒，这位仙女自己也不知道她将创造什么。西方有一幅漫画很说明问题：一只猴子在不断地思考，于是逐渐变成了人；这个人又整天看电视，于是又逐渐变成了猴子。看来电视的“为善”、“为恶”还将继续下去，人们对它的好评和批评也将继续下去。电视的魅力、魔力和威力，令人们爱它、恨它都没商量。在电视时代，是否打开电视机？打开电视机看什么？能否果断关上电视机？观众时刻面临着理性与感性的考验。

少看电视多读书

文/王安诺

电视是近似“犬马声色”的丧志之物，迎合人“眼好色，耳好声，口好味”的本性之恶。因为实在太享受了，坐在沙发上嚼着口香糖捏着遥控器，你就能随心所欲地从古到今，走南闯北，且无须费脑思考，如大林吃饭（张天翼小说《大林和小林》中的人物），只要张嘴，自有人放进美食捧住下巴帮助咀嚼，更不用说它的便捷高效。小小遥控器在手，5 分钟抓不住人就换台，几秒钟就能把数十只频道筛选一遍，有一种纵横驰骋驾驭一切的快感。所以，看电视养成了人的两样坏毛病：慵懒和浮躁。

读书与看电视本质是不同的，它是一种内心生活。读书要寂寞得多，也有趣味得多。因为一切都不是现成的，文字只是中介，须静静独坐一隅，一字字读，一句句理解，要思考体会，有时还要回想回味，是运用智力积极互动的过程。古人说，三天不读书，面目可憎。“可憎”即“粗俗”，可见读书的人连外表都会发生变化。有一个例子很能说明读书与看电视的区别。80 年代拍电视剧《红楼梦》，凡是没读过原著的人，都叫好看；凡是读过原著的人，尤其是研究红学的专家却大都不满意，认为电视剧没有准确表达小说原意，演员太年轻，演不出人物性格，尤其是林黛玉，可爱之处没演出来，却将她演得很讨嫌。很明显，读过书的人不会被动地接受屏幕上现成的林黛玉，而是根据自己的经历、理解、审美和想象，构造出心中的林黛玉，所谓“有一千个读者就有一千个哈姆雷特”。一本好书总是给人提供较大的活动空间，所以，读书也是一种“再创作”。

人们的阅读习惯正在被电视和其他现代化东西代替，这是很可怕的。久而久之，人的心都变“空”了。就像“三角恋爱”，我也在书本和电视包括其他许多东西之间挣扎，有意识地克制自己远离电视多读书，小心地维护多年养成的读书习惯不在这诱惑太多的世界被颠覆。那是塑造心性、终生受益的好习惯啊。但是，尽管你晚上在灯下一杯咖啡一册书，那读书的心情毕竟与以前是不同了。

高科技、信息化是把“双刃剑”，提高效率的同时也磨粗我们的感觉。看唐宋元明清书画国宝，那一笔蝇头小楷，远看密密麻麻，近看秀丽齐整，一笔不错；周秦汉唐文物中一套镏金茶具，从碾茶叶的小碾到舀茶叶的小勺，一件件精致齐备，喝一杯茶有多少细致的体验？叹羡古人生活的雅致优美，好似静静地细嚼慢咽、品评回味，而来去匆匆的现代人早已不耐烦那份宁静和悠闲，也丢失了生活中许多对美的感觉。

这，不知是进步还是倒退？

图像时代的一只机器宠物

文/单　苏

现在家庭没有电视机就像是缺了一件家具。装修房子请著名设计师画图纸，设计师首先定位的是电视机的位置：电视机放在哪里？几吋的电视机？电视机没有定位就是设计师的眼光无法聚焦，仿佛一切家具都是围绕电视机的向日葵。

电视机已经成为一件重要的家具。

早晨电视播报新闻。中午电视预报气象。晚上电视播放电视剧。半夜里电视还有谈话节目……电视机像监视器一样监护着我们的日常起居，我们像关心亲戚朋友一样关注着主持人的胖瘦长短。无论频道每月增加多少，我们手握遥控器指向哪里看到哪里。

电视机已经是日常生活中的一只机器宠物。

前几年，一位老朋友说他退休之后有一台电视机就可以打发余生。电视剧里的一幕幕情节太打动人心了，天天观赏这些悲欢离合的故事就可以消遣长长的寂寞时光。

三十年前家里没有电视机的故事已经不敢对后辈提起。二十年前小小黑白荧幕摆在五斗橱上面一闪一闪的经典传说只是笑话。十年前电视机已经敞开供应，不要票证了。到了今天，走进亲朋好友客厅，只看到宽大的液晶屏幕上主持人正和许多现场观众互动。

电视机进入寻常百姓家使得看电视节目成为一种最方便和最低廉的消费模式。手握遥控器，仿佛整只地球可以轻轻拨弄。

电视机主宰我们的作息时间：天气预报10分钟，新闻联播30分钟，法治在线20分钟，综艺晚会90分钟，还有电视连续剧……幸好广告时间逐日拉长让我们上厕所时能够从容一些，顺便还可以到厨房去弄点夜宵。平时聊天中，不知不觉两个人的话题就转到一部电视剧的人物关系中去了。思绪停顿下来慢慢想想，电视机传播的东西已经是老百姓日思夜想的一部分。我们的作息时间已经被电视机切割成一段一段。

好像现在世界上还没有哪座城市发起一个“不看电视日”的活动。指定在那一天全城不看电视，让电视台24小时保养维修设备，全城电视台关门打烊一天，看看这一天全城男女老少会发生什么样的变化。

图像时代的到来像季节更替一样自然顺畅，文字段落的晦涩含蓄不如红红绿绿的画面鲜艳动人，读文字不如看图像。除了电视，我们周围的视觉艺术环境日新月异，视觉艺术家的大量涌现把城市弄得恍如乡村一般山花烂漫。

热爱电视和憎恨电视的争论已经成为电视台的一个品牌栏目。直到有一天，著名设计师拿起图纸问：你家还用电视机？这么破旧的玩艺还放在家里？在这么一个阳光灿烂的早晨，我们看到的才是蓝天白云大海山坡的大自然风景……

我们熬得到抛弃电视机的那一天么？

盒子里的故事不好看

文/仲敬千

周末又到了。我按照我们家原先定下来的条例是：上午我带孩子去公园玩，下午在家学习。

可今天6岁的儿子却一反常规，说不想去公园了，一定要在家看电视。我说电视有什么好看的，不就是一个方方正正的塑料盒子嘛，哪有去公园好玩、自由。

“不嘛，我要看盒子里的故事，‘大头儿子、小头爸爸’”。

这下我倒没说什么，人家要看的是故事，不是电视机，我总不能说动画片不好看吧，那明显带有欺诈的行为。再说了，我说不好看有什么用呢，事实明明是我也非常爱看动画片的。

曾记得，去年深秋时节，一位在媒体工作的朋友要采访我，请我谈谈对一些电视剧的观感。接到这通知，我连忙说：

“对不起，我打开电视时，只看四类节目：一是‘新闻联播’，二是‘焦点访谈’，三是‘纪实类’，四是‘动画片’。对于电视剧之类，我是从来不去涉及的。”

朋友听完，竟然半天没做声，可能是伤了朋友的这份热情了。但是真话往往是这样子的。由此可见我对电视节目的态度了。

我家的电视机是集摆设、装饰之外，还有一个作用，那就是晚上还可以作为壁灯的。打开电视机借着蓝色背景，洗脸、濯足、铺床，倒也是非常浪漫的事哩！我们经常这样做。

所以我非常不明白，电视机由最初的电子管时代，经过几十年的努力，现在都数字化了，形状也发生了质的变化；而我们的电视节目、电视剧呢？实在是叫人不敢恭维的，这是多么奇怪的现象。所以每当收“有线费”的时候我就生气，不知能否退了它！

真所谓电视机愈高级，电视节目愈低级，想想真是浪费，那么高级的一个盒子，却因没有相应的“软件”匹配，而沦落成壁灯，这应算是悲剧了吧。

怪不得，坊间曾有人说：广告中插播的电视剧越来越不好看了。

真是一语中的。

社区文化百姓谈

导语

你见过公园里随着热闹音乐翩翩起舞的人吗？

你听过广场上压倒高音量功放的民间嗓子吗？

你参加过小区各式各样的舞会歌会运动会吗？

“你方唱罢我登场，直认小区是我家。”

社区文化，实际上就是百姓们自己的居住文化。

普天同乐新生活

文/俞　桑

在上海这样的大都市，高楼造得越来越近，人的关系却越来越远。俗话说的：远亲不如近邻，也渐渐变成了一个远古的神话。倒是对门住着不相识，从西方的传说，变为了现实。

普乐新村是上海西南角一个普通的居民小区，普天同乐的意思。我在这里住了十多年了，要是不去居委会问一问，从来就没搞清楚，这里有九十七个门牌号，十七种房型，里面包含了动迁房安置房、售后公房、商品房、原地居民回迁房……房屋的性质多种多样，注定了居民的来源也比较复杂。小区建成至今已经有了十多年的历史，算是一个老社区了，可除了认识几个老邻居，就没发展过邻里的交往圈。

居委干部告诉我，小区建成时，小区的文化娱乐活动还没有引起政府如今这样的重视，所以那时没有考虑到老年活动室之类的居民文娱活动场所，居民的活动基本只限于自发和半自发的早锻炼。

几年前，配合小区平改坡等改造工程，居委会决定加盖一个老年活动室。部分居民怕影响到自己家的地基，或者采光，坚决不同意。居委会书记上门陈述利弊，解除了他们的担忧，做通了大家的工作，果断让工程队把小区的污水处理池填平了，把污水管通出小区，腾出一块空地，建成了一个达标的居民活动室。于是，热热闹闹的社区活动就此丰富多彩地开展起来了。我看了一下每周的日程表：英语班、合唱班、沪剧班、越剧班、舞蹈班、编织班、读报组……活动室每一天都排得满满的。另外，利用小区空地和网球场，每天早上的老年甩手操、关节操、太极拳、练功十八法，晚上的世博海宝舞等健身舞，可以说小区居民每天都能根据自己的喜好和需要，选择参加适合自己的活动。

居委干部小李带我看了下活动室，虽是简易房，却宽敞明亮，一间有一间的用途，安排得井井有条。

中间一个大活动室，可以容纳百多人在里面开会、搞活动。逢到春节、中秋、国庆，各文艺活动组的人就聚在这里开联欢会，亮出自己的拿手戏，上台一展才艺。

大活动室两边各有几间稍小些的教室、乒乓房、棋牌室……这些教室一般都要经过精心安排，才能做到让各个活动小组都有使用的时间。

有了标准的活动室，梅陇镇给小区配备了数字电影放映机、电子琴、扩音设备等活动器材，极大地丰富了小区居民的生活，特别是老年人的生活。

小区所有的活动班组全部由热心的志愿者承担授课和管理，基本上都是免费的。居委会书记说：我们开放活动室，本来就不是用来赢利的，只要能运作起来，我们坚决不收费。

居民们的文娱活动并不讲究水平高低，有兴趣就来；也不讲究能参加多少大型活动，得什么奖，能参与就好。

编织班的学员们曾经将亲手编织的毛线帽子、围巾送到附近的养老院。当老人们戴上这些可爱的帽子，围上这些漂亮的围巾，心里充满了温暖。5·12汶川地震后，居委会专门拨了经费买了毛线，编织班的学员又亲手编织了许多帽子围巾，送到灾区，温暖了受灾群众的心，得到了区政府的表扬。

如今他们凭着各自的兴趣和爱好，这些来自市区各地的居民在活动室里相识相知，变成了生活中的好朋友。怪不得现在只要气温适宜，天气晴好，就会有一群一堆的邻居在外面聊天、下棋啥的呢。

一年春节，57号的居民自发在楼组长家里一起吃年夜饭，每家每户自带一个菜，坐了满满两桌人。居委干部知道了这个事，不但亲自上门与他们一起共吃年夜饭，还拿出钱来作为饮料费。手巧的居委干部还做了蛋糕送上门去与大家分享。如今城市家庭小型化，大家都说很多年没吃过这么热闹、开心的年夜饭了。

现在上海许多社区都形成了自己的文化活动机制。随着健康丰富的社区文化活动的日渐活跃，过去老弄堂邻里间的氛围又渐渐形成了。只有我闷声不响地进进出出，实在太闭塞了。

多元是社区文化的底色

文/凡　凡

上个月我有幸参加了一个社区教育的会议，与会的大多是现时本市社区教育的组织者和实践者。作为“门外汉”的我，免不了也问了几个外行的问题：到底什么是社区教育？社区教育到底教受众些什么？与会的老师都很热情，纷纷介绍了自己所在的社区学院、社区学校的课程设置、教学组织、师资和生源等等。课程包罗万象，从绘画、书法、摄影、乐器演奏、合唱，到烹饪、插花、缝纫，到太极拳、健身操、交谊舞，再到时政、理财、保健，社区居民需要什么就开设什么课程，甚至还有部分社区学院坚持“大社区教育”理念，和职业教育、成人教育结合，开设职业技能课程。教学组织则除了明确受众为已退休的、不在岗在职的社区居民的部分课程外，社区学院、社区学校基本是晚上比白天热闹，双休日比工作日热闹。师资和生源，更是八仙过海，各显神通，各家有各家的妙招，来源不一而足，共同点都是红红火火。

见微知著，社区学院、社区学校的蒸蒸日上，印证着社区文化的蓬勃发展。对于社区文化，最初我是从父亲身上领略到它的魅力。父亲退休后，不到半年就在社区里交上了朋友，先是夏夜一起纳凉闲聊，后来一起“饭后百步走”，再后来一起组织去江浙两省旅游。朋友间交流话题、主题活动内容广泛，从“小菜经”、超市的特价商品信息，到相携去老年学校上合唱课、参加迎世博100天市民风采展示，再到雪天帮助物业扫雪、参加社区党员志愿服务，着实为父亲的晚年生活增添了不少亮色。由此我认为，闲聊、健身、旅游、合唱、公益劳动、志愿服务都是社区文化，就像绘画、烹饪、太极拳、时政都是社区教育一样，多元是社区文化的底色。

社区文化的多元，在于对社区文化的需求多元。现代社会的发展使得大家物质和精神发展需求日益多元化、多样性和多层次，千人千面，让社区文化呈现出多姿多彩的面貌。

社区文化的多元，在于促进形成社区文化的条件多元。硬件有窗明几净、设施齐备的社区文化活动中心、社区学院、社区学校，软件有热心公益且有一技之长的社区居民，真是要人有人，要场地有场地。

社区文化的多元，在于社区文化含义的多元。社区文化包罗万象，举凡信仰、价值观、行为规范、风俗习惯、生活方式，只要指导思想正确、有益于提高生活质量、和谐社区关系的事物，都是值得肯定的社区文化因子。

当然，我觉得社区文化虽然来源于民间，多元是它的底色，但是也还需要一个整合的过程。社区文化就像调色板，光有底色，还需要调和，才能绘出更美的图画。这个调和的过程就是社区教育，像父亲那样的社区活动积极分子，如果没有引导，他和他的朋友可能永远沉浸在闲聊、健身、旅游这样个人化的社区文化活动体验中，不可能跨出小我，为社区甚至所在的城市做出自己的贡献。如何引导千千万万个像父亲一样的社区居民，有所乐、有所系、有所为，确实是我们社区文化建设和社区教育的重要课题。

社区文化需要加强管理

文/董　澜

社区这个新名词在当今我们开放的社会已经越来越为大众所熟悉、所接受了，虽然它原来是个舶来品，是西方发达国家社会行政结构的一种模式，有很多好处和优点。中国人是善于模仿的，马上“拿来”为我所用。于是乎，我们不仅有了社区这个概念，也有了诸如社区文化活动中心这样的机构。

但是，我们在实现“拿来主义”的同时，往往犯有囫囵吞枣的毛病，也就是比较“粗”的毛病。

我所在的小区在当地也是个规模比较大的小区，虽然没有人来有意地组织大家搞一些社区文化活动，但是，居民们还是自发地组织了诸如乒乓队、羽毛球队、拳操队、合唱队等等的文体娱乐队伍，要的是自娱自乐、强身健体的效果。

这大众的文化娱乐活动，实际上与社区文化不谋而合了。于是，引起了镇有关方面的注意，他们派出人员来做了一些引导工作，特别是遇到上级部门来检查、或者有需要时，他们就把这些队伍拉出去抵挡一阵，还起到了意料之外的好效果。

比如，我所在的乒乓队，平时都是自己打了玩的，街道也从不来看一看，管一管。可是一旦遇到本镇要与兄弟镇比赛了，他们就来"指示"了，我们不负众望，取得了一定的成绩，镇里自然脸上有光，也来点小恩小惠的奖励。然后就再也不管，放任自流了。

不管就不管吧，我们也不是"贱骨头"，非要找"抽"不可，我们本来就是自娱自乐的嘛。

但是，有一件事让我们乒乓队队员耿耿于怀，那就是：镇里新建了社区文化活动中心，里面有乒乓房，设了五张乒乓桌，平时只有下午对外开放。我们向曾经邀请我们代表镇参赛的那位同志提出，是不是可以在上午向我们乒乓队开放，作为乒乓队训练的地点，收点费用自然也是可以的。但是，那位同志向我们笑笑说："我向上面反映反映。"这一反映就反映了一年，至今不见下文，肯定是没戏了。

更让大家愤愤不平的是，社区文化活动中心里面有许多房间成了办公室，不小心把门推开了一看，哇噻！一张张老板台，煞是气派啊！

大家就不明白了，社区文化活动中心怎么成了某些人的办公室了呢？区一级和街道、镇一级的政府部门都设立了相关的管理科室，总得多关心关心社区文化娱乐活动吧。

“手机小说”是小说吗？

导语

你听说过手机小说吗？

你阅读过手机小说吗？

什么是手机小说呢？

手机小说：

是文化的快餐？

是文学的零食？

是一种新的阅读方式？

是一次新的写作革命？

或者：

是网络段子的另一种说法？

是大众娱乐的新消费方式？

是借文化的外衣，开展的一场“拇指”运动？

还是以文学的名义，进行的一次商业炒作？

手机小说：另一类“俗文学”？

文/朱　红

清代乾隆年间的一位文人李斗，在其所著的《扬州画舫录》中记载，广陵城内富甲一方的盐商们在穷奢极欲、争富斗艳的把戏中，除了传统的比“美”，还曾有人用“丑”标新立异，以彰显自己的与众不同：“有喜美者，自司阍以至灶婢，皆选十数龄清秀之辈；或反之而极，尽用奇丑者，自镜之以为不称，毁其面以酱敷之，暴于日中”——这，大概就算是以另类博出位吧。

这些年来，文学要用“另类”的幌子来吸引读者的眼球，殊为不易。除了内容上一个个你赛我我赛你似的日渐清凉，媒体也逐一加入了厮杀的队伍：纯文本的，图文并茂的，网络的，手机连载的，实在是好戏连台，令人应接不暇。这其中的手机小说，算唱的哪一出呢？有人把这种源自日本的手机小说比喻为“文学的零食”，视其为一种文化快餐，也有人看到了其中蕴涵着的极大商机，挟风雷以入市，四千二百字手机小说卖到了十八万……众说纷纭，手机小说到底该如何定位？

郑振铎先生在一九三八年出版的《中国俗文学史》中，对于什么是俗文学，开篇即给出一个定义：“‘俗文学’就是通俗的文学，就是民间的文学，也就是大众的文学。”七十多年过去了，这样的定义并不过时，以之衡量手机小说，我们似乎不能将其摒除在俗文学的范围之外。

正如郑振铎所指出，俗文学在其诞生之初，是不入文人墨客之法眼的，它的产生来自于大众，但随着文人学士们采取这种鲜活的新文体来创作，它就渐渐变为皇家贵族的东西了，也就逐渐成为正统文学的一部分，比如民歌，比如变文等等。从手机短信在当下中国的普及来看，手机小说有着为数众多的潜在读者群甚至作家群。这种新兴的创作载体和创作形式，虽然目前还没有为当红作家所青睐，抑或说目前的手机小说作者尚未为文学界所接纳，但是，不能断言，这种字数受到限制的小说，就不会有修成正果的一天。这其中起决定作用的，是手机小说的作者。如果拥有高水准的小说作者群,手机这样的载体不会成为大众阅读的障碍,评论家也不至于以某一部手机小说的高下来判断这一新兴事物是否值得一看。

当然亦有人对手机小说的内容有所质疑,短短几千字,每天七十字的限量,作者创作的空间能有多大?其实这是无需担心的。中国传统文学中的诗歌,五言诗、七言诗,总数也不过数十字,却能思接千载,悠游天下,至于表达内心情绪之细腻精致,则每每为后人所叹服。这样看来,字数的受限,绝不是影响文学创作质量的理由,相反,倒有可能促使作者惜墨如金,甚至吸取传统文言文中的一些句式用法,从而使得文字更为精炼纯熟。这对于当下网络及纸质媒体中文字的泛滥,或许还能起到些许收敛抑制的作用吧。

当然,手机小说并不仅仅是文学的产物,它的兴起令手机运营商们欢欣鼓舞,商业的运作在这一领域占有极大的比重。能否吸引更多的读者来下载手机小说,恐怕是手机小说不可避免的问题,这也将影响手机小说水准的高下。正因为这是一个互动的平台,在读者选择手机小说从而也在塑造手机小说的同时,这些文字也在影响着读者群,因此有人提出手机小说中可能存在媚俗或低下的趣味会引导青少年,造成不良影响,这恐怕就是一个更为棘手的问题,谁能保证你碰到的不会是一堆垃圾?

也许,随着手机小说的进一步发展,这种当代的俗文学将带给我们更多的答案。

灌入脑汁的手机小说

文/建　国

想想这十年里什么东西变化最快,除了天气之外就是手机了。

出门什么都可以不带，就是手机不能不带。忘带手机就像忘记带上自己的小脑一样。

手机功能的日新月异使得手机的魔力不以人们意志为转移，我们无法预测手机发展成什么怪物就像我们无法预测 2046 年将发生什么故事一样。

普通的通讯工具已经长成一棵硕大的摇钱树，从每天涌现的互动竞猜号码上就可以赚取几十万上百万的人民币。手机电影和手机小说的时尚出新又是一个新的利润增长点。利润是驱动大脑工作的发动机，开发手机任何新的功能都将成为各个利益集团瓜分利润的印钞机器。

从此，只要揣着一部手机就不会觉得寂寞，只要握着一部手机就可以打发漫漫长夜，只要把电池板充足就可以知道什么是今年的明星什么是惊悚文字。

快餐文化在手机电影和手机小说中得到最经典的解释，现代社会的节奏催生手机电影和手机小说的破土而出。许多人从此不再知道翻书的滋味，许多人从此不再忍受两三个小时的宽银幕电影放映。

取消快餐肯定是不可能的，快餐由此蔓延成一种文化现象。时尚的跳跃变异就是快餐文化的集中体现，手机电影和手机小说把快餐文化演绎到了极致。

壁垒还是分明：许多人追逐时尚，许多人拒绝时尚。许多人捧着手机翻阅画面，许多人除了呼入呼出什么功能也不用。文化的多元分化了快餐和慢餐，社会的最大进步就是市场的细分，多元化的文化生活让每个人各得其所各得其乐。

手机电影的推广肯定还要依赖技术上的进步，只有声画技术的进一步完善才能推动手机电影扩大市场。而手机小说则让每个人开始酝酿文学大师的美梦,点字成金的功夫让一切平庸作家顿时发觉文坛竞争的空前激烈。一切还刚刚开始,当手机这个在技术上最具张力的工具和电影小说这个大脑里最具想象力的意念结合在一起时,谁知道将生出什么怪胎。

享受什么样的精神文化产品的选择权还是掌握在每个人的手里,该快该慢还是每个人自己决定的问题。趴在电脑前是一种生活方式,对着手机傻笑是一种生活方式,坐拥书城也是一种生活方式。丰富多彩的生活方式就是有了手机之后我们才能毫无顾忌地尽情享受,没有手机的日子里我们在家静静地等待弄堂口传呼电话的大声嚷叫。

千百年来人类的脑汁四处溅洒,物质成果精神果实在人脑的浇灌下五彩缤纷。不管多少人喜欢多少人不喜欢,不管多少人知道多少人不知道,手机这个精灵在人类脑汁的浸透中总归要弄出点稀奇古怪的新花头。手机电影我不会弄,手机小说瞎编一篇:几部砖头大哥大浸泡在福尔马林容器里……

越来越"小"的手机小说

文/绿　香

文字除了许多官方的用途之外,还可以用来传情达意,可以用来讲故事。唐朝文字最鼎盛的形式是诗,宋朝是词,元朝是戏曲,明清是小说,这是中国文字的编年史。到了美国,十九世纪文字最鼎盛的形式是小说,二十世纪是电影。戏曲和电影有异曲同工之妙,就是文字都不直接与受众见面,文字只起了个媒介的作用。到了二十一世纪,资讯信息业的飞速发展,让文字搭上了信息平台这把魔帚，呈现的形式就更多样化了。所以看到手机小说这样的字眼，并不惊奇，因为在它之前，通过手机，已经有许多饶有趣味的段子在民间广为流传。只是那时叫段子，不叫小说。

听到手机小说这个词之后很久，一直没有看到手机小说这种东西，也并不特别想看。文字最好的表现形式一定是最不受拘束的形式，戏曲电影是借文字作一个媒介，并不直接用文字示人，而手机小说还是文字，只是借了一部手机的显示屏作介质而已。读屏只是图个快捷，并不比读纸质的文字愉快，何况受了字数的限制，所以没对手机小说寄于厚望。后来一个朋友说她有一个号称世界上最短的小说，总共十几个字，非常精彩。要她说说是哪十几个字，到底是否称得上精彩。她沉默，欲说还休，神秘莫测。这样，我第一次对手机小说产生了兴趣。难道人类真的已经发展到了用十几个字就能写一篇称得上精彩的小说的时代了？那我们这些动辄写个几万十几万字小说的人还活个什么劲？在等待我朋友把那十几个字的精彩小说发给我的时间里，我绞尽脑汁想象那十几个字到底是什么样的字，也试图想用十几二十个字写一篇小说看看，想破了头也凑不出这样管用的文字来。

终于等来了朋友发来的那十几个字，不禁哑然，这也是小说？这也是称得上精彩的小说？一男一女两个来回的对话，往死里想也顶多有点黄而已，远比精彩的段子逊色。如果这也是小说，坐下来随便想一想，就可以写出十几篇。由此想到姚慕双周柏春两位老先生唱的独脚戏，说宁波人个个是音乐家，连说话都用音符。老板说：来发(24)！学徒说：干啥(57)？老板说：棉纱线拿来(35712)。学徒说：啥棉纱线拿来(535712)？老板说：蓝棉纱线拿来(235712)。学徒说：蓝棉纱线不拿来(2357412)。老板说：蓝棉纱线不拿来，来发懒惰(2357412,2421)！这样的对话是我们这些一写就是几万十几万字小说的人坐上十天半月也想不出来的,这才叫精彩,这才叫妙!

刚说到最短的手机小说才十几个字,立刻有朋友传递最新消息,说目前最短的一篇手机小说只一个字,还有一篇根本没字,只有十四个标点符号。于是我想抢个先,写一篇完全虚无的小说,什么都没有,这样一来,吉尼斯记录就非我莫属了。这与一张白纸或一张黑纸也能算一幅画一样,白纸上画着一群羊在吃草,草吃完了,羊也跑了。黑纸上画着农历腊月三十晚,非洲黑人打乌鸦。好多事情本来无所谓好和坏,只怕走极端,走到极端了,就是路的尽头。

手机小说有它存在的理由,坐在交通工具里,时间有限,条件也有限,拿出手机看一段妙趣横生的文字,至少是种消遣。现在有几家媒体在大张旗鼓地征集手机小说也自有征集者的道理。但有一点是可以肯定的,凡是能以文字的形式流传于世的,都不是由金钱催生出来的。手机小说不管你喜欢还是不喜欢,也不管是不是小说,它都有它自己的兴盛与衰亡的过程,怕只怕搭上了金钱的班车,那趟车的终点站就叫遗忘。

让手机小说自然发展吧

文/刘　迪

乍听"手机小说"这个词儿,感觉不爽,有点欺世盗名的味道。谁都知道它是由手机段子演化而来。段子其实已经是一个新的文体了,别开生面,有创新因素。现在,硬要把段子规范成一个什么文体,势必会改变它酣畅淋漓、庄谐并陈的特色。

听说有家出版社在搞手机小说大奖赛,这势必就要把传播在手机里的东西白纸黑字地打印到纸上，然后把它摆到桌面上，让具有话语权的名人专家权威评点审视。鞋就应该摆到鞋柜里，你把它放到桌子上，那就是不雅了，有碍观瞻。于是我就想了，能摆到桌面上的那还能叫手机小说吗？组织者无疑是一番好意，无非是想把“泛滥”在手机上的文化采撷保留下来，其实大可不必，急啥？忧啥？几千年前的诗经不是也保留下来了吗？

我决没有把手机小说和我们伟大的诗经相提并论的意思，我是想说有生命力的东西自然会得到传播并留传下来的。

人们狂热地喜欢手机里的东西是有根据的，据工信部公布的统计数据，2010 年全国各类短信发送量达到 8317 亿条，其中移动短信业务量达到 8250 亿条，呵呵呵，真是一个暴大的数字啊！

手机段子的好处是——看啥说啥，不要名分，不分雅俗。在这个很多人喜欢指鹿为马的年代，酣畅淋漓、敢做敢为的手机段子自然有人为其喝彩，叫人爱不释手，害得很多文人也跟着附庸风雅，乐在其中，据说段子擂台很风行呢！当然也仅限于私下里搞搞，不登大雅之堂，自娱自乐而已。

本人庸常媚俗，喜欢手机里的这些玩意儿，于是就有各路知己投我所好，喜得我时不时发出咯咯的欢笑。我觉得有笑的日子就是好日子。我常愿意把它们传染给朋友们，然后想象他们千姿百态的笑脸，很满足得意。我有时会得到奖赏，比如“爱煞”“精彩”“妙不可言”云云，但也有例外，一次发给一位做官的朋友，回复是“你怎么变得如此无聊”。我本想问问怎么才叫不无聊，但我就此作罢了，怕得到的答复玷污了我的无聊。

手机是科技的产物。科技曾经解放了生产力。21 世纪，随着网络、手机的普及，科技开始解放话语权，和网络相比，手机更便捷、更不容易被掌控、更具有平民化意识。但它仅限于在手机短信中生存和热闹的,如果搞什么评奖和出版,那它就变味了。

我以为已经很火的东西就不要叫卖了,让我们安安静静地享受科技带来的欢娱吧!

轻松有趣的手机小说

文/荣　国

这个话题对我来说并没有什么新鲜。我在日本4年,日本早有这样的短信,但是他们不叫“手机小说”而是叫“掌中小说”,翻译成中文意思是“极短篇”。当时有一篇《深沉的爱》轰动了整个日本,据说当时被下载的次数非常惊人。我也看过,比较好玩,虽然很简单,可是足够可以过一把瘾。

后来我离开日本回来前有媒体上说,日本已经有2万多家“掌上小说”的运营商,这个数字是令人吃惊的,可见他们产业化程度的深厚。伴随着成熟的市场,他们的“内容”同样的成熟,既有小说形式,还有其他文体形式,凡是好玩的好看的都可以上。

现在,我们也出现了“手机小说”,相比其他地方并不算晚,虽然稚嫩。上海某出版机构举办的“手机小说”大奖赛引起了大家关注,一时间大家都知道了“手机小说”是怎么回事情了,年轻人、“拇指族”更是争相转告,互相转发好看的“手机小说”。

虽然我一直从事的是酒店业,但是文学一直是我不舍的嗜好,过去看起小说来可以废寝忘食;可以把女朋友搁在一边不管;可以烧东西忘记关煤气险些闯祸。后来,工作忙了看书的时间少了很多,在日本的时候碰到休息天我难免要去书店逛逛,哪怕不买什么花两个小时在那里东翻西翻也好。

现在的“手机小说”从根本上是改变不了我的这些习惯，我不会因为朋友发给我一条“手机小说”，原来计划好去书店就被取消了。更不会因为有“手机小说”看了，正儿八经的书扔一边不看了。但是，忙里偷闲，闲里添乐的效果还是十分难得。

试想一下，在你工作忙碌的间隙，看一段轻松的文字，读一则有趣的故事，既可以松弛紧张的神经，又可以调整工作中的不良情绪，有什么不好呢？而当你闲着跟朋友聚会的时候，突然收到一条有趣的“手机小说”，你当场大声朗读出来给大家分享，赢得所有人的笑声，那不就锦上添花了？

我记得好几年前，网络文学刚刚要兴起的时候很多人反对排斥新生事物，说那些只是垃圾，不是什么小说文学，不登大雅之堂。结果呢？红透了半边天，好的网络小说还拿来出版成了畅销书，那些人做梦也没有想到，“难于上青天”的文学圣殿也可以通过网络抵达。

有人称手机短信是第五大媒体，它的传播速度的确是弹指一瞬间。传统媒体不如电视媒体快捷，电视媒体不如网络媒体迅速，网络媒体不如短信迅雷不及掩耳。可见短信的优势是在于其他媒体之上的，但是它的优势不足以去替代其他媒体。就如“手机小说”永远不可能替代传统小说和网络小说一样。

网购，爱不容易恨也难

导语

你也许并没有感受到网购已经改变了生活，但你却会自然而然地做出这样的举动：想买几本好书，首先想到的可能不是去书店，而是先上当当网看看能打几折；想买几件衣服，可能先去淘宝网上看看什么才是最时兴的款式。

随着网购市场的日益成熟，网上购物这一曾经的新颖模式已逐渐成为寻常大众日常消费的重要选择。但是，网上购物良莠难分，享受方便快捷的同时，也难免会遭遇交易陷阱。

网上购物，让人又爱又恨。

网购：我的新购物方式

文/孟惠华

我接触电脑较早，1995 年就考出了计算机中级证书，在那个 386、486 电脑"横行"，还不知"奔腾"为何物的年代，我经历了第一次拨号上网、第一次网络聊天、第一次网络旅游，凡是新奇的功能，我可能比很多人都提早体验了，唯独对网络购物，一直心存疑虑，毕竟网络是虚幻的，"真金白银"是实在的，看照片文字买东西怎么也不如在商店手能摸着真东西踏实。

可是，俗话说："常在河边走，难免不湿鞋。"网络的普及，使我对这一购物方式也从最初的排斥到逐渐接受，陆陆续续买了一些日常用品，培养感觉。从吸甲醛的活性炭到儿子的婴儿床，甚至价值较高的手机，都是从网上买来的。虽然有时对购入的物品质量有所不满，但还在可以承受的范围之内，因为世上没有十全十美的事，你既然已经享受了网络的快捷方便，其他方面有所不足也应该有思想准备。

我是搞政工的，有次单位需要表彰先进，委派我去购买纪念品。有过这种经历的同志都知道，买纪念品是最麻烦的事情，众口难调不说，而且经费有限，买到既要让领导满意又要让受者高兴，既要有意义又要有价值的纪念品是一种"高难度动作"。最后千挑万选，多方咨询，决定买两套口碑很好也是领导赞同的碟片。方案定下以后，我们开始走访了一些平时联系较多的音像书店，因为要的数量不尴不尬，得到的回应要么没有，要么不够，预订的话起码要一、两个星期，而且按原价销售，不打折扣。最后跑到福州路，一路问下来，都不能满足要求。因为时间比较紧，预订肯定来不及，变方案的话又很麻烦，一时陷入僵局。就在这时，有人提议上网看一下，当时我想，全市这么多音像书店都拿不到货，网上一般情况下库存不会这么多，所以抱的希望也不大。谁想上网一查，在一个购物网站上，两种碟片赫然在目，不仅数量足够，而且价格打折之后比书店销售低了一半，关键是能在三天之内送达。我们迫不及待地下好单，在忐忑不安中过了三天。因为这次不仅涉及的钱款较多，而且时间紧迫，万一出现意外，真不知道如何交代。幸运的是，三天后，碟片和票据准时送来，清点完毕后我们悬着的心才放了下来。

事情的圆满解决，让我第一次对传统销售生出怀疑，我认为，网络购物是购物的新途径，是对购物方式的新补充。虽然现在还不能简单地断定网络能解决一切，但是我想，那一天，已不太遥远！

网购：这里有你要的一切

文/范　冰

有人说在网上购物太不真实了，弄不好就掉入了陷阱或被人欺诈，可这是极个别现象，千万不要以偏概全。如果你有这样的想法，说明你根本不了解网络购物，说不定就是道听途说，人云亦云。

现在的网络交易是很安全的，甚至要比我们直接去商店购物还要安全。比如说最早的“易趣”，那么多年下来已经有整套完善的交易系统。比如说“淘宝”，它的“支付宝”系统可谓功能强大，极具人性化。有什么不安全？好比你去买东西把钱先交给第三者，等你看了东西确实好才跟那个第三者说：“付钱。”

现实生活中可没有这样的买东西的方法，银货两讫，有些利欲熏心的商人还会给你来个“出门不认账”。拿出商店的东西你再想退真如“难于上青天”。网络可是不同，这个第三者“中间人”秉公执法，不会偏听偏信，有理说理，有证据拿证据。

有一次，我家里饮水机坏了，这个老牌子的东西就是质量好，几乎用了十年还能天天开着，但是时间太长难免老化有些渗水，自己拆开检查发现是橡皮管老化漏水，可是我跑遍了大半个上海都没有配到管子，维修站居然有人还刻薄地说：“换新的就什么问题都解决了。”我只当他是幽默。

随后我在网络搜索，网上商店可是应有尽有，要比我想象中琳琅满目，可以这么说：“有你能想到的东西，也有你想不到的东西。”果然还真被我搜到了，二话没说立刻拍下。三天后送到家里，我打开一看规格还是不对，就联系了商店老板，他一开始不相信，因为在他印象中就是这么一根管子，我拍了照片传给他，对方就同意退货，然后由“中间人”退款给我。

手续简便没有拖泥带水，而且全部是在网络上操作，没有走出一步家门。我继续寻找这根管子，又在网上搜了两天，十年前的一个小零件真的如同大海捞针，而且捞的是一根生锈的针，最后毫无收获。不料那个老板第三天又跟我联系了，他说他找到了替用品，让快递送来一试，除了有点长，其他都十分合适。

现在我喜欢网络购物，因为它值得我信任。我买过吃的，买过穿的，买过电脑产品，买过送朋友生日的礼物……说到这礼物我还想说，网络上的东西真便宜。

那是一个施华洛世奇的水晶挂件，这种东西最怕在网上买到假货，我还去施华洛世奇公司作了鉴定，结果是真的。但是价格却是施华洛世奇门店的一半，简直不可思议。

我的笔记本电脑是康柏奔 4 的机器，性能优越，而且玩魔兽也特别流畅，根据我的需要继续用足够了。可是被认为最容易坏的键盘，也在折腾了那么多年后在某一天晚上彻底崩溃了，可是这旧笔记本的键盘去修理部换要一千多一个，而且没有货。我只好再次求助网络，只花了五分钟就找到了，那是一家专门销售笔记本电脑键盘的网店，有四千多种型号，我的一款居然还是热门型号，价格只有 140 元。送到家的时候是崭新的，跟我原来的一模一样，从细节判断是原装正品，让我高兴了好几天。

尽管网络是虚拟的，可是在网上商店买的却是实实在在的东西，如假包换包退。只要我们有慧眼，就可以在那里找到你想要的、需要的、真实的、便宜的、幸福快乐的一切。

网购：让我欢喜让我忧

文/顾　攀

近年来，互联网上购物的悄然兴起，已成为一种新兴时尚的消费模式，并对我们传统的消费方式产生着很深刻的影响。

我算得上是一个有多年网龄的老网民了，几年前在比较知名的“淘宝网”上注册了账号，开通了网银，开始了我的网上购物生涯。多数的交易都进行得比较愉快，买到了不少自己满意的商品，可也有偶尔那么几次让我哭笑不得，着实吃了些亏。

我是个摄影发烧友，平时闲来无事就喜欢抱着自己的宝贝相机摆弄上一会儿，几天不按快门手就痒痒，想要入手第二台尼康 F2 的全机械相机已经想了很久了，可苦于市面上早就找不到这种型号的机器甚至连工厂都已经停止了生产。朋友提醒我说，你何不去网上淘淘呢。上“淘宝”网上一搜索，果然，有一个卖家正好愿意出让一台二手的九成新尼康 F2 相机。当时还是一个网购新手的我简直是欣喜若狂。询问了对方相机的一些情况，谈妥了一些问题之后，应卖家的要求如数给他汇去了钱款，就喜滋滋等着梦寐以求宝贝相机的到来，殊不知自己已经犯了网络购物的大忌。快递公司的效率很不错，第三天我就收到了我的相机，急不可待地拆去包装，兴冲冲地就开始摆弄起来，可越是仔细看心却越往下沉。这台相机乍一看的确是品相不错，成色也算比较新，可当我打开后背盖想看一下内部情况时一下子呆住了。快门帘的正中间赫然一条半厘米的细缝！别以为区区半厘米没什么，这对于精密的照相机来说已经是个致命的死穴了！当下我立即上网找那个卖家评理，那个卖家倒好直接来一句："谁让你收到货的时候当场不拆开看清楚，快递的人都走了我怎么知道这个责任是应该我来负。"把我一下子问哑了，想要投诉才发现自己交易根本没有使用"淘宝"网的安全交易系统支付宝，而是应了卖家的要求去银行汇的款，网站根本没有办法受理我的投诉。这下哑巴吃黄连有苦说不出了，把该卖家拖进黑名单之后，只能是一声长叹，唉……

总体来说网购的确给我们消费者提供了很多的便利，也让某些在现实中很难买到的商品有了销与售的途径，但虚拟的网络还是存在着这样那样的风险，套用一句歌词：这样一种购物方式，让我欢喜让我忧。

网上购书：我生活中的一大乐事

文/刘　迪

如今网上购物可谓五花八门，不过我认为网上购书最便捷安全，好处我一会再说。

网上能买到好东西我不是不信，我就有一个朋友，整天在网上找便宜货，什么都在网上淘，他说这叫"淘宝"。朋友的电脑、相机、手机都是在网上淘的二手货，价格便宜不说，居然还都是顶级产品，比如他网上买的相机，竟然还是没开封的一手货。网上买电脑、手机什么的也就罢了，去年，他竟然在网上买了一条狗，还是澳大利亚纯种牧羊犬，拿回来养了一年，今年给他下了仨崽儿，满月后在网上卖了，花一条狗的钱赚回了两条狗的钱。网上"淘宝"成了他生活中的一大乐趣。

我这个朋友自然是幸运的，相比之下，网上购物大呼上当的大有人在，也听说过不少。比如信用卡密码被盗，购来的物品被掉包等等，不但没淘到宝，还惹来了一堆麻烦事。

一次大着胆子在网上订购了两件衬衫，快递把东西送来了，我要求拆包验货后再付款，快递员坚持要付了款才可以看货。东西没看到怎么可以付银子呢？既然这样我只好把东西退掉了。

其实，网上购物是有局限的。广告购物手册上的产品和实物是有距离的，有时根本就是陷阱，特别是服装和首饰。图片漂亮和穿戴在自己身上是两码事，况且你是很难在图片上看清楚做工和工艺的。

相对来讲，网上购书安全可靠性大，好处多。一是网上书店书目全，各种版本随你挑。很早就想买一本繁体钱钟书的《宋词选注》，兜了很多书店都没买到，最后竟然在网上买到了。时下很多书店追求盈利，畅销书多，书目品种少，你想要的书根本买不到；二是送书上门，购书超出一定金额免快递费，没有拎书之苦；三是书到验完货付款，没有资金上的风险；四是新华书店很少能买到折扣书，而网上购书大多是折扣书，相对经济实惠。网上购书至今，没遇到过什么尴尬事。

最近又在网上购得了一批好书，比如胡适的《绝句选》、唐德刚的《胡适杂忆》、余英时的《士与中国文化》、让·科克托的《陌生人日记》等，这些朴素端庄的书，很难在书店觅得。

便捷又安全的网上购书，成了我生活中的一大乐趣。

短信骚扰何时了？

导语

短信，被称为继报纸、广播、电视、网络之后的“第五媒体”，并形成了“拇指经济”、“拇指文化”。

短信文化，是新电子技术高度发达和新电子技术产品高度普及的一种社会大众文化，既是一种信息文化，也可以说它体现了电子文明和信息时代所形成一种文化生活的方式。快速流行、快速消失是它的常态。其最大的特点：一是人人都是接受者，同时又是生产者、操作者；二是它具有即时同步互动交流的优越性。短信文化由于个体性和市民性，通俗文化的色彩更加浓厚，趣味被称为短信文化的特殊黏着剂。

然而，“第五媒体”迅速发展的同时，越来越多的骚扰短信，越来越可怕的诈骗短信，越来越泛滥的色情短信等问题也日趋严重，成为一个不能忽视的文化现象和社会问题。为此，许多政府部门也已联合起来开展了许多手机违法短信治理工作。然而，如何规范短信服务，加强不良信息治理依然任重道远。

短信骚扰何时了，如何了？

都是短信惹的祸？

文/张　成

中国的事历来比较怪，一种产品从高端走下低端，就会出现一系列麻烦：假冒、伪劣、盗版、侵权、诈骗等也应运而生。手机普及后，过去从未骚扰人的东西出现了。动不动，手机就开始响：哎，短信又来了！要办假证吗？要买盗版东西吗？你中大奖了！漂亮的小姐你想一晤吗？……赶快联系吧！这些垃圾短信你可以漠然以对，一删了之。不过，有些短信会让人发颤：要武器吗？有刀、有枪、有子弹和炸药。还有让人惶惑的：银行通知您：您的信用卡在某地刷卡消费成功，您透支了，请确认。倘若你确实在此银行有账户，你心里也许就会忐忑不安。

手机的短信本是一个极受人欢迎的功能，传递信息，亲朋好友间问好祝福，十分简洁方便。商家从中发现了商机，垃圾广告大量送，与你没个商量。同时也触发了骗子的灵感，奇思妙想的陷阱铺天盖地袭来，老实人一不留神就陷进去，而聪明人也被骚扰得心烦。这种陷阱防不胜防，在提倡诚信理念、构建和谐社会的过程中，一些并不贪心的老实人就陷入烦恼、甚至倒了霉。许多受骚扰被诈骗的故事屡屡见诸报端。陷阱似乎到处都有。令人可悲、可恶、可恨！

谁都知道，发短信必须通过移动通信运营商，没有移动通信运营商这个平台，短信能发给谁？对移动通信运营商来说，短信多多益善，每条短信都必须付钱给自己，量大还可以优惠。他才不管你发的是垃圾还是什么。电视节目的短信互动，赚得合作双方眉开眼笑。广告短信必须要“群发”，按一下键就发它给成千上万个手机用户，它根本不须知道你的手机号码，按顺序发送。这可以通过网络公司进行“群发”，移动通信运营商也可以“群发”。而商家瞄准市场，又不失时机推出小巧的“群发”器，需求者可以靠此大肆滥发短信。虽然短信是有成本的，但收到广告效应或者骗术得逞，这点成本算不了什么。移动通信运营商在中国有多少？中国移动、中国电信和中国联通，此外还有哪家？这么集中还管不住“群发”的短信？

只要在软件里增加几条命令，监控没登记的“群发”短信，当认为超过一定数量就中断它的发送，增加“群发”的麻烦。当然这么做，对移动通信运营商来说，是自断财路，而且还不合法，凭什么不让人家“群发”短信？显然还得要建立新的短信游戏规则。移动通信运营商似乎在重建手机使用规则，入网要实名制，凭身份证注册登记，像在银行开账户一样，但严格执行了吗？如果严格执行了，骗子还会不暴露？手机号码一时没暴露身份，但骗子的银行账户也该暴露了，然而结果怎样？有关执法部门最终也忍受不了了，好端端在构建和谐社会，不能让这种骗子们借短信的手段给毁了。于是全民动员，拿出当年消灭“四害”的劲头，一有蛛丝马迹就报警，这几天就传出捷报，警方端了好几个诈骗窝点。总之，不能缺少法制，要严厉惩罚犯罪，也要限制商家不合规矩的无穷发财欲念。这样，在构建诚信、和谐的社会过程中，不和谐的杂音和噪声才会减少。

善意的“信骚扰”

文/建　国

短信已经成为日常生活中相互联络的一种平常方式。当你生日来临之际，不时收到亲朋好友的短信祝贺，你会觉得过去年代里买贺卡买信封买邮票然后寄信是多么繁琐的一件事情，现在只要抽空动动手指，发个祝贺短信就心领神会了。短信使得生活变得轻松自如。

有短信必有骚扰，就像以前的书信也有骚扰。这种骚扰可以分为恶意和善意。现在大家讨论的都是属于恶意之类，诸如中奖了中彩了又得到什么美女青睐了……短信的恶意骚扰是诱发人性弱点的,由于人性中存在不切实际的幻想,所以才让恶意短信不断升级。真不敢相信居然会有不少人收到获奖短信之后会让对方的目的得逞,他们是中了短信的邪?

人类的幻想无法遏止。短信的营利模式由此肆无忌惮,从竞猜互动到竞价比赛,从球赛输赢到演员点评,短信为运营商产生的利润逐年增长。现在没有短信互动的各类节目已经很少,播新闻也要大家发短信评价主持人的发型和服饰。

利益驱动使得短信业的发展以分钟和读秒来计算。

不过,善意骚扰的短信还是占了绝大部分。我有一位朋友堪称短信发烧友,他本来只收不发很被动,当他学会发短信后便一发不可收拾。换只新型号的手机,又订制了许多短信服务。他会把许多段子改编成他的意思发给不同的朋友,一天不收到他发来的段子我会惦念他,想他真的忙到连改编段子的时间也没有了?是不是操劳过度了?一直等到收到他的段子我才放心,晓得他忙完了生意,捧着心爱的手机改编心爱的段子,再把改好的段子发给各色各样的朋友。收发短信就是他休息娱乐的美好时光。

看到朋友发来的段子,其中也有骚扰的内容,但是我始终认为这是善意的骚扰。朋友针对不同的对象改编发送不同的骚扰段子,他也是煞费苦心。看到骚扰的段子,可以揣摩出他内心的骚动,让他内心的骚动随着短信一起释放宣泄,不是一件很好的事情么?

手机成为我们生活的一部分,短信也成为我们生活的一部分。恶意的骚扰我们即时删除,善意的骚扰让我们的生活增添色彩。

每只手机接收短信的态度是不一样的。有些你认为很有意思的短信发过去,对方没有回应。而有些你认为很平庸的段子发过去,对方却欣喜若狂,每个人的性格决定了每只手机的态度。我的那位朋友就相当了解许多朋友的脾气,他发给我的一些段子,我会稍加改编后再回复他，让他细细回味。

因此，人们一般不会收到不相熟的朋友的“骚扰”短信，一般骚扰短信都会发给同自己习性相通的朋友，朋友之间收到段子后会心一笑，在相互发的段子中达到了某种默契。

不管是支持或者是反对，短信骚扰还是夜以继日地在天空中游荡。而判断的权力始终在你的手指之间，在你手机的“删除”或者“保存”键里，就像你以前收到书信之后，或保存或销毁一样，现在你收到短信之后情绪会发生什么变化么？你是要删除还是保存？

朋友的“骚扰”短信仍然如约而至，我不回复，他那面还是保持沉默。我也弄几条段子给他，他就变本加厉接二连三地回复过来……

有时想，如果某一天没有那些善意骚扰的短信，我们的生活也许会变得寂寞。

暧昧的入侵

文/迪　迪

数码时代，我们所面临的侵害恐怕不是真枪真刀的杀戮和唇枪舌剑的辱骂，文明社会连对人的骚扰都是缠缠绵绵、温文尔雅。

从今夏绵延至今的一个陌生的号码，一直以短信的方式关怀着我。这个号码最初是以朋友间普通的问候跳出的：你好吗？在回答我好还是不好之前，我自然要知道他或她是谁。于是问：你是谁？对方诡异地说：你猜？我不喜欢这种轻佻的小孩们的把戏，我开始不悦，于是便有些不客气了：没空猜，爱谁是谁。我以为已经了结了。

从那以后这个号码无论晴天雨天白天黑夜总会不定期翩然而至,天寒叫你早添衣,禽流感期间叮嘱你少吃禽肉和禽蛋,八月十五邀你和他或她共赏月亮,十一特地发了一个彩屏,一打开,音乐骤然响起,毛主席他老人家挥手向你致意,并用湖南腔说:同志们好!我终于笑了。曾经和朋友说起过这件事,原来都有过类似遭遇,最好的办法就是不睬。想想是这么个道理,任何游戏的前提都应是公平和有规则的,你连是谁都不讲有欠光明磊落。

可是暗处的那个人就是要锲而不舍地让你上他或她的套,不断地变换着诱饵,弄得你防不胜防。一天深夜手机骤响,打开,一条赫然的信息:快看 CCTV1,陈水扁被炸死了!!! 警方已封锁整个台北,19 人死亡;32 人受伤;11 人失踪……看到此毫不迟疑地马上起身开电视机,因为 9·11 发生时朋友就是以短信的方式最早通报的,也是夜里差不多的时辰。翻遍所有频道未见到那个想当然的场面,又马上开电脑,从新浪看到雅虎……猛然意识到自己被捉弄了,再接着看那条短信的最后一句是:一人被忽悠。一阵莫名的恼怒,发了一个"骂"字便关机睡了。早晨起来,阳光明媚,崭新的一天,心情舒畅。刚打开手机,一条信息跳出:你不文明!我真要吐血,嗤!你半夜骚扰我,倒成了我不文明?真想和那人理论理论,可是转念想起朋友的忠告,依然不予理睬。

不久前外出游玩,那条无形的线也跟踪而至,死皮赖脸地缠着你。同住的是一个伶俐的朋友,于是便讨教方略。朋友语出惊人:你是不是忘了人家的号码,才遭人家惩罚。反思自己是有这个毛病,于是决定捅破这层窗户纸,直接把电话拨了过去,没想到那边拒绝接听。你不厌其烦地联系着我,为什么不接电话呢?我非要你暴露庐山真面貌。于是第二天用小灵通又拨了那个电话,依然不接。我想该到此为止了!

又过了一天，小灵通响了，是一个陌生的座机号码，一个陌生的声音问：谁打我的电话？我说：没人打过呀！陌生人说：是昨天。我问：你的手机号码是××××××吗？他说是。我马上意识到那个暗处的家伙出现了！我问：你是谁？为什么骚扰我？陌生人很无辜地说：没有啊！便挂了机。我茫然，一头雾水。

我们不要"信骚扰"

文/顾　攀

手机的短信功能确实给人们带来了很多方便之处，也节省了通信的费用。遇到一句话就能说明的事情只要发送一条短信就解决了，花费也就是一毛钱。随着手机的发展，短信的形式也开始丰富多样起来，自从有了彩屏手机，短信息不再拘泥于文字，而是加入了精美的图片还配以背景音乐，真可谓是集合了文学、视觉艺术、听觉艺术为一体。然而在短信息给人们的生活带来便利的同时却也带来了烦恼，那就是——短信骚扰。

骚扰短信主要有两类：一是广告类；二是骗钱类。广告类顾名思义也就是一些个人或者皮包公司为了推销产品而发送的短信，最典型的就是"我公司新到一批进口走私轿车，价格便宜质量可靠，如有意请与某某先生联系……"。如果说此类信息尚不算可怕的话那骗钱类的短信就让人深恶痛绝了。我曾经有一次要和朋友在徐家汇碰头，因为手机只剩下一格电，所以就关机想等到了徐家汇后再通电确认具体碰头地点。我出了地铁站后打开手机，拨通电话："喂，你在哪里？啊，我已经到徐家汇了。哦，你还有多久？没关系，我等你，待会在哪里见？"正在这最关键的节骨眼上来了一条彩信，还没接收完毕手机就因电力不足而自动关机了。这时我一边满大街寻找固定电话一边心里大骂“这杀千刀的短信!!!”。

还有一种骗钱类短信我认为是最可怕也是最可恶的,如:“亲爱的,好久不见,你怎么不给我打电话呀,我好想你……快拨通××××××声讯热线聆听绵绵情话。”;“你是否和我一样被寂寞俘虏,也在爱与痛的边缘挣扎?快拨打××××××等候与你心灵相约。”说它可怕是因为此类短信开头会给你一个悬念,抓住人的好奇心让你进入圈套;另外,这类短信多采用第一人称编写,肉麻而露骨的内容很容易引起误会,我就曾遇到过一次,害我被女朋友误会,至今记忆犹新。

骚扰短信真是可恶也可恨!我相信,与我一样吃过这类骚扰短信苦头的肯定大有人在。那就让我们一起呐喊:“我们不要‘信骚扰’!”

我喜欢短信骚扰

文/胡　生

那天在报上看见一个新名词——“短信骚扰”,我不禁哑然失笑。

自从有了短信,人的“骚扰”方式就多了一种。这种骚扰方式的最大特点就是不管你接受不接受,先发给你再说,不管你嫌烦还是笑。

我喜欢短信骚扰,喜欢骚扰别人。最恨的是你喜欢的人沉默着不骚扰你;最烦的是你不喜欢的人总是骚扰你。而我们恰恰在有意无意之间,自己充当了这两种角色。当然人都是自私的,做很多事情都是从自己的角度出发，哪管别人接到信息烦不烦。我就曾经恶作剧地在深夜发短信骚扰别人(当然是我的狐朋狗友)。然后不等人回复即关机入睡。第二天清晨开机，朋友的回信已经等着你，听着嘀嘀的一声，心里充满着温馨，美好的一天就这样开始了。当然最后还是免不了被一顿臭“骂”。

当然，我也经常被别人骚扰。收到喜欢的人发的短信，我会对着手机屏幕一阵傻笑，心里美美的；收到不喜欢的人发的短信，我恨不得立即打电话把他痛骂一顿，心里烦烦的；收到介于喜欢和不喜欢之间的人的短信，我轻描淡写地看完删掉，心里没什么感觉。曾经一整天没有受到任何骚扰，我于是怀疑是不是自己的手机出了毛病；也曾经在一天之内骚扰声此起彼伏，弄得我手忙脚乱，恨不得对方的手机统统坏掉。幸运的是虽然忙得有点搞不清对象，可好像并没有出过什么大的状况，要不然真的糗大了。

每到逢年过节的时候，短信满天飞，骚扰声不息，信息公路常常短路。有事没事大家都在练自己的大拇指，一时间，个个成了短信高手，人人都是“骚扰”能手。

刚刚收到一个远方的朋友的短信：多一点快乐，少一点烦恼，不论钞票有多少，只要每天开心地笑。累了就睡觉，醒了就微笑，生活是什么滋味，自己放调料。收到我的信息就开心地笑一笑。

呵呵！我喜欢“短信骚扰”。

“信骚扰”恐惧症

文/文　武

有一天晚上，我觉得工作了一天很疲惫，就很早睡觉了，但是真的要睡了就怎么都睡不着,我就起来喝了点花雕酒,他们说酒是可以帮助睡眠的,果然有点效果,半小时光景酒精的作用上来后,我朦朦胧胧睡去,似乎很香,还做着美梦,情景是吃着阳澄湖大闸蟹,品尝纯正芝华士,美滋滋的。

大约在半夜一点钟样子,我估计好不容易已经睡了两个多小时,渐入我难得的熟睡,突然我模糊听到一个声音,好像是我的手机铃声在响,在黑夜里我摸索到手机,果然在振动个不停,我打开一看是一条短消息,内容是条很恶心的"黄段子"。

我还从没有见过这样恶心的"黄段子",并没有诙谐幽默的好玩,整个叫人呕吐,顿时我觉得胃里一阵不舒服,真的就上卫生间去吐了"大闸蟹和芝华士"。突然我想起一件事情,匆匆出来看是谁发给我的无聊短消息,原来是个陌生的号码,我第一反应就是拨通那个号码准备破口大骂。

不料对方一直是忙音,五分钟后那可不得了了,短消息接连不断发来,全是恶心的"黄段子",我过去还曾一直赞赏过"黄段子"不乏好的智慧,不要一棍子把所有的都打死,就在那时候我决定收回我说的话,"黄段子"是极其可恶的东西,应该斩草除根。

我想那个人一定也是晚上睡不着,找人恶作剧来着,不过真的很过火。于是我决定关机,在周围的一片寂静当中我的失眠又上来了,辗转在床上的滋味不是那么好受。最终我还是打开了手机,只不过把声音关掉了,直到黎明,我一共收到这个"垃圾"发来的 64 条"黄段子",叫人瞠目结舌。

我认为这是我平生受到过的最严重的一次"性骚扰",而且连续有一整夜,受到莫大的侮辱!

原来大家都觉得手机短信很方便,很快捷,平时有什么事情可以随时发一条,过年过节可以互相问候,久不见的朋友或远在他乡的朋友可以增进彼此的沟通……没错，短信在给大家的朋友交往之间、美好的节日之间、调侃聊天之间带来了无穷的乐趣和愉快，还有一些话很尴尬，见面不好说，电话里也不好说出口，那只有让短信代劳了。

在大家从短信里获得愉快和对短信有了依赖之后，它的缺点和毛病也开始渐渐暴露出来，有些人认为可以利用短信做更多的事情，甚至可以利用短信发财，于是这样就一片大乱了，你的手机整天叫个不停，不是朋友和家人给的信息，而是一个陌生的号码。

“黄段子”是司空见惯的，还有假文凭代理，走私车代理，性服务代理，甚至是枪支弹药代理……我的朋友更夸张，说他被美国中央情报局录取，让其赶快辞掉现在的工作去做“美国特务”。有时候一些短信真让人难辨真伪，中了别人的圈套。

最常见的就是说你中了大奖了，奖金有几十万，反正让你心里怀疑真假但又不得不去想“也许是真的呢?!”结果你还是拨了电话，对方叫你先付几百元的手续费，或者叫你把银行卡号告诉他，听说他们厉害得不得了，有了你的卡号他们就可以从你户头里把钱弄出来，倘若你的卡是空的，那么他们也就从此销声匿迹，几十万的奖金也泡汤了。

其实天上哪有无缘无故掉下来馅饼啊，想到此，人们只要用一颗平常心来化解贪念就不会再去相信那些鬼话的短信，但是总有人想获得不义之财的侥幸心理在作祟，于是继续会有人上当，继续会收到类似的短消息。

由于这些短信骚扰，我不再会随便相信短信里面的东西了，现在甚至发展到我惧怕看手机里的短信，一有短消息来看看是陌生的电话我就删掉了，我称其为“信骚扰”恐惧症。

足球到底是什么？

导语

足球是什么？

足球是圆的，它圆了许多人的夙愿、美梦；

足球又是方的，它碰得许多人头破、血流。

足球，是德国人的钢铁战车，是巴西人的桑巴舞蹈；

足球，是豪门没落的墓志铭，是黑马行空的通行证。

足球，是上帝的玩偶，是大众的情人；

足球，是人生的游戏，是游戏的人生；

足球意外不断，悬念丛生；

足球黑白相间，五彩纷呈；

……

足球到底是什么？

或者，不是什么？

足球到底是什么？

文/张　成

足球是圆的？这问题似乎太过简单又颇有深意。君不见：圆滚滚的足球，既有质量，又弹力十足。高手抬脚发力，这圆滚滚的玩意能直飞，又能旋转。脚技高明些，这球运行的轨迹便就飘忽，或上、或下，或左、或右，令人眼花缭乱，拍手叫绝；更会令守门员冷汗直冒，魂不附体。

足球的魅力就在于它是圆的。当它滴溜溜地旋转时，什么事都可能发生，什么结果都会产生。原巴西球王贝利被人讥为“乌鸦嘴”，就因为他每每预测足球夺冠的热门队，常常失灵、最终被淘汰出局。

回想八十年代初的那场世界杯赛，荷兰队有“三剑客”坐镇，却不经对手一击。而巴西队是夺冠大热门，队中有最佳三锋线，诸如：苏格拉底、济科、法尔考，虽脚技玄乎，攻势如潮，但圆溜溜的球就是飞不进对手方笃笃的大门。一不留神，后院失火，却被对手破了龙门阵。而之后的欧洲杯，更是展示了足球的奇妙。“万人迷”的贝克汉姆在罚点球时，竟然像高炮打苍蝇似的将圆圆的足球一脚踢向空中，生生断送了大英帝国足球的锦绣前程。一些被看好的世界强队如英、法、德、意、西等，包括“乌鸦嘴”钦定的夺冠热门球队竟一支支都成乌合之众，败下阵来。而小黑马希腊队却把这足球踢得溜溜地转，出人意料地夺得欧锦赛冠军奖杯。

这，正是足球的魅力所在。

而在国足的脚下，这圆溜溜的足球却也太过圆滑了一点。

为了圆冲出亚洲的美梦，让这圆圆的足球转出国门，我们曾足足花了二十多年时间。

管理层煞费苦心，新教头频频走马上任，再与国际接轨，改制组建俱乐部队，高薪聘请洋教头、洋外援，以资改变现状。而商业气氛也浓重如雾。雾中种种弊端也初露端倪，黑哨事件、幕后交易等也层出不穷，国足的脚技未见提高，这圆溜溜的球，我们的国脚就是踢不转。

也许可称之为：精诚所至，金石为开吧。中国足球总算在 21

世纪初由洋教头率领冲出了亚洲。这是一段多么缤纷的回忆。曾造就了中国足球也造就了一代洋教头,一时间,洋教头俨然成了救世主,各类媒介沸沸扬扬,溢美之词不绝于媒体,广告商也不失时宜大凑热闹,炒热了教头国脚的形象,也炒鼓了他们的腰包。只是我们方正正的球门自然成了热情好客的大门;只是对手不太懂礼尚往来,他们的球门线条也太过严谨,就是不欢迎我们的绣球进他们的门,让我们的国脚赤条条地打道回了府。

静心思考,冲出亚洲我们的球技真的提高了吗?倘若那一次世界杯,日本和韩国不是东道主,亚洲地区参赛名额不增加,我们还能否踢出亚洲?真希望有个“乌鸦嘴”对我国足球说三道四,最好讥得一无是处,也许中国足球也会转出令我们欣慰的意外来。

这时,我突然看出足球的可疑之处。这圆圆的足球在我们的国脚之下,好像是方的,是扁的,是有棱角的,是多面形的,对国脚来说是要靠毅力和精神把它踢去棱角,踢转,踢圆。但要踢得圆润,踢得随心所欲,又谈何容易?首先就要排斥功利的商品念头,而这种念头现时颇为流行。日前看到一个报道,说外埠有家人,做父亲的发现儿子的足球天赋,于是玩命地培养他,甚至不惜让儿子荒废学业,此举又让人非议。难道国脚不过是“四肢发达,头脑简单”的匹夫?不过这做父亲后面的一句祈盼话却道出了另一种精神实质。他说他希望儿子成功后,赚了大钱,给他一些,让他去办个足球学校。看来无须有知识的足球是能赚大钱的,可悲乎!冲着钱去振兴足球,还能将这球踢得溜溜地转?足球毕竟不是“金”球。

真希望有志于足球的朋友,把足球看做是一种无形的,内蕴进取的民族精神,抛弃杂念,把这球踢得圆顺,踢出圆满。我想我们会看到这一天的。

一个伪球迷的真快乐

文/长　啸

我是一个彻头彻尾的伪球迷。

2002年，我当时除了《快评》之外，在上视体育频道还有一个栏目叫做《G经典》的，本来只是一个每周一档的固定栏目，播放一些历史上的经典赛事，请一些经历过此类赛事的主角们一起与体育迷做一次痛苦抑或甜蜜的回忆。世界杯的时候，领导忽然拍案，如此节目形态如此节目定位，何不做一个世界杯特辑，在世界杯开始的一个月预热时间里集中播放，集聚人气，也好让整个体育频道多一些历史厚重感。没想到的是，正是这个节目让我这个彻头彻尾的伪球迷露出了极其难看的狐狸尾巴。

因为录像资料的难寻，所以那一个月的节目就基本上以聊天为主，一来可以遮频道的丑，二来也是为频道省钱，反正多一点口水也没有事情。体育频道当时的看家大将是唐蒙、娄一晨二位，大评论家娄一晨先生在和我回顾了世界杯的历程后，语重心长地对我说："抽时间多看几场球吧！"虽然，他小我十岁还多，理论上应该比我看的球少才是，但是实际上，我看的球比起他和唐蒙，包括后来崛起的八十年代出生的周亮小徒弟等人，我都是少而又少、可怜之极的。

评球、侃球之于看球是一个相辅相成，由量变而至质变的一个纯粹物理变化的过程。如同场上奔跑的球员一般。但是可惜的是，从我对足球这个概念有一点点意识的时候开始，我已经是一个20岁开外，身上毛发已经长齐的大小伙子了。

我没有读过大学，我生长的安徽肥东农村是一个不是太偏却又绝对是一个文化闭塞的乡村。我记忆中的体育课只有甩手榴弹和做广播体操两项(当然这与生逢当时有关)。我敢对伟大领袖毛主席保证:三十岁以前我绝没有摸过足球,主要原因是因为学校没钱,更不用替自己掏钱买一个足球踢着玩。唯一不太确切的模糊印象是跟几个篮球爱好者在乡村师范的操场上以篮球踢过几脚而已!

2002年世界杯的时候,正是我的另类节目《今日体育快评》在上海滩上刚掀盖头好评如潮的时候,我记得有一位从新加坡归来的我不认识的这个城市的归客写信给我,想约我一起看球——可以支付我较为可观的一笔酬劳,但是为了维护这个城市中对体育、对足球最为刻薄最敢骂娘的体育评论员形象,我拒绝了!

这让我想起我可怜的看球史来。1990年世界杯的时候,看过开幕式当晚文艺表演之后,我竟然在激烈的冷门表演中酣然入睡,被同事痛骂,时在合肥人民广播电台的四楼候播大厅里。说来好玩,2002年世界杯前,著名的《新民周刊》约我与诸多大腕一起写一篇有关“我与足球”之类的文字应景,我对90世界杯的记忆实在太模糊,又为了装出一副真正行家的模样,我还认真地查了一下当年著名的大腕张路先生主编的一本小开本类似口袋书一样的《2002世界杯看球指南》之类的“专著”,硬是把开幕式上让喀麦隆队一举成名的阿根廷队说成了巴西队!(绝对查有实据!)害得发表之后,我的同事领导周力兄拜读以后五体投地送我一句感人箴言:“你真大兴得可爱至极!”

94世界杯的时候,我已经混迹于西子湖畔,混充在体育广播的行家之列。每天侃球评球,不亦乐乎。最多时,我一天至少出现在杭州城内的四家电台关于世界杯的节目中。浙江省人民台、浙江经济台、浙江文艺台、杭州人民广播电台。表面上轰轰烈烈,实际上不知所云。好在我的糊弄功夫一流,倒也无人投诉,似乎表扬的还是大有人在。那个时候最快乐看球其实与球本身无关，快意的是每天晚上可以在我的广播节目制作人家里肆无忌惮地享受空调、享受冰啤无数。（注：我于1993年5月被作为广播特殊人才引进浙江，时住集体宿舍，唯电风扇一台，放不出色彩的彩电一个，三室一厅内的所有人才共享之）但真正看球的同志们都知道，世界杯、欧锦赛之类的大型赛事看球辛劳绝不亚于码头扛包。如果当时不是为了担心做节目丢丑甚至无法应付，我肯定会选择的是排挡宵夜、茶馆聊天。

但是也有好处，就是逼着自己多补补课，好在当时还有一位诲人不倦的恩师张金莱（笔名也叫张路）的，他将足球江湖上的许多典故如数家珍般地娓娓道来，让我在30岁的时候能有一个真正的启蒙教育。他老人家对足球有些妙论，我至今难忘。比如批评当年我们不要中场的奇谈怪论，他形象地比喻说“这是舍本求末！正如思想的彰显靠的是流畅的表达。进球是真理是思想是观点，而传切配合是最基本的表达。”这些随口而出的火花至今仍然影响着我。

让我对世界杯难以忘怀的还有两点：其一，使我能够以世界杯为纽带将我与上海与我当时的这一份打工的活计紧紧联系在一起。没有98世界杯，没有白李、祝树明、杜敏等先生，便没有我与东视体育的结缘，更不会有我与上海这个大都市的荧屏结缘。其二，没有世界杯，我也就没有了纯粹播音主持理论的总结的闲暇。98世界杯的时候，我在东视花苑的一个月中，除了配音看球，我还在看球之空隙中，完成了《直播访谈与访谈主持》这样的论文，在满脑子足球的氛围中，为赶评当年的主持人金笔奖论文评选，在手头资料极其匮乏的情形之下，我居然拿到了当年的金笔奖一等奖，现在想起来也是一件匪夷所思的事情。从这一点上来说，也许我的命里就该是与足球有关。虽然现在我看足球的时间远远少于篮球、网球甚至围棋。但是精彩的至少我已经学会欣赏，一种纯粹的不是为知道结果的如赌球般的狂热者们所钟情的狂热。

看球对于中年的我来说,越发变成一件奢侈的事情了。但它所需要的闲暇和激情正在我的职业中职业般地生存着。

中国足球与"麻将素质"

文/陈心豪

很久以来我一直在想,为什么有那么多人都喜欢打麻将或看足球,并为此着迷?偶尔,在阅读心理学著作时,忽然找到了个很有意思的答案:由于生存的艰难和对命运变化的不可知,使普通人达成一个共识——凡事若要成功,光凭知识、本领、技能不够,还需遇上非人力所为的客观契机,也即是运气。所以,这就形成了常人潜意识中隐约着的赌、博心理。比如每临考大学、选工作或择偶的关键时刻,很多人都会抱着尝试心理,去赌一把或博一下,挑战未来。于是就有了"我把青春赌明天,你用真情换此生"的歌谣,有了"人生百年,不搏不精彩"的诠释。

但麻将是赌,足球却是博。麻将是赌,因此它三分靠技艺,七分凭运气,像是计划经济中的大锅饭人生;足球是博,所以它七分靠技艺,三分凭运气,像市场经济条件下的大角逐竞争。所以,喜欢打麻将的人游手好闲的偏多;喜欢看足球的人勤勉于事者不少。这样的解析,我自以为很符合社会心理学,也很有些科学性,因此也就有了进一步的思考:中国的足球为什么老是上不去,恐怕是因为在用打麻将的素质去玩足球,结果不言而喻?!

例证之一,中国的联赛从总格局上尚未摆脱市场经济模式。尽管在一片"臭球"声中球市萧条,观众星廖,票房入不敷出,但它照样轰轰烈烈地由“甲 A”荣升为“中超”；而自诩为明星球员的年收入且不说，便连坐冷板凳的替补，蹲着两条跑不快的粗腿，顶着一个没球感的脑袋瓜，也照样年薪几十万，远远超过高智商、高技能的院士、专家、教授及至首席大法官。因为是“麻将素质”，三分靠技巧，七分赌运气，所以重赏之下却养出了一群懒汉，足球场上但见他们“进攻小跑步，防守像散步，传球、接球先停步，越踢越臭越退步”。见识过欧锦赛上闪电般的攻防转换节奏，行云流水般运动中的传接球后，也难怪球迷们嘲讽看国内球队踢球，活似在吃一锅子煮不沸的“馊泡饭”。

例证之二莫过于 2002 年的世界杯了，把中国足球的“三分技艺、七分运气”的“麻将素质”体现得淋漓尽致。那一届世界杯中国足球运气特好，国脚们素来忌怕的日本、韩国队，因为是东道主而无需参加亚洲地区预选赛。中国队也因此凭着仅有的三分技巧，顺顺当当踢出了线。等出线以后，恰如靠着一把“至尊宝”骰子赢了钱的赌徒，不知天高地厚地沾着口水计分值：哥斯达黎加是鱼腩、土耳其是莽汉，二连胜全取六分；然后再和巴西队一拼，即便不胜也踢平——结论是小组第一，准能打进十六强。可结果呢，岂知七分运气用尽了，只剩下三分“软脚蟹”技艺的中国队原形毕露，三战三败，既没得一分，也没进一球，创造了 2002 年世界杯的鱼腩记录，也招来赛后的互联网上一片嘘声和奚落：巴西人像一帮“花花公子”调戏了中国队这个村姑；土耳其人是一群屠夫切割了中国队身上的肉；而哥斯达黎加则像 11 个小偷，把中国足球唯一的希望从荷包里轻轻夹走。被人嘲笑如此，该是不识“足球素质”和“麻将素质”的区别，此乃是“博”而不是“赌”！

例证之三，是考究从业人员的素质。中国的足球教练究竟有多高的文化素养，多深、多广的理论知识，因为没有数据参考，抑或不敢妄评。但搞了十几年的国内联赛,翻来覆去使用的就那些“防守反击”、“两翼齐飞、中路插进”的套路,至于那些能想出“一高、一快”、“抢、逼、围”新名词的,便算是大牌教练了。可实战的结果,却又证明这些战术思想十有八九是主观臆断的空话、废话。这样的执教水平,实在让人难以恭维。回头再看那些足球队员呢,多半像是既没文化又没思想,更不懂何为精神、意志的蒙童。他们典型的表现便是脚头软、嘴巴铁、拳头硬,球场外醉酒、骂人、打架、甚至行凶之事,多有所闻。或几个有那么点斯文气的,却又靠着名气在外办公司、开酒吧赚钱,因为搞不清楚他们究竟在从事什么职业,当然也就无法用“职业精神”去踢好球了。至于那些不绝于耳的黑哨、假球的传闻及传闻变事实,也真让人担心这赛场终有一天会不会变成赌场?假若因此吸引众多的业内、业外人都凭运气来“赌球”的话,岂不应了中国足球的“麻将素质”之说!

所以,要改变中国足球的现状,恐怕首先是要改变中国足球人的素质,树立最基本的比技战术、比意志力的竞赛观念,继而从根本上消除靠运气定输赢的“麻将素质”,牢牢地记住足球的本质是拼搏,而不是赌博!

凌晨　看球

文/冰　海

一个朋友在饭局上感慨:人的一生能够看几届“世界杯”?大家开始计算,十届?十五届?二十届?二十届不可能吧,看二十届的时间跨度是八十年,算你十六岁看得懂足球,九十六岁还看得动称得上“球仙”了。

如此一盘点，真正能够欣赏的“世界杯”一生中也只有那么十几届。拿四年一度的足球大赛来衡量生命的活力，是人球关系在历史长河的一段精彩小结。

大约每年六、七月份的凌晨，是球迷的狂喜时分，欧洲杯的五彩荧光闪烁在每扇窗户上。把闹钟拨到凌晨，振作精神坐在电视前欣赏人球游戏，屏幕下不时打出的五星红旗证明中国球迷的互动劲头在黑夜里汹涌澎湃。

不是只守一个凌晨，连续多少个凌晨折磨着广大球迷的身心。在那些难忘的日子里，球迷们心中的时间始终定格在凌晨。

足球是什么？足球是项体育运动，足球是男人在玩，女人也在玩的一个游戏。足球演变成正式比赛，这种竞赛成为供大家欣赏和消遣的画面，由此衍生出许多副产品，发展为一种产业，养活了许多许多人。球迷则是足球产业中的一群消费另类。

还有许多人不看足球。我有一位朋友从来不关心足球，虽然他儿子是球迷，凡是有电视转播，儿子场场不拉下。我问他为什么不喜欢足球，他也没什么理由，只是觉得这么多人奔来奔去抢一只球很无聊。每个人发一个球玩玩该多好啊。他的幽默说明足球启蒙运动还有广阔的市场。

多元的娱乐休闲市场为足球产业打开了大门又关闭了大门。大家的广泛爱好和兴趣涉猎越来越多领域，休闲时间的增加和休闲态度的明朗化使得整个社会的娱乐活动更加丰富多彩。娱乐休闲产业正以看不懂的速度在迅猛壮大。

而凌晨看球由此成为一个休闲娱乐的概念。这个凌晨由于有了这个时间让球迷变得亲切温馨。如果下届能够去现场看球，我们依然会怀念凌晨时分。

我们流连这个凌晨，我们留恋这个凌晨。

你的幸福在哪里？

导语

时下，有关幸福、幸福感和"幸福指数"的话题正成为社会和媒体关注的一个热点。

幸福指数是衡量人们对自身生存和发展状况的感受和体验，即人们的幸福感的一种指数。幸福指数所量化的是人们的主观心理体验。这种体验会强烈地受到个人差异的影响。

但作为人对周围世界的一种主观感受，幸福感原本很难量化。到现在为止，世界上还没有一种通用的统计"幸福感"的科学方法，我国也还是处在探讨阶段。专家特别提醒，在编制幸福指数时要考虑"主观指标的复杂性"，否则无法反映实情。但现在一些地方却能在短期内推出"幸福指数"，其手段和内容五花八门，这样的"指数"能在多大程度上衡量百姓的"幸福"？

那么，你的幸福在哪里呢？

幸福像花儿一样

文/陈建华

有一部国产电视连续剧，我一集也没看过，但片名却长久地回旋在我的脑海。片名很好听，很迷人：《幸福像花儿一样》。

确实，人活在世上，人们都渴望生命的内涵、生活的质量始终沿着幸福的轨迹一路前行。也因此，当今的一些报刊在时尚的氛围中，纷纷以醒目的版面，推出关于幸福指数的测试活动；或者，以一种大家谈的形式，对诸如“你的幸福在哪里?”这样的选题展开热烈讨论。依我看，这很好。至少使参与者有一种向往幸福、追求幸福的美好愿望，并一定程度上对自己乃至整个家庭日后的幸福生活会带来一些启示和帮助。

我以为，幸福的真正含义应该是：在物质和精神双重享受的引力下，内心深处所涌动的一种无与伦比的愉悦和快乐。

那一年的一天，刚读初一的女儿背着书包回了家。我看见她的手上拎着一个衣袋，当时我想，女儿还真不简单，自己会给自己买衣服了。但出乎我意料的是，女儿从衣袋中拿出一件湖绿色的 T 恤，轻声地说：“爸爸，这是我给你买的，今天是父亲节。”哇，我真的好感动，好感动！因为我既不知道这天是父亲节，更不会想到 15 岁的女儿会为我送上这件 T 恤礼物。当时我就对着镜子试穿了 T 恤。很合身。尽管料子差一点，但毕竟是女儿省下平时我给她的微薄的零用钱为我买的。那份浓浓的父女情感是无法用金钱加以计算的。翌日，我就穿着那件 T 恤上班了。走在路上，我感到了一种无比的温暖。那是家人为我带来的幸福。

有一段日子，我因病在家休养。一日，电话铃声响起，是一位朋友打来的。他是从安徽到上海打拼的新上海人。我们是在一次上海举办的“《情系民居》征文比赛”的颁奖大会上相识的。他获得了一等奖，我获得了二等奖。就这样，共同爱好文学的心相通了。当他在电话中得知我生病时，执意要上我家看我。我连说不要不要。但他却已经挂了电话。一小时后，他按响了我家的门铃。他为我买了好多好多的水果和营养品。我说你这是干吗?他说这你就别管,你只要管好身体就行了。我真的好感动。其实我们的关系也很普通,但他却当成了一件重要事情来做。我能说什么呢?我只能道声谢谢。以后几次他请朋友吃饭,还让我一起参与,就这么热情。但他这么多年来却从来没有托我办过一件事。只是把我当成一个朋友而已。那是朋友为我带来的幸福。

愿幸福像花儿一样,鲜艳而美丽!

能够给予,所以幸福

文/董　煜

前几年社会关注的还是如何才能丰衣足食,如何才能"小康",可忽然间便从物质上升到精神,满世界都在说幸福了。电视上"贫嘴张大民"和"阳光"竞相展示着各自的幸福生活,翻开新一期的杂志,赫然可见"疼痛也是一种幸福"这样的独到见解。于是,一时间幸福成了公众的关注热点。

"幸福"这个词还没有那么时髦的时候,我们大多用"开心"和"快乐"来表达相同的意思。庾澄庆在歌里告诉大家,"快乐其实也没有什么道理"。但是我认为,如果你感到快乐,感到幸福,那么就一定是有原因的。

我常常感到幸福,而我清楚地知道,那种莫名的幸福感来自给予。

那年江西知青联谊会组织大家重回当年插队的地方。三十多年过去了,那里依旧房屋破败,农民生活拮据。以前郁郁葱葱的青山,因为按人头给分到了户,现在被砍得光秃秃的。县上的一个干部说,别的地方是要想富，先修路，而我们这里要想留住树，就不修路，因为只有那些交通闭塞，树砍下来也运不出去的地方，才保持了原来的植被。我走进老俵家，比起三十年前，他们的衣着要好些了，食物要多些了。可是问起来，却是辛酸事多过开心事。青壮年大都把老的小的扔在家里出去挣钱，老人们日晒雨淋地忙活了一年，可是过年了，儿孙们回家了，有的却挣不回什么钱来，倘若遇到流年不利，甚至还有负债致残的。我沉浸在这些不幸的故事中，我想帮助他们，于是把钱掏出来，小孩一张，大人两张，发了一圈，最后要走了，又把剩下的一千多元钱塞给一个贷了款却连利息都还不上面临被起诉的农民。我从他们脸上看见了由衷的感激，那一瞬间，我感到幸福。

公司所在的路口有个人行天桥，每天都会有一些乞丐坐在台阶上乞讨，多的时候让行人几乎无法下脚。他们穿着单薄，在寒风中瑟瑟发抖，看见有人过来，便不停地鞠躬作揖，说着好话。每次我走过去，都会把钱包里的零钱搜刮干净，平均放进他们面前的破搪瓷碗里。同事们说我过于相信表面现象，他们告诉我，这些乞丐看上去可怜兮兮的，但一天讨下来，说不定比我的工资还高。可是我相信，不到了万不得已的程度，谁都不愿这么作践自己。我能给予，说明我衣食无忧，比他们优越，在他们面前，我感到幸福。

我每年都会收到国际儿童基金会的信函，他们会在信中亲切地称呼我“亲爱的董煜”，然后告诉我他们用大家的爱心捐款救助了多少流浪儿童，希望我一如既往地支持他们的工作。我当然会一如既往地支持，因为在那些温暖的话语中，我幸福得几乎飘飘然了。

有一句心理学上的谚语这样说道：如果你想快乐一小时，打个盹；如果你想快乐一天，去钓鱼；如果你想快乐一个月，去结婚；如果你想快乐一生，帮助别人。我再加上一句：如果你因为工作压力大，因为愿望遥遥不可及，而感到不幸福的话，请你试着给予。

享受愉悦的瞬间

文/巾　心

幸福感是一种类似于自我感觉的东西,因此个人的内心体验尤为重要,感觉到有则有,没有则没有。幸福感又有点虚无缥缈,来去无踪,转瞬即逝。

依照我的理解,所谓的幸福感,大都是在心理上获得满足后产生的一种感觉,生活中称心、遂意的东西越多,程度越高,幸福感滋生的次数也越多。

寒冷的早晨能够多睡一会儿懒觉是满足,从睡眼惺忪中醒来然后被迫无奈地钻出暖乎乎的被褥,总不是件惬意的事;在家心无二用地痛痛快快看上几天几夜的好片子是满足,贪婪地收藏了无数的电影,观看的次数总是少于下载的感觉,就像欠了债似的惶惶然;排除一切干扰安安静静地阅读是满足,大堆的书作为装饰品摆放在书架上,到书店买书的感觉越来越差;工作上的一帆风顺能够获得别人的颔首认可是满足,追求完美等于是在自己身上增加压力,心理负担是那么沉重且难于释放;家庭和谐平安是满足……人只有在获得满足后才能产生幸福感,也许就是那么一瞬间的愉悦感受。

所以,为了找到幸福的感觉,适当降低人生的期望值不失是一种诀窍,知足者常乐就是这个道理。记得有一次我到离家不远的菜场去买菜,在一个固定摊位买了蔬菜后正待离去时,这位三十多岁模样的男摊主走到我跟前主动搭讪。他边说边从怀里掏出一包红双喜烟,抽出一支递到我面前,我诧异并摇手婉拒,他自己衔了一支笑微微地跟我攀谈起来。他说卖菜尽管辛苦,但每月能赚一千多元已经很满足。他说上海下岗工人拿的钱并不比他们多。谈话中我了解到，来自江苏农村的他，一家三口都在上海，老婆空时帮他看管摊位，小孩已在就近的民工小学读书……看得出来，他对现状非常满意，脸上洋溢着一种由惬意滋生的幸福感。显而易见，假若他的期望值超出了他的实际状况，他不但不会产生幸福感，而且会很痛苦。

在现实生活中，每当幸福感来临时，我们千万不要轻视那一瞬间涌现出的幸福感，尽管它们有时是那么的微不足道。

幸福就在你的身边

文/凡　妮

幸福是什么？神道主义者说，幸福是追随宗教信仰的执着；理想主义者说，幸福是放飞自由心灵的愉悦；享乐主义者说，幸福是饕餮盛宴，锦衣华服，如花美眷；现实主义者说，幸福是不愁吃穿，凭空中奖，梦想成真。

对我而言，幸福是一种感觉，来源于生命中每个小细节的感动。幸福是寒风凛冽的清晨戴着妈妈织的围巾；幸福是春雨绵绵的午后撑起爸爸送的雨伞；甚至幸福是晚餐后一家人窝在沙发里看肥皂剧。《于丹〈论语〉心得》有一句话："人人都希望过幸福快乐的生活，而幸福快乐只是一种感觉，与贫富无关，同内心相连。"在幸福的度量衡上，没有高低贵贱之分，只要带给我们相同的感觉。

《相约星期二》里学生米奇问已经病入膏肓的老师莫里，"如果你有完全健康的一天，你会怎么做？"莫里的回答都是些司空见惯的事情，比如早饭、晨练、午餐、与朋友谈话、公园散步、意大利面食、跳舞等等。米奇听了真有些失望。他还以为莫里会飞去意大利与总统共进午餐,或去海边,或想方设法去享受奇异、奢侈的生活。结果莫里竟然在极普通的一天里找到了那份完美。

我追求幸福的秘诀,就是珍惜全部的拥有,用感恩的心态看待周围的世界,感天地的恩,感父母的恩,看到太阳,想到它恩泽万物,看到蓝天,想到它纯净舒展……收集生命中点点滴滴的感动,汇成幸福的溪流,浇灌我的心田。我的幸福可以是清晨去公园散步,和绿树、小鸟打个招呼;可以是午后一杯奶茶,沐浴在温暖的阳光里看书,与先哲进行思想的交流;可以是傍晚的菜市场,挽着妈妈的手,提着满载鸡鸭鱼肉的提篮,让爱心调味晚餐;可以是晚间的书房,和爸爸打一局联机游戏,用欢乐填补年龄的沟壑。幸福就是这么简单,俯手即拾。

如果有一天,你发现你把幸福"弄丢了"。请不要担心!幸福就在你的身边,它从来没有走开过,只是你没注意而已。

幸福是一种"低调"

文/范斌辉

过去总以为幸福是跟名利划等号的,但是事实上金钱和地位真的只是带给你很短暂的快感。不相信你就可以去问问那些为金钱所累的人快乐吗?幸福吗?

我喜欢看电视访谈成功企业家节目,这是因为自己原来也有私人公司,所以那些成功人士的思想和他们背后的生活吸引了我。然而,最后我得到了一个结论:这些成功人士的"成功"并不是偶然的,他们有着超乎常人的毅力以及百倍于常人的努力,他们是以放弃幸福为代价得来的成就。

我理解的幸福应该是在财富、地位、婚姻、家庭、生活等一起建立在一个平衡点上，这个“平衡点”应该是在比较低的位置。于是一切都应该“低调”处理无疑是一个最恰当的方法。

把一切都抛开，开始做一个平凡普通的人，那便是一种沉得住气的低调。原来我的那些整天奔命周旋于生意场的生活结束了；原来总是计较名利得失而又胡乱挥霍的日子结束了；原来吵吵嚷嚷的婚姻生活也结束了……一些归于平静、低调。

我开始乘坐 2 块钱的公交和 3 块钱的地铁上下班，收获的是人情味的亲切，这个时候我意识到我跟所有人是同类。吃排档上的面条盒饭，忽然感到滋味是如此真实而不夸张。穿着不讲究名牌，只要轻松舒适就好。上网聊天我无须跟他们议论过去和将来，我只是说我是一个“普通人”。

就是这样一个宁愿“低调”的普通人，不愿意再去跟别人多争些什么，因为那是我前面那么多年一直不明白的、失去过的平静生活。好不容易我才意识到，原来低调是那么可爱，是我幸福生活的源泉。

有人问我：“这样是否平庸？是否很失败？是否失去得太多？”我说：“但是我感觉到了从未体味到的平静和幸福啊！”

开放博物馆，你如何看待这免费的盛宴？

导语

博物馆、纪念馆终于向全社会免费开放了。这一举措顺应了世界文物展示业的发展趋势，有利于充分挖掘博物馆、纪念馆的教育功能和公共价值，也符合广大人民群众的愿望。可是，从收费到免费的过程，是一个复杂庞大的系统，于是，就产生了种种的疑虑和担忧。你呢？你将怎么面对这免费的盛宴？

是否去博物馆，费用不是主要问题

文/孟惠华

一纸由中宣部、财政部、文化部、国家文物局联合下发的《关于全国博物馆、纪念馆免费开放的通知》，将全国近500家博物馆、纪念馆免费开放的消息，拂遍了全国。初闻之下，身为一名5岁孩子的父亲，顿感惊喜万分，免费的嘛。但是，高兴归高兴，对如何品尝这道免费的“午餐”，真正做到食髓知味，我认为绝非易事。

众所周知，现在的神州大地，大家的规定动作是，不管孩子喜不喜欢或者具不具备天赋，至少要学个一到两种技能，或书法，或音乐，或画画……美曰其名艺术熏陶。大家的愿望很朴实：如果能成名成家最好，不行的话在择校时加个分也不错，再不济提高提高自身修养也可以接受。的确，谁不想望子成龙、望女成凤，尤其现在都是独生子女，只此一家，别无分店。在教育孩子方面多上点心、多投点钱都是应该的。

然而，与国外相比，就目前中国父母对孩子的培养情况看，不管在采取的方式或者手段上都是比较简单的，让孩子去博物馆等“专业”场所进行实地“探索”之类的活动，只可能是凤毛麟角、偶尔为之。我们可以自我统计一下，每年带孩子去博物馆有几次？一次？两次？或者一次也没有。所以，我们就提出这样一个问题，为什么大家可以投入大量的时间和金钱让孩子参加这班那班并为此孜孜不倦、风雨无阻，大有不达目的誓不罢休的架势，却对可以增强孩子形象思维、激发孩子创造灵感、培养孩子专业兴趣有莫大好处的众多人文、自然博物馆视而不见？是不是因为博物馆门票很贵？还是认为去博物馆这种“专业场所”小孩看不懂？或是认为去接受这种教育见效太慢？鉴于多年来国人在培养子女这个大问题上甘于奉献的光辉事迹太多，我认为第一种的可能性不大，费用是一个问题但应该不是主要问题。

那么再回到文章开头讲到的，现在党和政府对“公共文化教育”重视了，博物馆、纪念馆也免费开放了，那么大家是不是就会拖着拽着孩子去品尝这道免费的“午餐”呢？我看也是未必。说到底如果不解决一个观念问题或是意识问题，这类场所可能也就是心血来潮、闲来无事偶尔逛逛的场所，免费“午餐”就有变“鸡肋”之嫌，从这个意义上来说，有关方面应该有这个思想准备。

敞开大门,乃明智之举

文/阿　兴

终于,国家正式启动实施博物馆、纪念馆向全社会免费开放了。从大处讲是保障人民群众基本文化权益的重要举措,是党和政府一以贯之的民生关怀,是提高公共文化服务水平的务实举措。从小处讲,也是满足人们文化消费、文化接受、文化享受的需求。我可以毫不夸张地说,此乃明智之举,实为造福中华民族千秋万代之福祉之大计也。

对于文化需求我有着刻骨铭心的体会。我的一位老战友是个老兵,北京人。那天晚上我们值夜班,当我得知他的家就住在北京的大前门附近时,我十分突兀地问他,你一定经常去故宫,经常去看看那些国宝了。我知道大前门离天安门只有咫尺之遥。我是上海人,从来没到过北京,更没有机会进故宫去亲自观赏那些令我神往的古代书画古玩。而老兵的家就住在离故宫不远的前门,太令我羡慕不已了。

“故宫?”老兵听到这两个字,不由得楞了一下,摇摇头说:“从来没有去过。”“不可能。”我不知深浅地嘀咕了一句,我以为老兵在跟我这个新兵打哈哈呢。

“不骗你的。”老兵眼色朦胧,透出些许痛苦,半晌他沉沉地吐出了一口气,说,“故宫进去是要钱的,我们老百姓哪有这个闲钱啊。”

他的话让我想起了我的童年时光。在我读小学的时候,就知道上海有两个博物馆,一个是历史博物馆,一个是自然博物馆,这些博物馆都深深地吸引着我那颗幼小的,但有着强烈求知欲的心，神秘的博物馆是那么地令我神往啊。但是，这些博物馆都是要买门票的，我家境贫寒，囊中羞涩，根本进不了那两个高高大大的神圣铁门。后来，还是别人给了我一张历史博物馆的票子，总算了了一个心愿。但是，自然博物馆也是我非常想去的地方，遗憾的是一直未能如愿，以至于我后来逐渐失去了对它的兴趣，甚至于直至今天它搬到哪里去了都无心打听。

虽然现在我可以不需要太计算钱包厚薄地出入博物馆了，但是，那不菲的门票也不是我辈可以随心所欲想到出手就舍得出手的，每到一个地方，都想进去看看那里的博物馆，但一看到那昂贵的门票，便不由地停下了脚步。据不完全统计，如今中国博物馆数量已经超过 2400 个，对于几千万贫困人口、9 亿农民而言，不论是否昂贵的门票都成了他们自由进出的“门槛”，博物馆门庭冷落鞍马稀，已经成为不争的事实，昂贵的门票成为中华文明代代相传的障碍。

因此，对于免费开放博物馆，把博物馆的大门向老百姓敞开，我是举双手欢呼的，它彰显了党和政府的人本文化关怀，它可以使那些曾经被“门票”阻挡在博物馆门外的人们，可以随时随地地得到中华文化的浸润和熏陶，更有效地传承中华文明。

“博迷”的幸福时光

文/言　延

我们一家五口可算得上全是“博迷”，都喜欢逛博物馆。平时，双休日家庭聚会，经常会交流一下关于最近有哪些博物馆展出新展品的信息；无论是谁出差，都会忙里偷闲到当地的博物馆去“报到一下”，然后，购买一两件纪念品回来，供全家分享；每逢孙子生日，基本上是在博物馆里度过的。当孩子还小的时候，就带他去自然博物馆过生日，因为那里有他感兴趣的恐龙和其他动物的标本，他会在这些骨架子面前凝视很久很久，一点儿也没有了平时的“多动症”。等他稍微懂事点了，我们就带他去海洋馆、昆虫馆，与他喜爱的鱼儿、虫儿来个亲密接触。前年暑假，我们到北京去度假，在紧张的五天时间内，除了带孩子登长城、游故宫、爬香山；还带他参观了天文博物馆、自然博物馆、军事博物馆、太庙等，看他在军事博物馆里流连忘返的样子，我们在那儿一直待到人家闭馆关门才离开。同时，还向他承诺：下次再来北京时，不仅要去参观国家博物馆，还会到军事博物馆来故地重游。

参观游览是高兴的，但每次掏钱买门票是心疼的，因为，票价实在太贵了。何况，我们除了孙子到有些博物馆可以购买学生票外，几个大人都是一点不打折的。前年，听北京的朋友介绍，许多博物馆只要出示学生证就可以享受优惠票价，于是，儿子赶紧从背包里翻出了以前就读在职研究生时的学生证，忐忑不安地递上去，生怕被人抢白：“一把年纪了，满脸胡子还学生呢，蒙谁？”不料想，购票处的人特厚道，只认证不看脸，于是，儿子、孙子享受了学生优惠，也算为全家节约了一点小钱，聚沙成塔嘛，不管多少，省钱总是硬道理！

上海博物馆更是我们经常去的老地方，只要一听说他们的临时展厅又有新展品了，我们都会向往着先睹为快。有几次热门展览，如故宫博物院上海博物馆中国古代书画藏品展、西安兵马俑和法华寺地宫珍品展等，我们均排了好几个小时的队才轮到参观，虽然辛苦却也无怨无悔。而青铜器、玉器等常设馆则更是百看不厌，温故知新，每去一次，看到那些熟悉的展品就像见到了老朋友一样亲切。

最令人开心的是那次上海科技馆的四川自贡恐龙展，不仅展品级别高、恐龙品种多,还运用了不少现代化的多媒体手法,而且,是免费的!恰逢暑假,前去参观的孩子众多,但在家长的陪同和教育下,秩序井然,也没有出现什么不文明的现象。其实,门票被免去了,家长花钱却并不少,因为,在售品部有许多制作得十分精巧的恐龙模型,价格不便宜,但这些模型须自己动手拼装,对孩子们和家长都颇有吸引力。我们花了100多元买了三角龙、猛犸等模型回家,现在,就摆放在玻璃柜里,装饰性很强。

现在,所有的博物馆都免费开放了,对我们这些"博迷"来说,无疑是件值得庆幸的好事,是免费的"盛餐"。我们可以经常流连于博物馆之间,与历史对话,与时代同步,不断增长见识,不断拓展知识面,再也不用计算参观成本,更不用"一把胡子充学生了"。

办法总比困难多

文/徐　桑

说到博物馆免费开放,总会引出人满为患的话题。首先想到一个例子:十好几年前,中国举办第一个人体绘画展。画展先在北京和广州举办,报上大登,北京广州两地的展览馆门前观众如潮,出动了多少警察维护秩序,要排多长时间才进得去如何如何的。之后展览移师上海,我和朋友正好路过上海美术展览馆,大字横幅挂在门口,但门口却冷冷清清,几次确认,才相信这个门可罗雀的画展就是与京广引起轰动的画展实属同一个画展。多少受媒体蛊惑,与朋友买票进场。画作质量很平,寥寥无几的观众反应更平。

同一个画展,只不过换了个地点展出,反响差异如此之大,没别的原因,只是当时的上海市民见识多了一点点而已。在此我敢大胆假设,咱们不换地点换个时间,那个人体画展放到今天到北京和广州去展出,一定比十多年前的上海更冷清。

因为票价过高而一直被养在深闺的博物馆骤然免费开放,作为决策方,如果说对汹涌而来的观众,以及发生展品遭到破坏造成巨大损失等等感到意外,就应该算作失策。造成这种失控局面,得话分两头来说。观众素质亟待提高确实是一个方面,但不管是什么样素质的人,如果走进一个富丽堂皇纤尘不染的大商场、大宾馆,至少都不会随地吐痰乱扔垃圾吧,这叫环境约束人。另一方面,环境氛围是要靠人来创造的,客流集中,秩序的管理就是个问题。开放博物馆不是 1976 年的唐山大地震,也不是 2008 年南方的普降大雪,不是一件让人措手不及的事。

博物馆的藏品是全民族的财富,我们这个社会不缺富有民族责任心的人,也不缺乏对博物馆藏品具有浓厚兴趣和研究精神的人,他们是我们全社会的财富,如果倡导他们当志愿者,在博物馆免费开放初期与博物馆共同承担秩序的维护,应该于博物馆、志愿者、参观者三方都是一件有益的事吧。

忙

导语

当今社会，似乎人人都在忙，处处都是忙。

“忙”是什么？

忙，是一种社会现象；

忙，是一种生活方式；

忙，更是一种精神状态。

今天，你忙不忙？

忙　和　盲

文/鲁　生

我们小时候玩过一种陀螺，要用鞭子抽着它在地上不停地旋转。抽得越准。越狠，它转得越快、越稳。我们把它叫做“贱骨头”。有一天来了一位北方的小哥们，跟我们一块玩这种陀螺时告诉我们，在它们那儿这种陀螺叫“无事忙”。

“无事忙”比“贱骨头”，更形象、更生动、更抓住了要害。这种陀螺在别人的驱动下不停地旋转，自己转得昏天黑地，别人看得头晕目眩，到头来还是原地不动，确实是“无事忙”。

上海是座繁忙的城市，要奔小康，不忙是不行的。但忙要有目标，要有计划，要有所为有所不为。这是我这个已近尾声的“陀螺”

刚刚悟出的。平时我们总在向人诉说自己怎么怎么忙，其实忙什么，自己也说不清道不明。我很仰慕那些卓有成就的人，他们都是咬定青山不放松的人。不过这样的人不论什么时代都是杰出人物，是大多数人可望而不可及的。常人该怎么样呢？没有远大目标也不可怕，但不断设定近期目标还是需要的，比如有个三年计划，五年计划，哪怕为小家庭奋斗，买车子，去国外旅游一次等等，总比像陀螺一样让人抽着瞎转好一些。

有人说忙总比闲好一些，其实也不尽然。有位朋友从西班牙休假回来，感慨万千地说，西班牙是个休闲国家，似乎每个星期都有节庆的日子，悠哉游哉。每个人的日子过得都很滋润。我与西班牙无缘，前些日子倒是去过成都。那天是下午两点左右，只见大街小巷到处都是搓麻将打牌，喝泡茶闲聊的人。朋友告诉我成都是个休闲城市，我好奇地问，这不影响他们奔小康吗?！朋友说，“各人有各人的奔法嘛，看看成都满街跑的私家小轿车，不比你们上海少吧，我们是开着小车奔呢，你老那个还得挤公交车吧！”我无言以对。

他说得对，各人有各人的忙法，只要不盲目、不被动、不消极、有目标，忙总会有结果的。

忙是一种习惯

文/王安诺

在街上碰到熟人，一看我的脸，以为发生什么事，问：“怎么远远就见你皱着眉头，行色匆匆？”我说：“没有啊，去上班，天天如此。”她说：“这说明你已经完全进入状态。”

忙，如果成为习惯，感觉就麻木了。倒是一年用得完一个记事本，与人约时间先拿出来看看有没有安排，再记一笔防备忘记，煞有架势，像领导一样。

一个作家曾在一篇文章里戏谑自己包着两个报纸的专栏，就像拉扯着一对嗷嗷待哺的小毛头，整个人都被拖住。笑得不得了，太形象了，从事报刊工作哪个不如此呢？自从5年前供职一家工资奖金靠自己挣的区办周报，时间就好像以一期期报纸来衡量，出完一期立刻考虑下一期，永远被人在身后紧紧追赶着。不知道奖和罚这管理方法是谁发明的，实在很有效。罚，划定人的责任心和自尊心的下线，保证每人基本的工作表现；奖，针对人的趋利性而刺激你干活的积极性，引诱你发挥最大能量。所以，大家都很紧张，更要命的是这紧张有着极强的传染性。平日办公室见不到人，中午回单位吃饭，互相不动声色打探动向：找到什么新闻线索？联系到什么专版或广告？这月新闻数量质量、创收任务完成多少？然后边吃饭边掂量我方形势，决定下一步动作方向，如给某某单位打电话摸摸情况，该去哪里跑一趟，说服他们做个专版……往往还得贴上双休节假日。在一个“忙”字的后面，其实反映出人都害怕对自己评价降低，不甘落后于人，意欲最大程度获取利益的普遍心理。只要入“圈”，除非甘愿做二流子，否则谁也难以摆脱这“圈”里的游戏规则，一个个就像影片《红菱艳》里的女演员，穿上红舞鞋就旋转得筋疲力尽怎么也停不下来。

我自信是一个比较超脱的人，对升官发财成名成家没什么兴趣，觉得太费心机太累而且活得不真实，希望“按自己喜欢的方式”享受真实单纯和悠闲的生活。记得有一年，我选择上海举办“国际艺术节”期间休假，休假是唯一能合情合理逃避单位环境的机会。我想让劳累的脚歇一歇，将繁杂事全甩在脑后，天天泡泡避风塘看看展览会，清心静气自由自在过几天。那天，正在城市规划馆看作品展，包里手机突然大响，把我吓了一跳，一边责怪自己怎么忘记关机，一边很不情愿地将手机掏出来看——至今回想起我还讥讽那时的自己——一瞬间突然来了精神，边大声打手机回话边大步奔向地铁站，脑海则飞快掠过一串数字。后天几天的假期，就心甘情愿将自己关在电脑房，趴在桌上一字一字地校对版样。这个主动找上门来的专版，助我完成一笔不小的创收任务，使我反而庆幸还好忘关手机。但还是有一点沮丧，因为内心深处不得不承认，坚持按照自己喜欢的方式生活，其实是一个很难达到的人生目标，我未必能做到。我还是一个俗人。

不过有的忙还是好事啊！尤其听人家惊讶地说"你这年龄还在做？人家比你年轻都下岗的下岗退休的退休了"，还有的说"你退休后来我这儿做吧"。听了毕竟高兴，因为被人需要被人承认的感觉真的很好。再说，我也没有把握，真的让我成天过悠闲日子，会不会习惯。

忙是一种生活状态

文/董　煜

二十世纪都市见面寒暄语：吃过了吗？

二十一世纪都市见面寒暄语：最近忙吗？

忙啊！岂能不忙！

早晨5：40苏醒，在床上再赖一会儿。5：55，一跃而起，把衣服扔进洗衣机，把早饭放在煤气上，然后漱洗，简单地整理房间，吃饭，换衣服，对着镜子照一下，确定没什么大破绽，出门，顺便把垃圾带下楼。8：05，整理办公桌，洗茶杯、泡茶，打开电脑，收发邮件。8：30，上班铃响，跟同事商量一天的工作，往基层打电话，通知会议，写汇报材料。10：50，房客打电话过来，说热水器不好用，抽空查了维修电话，预约上门维修。11：20，偷偷看一下股票机，见股市大跌30点，谈起。下午一切照旧，写材料，接电话，安慰发牢骚的同事。趁喝水时站起来伸一下懒腰，看报上的楼市信息，议论该买什么样的电视算环保。请示领导要搞的一个活动的内容。19：20，上健身房跑步。21：40，让汗湿的运动服在洗衣机里旋转，帮报社改稿或写稿。23：00，给远在日本的女儿发邮件：下班了吗？累吗？早点睡噢！拜拜！然后继续写。00：10 洗过澡靠在床上看"午夜影院"，等故事情节变得模糊不清时，关灯。日复一日，我一直在忙碌的抽打下不停地旋转，只争朝夕嘛，我以为这是我们应有的生活状态。

可是忽然有机会让我去了趟欧洲。

在欧洲的十来天里，我忽然掉进了另一种生活节奏里，一切都慢了下来，清晨你不必赶着上班，晚上也不必忙着加班，身心完全是放松的，就像宇航员一下子摆脱了地球的引力，有种失重的感觉。而且，这悠闲不光属于我们这些"考察客"，还属于全体欧洲人民！

在巴黎的街头，我观察过一个清洁工人，在很长时间里，他杵着扫把就那么静静地站在街头。黄昏，正是巴黎人纷纷出笼的时候，穿着各式时装的男男女女匆匆走过，风把地上的落叶吹到他身边，他都视而不见。夕阳已逝，华灯初起，昼夜的交换是美丽的，而他就这么静静地观赏着这个过程。他为什么怠工？是趁机偷懒，还是因为对生活不满？不过，看着他脸上的安详，我宁愿相信他正以这种从容度过他生命中的一天。

前往瑞士的路上要经过布伦纳山口，那里原来有个边境检查站，欧盟之后已不复存在。去那里时山口正风雨交加，车要加油，人要如厕，司机就把我们一车人放了下来。不远处有幢房子，推门一看，是个超市，货架上放着食物和玩具，靠里一点摆着柜台，卖热咖啡、热狗还有冰激凌。几个高大的汉子正靠在柜台上，喝一口咖啡，吃一截烤肠。这个过程十分缓慢的，在饮食的间隙里他们就这么长时间地坐着,看着窗外的天,聊着自己的天。我们在布伦纳休息了半个小时,进门时他们的杯子里有浅浅的半杯咖啡,现在出门时再看,仍然是浅浅的半杯,在他们身上,时间似乎没有流逝。他们是些什么人?难道在他们的生活字典里没有工作这个字眼?

在欧洲,随处可见休闲的行人。莱茵河畔,梧桐树下,还有空阔的街头。他们大多牵着狗,慢慢地行走,或在餐馆里,慢慢地用餐,而在我们看来千金难买的光阴,就在他们坐在长椅上发呆的时候悄悄地溜走了。最特别的是导游,关照我们最多的,不是外出的人身安全问题,而是一再请我们在碰到对方工作节奏慢的时候,不要流露出烦躁的情绪。于是,当我们四十多人奔波一天拖着行李踏进旅店急需休息的时候,我们已经习惯了欧洲人的拖沓,居然在前台小姐的笑容里,等了两个多小时都没有发火。我不明白,欧洲繁荣的经济,究竟是靠什么才搞上去的呢?

我曾去过日本,印象最深的,是日本人在任何时候走路都是急匆匆近似小跑步。那时我想,人生苦短,有很多该干的事情,如果不抓紧了,怎么来得及呢?现在我去了欧洲,看见的又是另一种光景,于是我想,人生苦短,如果不好好地体味生活细节,又怎么对得起自己的一生呢?

忙与不忙,都是一种生活状态,不在于你有多少事要干,关键是你自己的选择。

忙碌着快乐着

文/潘玉英

工作对于绝大多数人来说,都是必要和必需的。有的人工作是为了养家糊口；有的人工作是为了自己的事业和前途；有的人工作是为了父母、子女；也有的人工作是为了证明自己的能力和价值……

或许，有的时候，你感到很茫然，工作的压力和不如意可能让你心力交瘁，失去生活的勇气和信心；有时周而复始，一成不变的工作让你很郁闷、很无奈、很疲惫，让你牢骚满腹、无所适从；有时想尽快把工作的压力释放出去，化解出去——甚至想彻底潇洒一回，干脆不干了……

等到有一天，你真正什么都不干了，完全没有了工作的压力，或许你会在一段时间内，感到前所未有的轻松和惬意，体验到一直盼着的快乐和悠闲。但这样的心情不可能持续多久，纵然有足够的经济基础可以让你衣食无忧，可以让你尽情享受，但对于你来说，往往从中得到的不是快乐和满足，而是深深的失落和伤感。因为人的潜意识里都想实现自己的价值，都想对社会有所贡献，都想证明自己的存在对于社会是一种财富和资源，而不是累赘和负担。而你如果不忙碌，所有的愿望都只能是空谈。

工作对一个人来说，不仅仅是谋生的手段，它会让你更加睿智、更加出色、更加美丽、更加快乐，忙碌工作会让你乐此不疲，充满活力。

忙碌并快乐地工作吧，它会让你不知不觉地进步，让你潜移默化地升华，丰硕的成果会让你无比幸福和自豪；忙碌并快乐地工作吧，它会让你生命的春天更加美丽，秋天更加殷实，夏天更加灿烂，冬天更加温暖……

一个人最好的朋友、真正的朋友、长久的朋友，就是忙碌的工作。忙碌工作着，才是最快乐的。

图书在版编目(CIP)数据

热的门之文化篇/《主人》编辑部主编. —上海：上海三联书店，2011.12

ISBN 978-7-5426-3671-3

Ⅰ.①热… Ⅱ.①主… Ⅲ.①新闻报道—作品集—中国—当代 Ⅳ.①I253

中国版本图书馆CIP数据核字(2011)第210566号

热的门之文化篇

编　　者 / 《主人》编辑部

责任编辑 / 陈启甸
装帧设计 / 唐熠峰
监　　制 / 研　发

出版发行 / 上海三联书店
(201199)中国上海市都市路4855号2座10楼
印　　刷 / 上海师范大学印刷厂

版　　次 / 2011年12月第1版
印　　次 / 2011年12月第1次印刷
开　　本 / 890×1240　1/32
字　　数 / 150千字
印　　张 / 7.75
书　　号 / ISBN 978-7-5426-3671-3/C·400
定　　价 / 52.00元(二册)